复杂地质条件下山区公路超高填方关键技术研究及应用

彭小勇 马 康 张国发 陈芳平 张玉广 ◎ 著

西南交通大学出版社
·成 都·

图书在版编目（CIP）数据

复杂地质条件下山区公路超高填方关键技术研究及应用 / 彭小勇等著. -- 成都：西南交通大学出版社，2024. 12. -- ISBN 978-7-5774-0334-2

Ⅰ．U418.5

中国国家版本馆 CIP 数据核字第 2025Q874J3 号

Fuza Dizhi Tiaojianxia Shanqu Gonglu Chaogao Tianfang Guanjian Jishu Yanjiu ji Yingyong
复杂地质条件下山区公路超高填方关键技术研究及应用

彭小勇　马　康　张国发　陈芳平　张玉广　著

策划编辑	韩　林
责任编辑	姜锡伟
助理编辑	卢韵玥
责任校对	左凌涛
封面设计	GT 工作室
出版发行	西南交通大学出版社 （四川省成都市金牛区二环路北一段 111 号 西南交通大学创新大厦 21 楼）
营销部电话	028-87600564　028-87600533
邮政编码	610031
网　　址	https://www.xnjdcbs.com
印　　刷	成都蜀通印务有限责任公司
成品尺寸	185 mm×260 mm
印　　张	19.5
字　　数	476 千
版　　次	2024 年 12 月第 1 版
印　　次	2024 年 12 月第 1 次
书　　号	ISBN 978-7-5774-0334-2
定　　价	106.00 元

图书如有印装质量问题　本社负责退换
版权所有　盗版必究　举报电话：028-87600562

前 言
PREFACE

　　随着公路行业的迅速发展，公路工程建设项目已逐渐覆盖国内各种地形区域。对于山区公路，山高谷深，恶劣的地形地质条件限制了公路的选线和建设空间，寻找适宜可建的自然条件已成为山区公路路线选线的重中之重。设计者们往往需要突破常规观念的束缚，才能使公路建设更好地适应山区地形。

　　在山区公路建设中，采用填方路基跨越山涧沟谷是一种最常见的结构形式。现有公路规范中，规定路基填土边坡高度大于 20 m 的填方路堤为高填方路基。而在公路工程实践中，填方路基边坡多数控制在 40 m 以内，少数达到 50 m，超过 60 m 的公路超高填方几乎没有。超高填方与常规填方相比，特点为"高度高、规模大、压实难、支挡强"。当填方高度达到一定规模，其整体稳定性及沉降均对防护等级和质量控制有着更严格的要求。在某些山区场地因需解决特定工程需求，填方高度超过 100 m。在面对弃土难、弃土远的艰难条件下，超高填方路基相比桥梁具有一定的经济和施工便利优势，这使得超高填方路基在特定自然条件下与桥梁相比，具有很强的竞争性，但因其高度高、规模大、压实难、支挡难的特点，对其勘察、设计、施工质量的控制成为关注重点和难点。

　　基于此，作者通过总结 10 多年来从事上千千米的公路工程地质勘察与路基设计、咨询的工作经验，结合大量填方路基工程实践总结，针对高度超过 60 m 的超高填方路基各类关键技术进行了有益的研究和探索，希望能为广大公路行业的设计者提供参考与借鉴。这是笔者完成本书的初衷。

　　本书共分为 9 个章节，第 1 章为介绍写作背景及现有填方边坡稳定性计算方法分析；第 2 章为复杂地质条件下的超高填方路基的勘察要点；第 3 章为超高填方的破坏模式及稳定性影响因素分析；第 4 章为山区公路超高填方路基填料特性分析；第 5 章为超高填方路基的压实关键技术；第 6 章为超高填方路基的地震效应分析；第 7 章为超高填方路基的防护支挡措施；第 8 章为超高填方路基的排水技术及典型病害特征分析；第 9 章为典型工程案例剖析。

　　本书基于具体工点设计状况，结合工程实践，对超高填方的各类规律性进行了探索分析，如采用正交试验的方法对影响超高填方稳定性的各种因素进行敏感度分析；采用数值模拟及大型室内试验的方法研究了填方路基的力学指标与填料强度、含石量间的相关关系；采用线性回归法和灰色理论分析对超高填方的填料压实控制因素进行定量分析；采用公式派生推导对强夯后土体性能进行经验公式推荐等。本书的研究结论，或是理论与实践相结合，或是创新采用统计模型量化多因素的影响程度，或是采用行业实用研究方法对实际工程中频繁遇到的关键问题进行量化分析。同时，本书也是对已有研究成果、成熟设计方法的一次有意义的归纳总结。通过与超高填方相关的、关注较多的成熟理论进行提炼与总结，以便为同行开展类似理论方法运用提供借鉴。如：在不同条件下超高填方路基稳定性的计算方法及其优劣、超高填方填料相关试验、超高填方路基压实的质量控制、运用于超高填方路基的各种支挡防护的设计考虑与计算方法、超高填方路基排水问题、超高填方的勘察要点等。

本书是由贵州省交通规划勘察设计研究院股份有限公司科技项目（ZLKY2023001）"强震区复杂地质条件下公路斜坡超高填方关键技术研究"支持完成，并参考了四川地区相似工程建设经验。在撰写本书过程中，非常感谢**贵州省交通规划勘察设计研究院股份有限公司**和**四川交投设计咨询研究院有限责任公司**的大力支持。在此也感谢贾颖、唐为民、苏晓亮、张虎、王曙光、李成强、王显军、陈志学等领导同志所给予的大力支持和帮助。

由于作者水平有限，加之撰写时间仓促，书中难免存在考虑不周或有待商榷之处，恳请广大读者批评指正。

作　者

2024 年 7 月

目 录
CONTENTS

第1章 绪 论 ·· 001
    1.1 背 景 ·· 001
    1.2 高填方的研究现状分析 ··· 005
    1.3 填方边坡稳定性分析方法 ··· 008

第2章 复杂地质条件下超高填方勘察要点 ·· 017
    2.1 地质调绘 ·· 017
    2.2 水文调查 ·· 029
    2.3 钻孔布置 ·· 030
    2.4 评价结果 ·· 037

第3章 山区超高填方破坏模式及稳定性影响因素 ··································· 042
    3.1 破坏模式 ·· 042
    3.2 稳定性影响因素 ·· 045

第4章 超高填方的粗粒填料特性 ··· 061
    4.1 超高填方填料的分类 ·· 062
    4.2 超高填方填料工程力学性质与含石量间相关性研究 ···················· 064
    4.3 超高填方填料的PFC3D数值模拟试验 ····································· 067
    4.4 超高填方填料的大型三轴试验 ··· 095

第5章 超高填方压实控制关键技术 ·· 106
    5.1 压实质量标准 ··· 106
    5.2 压实方法及特点 ·· 107
    5.3 压实机理 ·· 108

5.4 压实质量控制 ·· 108
5.5 压实质量的评定 ·· 111
5.6 超高填方分层碾压 ··· 114
5.7 超高填方路基最优压实方案的确定 ·· 125
5.8 超高填方冲击碾压 ··· 132
5.9 超高填方强夯技术 ··· 139

第6章 高填方路基的地震效应分析 ·· 154
6.1 地震对路基的影响 ··· 154
6.2 超高填方抗震对策 ··· 182

第7章 超高填方的防护支挡措施 ·· 190
7.1 坡面防护 ·· 190
7.2 支挡防护 ·· 205

第8章 超高填方排水技术及典型病害特征 ·· 218
8.1 填方路基排水设计的目的 ··· 218
8.2 现有填方路基排水设计理论 ·· 219
8.3 填方路基排水设施 ··· 223
8.4 超高填方排水设计典型案例 ·· 225
8.5 填方路基典型水毁病害特征分析 ··· 230

第9章 复杂地质条件下典型超高填方案例分析 ································· 236
9.1 某高速煤系地层堆积体55 m高填方边坡 ·· 236
9.2 某高速83 m超高填方路基边坡 ·· 254
9.3 某高速76 m超高填方路基 ··· 266
9.4 某既有超高弃土场对下游拟建高速公路桥梁的影响及支挡设计 ············ 277
9.5 某高速106 m超高填方路基 ··· 294

参考文献 ··· 302

第1章 绪 论

1.1 背 景

1.1.1 我国不同区域的地质特点

我国陆地总面积约960万平方千米，地大物博，南北、东西跨度大。各个地区都有着独特的自然地质条件。在公路工程建设中，顺应自然条件以规范标准为设计思路、优化工程规模，是每个工程项目的力争之处。按照地理位置划分，我国的地质特点主要有：

东北地区：①东北平原，主要以砂砾层和黑色黏土为主；②大、小兴安岭，长白山脉，以花岗岩、玄武岩等火成岩类为主。

华北地区：华北平原，主要是砂砾层和黄色黏土。

西北地区：①内蒙古高原，主要为泥灰岩、砂岩；②黄土高原，深厚、疏松黄土层；③塔里木盆地，主要为千枚岩、石英岩、砂砾岩等；④准噶尔盆地，以砂砾、卵石为主。

西南地区：①四川盆地，分布红砂岩；②云贵高原，以灰岩、白云岩等喀斯特地貌为主；③青藏高原：以火山碎屑岩、深度变质岩为主。

东南地区：长江中下游平原，以淤泥质土、黏土、冲洪积层为主。

华南地区：湖广港澳琼，以灰岩、花岗岩为主。

从地质特点来看：平原区以第四系地层居多，层厚大，地表层以覆盖层为主。平原区的填方路基多面临软弱地基的沉降问题，下伏单一或多层土，力学性能相对低下，有时夹有软弱淤泥质层，在上部填方自重加载后由于附加应力的增加，易产生不利沉降。山区地表则以含碎石黏土或全风化岩层居多，岩层埋深相对较浅。虽在沟谷底部、山系坡脚也存在残坡积物甚至是堆积体，但厚度有限，达不到平原地区深达数十米至上百米的软弱覆盖层规模。山区路基的自然地面由于岩层的侵蚀、剥蚀、构造作用，呈现出高低起伏，使填方路基时常坐落于斜坡地带。斜坡带来的整体下滑趋势影响了填方路基的侧向稳定性。故山区地带路基填方对于整体稳定性的关注程度往往大于地基沉降。本书涉及超高填方路基关键技术的研究和分析，主要针对山区地带的公路超高填方路基。

1.1.2 山区公路特点

我国自20世纪80年代开始修建高速公路以来，国内高速公路规模发展迅速，里程逐年上升，截至2021年底，全国高速公路总里程已达到16.91万km，且每年呈递增增长，如图1-1所示。我国高速公路的建设和运营对于促进经济发展、提高交通效率、改善人民生活等方面都产生了显著的积极影响。

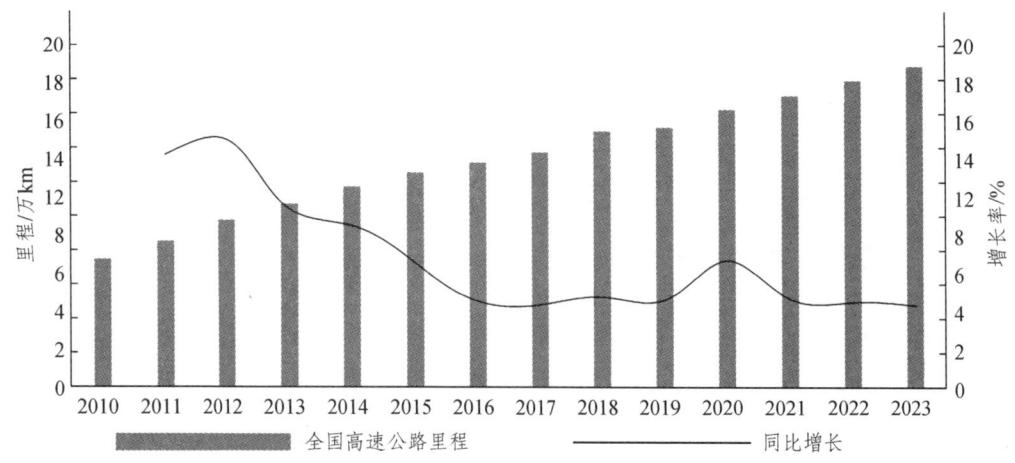

图1-1　近年来高速公路规模与全国道路等级组成

我国地势海拔西高东低，呈三级阶梯状逐级下降，整体上地势可划分为第一级阶梯（海拔≥4 000 m）、第二级阶梯（海拔 1 000～2 000 m）与第三级阶梯（海拔≤500 m），共三级阶梯。其中山区面积占国土面积的69%，山区地形广泛分布。山区公路是指修建在第一和第二阶梯区域的公路。由于第一和第二阶梯区域地形起伏大、山高谷深、工程地质复杂，部分区域还受地震的影响，公路的修建具有较大的挑战，一般具有下列特点。

1.1.2.1　一般特点

1）路窄弯急

由于修筑难度大，耗资多，路幅一般较窄，路线平纵指标相对较低。山区公路多为盘山绕行或环山傍水，弯道曲折连续不断。行驶变向频繁，操作费力，加之弯道视线不良，须提前减速，随时做好避让和停车的准备，使驾驶员思想常处于高度集中状态，精力消耗大。

2）险情较多

山区雨季山洪频发，山体坍塌、桥涵冲断、冰川和泥石流活动、风化石块滚向路面等险情较多，此类险情发生，往往会使公路遭到破坏，交通中断，给行车增加了困难。

1.1.2.2　地形特点

1）坡长而陡

受地形高差限制，山区公路一般依山展线，为克服高差，往往需要设置长大纵坡。青藏、川藏、西兰等干线公路、边疆公路等的上下坡路段长度普遍在 10 km 左右，部分段落超过

30 km，四川境内的 G5 京昆高速公路亚希高速路段，其拖乌山北坡 51 km 连续长大纵坡，最大坡度 4.82%，平均纵坡度 2.97%，为国内"第一场大纵坡"。位于长大纵坡公路路段，汽车上山时，常需要用低速挡位长时间行驶，而下山时，则需长时间运用制动。

2）高填深挖路基分布多

在山区公路中，路线方案时常跨越山涧 V 字形冲沟布设，在冲沟中形成一系列高度较大、单面锁口的高路堤。冲沟中的高路堤中心填高常位于 15～40 m，而边坡经过一定坡比放坡后的高度为 45～80 m 甚至更高。另外，当路线切割山体，依傍山系腰部或底部展现，其纵向长度不适合于采用隧道时，也常采用深路堑的形式，形成了边坡高度为 30～60 m 甚至更高的深挖方边坡。这些具有较大至巨大规模的高填深挖边坡成为山区公路克服极端地形条件的特有工程景观。

3）工程规模大

由于山区公路需要克服地形限制，常常不得已而采用较为大规模的工程以实现道路通行。如跨度达 1 400 m 甚至更高的特大桥跨越水体或深沟，如长度超过 10 km 的超长隧道穿越山系，又如边坡高度达 100 m 的超高填挖方边坡等。其中的任一工程放在平原地区都可称为"前无古人"的代表性工程。山区公路正在逐步"将不可能变为可能"。

1.1.2.3 地质特点

1）工程地质条件复杂

我国的第一和第二阶梯区域基本集中了所有的不良地质，滑坡、岩溶、软土、泥石流、采空区、堆积体、危岩体等均有分布，特殊性岩土也较常见。不良地质和特殊性岩土均会影响到公路建设，虽然通过不同的方式进行了绕避或处治，但鉴于地质的复杂性和现有技术的限制，依然存在较多的潜在不良地质，导致在施工期和运营期出现因地质问题而产生的重大经济损失和安全隐患。因此，工程地质问题是公路建设中必须解决的问题之一。

2）地质构造强发育

山区公路常不可避免地与地质构造交叉，主要为褶皱和断裂。地质构造的发育由地质板块运动产生。地质构造轴部的岩体受构造影响，存在规律性的特点（如破碎程度高、完整性差、地层新老交替等）。条件更加苛刻时，山区公路需要跨越全新世活动构造，如区域性活动断裂带。构造的强发育给山区公路工程带来了额外的考虑因素和极大的挑战，查明公路下伏地质构造的发育特点成为工程勘察的重点。

3）水文条件复杂

山区公路下伏地层种类多样且交替，不同岩层岩体的亲水性存在差异。根据区域地下水赋存条件和含水介质特性、岩性及其组合的特点，可将公路项目区的地下水划分为岩溶水、裂隙水等不同的类型。地下水的赋存情况和水矿物特性也决定着工程区内地下水静水压力、渗流场作用引起的渗透力和矿物水对于工程结构的腐蚀性等不良影响。

4）地震

我国位于世界两大地震带——环太平洋地震带与欧亚地震带之间，受太平洋板块、印度板块和菲律宾海板块的挤压，地震断裂带十分活跃。地震主要分布在 5 个区域：台湾地区、西南地区、西北地区、华北地区及东南沿海地区。自 2020 年至 2024 年 4 月，全国 M4.0 级以上的地震达到 250 多次，严重影响了人类的生命安全。2008 年四川汶川发生 8.0 级特大地震，累计死亡 6.92 万余人，受伤 430 万余人，失踪 1.79 万余人，据统计，1/3 的损失由地震滑坡造成。

受构造运动的影响，我国地震断裂十分发育，地震频率高，但是人类的工程活动又无法避让这些区域。尤其是公路的建设，除了需要考虑天然边坡的地震安全外，还有大量的人工填方路基边坡，地震作用引起的高填方路堤下滑力变化可达几百至数千千牛甚至更高。地震带来的强烈动力作用将对具有一定工程规模的山区公路造成极为不利的影响。由于克服地形地质条件而设置的高陡边坡，在面临地震时，将承受接近 0.4 倍自重且沿结构不利方向的强动载。在地震区对于抗震设防的考虑，成为震区公路设计的重点。

随着近几年来，极端气候事件的频发和地震活动的加剧，山区高速公路面临的安全风险日益凸显，对高速公路的安全韧性提升提出了迫切需求。因此，对于超高填方的设计更需要充分考虑多种不利因素（如地震、高温、暴雨等）耦合、叠加。

1.1.3　山区公路超高填方的必要性

1.1.3.1　定　义

1. 超高填方

JTG D30—2015《公路路基设计规范》[1]对于高填方路堤的定义是路基填土边坡高度大于 20 m 的填方路堤即为高填方路基在公路工程实践中，填方路基边坡多数控制在 40 m 以内，少数达到 50 m，再高的填方路基多以桥梁形式通过。受地形及建设条件的影响，作者成功实践了很多 50 m 以上，甚至超过 100 m 的超高填方路基，本书结合作者实践经验，将最大填方边坡高度大于 60 m 的填方路堤称为超高填方。

2. 复杂地质

影响填方稳定性的自然、社会因素有很多。本书中将同时受到两条及以上如下不利因素制约的高填方工点称为复杂地质条件：

（1）地形条件——横坡陡、填方极高；

（2）地质条件——岩土组成不利、力学性能低下、不良地质强发育；

（3）水文条件——区域排水改变、地下水位不利；

（4）社会条件——填方附近或下游有敏感物、重要构造物。

注：对填方不利的地质条件主要有深厚覆盖层、软土地基、煤系地层、堆积体、滑坡、采空区、泥石流、强地震等。

1.1.3.2　必要性

在公路的设计建设中，尽可能地顺应地形是公路布线的第一原则。在我国部分地区，地形条件复杂，相对高差显著，山区公路建设面临更大的工程难度和挑战。山区地形起伏较大，

第 1 章 绪 论

沟壑纵横，公路常需跨越深沟，且随着路网的逐年发展，条件优越的公路走廊已逐渐饱和，新建公路逐渐向地形地质条件更差的走廊带布设，进而不可避免地出现填筑方量大、填方边坡高及填料复杂的超高填方路堤。

高填方路基的稳定性一直是公路建设中的重点关注对象。由于环境评价的严格要求，公路项目废方弃筑选址严重受限，废方处理困难。在设计方案比选中，鉴于超高填方路基能有效消化废方、减少长距离便道修建而带来的环境破坏、缩短工期、便于施工、节省造价，超高填方相较桥梁具有更可观的工程优势，在一些高差大、废方量较大的工点，若具有一定程度的填筑条件，超高填方往往会取代桥梁成为跨越深沟的最优工程方案。如图 1-2 所示，为某山区高速公路 106 m 超高填方路基远景。

图 1-2　某山区高速公路 106 m 超高填方路基远景

1.2 高填方的研究现状分析

1.2.1 高填方稳定性的研究现状分析

王志斌[2]以常吉高速公路为依托，运用模拟试验、数值模拟和理论分析等方法，对岩质斜坡路堤的特性、破坏模式、稳定性计算方法及设计方法等内容进行系统研究，但依托对象为高度在 2.45～29.8 m 的一般高填边坡。吴志轩等[3]通过 Bishop 方法和有限元方法，分别研究了在基-填界面上开挖台阶对高填方边坡稳定性的贡献和机理，研究对象为 90 m 高路堤边坡，并模拟了 6 度地震和暴雨影响下的高路堤稳定性情况。黄佳昕[4]以昆明新机场高填方地基工程为背景，利用 PLAXIS 有限元分析软件，采用强度折减法，对山区地形地质条件下（填方）边坡的静力稳定问题进行研究。徐光明等[5]应用离心模型试验对带有与边坡走向一致的倾斜基岩面，且在该基岩面存在软弱夹层的边坡的稳定性和破坏模式进行了比较详细的研究，采用极限平衡分析方法对试验结果进行计算分析。试验中采用 270 mm 高模型以 1∶80 比例模拟 21.6 m 高填方特性，属一般高填边坡。刘怡林等[6]用离心试验和数值模拟分析斜坡含软弱夹层地基路堤边坡的稳定性及破坏机制。离心机将 17 cm 高填方模型以 100g 的重力加速度运转，即研究了高度为 17 m 填方边坡的稳定性。杨校辉[7]通过对某山区机场 60 m 高填方边坡滑移变形过程进行监测，对高填方边坡变形全过程及机制进行时空综合分析。同时，采用有限元软件对高填方边坡原地基处理、填筑体压实度、地下水水位升降及加筋等与边坡稳定性的关系进行研究。

对于高填方的已有研究，研究对象多数集中在高度超过 20 m，达到路基规范中对于高填方的定义范围附近的填方。对于高度在 60 m 以上的大规模高填方，已有研究中仅在部分机场填方有所涉及。故目前对于高度极大的大规模填方的已有研究，虽不是空白，但公路领域几乎没有。在山区高速公路领域，不可避免地存在相当数量的 60 m 以上超高填方，因此，很有必要开展填方边坡高度超过 60 m 的超高填方路基的稳定性及相关技术研究。

1.2.2　填方路堤沉降变形的研究现状

邓永程[8]根据现场填方路基工后沉降观测数据，对高填土地基的工后沉降进行初步的分析发现在半填半挖路基中，道路路肩处的横向变形和沉陷比道路中部的变形沉陷要大；随着施工年限的增长，路基的沉降逐渐加大，在高填方工程完成约一年以后，地基的沉降基本保持不变。刘健[9]通过在试验布置测点分析路基变形结果后得出：工后路堤顶面沉降最终稳定在 20.1 mm，路基边坡水平位移最大值为 18.6 mm，路基深部水平位移最大值为 19.1 mm，在监测完成后均达到了稳定状态。要文静[10]采用现场监测法对全风化软岩路堤变形进行监测与分析，结果表明：地基顶面沉降在施工期间较大，工后增幅逐渐下降并趋稳；路堤顶面中心部位沉降量最大，且工后监测初期增幅较大，最终沉降量未超过设计要求；路堤坡脚水平位移主要产生在施工期间，工后增幅较小，且很快稳定。张岩兵[11]结合现场监测，并对路基沉降影响因素进行分析。结果表明：在施工阶段路基沉降量较大，工后沉降逐步稳定，自路基顶面随深度增加路基沉降量随之下降；随时间增加，路基沉降速率呈现先增加后下降的趋势，路基沉降与填方高度存在较好的线性关系，地形对路基沉降影响较大。李斌[12]采用数值模拟与现场监测手段，对高填方路基的固结沉降变形规律和超静孔隙水压力的变化过程进行研究，提出通过减小填筑速度来减小工后沉降量的方法。张岩兵[13]现场建立试验段并在工后通过沉降监测进行分析，结果表明：路基与构造物交界部位处治后路基沉降较未处治时明显下降，路基填筑施工前期沉降速率较低，而后逐步提升，且非强夯区沉降略高于强夯区，监测结束后均逐步趋稳；填挖交界处采用铺设土工格栅处治后路基沉降较未处治明显下降。

对于填方沉降的已有研究，主要都采用了现场布点观测、总结现象规律的研究方法，也有部分学者通过数值模拟的方法计算分析出了填方的沉降变形，同时填方高度也类似，多处于一般高填方规模。高填方路基的沉降由地基沉降和填方体本身的沉降组成。对于地基沉降一般采用基底夯实或复合地基处理。而对填方本身的沉降，主要通过压实工艺的严格把控进行控制，良好的压实效果将带来更小的填方沉降。目前针对路基土沉降量的计算暂无成熟的理论支持。特别地，随着填方高度的增大，受理论的局限性和沉降风险的加大，现有的工程实践主要通过分层碾压、分层夯实、分层强夯的措施来控制超高填方路基沉降。因此，本书的研究主要针对超高填方的压实工艺进行了针对性的研究，以此来控制超高填方的沉降。

1.2.3 填方抗震特性的研究现状

江军[14]依托某高速公路项目,以40 m高填方边坡为对象,采用PLAXIS软件数值模拟分别对静力状态下填方路堤稳定性以及地震条件下路堤动力响应情况进行计算分析,探究了填方高度、斜坡地基坡度、抗剪强度以及路堤边坡坡度等因素对其影响,属一般抗震区高填方的数值模拟。袁中夏等[15]采用地震动力计算、完全流固耦合计算和强度折减计算,为32 m高的黄土高填方边坡施加地震动载,对边坡在地震和降雨下的各性征进行PLAXIS 3D数值模拟分析。刘波[16]以贵州省仁怀市茅台机场斜坡为依托,采用拟静力法模拟地震作用,利用FLAC 3D对地震下某贵州机场58 m高填方的稳定性进行数值模拟。潘凯等[17]依托西部某高原机场工程案例,利用FLAC 3D对8度抗震区(0.2g)的109 m超高机场填方的变形特征进行数值模拟,得出强震区超高填方的动响应模拟特性,研究对象规模与本研究相似,但缺少边坡受力机理的研究分析。李旭东[18]采用室内振动台模型试验与数值模拟相结合,对填方边坡模型的不同坡面处理方式与粉煤灰加筋复合改良填方地基在强震作用下的变形与抗震性进行研究。研究高度在22~25 m范围,加速度0.2g填方边坡抗震特性。辛顺超[19]针对地震荷载作用下25 m成雅高填方边坡的破坏机理和稳定性进行分析评价,采用数值分析方法,揭示地震荷载中高填方边坡破坏机理,建立地震中边坡稳定性评价的静力分析法和动力分析法。

对于高填方抗震,目前研究多为数值模拟或现场数据分析,且边坡高度多在20~50 m,或为较小地震烈度,而对于高度大于60 m且地震动加速度大于0.2g的强震填方研究较少,仅见于少部分的机场填方中,而在公路工程中,超高填方路基几乎没有。因此,很有必要研究超高填方在地震工况下的抗震特性。

1.2.4 高填方排水的研究现状

鲍盘伟[20]依托某机场高填方路基,通过对边坡各方面问题的分析,探讨了高韧性聚酯纱线集束格栅与排水垫的特点及优势,并详细介绍了在边坡稳定性提高、施工质量控制、环境保护与生态恢复方面的具体应用策略和效果。研究结果表明,该综合施工技术能有效提升工程质量与稳定性,缩短施工周期。王先富[21]通过详细的水文计算分析,确定不同路段排水结构所需构造尺寸,并以此为依据,设计出不同路段的路基路面排水方案,为同类型项目排水方案设计提供参考与借鉴。唐正波[22]结合实例项目,对综合排水系统构建进行分析,并提出相关综合排水措施在高填方路基中的应用。通过该系统的合理应用,有效提高该公路项目建设中路基的稳定性。冯凯[23]针对特高压变电站中遇到的高填方场地,通过对各种形式的排水盲沟进行对比总结,提出了一种更适合回填碎石土场地的沟底排水盲沟,采用毛细血管式方式布置,有效避免了由于排水不畅对场地沉降、边坡稳定等造成的不利影响。刘跃成[24]以新建的某高速典型高填方排水工程为例,创新性地设计基底、坡体、坡面、路面等综合排水系统,并通过对本工程中运用新技术获取的监测数据进行验证,表明该技术能有效确保高填方路基的稳定性。

排水工程的技术较为成熟,其关键是准确的水文计算。作为高填方设计的重要一环。本书以实际工程案例进行分析,介绍超高填方路基排水的水文计算,以此来供读者参考。

1.3 填方边坡稳定性分析方法

填方稳定性分析主要采用极限平衡法。极限平衡法是目前工程中普遍应用的分析方法，此外还有极限分析法、有限元分析法和滑移线场法[25]。

1. 极限分析法

极限分析法（或称能量法）运用塑性力学上下限定理求解边坡稳定问题。上限定理求解即能量法，通常需要假设一个滑裂面，并将滑动土体分成若干刚性块，然后构筑一个协调位移场，根据虚功原理求解滑体处于极限状态时的极限荷载、临界坡高或稳定系数。一般假设的滑移面为对数螺旋线或直线。下限定理的应用是有限的，因为很难找到合适的静力许可的应力分布，只有极少数情况下可用应力柱的方法构造这种平衡静力场，获取下限解。因此，极限分析法中最常用的是上限定理。极限分析法的最大缺点是需假定土体为理想刚塑性体，而不能考虑土体的非线性应力-应变关系。

2. 有限元分析法

有限元分析法分析边坡稳定问题，可计算出边坡内部的应力，然后假定滑动面，滑动面上的法向力和切向力直接从有限元应力成果上获得。这样，既可避免人为的粗糙假定，又考虑了土的应力-应变关系，比极限平衡法更为精确合理。但是有限元分析不能直接与稳定性建立关系，需要定义合适的稳定系数，才能使之在计算时方便地利用有限元分析的结果。目前，有限元法的应用还多限于土坡稳定的应力-应变规律性分析。

3. 滑移线场法

滑移线场法是土塑性力学的重要应用之一，严格来说也是一种极限平衡法。在不考虑土体的变形与强度硬软化情况下，将土体分成塑性区与刚性区，塑性区具体范围待定。在塑性区内，连续介质力学中的应力平衡方程必须满足，另外，应力还须遵守莫尔-库仑（Mohr-Coulomb）准则，二者结合起来可得到一组偏微分方程，在简单的边界条件和土质分布条件下，用特征线法可得有限的闭合解答。数学上的特征线恰好是土力学中的滑移线，即两簇滑裂面。Prantdl 在 1921 年获取了条形地基下滑移场解答得到理论条件下地基承载力的精确解。后来 Sokolovski 建立了非常完整的极限平衡滑移线理论，不仅得到大量有用的解析解，而且还应用数值法获取许多滑移线场的数值解答，解决了一系列边坡、土压力、地基承载力问题。严格的滑移线场解是有限的，稍复杂情况下可用差分法求取近似解，而对于更复杂的工程问题。滑移线场法通常是无效的。但有限的滑移线场解答可有效地检验其他近似方法的精度。

4. 极限平衡法

极限平衡法以莫尔-库仑抗剪强度理论为基础，将滑动土体分为若干垂直土条，直接对某些多余未知量作出假定，使方程式的数量和未知数数量相等，建立作用在这些垂直土条上的力的平衡和力矩平衡方程，从而求解稳定系数。极限平衡法通常有以下几个方面假定：①假定滑裂面形状为折线、圆弧、对数螺旋线等；②静力平衡求解过程中仅满足部分力和力矩的平衡要求；③对多余未知数的数值或分布形状作假定。采用不同假定，就会得出不同的方法，如费伦纽斯（Fellennius/Petterson）条分法（又称瑞典条分法）、毕肖普（Bishop）法、简布（Janbu）法、斯宾塞（Spencer）法、摩根斯坦-普赖斯（Morgenstern-Price）法、不平衡推力法等。

从实际工程应用出发，最为普遍的是极限平衡法，本书将以极限平衡法为基础介绍超高填方路基的稳定性计算分析，暂不赘述其他方法。

1.3.1 不同假设条件下的分析法

根据考虑的平衡条件，极限平衡法可分为严格的极限平衡法（同时考虑力平衡和力矩平衡）和不严格的极限平衡法（只考虑单方向力平衡或力矩平衡）两种。对于同一算例，满足力和力矩平衡条件的严格法给出的安全系数基本相同，偏差一般不会大于 5%[26]。而只满足力平衡或力矩平衡的简化法的计算结果离散性较大，且仅满足力平衡的方法比仅满足力矩平衡的方法离散性更大。各种简化方法反映了早期手算的需要，随着计算机软硬件技术的飞速发展，在边坡稳定分析中以精度更高的严格法代替简化法已成为必然[27]。

不同分析方法的适用范围、基本假定及主要思想如表 1-1 所列。

表 1-1 常用极限平衡条分法及其假定

方法	滑动面	所满足平衡条件			条块形状
		竖向力	水平力	力矩	
瑞典条分法	圆弧			√	垂直条块
毕肖普法	圆弧	√		√	垂直条块
简布法	任意	√	√		垂直条块
斯宾塞法	任意	√	√	√	垂直条块
摩根斯坦-普赖斯法	任意	√	√	√	垂直条块
萨玛法	任意	√	√	√	非垂直条块
不平衡推力法	任意	√	√		垂直条块

1. 瑞典条分法

适用范围：圆弧形滑面破坏。

基本假设：①不考虑力的平衡；②忽略条块间的剪切力及法向力。

主要思想：仅考虑对滑动面中心点取矩的力矩平衡方程。安全系数等于抗滑力除以下滑力。属于只满足 1 个力矩平衡的不严格极限平衡法。

2. 毕肖普（Bishop）法

适用范围：圆弧形滑面破坏。

基本假设：忽略条块间的剪切力。

主要思想：同时考虑对滑动面中心点取矩的力矩平衡方程和竖向作用力平衡方程。安全系数由公式迭代计算。属于只满足 1 个力平衡和 1 个力矩平衡的不严格极限平衡法。

3. 简布（Janbu）法

适用范围：圆弧/折线形滑面破坏。

基本假设：①条块间的作用力都为非零值；②对条块间作用力的位置做一定假设。

主要思想：同时考虑所有条块的水平、竖直方向力平衡和除最顶端条块外所有条块的力矩平衡。安全系数由公式迭代计算。属于满足 2 个力平衡和 1 个力矩平衡的严格极限平衡法。

4. 斯宾塞（Spencer）法

适用范围：圆弧/折线形滑面破坏。

基本假设：①条块间的作用力都为非零值；②条块间作用力的作用角度为常值。

主要思想：同时考虑所有条块的水平、竖直方向力平衡和所有条块的力矩平衡。安全系数由公式迭代计算。属于满足 2 个力平衡和 1 个力矩平衡的严格极限平衡法。

关键问题：作为严格条分法的一种，斯宾塞法在部分计算中会出现不收敛情况。解决方法为：①调整滑面，略微改变受力情况；②更换其他计算方法。

5. 摩根斯坦-普赖斯（Morgenstern-Price）法

适用范围：圆弧/折线形滑面破坏。

基本假设：①条块间的作用力都为非零值；②条块间力的作用角度根据各条块而变化，为半正弦函数形式。

主要思想：同时考虑所有条块的水平、竖直方向力平衡和所有条块的力矩平衡。安全系数由公式迭代计算。属于满足 2 个力平衡和 1 个力矩平衡的严格极限平衡法。

6. 萨玛（Sarma）法

适用范围：圆弧/折线形滑面破坏。

基本假设：①条块间的作用力都为非零值；②条块间的分界线可以为任意角度；③条块底部与条块分界面上具有相同的安全系数。

主要思想：同时考虑所有条块的水平、竖直方向力平衡和所有条块的力矩平衡。安全系数由公式迭代计算。属于满足 2 个力平衡和 1 个力矩平衡的严格极限平衡法。

关键问题：由于假定条块底部与条块分界面上具有相同的安全系数，才有了 Sarma 法中的条间剪力方程。该方程无法正确表示条块间的剪力，故在部分情况下难以保证 Sarma 法的收敛性。

7. 不平衡推力法

适用范围：圆弧/折线形滑面破坏。

基本假设：①不考虑力矩的平衡；②条块间的作用力可为任意。

主要思想：仅考虑竖向和水平方向上的力平衡方程。显式解的安全系数等于抗滑力除以下滑力；隐式解的安全系数采用强度折减迭代计算。属于只满足 2 个力平衡的不严格极限平衡法。仅有不平衡推力法存在剩余下滑力的概念。

关键问题：在采用不平衡推力法计算折线滑面时，必须满足滑面的连续两段直线段间转角小于 10°，否则会大幅高估边坡的稳定系数，使计算结果误差过大而无法接受，并且偏危险。

1.3.2 各种计算方法的比较

采用上述极限平衡法对典型算例进行稳定性计算,并对结果进行比较分析,得出下列结论:

(1)各种严格法计算结果都较相近。当滑面为圆弧面时,稳定系数差异大致在 1%~2%;当滑面为一般滑面,差异大致在 1%~4%。当 Janbu 法的力作用点假定在 1/3 处,可能出现较大的误差,因为实际的力作用点一般在 1/3 处以上。无论在理论还是在计算结果的准确性上,各种严格解法都是可取的,其中 Spencer 法计算最为方便,采用严格法时推荐采用这种方法。

(2)除简化 Bishop 法外,各种方法与严格法相比都有较大差异,尤其是瑞典法差异高达 20%以上,因为瑞典法没有考虑土条间有利的相互作用,其稳定系数值最小,偏于保守,有时会造成很大浪费。尽管瑞典法在我国应用很广,但不宜推广应用。

(3)不平衡推力法在相邻土条底面倾角变化很小时,计算结果与简化 Bishop 法接近;当倾角变化很大时,计算结果相差很大,偏于危险。因此,采用该法时应有所限制或调整。

(4)非严格法中简化 Bishop 法,不仅计算简便,而且与严格法相比的大致差异为 2%。这种方法在国外广为应用,也值得在我国推广应用,尤其适用于圆弧滑面边坡的计算。

(5)简化 Bishop 法算得的稳定系数比瑞典法高 7%~8%,最大高 14.8%;Spencer 法比瑞典条分法平均高 9.5%,最大高 17.6%,比简化 Bishop 法高 2%~3%,稳定系数对内摩擦角 φ 的敏感性大于黏聚力 c。

以某高速公路互通收费站场坪工点为例:填方高度 41.6 m,为单斜坡填筑。基底为厚度 2.6~6.1 m 的碎石土覆盖层,下伏稳定石灰岩。地面横坡陡,基底为软弱覆盖层,厚度大,完全清除困难,坡脚采用抗滑桩支挡。设计横断面和计算结果见图 1-3。所有方法中以简布法所得稳定系数最高,瑞典条分法所得最低。

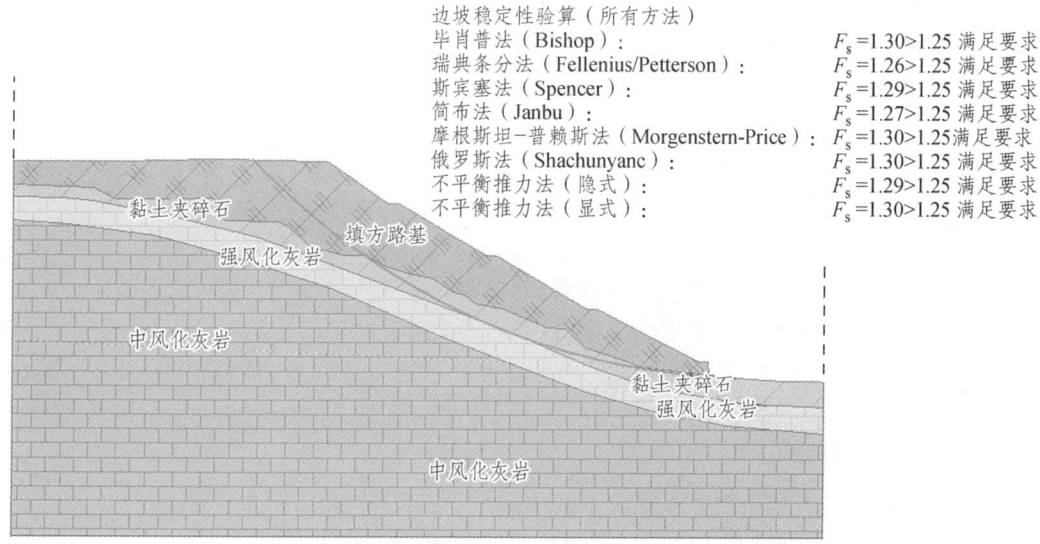

图 1-3 某斜坡填方计算横断面及不同计算方法下的稳定性系数结果

1.3.3 地震作用分析

目前,JTG B02—2013《公路工程抗震规范》[28]中认为比较安全和经济的抗震设计结构标准是"小震不坏、中震可修、大震不倒"。根据此标准，填方边坡在地震作用下的稳定性分析方法主要有：拟静力分析法、动力分析法、滑块位移法、数值模拟法和模型试验分析法。

1.3.3.1 拟静力分析法

地震对工程构筑物的作用主要体现为地震加速度，加速度的存在使边坡坡体具有了由地震引起的惯性力，包括水平（剪切波）与竖直（压缩波）两个方向，其大小根据表1-2确定。

表1-2 地震设计加速度设置

地震基本烈度	7度		8度		9度
水平加速度 A_h	0.10g	0.15g	0.20g	0.30g	0.40g
竖向加速度 A_v	0		0.10g	0.17g	0.25g

拟静力分析法是将地震加速度拟作一个恒载，通过反应谱理论将地震对建筑物的最不利作用以等效恒载的方法来表示，再根据这一等效荷载用静力分析的方法对结构进行内力和位移计算。此种方法的优点在于物理概念清晰，计算量小，在众多工程中的应用证实了在设计中的可接受度，且成为规范中推荐的计算方法。同时本方法也存在一定缺点：无法反映动力响应情况，无法进行动载时程分析。

根据 JTG B02—2013《公路工程抗震规范》8.2.2 规定："公路路基可采用静力法进行抗震稳定性验算。"静力法成为计算边坡整体稳定性时的规范推荐方法。

静力法将地震作用以岩土体或结构质量与加速度的乘积作为惯性力，施加于岩土体或结构的重心上。其作用大小分水平和竖向分别计算，如式（1.1）和式（1.2）所示。

$$E_{hsi} = C_i C_z A_h \psi_j G_{si} / g \tag{1.1}$$

$$E_{vsi} = C_i C_z A_v G_{si} / g \tag{1.2}$$

$$\psi_i = \begin{cases} 1.0, & H \leqslant 20 \\ 1.0 + \dfrac{0.6}{H-20}(h_i - 20), & H > 20 \end{cases} \tag{1.3}$$

式中，E_{hsi}——作用于路基计算土体中心处的水平地震荷载（kN）；

E_{vsi}——作用于路基计算土体中心处的竖向地震荷载（kN）；

C_i——抗震重要性修正系数，按公路等级和构筑物重要程度不同取 0.8~1.7 不等；

C_z——综合影响系数，取 0.25；

ψ_j——水平地震作用沿路堤边坡高度增大系数；

G_{si}——路基计算第 i 条土体重力（kN）

A_h——路基所处地区的水平设计基本地震动峰值加速度；

A_v——路基所处地区的竖向设计基本地震动峰值加速度，取不利的向下为正；

h_i——路基计算第 i 条土体高度（m）；

H——路基边坡高度（m）。

将作用效应作为恒载施加于边坡条块的重心，分别求潜在滑面切向和法向上的地震作用力分力，再按照不同的计算理论（不平衡推力、毕肖普等）做出不同的假定，求解力平衡和力矩平衡方程，即可求解出边坡工点的稳定系数。此处以类土质的毕肖普法和不平衡推力法为例。

① 毕肖普法。

土质路基抗震稳定系数 K_c 可采用简化毕肖普法按照式（1.4）确定。其中 E_{vsi}、E_{hsi} 为地震作用，进行法向、切向力分解后加在对应的下滑力、抗滑力中，从而得到毕肖普法下的抗震稳定系数。

$$K_c = \frac{\sum_{i=1}^{n} cB\sec\theta + [(G_{si}+E_{vsi})\cos\theta - E_{hsi}\sin\theta]\tan\varphi}{\sum_{i=1}^{m}\left[(G_{si}+E_{vsi})\sin\theta + \frac{M_h}{r}\right]} \quad (1.4)$$

式中，r——圆弧半径（m）；

B——滑体条块宽度（m）；

θ——条块中心点切线与水平线的夹角（°）；

M_h——F_h 对圆心的力矩（kN·m）

F_h——作用在条块重心处的水平向地震力（kN/m），作用方向取不利于稳定的方向；

c——土石填料在地震作用下的黏聚力（kN）；

φ——土石填料在地震作用下的内摩擦角（°）。

② 不平衡推力法（隐式解）。

在稳定系数计算中，JTG D30—2015《公路路基设计规范》中推荐为显式解，笔者认为欠妥。显式解的安全系数体现在下滑力的放大上，隐式解的安全系数体现在抗剪强度折减（即抗滑力折减）上。因重力的增大不仅增加了下滑力，也增大了抗滑力，故单考虑放大下滑力是不够的。所以显式解存在局限。此节讨论隐式解情况。

隐式解的思想为以安全系数折减岩土体抗剪强度，由于安全系数无法提至等式同一侧，无法直接求解，需要迭代计算。抗震条件下任意土条的推力计算公式如式（1.5）~式（1.6）所示，其中 E_{vi}、E_{hi} 为地震作用，进行法向、切向力分解后加在对应的下滑力、抗滑力中。采用稳定系数 K_c 试算的方法，赋值 K_c 并不断调整，直至最后一条土条块的推力 F_i 为零，此时的 K_c 即为隐式解的抗震稳定系数。

$$F_i = (W_i - E_{vi})\sin\alpha_i + E_{hi}\cos\alpha_i - \frac{1}{K_c}\{c_i l_i +$$

$$[(W_i - E_{vi})\cos\alpha_i - E_{hi}\sin\alpha_i]\tan\varphi_i\} + F_{i-1}\Psi_{i-1} \quad (1.5)$$

$$\Psi_{i-1} = \cos(\alpha_{i-1}-\alpha_i) - \frac{\tan\varphi_i}{K_c}\sin(\alpha_{i-1}-\alpha_i) \quad (1.6)$$

式中，α_i——第 i 条土条块底部与水平方向的夹角；

c_i，φ_i——第 i 条土条的抗剪强度（kPa，°）；

Ψ_{i-1}——上一条块对本条块的推力传递系数。

1.3.3.2 动力分析法

动力分析法，主要包含设计加速度反应谱法、设计地震动时程加速度法等，将地震加速度沿时间的变化情况完整地施加于边坡上，完全模拟一个地震波周期内边坡所受地震加速度影响情况，从而求解出边坡各项特性及内力在一个地震波内的时程响应情况。静力法与动力法考虑的地震作用如图 1-4 所示。动力分析方法需要收集地震数据，形成地震加速度随时间变化的时程曲线（图 1-5），能更可靠更精确地反映地震实际作用情况，能体现动响应过程和边坡在不同时刻的应力应变情况。但也需要更多的岩土材料动力参数（如岩土体动弹性模量、阻尼类型、阻尼比）以及更大的计算量（数值模拟等）。

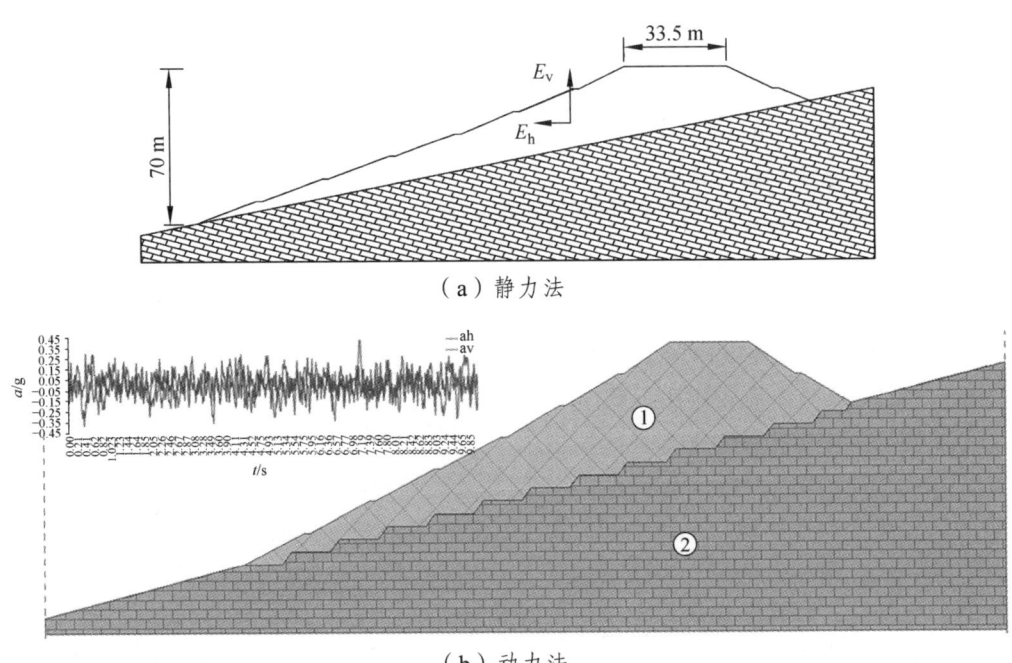

（a）静力法

（b）动力法

图 1-4 静力法与动力法考虑的地震作用

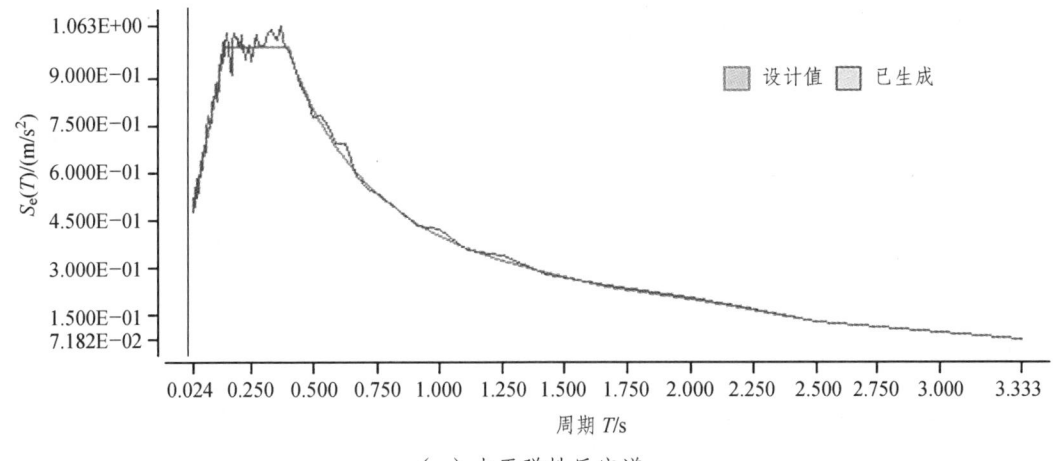

（a）水平弹性反应谱

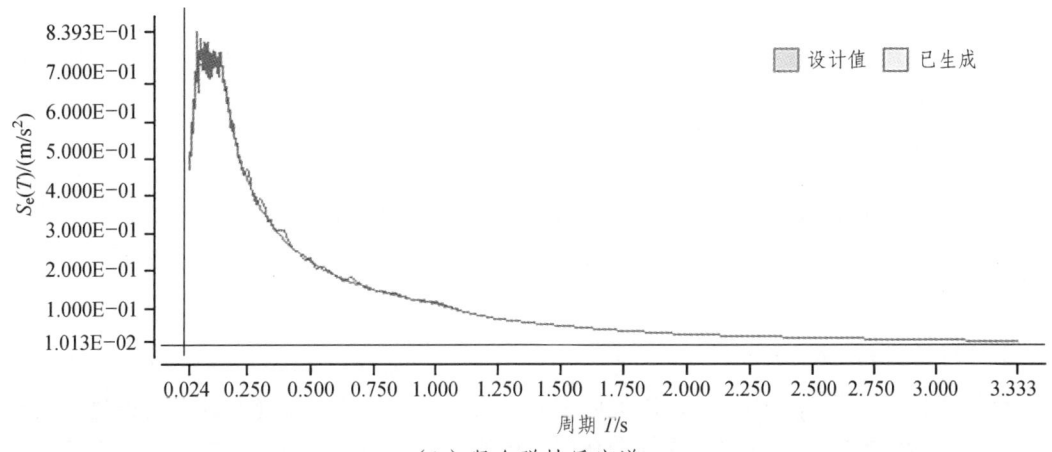

（b）竖向弹性反应谱

图 1-5　动力法下的地震加速度反应谱

此方法的缺点在于地震波数据获取较难，在缺乏先期基础数据的情况下无法进行足够有依据的动力分析，且计算量大，运行耗时长，所得结果为内力、位移等有限元分析结果，无法直接得出稳定系数，需调用其他模块得到，或由内力的一些特征表现来反映边坡失稳。动力法更适合于工点精细化设计或研究中选用，在大体量的公路路基设计中受限于计算繁杂，工程中的实操性不如静力法。

1.3.3.3　滑块位移法

滑块位移法为 Newmark 于 1965 年提出的有限滑动位移计算方法。他认为堤坝或岸坡在地震作用下，堤坝的稳定与否取决于地震时引起的变形，而不是最小安全系数。地震为短暂作用的往返荷载，其产生的惯性力作用时间极短，即使惯性力足够大，使安全系数在短时间内小于 1.0，引起坝体变形，但是当加速度减小甚至反向时，位移便会停止。滑块位移法利用地震记录，将滑块的位移作为岸坡的地震永久变形。短时间较大的惯性力会使坝体产生累积位移，地震结束后，如果土体强度没有显著降低，坝体将不会进一步产生位移甚至被破坏。

Newmark 据此指出，应采用地震累积滑块位移量评价边坡的动力稳定性和抗震性能，因此提出了边坡永久位移的滑块法，计算式如式（1.7）所示。

$$D = \iint_t [a(t) - a_c] \mathrm{d}t \mathrm{d}t \qquad (1.7)$$

式中，D——永久位移；

$a(t)$——加速度时程；

a_c——临加速度。

1.3.3.4 数值模拟法

随着计算机技术和计算力学的发展，数值模拟技术在边坡地震稳定性分析中有着深入的研究和广泛应用。目前，主要有有限元法、离散元法和拉格朗日元法。

1. 有限元法

有限元法是目前最广泛使用的一种数值方法，可用于求解弹性、弹塑性、黏弹性、黏塑性等问题，也是边坡稳定性分析中最早的方法。

2. 离散元法

离散元法也是岩土工程比较常用的分析方法，它是适用于模拟离散介质的数值方法。它的主要功能是能够解决岩块之间接触面的滑移、分离与倾翻等大变形大位移问题，也能计算岩块内部变形和应力分布。

3. 拉格朗日元法

拉格朗日元法源于流体力学，以流体中某一质点的运动作为研究对象，观察这一质点在流场中的运动参数的变化规律，并综合众多流体质点的运动来获得一定空间内所有流体质点的运动规律。根据此原理，基于显示差分，按照时步积分求解。其优点是不用求解大型方程组，占用计算机内存少，求解速度快，可以更好地考虑岩土体的不连续和大变形特性。缺点是计算机边界、单元网格的划分带有很大的随意性。

1.3.3.5 模型试验分析法

模型试验分析法是岩土工程研究重要的手段之一，尤其是对理论不完善，数值模拟技术未成熟的阶段，模型试验是常用的方法。根据实体特征大小，通过在按比例缩小或等比例模型上进行试验，获取相关数据或规律。试验条件必须是材料相似、几何形状相似、物理特征相似。目前填方边坡在地震作用下的研究，根据其试验手段和原理的不同，分为振动台试验和离心机试验两大类。地震模拟振动台主要用于建筑结构抗震试验研究，可再现各种形式的地震波，模拟地震过程，从而研究试验结构的动力特性以及抗震性能。离心机试验是利用离心机提供的离心力模拟重力，按相似准则，将原型的几何形状按比例缩小，用相同物理性状的土体制成模型，使其在离心力场中的应力状态与原型在重力场中一致，以研究边坡的变形规律和工程特性。

第 2 章 复杂地质条件下超高填方勘察要点

超高填方基底若有软基或软弱地层,若未处理直接填筑有可能失稳、产生过量沉降及不均匀沉降时,应对基底进行详细的勘察和处理。欲做好高填方路基工点设计,首先要掌握可靠的、翔实的基础资料,需能准确反映各种自然条件以及制约因素。这就离不开工程前期对于超高填方工点的勘察工作。所有的方案比选、设计要点、关键技术,都要以勘察资料为基础。对于超高填方的勘察分先后步骤:地质调绘、水文调查、钻孔布置、钻孔分析、定量计算、结论建议。本章依照填方工点勘察的先后顺序,介绍、整理勘察工作的具体内容与关键技术,从宏观到微观,明确一个工程人对于超高填方工点的技术把控要点。

2.1 地质调绘

工程地质调绘,是指工程人员依靠工具、仪器,在工点上进行现场调查,基本查明场区的地质情况,并结合既有的地质资料,最后提出相应的调绘报告及图件的过程。工程地质调绘从宏观上对工程的可行性进行定性判别和建议的基础。地质调绘现场如图 2-1 所示。

图 2-1　地质调绘现场

2.1.1　地质调绘内容

工程地质调绘应包括如下内容：

（1）地形地貌的成因、类型、分布、规模、形态特征等。
（2）地层的成因、年代、层序、厚度、岩性和岩石的风化程度等。
（3）地质构造的类型、产状、规模、分布范围等。
（4）地下水的类型、埋深、赋存、补给、排泄和径流条件，以及水系、井、泉的分布位置、高程和动态特征等。
（5）特殊性岩土的类型、分布范围及工程地质性质等。
（6）不良地质的类型、分布范围、规模、形成条件、发生与发展的规律等。
（7）既有工程的使用情况等。

工程地质调绘之前，工程人需要从各方收集已有的区域性地质资料，包括但不限于地质图幅、区域地质报告、构造图幅、水文图幅、水文地质报告、地灾评估报告等。在到达现场之前，工程人应对区域的地质条件做到心中有数，一定程度上熟悉场区大致的地形地貌、地层分布、岩性软硬、岩层产状做到一定程度，对已有资料记载的重要地层分界线、地质构造、不良地质做到有所准备。做到了一定深度的准备，才能在到达工点之后做到"现场核实 + 发现异常"。对常规的、符合资料所示的地质情况做到核查明确、加深印象、记录成果；对反常的、有别于资料记载的地质情况做到及时发现、引起关注、提高警惕、翔实记录。

2.1.2　地质调绘精度

工程地质调绘应沿路线及其两侧的带状范围进行，调绘宽度应满足工程方案比选及工程地质分析评价的要求。JTG C20—2011《公路工程地质勘察规范》[29]对高填方路基工点地质调绘工作的精度作了一定规定：

（1）预可行性研究阶段：调绘比例 1∶50 000~1∶10 000，以路线为单位，不对高填方工点作特殊要求。

可行性研究阶段：调绘比例 1∶10 000~1∶50 000，以路线为单位，不对高填方工点作特殊要求。

初步设计阶段（初勘）：调绘比例 1：2 000。

施工图阶段（详勘）：调绘比例 1：2 000。

（2）工程地质调绘底图的比例尺不应小于工程地质图成图的比例尺。

（3）工程地质调绘点在图上的密度每 100 mm×100 mm 不得少于 4 个。

（4）工程地质图上的地质界线与实际地质界线的误差在图上的距离不应大于 3 mm。

（5）图上宽度大于 2 mm 的地质现象应予以调绘。对公路工程有影响的滑坡、崩塌、断层、软弱夹层等地质现象，在图上的宽度不足 2 mm 时，宜采用扩大比例尺表示，并标注其实际数据。

2.1.3 超高填方调绘

针对超高填方的工点地质调绘，主要处于初步勘察和详细勘察阶段，详勘相比于初勘没有特别的进一步要求，仅需要进一步核实初勘成果。调绘精度要求为 1：2 000，调绘宽度应至坡脚外超高填方影响区域，坡脚外不宜小于 1 倍路基宽度。超高路堤勘察应基本查明下列内容：

（1）高填路段的地貌类型、地形的起伏变化情况及横向坡度。

（2）基岩的岩性、埋深和起伏变化情况。

（3）岩层产状、岩石的风化程度和岩体的节理发育程度。

（4）地表水的类型、分布和水质。

在超高填方的地质调绘中，根据地质资料核查、鉴别地层岩性是基本要求，要准确调查清楚地层的岩性、年代、组别、产状，用于评价填方基底沿风化岩层的整体稳定性。特别地，核查是否存在倾向与边坡横向夹角 30°以内且朝向外侧，且地形上存在临空的不利岩层层面，考虑填方加载后是否有顺层侧向滑移风险；覆盖层的堆积情况是关键，其厚度在冲沟底部难以通过调查来准确确定，但若是基岩出露的地段，稳定性也基本可以定性判断。在不见基岩的路段，也可根据经验来预先评估，做好地调记录，提醒后续的钻孔验证工作；地表水的发育情况也是关注对象，发育的地表水易造成软化基底及饱水软土等不利于填方整体稳定性的情况发生。同时地表水的排泄路径也应做好相应调查记录，结合场区汇水量分析，确保在填筑路基后合理地理顺场区排水路线。

在地质调绘阶段，应该对场区存在的不良地质进行发现、识别。及时发现不良地质的存在并准确记录下不良地质的发育情况是超高填方工点地质调绘的重点。这将关系到填方方案的可行性，以及路线方案比选的合理性。过高的不良地质处置费用将引起填方处置难度过大，导致本路线方案欠合理。一般最好是无不良地质的场区修建超高填方路基，对于不良地质发育的场区，应充分考虑不良地质对超高填方路基的影响以及其处理难度。影响超高填方处置规模的不良地质主要有：深厚覆盖层、堆积体、软土、煤系地层、岩溶、滑坡。

2.1.3.1 深厚覆盖层

超高填方基底的覆盖层在有条件的情况下一般采取清除的方式，同时开挖大台阶增加稳定性。但当覆盖层的厚度达到不适合完全清除的范围，如大于等于 6 m 厚的覆盖层作为超高填方的基底且地面线较陡时，就会造成极差的高填方稳定性。覆盖层以碎石土、黏土、腐殖土为主，多为山涧坡积土，结构一般松散至稍密，力学参数低。作为填方基底，一般均作为软弱层引起侧向滑移。故在斜坡地段，覆盖层范围一般均须处置，若厚度过厚难以清除，将引起边坡剩余下滑力陡增，支挡结构规模过大或复合地基费用过高等不利问题。

图 2-2 为某山区高速公路服务区场坪的超高填方，填筑于单面斜坡上，地表发育有最大厚度为 11.5 m 的红黏土覆盖层，厚度过大难以完全清除。根据勘察钻孔的结果，其较大的厚度和极低的抗剪强度使直接填筑情况下边坡剩余下滑力达到 8 000 kN/m。由于服务区场区位置限定，无法通过偏移路线方案来降低填方高度，迫不得已情况下处置该填方边坡。最终采取了大量挖除 + 水泥粉煤灰碎石（Cement Fly-ash Gravel，CFG）桩复合地基 + 抗滑桩支挡坡脚的大规模设置处置方案。

斜坡上的深厚覆盖层将使填方整体抗滑能力骤降，因此在地质调绘阶段应尽早做好准备。调查中对于预布线位中存在的高填方工点，应重点核查基底基岩的可见性。对于仅仅在冲沟两侧可见基岩，但沟底却无法找到基岩出露，且肉眼可见有覆盖层发育的高填方，应该引起足够重视。地形较陡处覆盖层厚度一般较小，深厚覆盖层往往出现在冲沟岩体风化严重，冲沟上游地形较陡但冲沟下部肉眼可见地转为缓坡的地带。除了工程人自己的识别，也可通过调访当地居民的方式侧面了解大致的覆盖层厚度情况，如冲沟底部分布有平房的地带，可根据询问居民房屋修建时的基础情况来大致估计。

覆土厚度的最终结论应以实际钻孔为准。在地质调绘阶段仅能达到识别、重视、记录的精度。后续根据地质调绘中存疑的深厚覆盖层发育点记录情况，布设地勘钻孔，来提供最可靠的依据。

2.1.3.2　堆积体

在陡崖分布的地带，当崖壁达到一定坡度，或上下部产生差异风化掏空，或上部岩体风化严重时，在自重的联合作用下将产生大型卸荷裂隙，节理裂隙贯通时将发生岩体崩落，堆积于山脚，从而形成以松散块石、碎石为主的堆积体。此类堆积体孔隙比大、松散、厚度不均，于斜坡上经加载后将严重影响场区稳定性，属足以影响路线方案的不良地质体。路线选线中应首先考虑绕避方案。在条件受限时，应采用清方减载与刚性支挡相结合的处治措施。

堆积体识别从宏观上来看，首先应该重视的是"陡崖"，工程中常有"十个陡崖九个堆"的说法。作为一个范围较广、规模较大的堆积体，首先得有充足的物质来源。因此堆积体多发育在陡崖或高陡单斜地形的坡脚处，碎块石崩解滚落而在坡脚处堆积。

其次，堆积体发育路段在地形上也有特征表现（如图 2-3）：在山体坡脚处的突然变缓，且在一定的平面范围内表现出相似地形趋势，或是带状，或是圈椅状。堆积体作为一种结构松散的不稳定至稳定体，其存在自身的自然休憩角，在外部扰动下，易失稳。该角度相对于岩质山体来说是偏小的。这就造成了堆积体区域在宏观地形上的突然变缓。

第 2 章 复杂地质条件下超高填方勘察要点

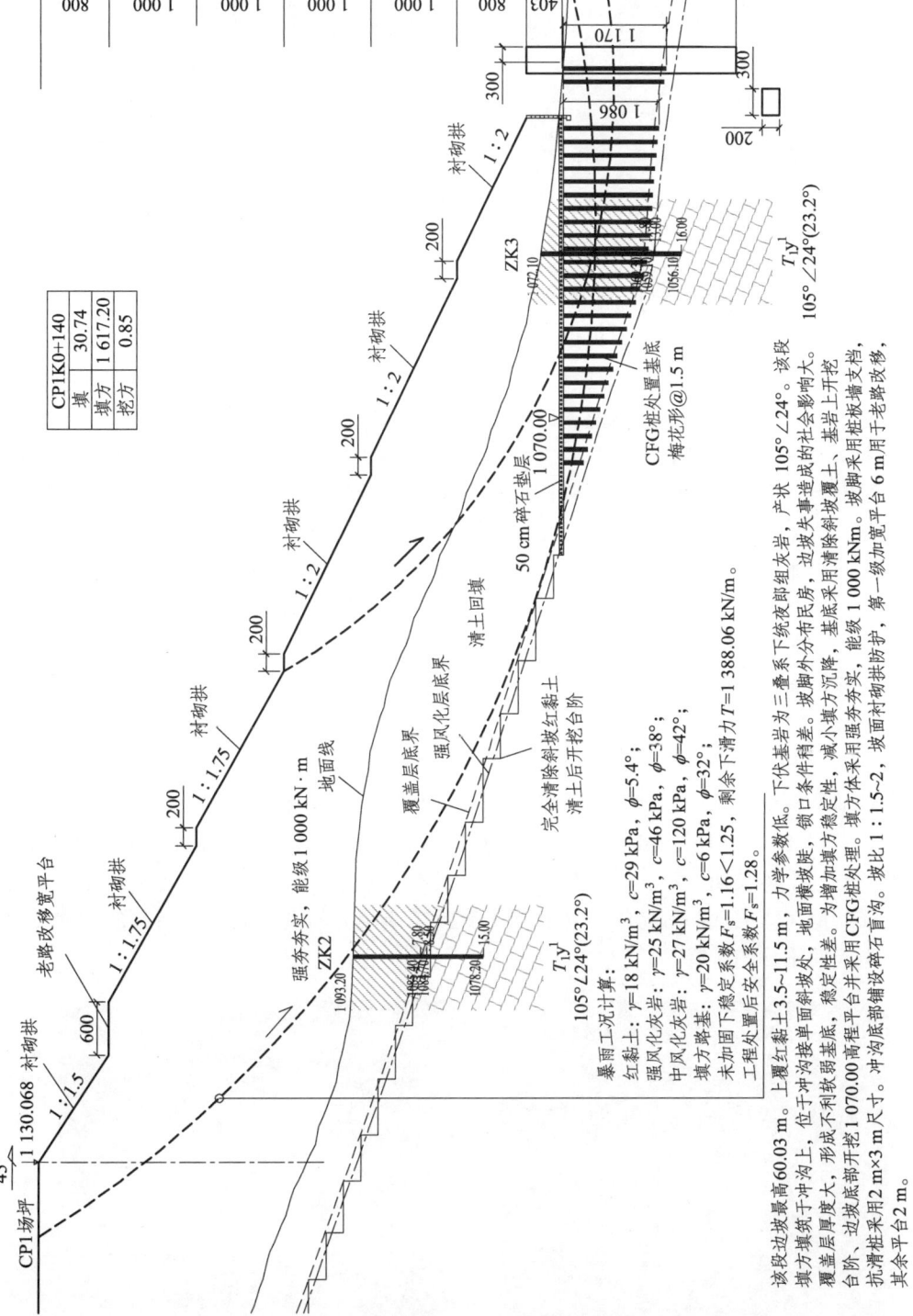

图 2-2 某山洞 11.5 m 深红黏土覆盖层上的 60 m 超高填方

图 2-3 典型堆积体现场识别

再次,堆积体的发育特点为"杂乱",不呈区域性规律。即在堆积体路段,可能可以发现岩石,但所测的岩层、节理产状表现出与前后段山体的产状规律或区域性产状不一致,甚至频繁地发生大量偏移或扭转。此时即应引起思考与警觉:是何种原因造成了此种高频的变化。结合场区的地形条件,以及覆土情况,即可对该堆积体进行识别。

堆积体作为一种不稳定的填方基底,可以在一定程度上将路基与地基之间的滑动摩擦力转化为以石块为介质的滚动摩擦力。因此在地质调绘阶段就应该对发现的堆积体进行避让。当然在不得已情况下路基也能从堆积体场区通过,但应经过设计计算并充分论证。如采用挖方的形式从堆积体上部(后缘)通过,一般对堆积体进行减载;而对于填方路基,则应从堆积体的下部(前缘)通过进行反压。坡脚设立于堆积体前缘范围外的稳定地层上,或于有较好的"上翘"地面线条件地段进行填高、填平设计,其相当于对堆积体进行反压坡脚加固处置,也为一种较为可靠的设计方案。

2.1.3.3 软　土

软土路基是较为常见的一种特殊路基,需要进行特殊工程处置。多分布于河流沿岸、水塘、多雨的山涧洼地(如图 2-4)、汇水较多的冲沟底部等。由于地势低洼,地下水位较高,排水条件不畅,土体长期浸泡,形成软土。软土具有含水率大、土体黏粒含量较高、渗透性差、天然强度低、压缩性高等特征。在软土上直接填筑填方易造成软弱层引起的侧向滑移及高压缩性引起的不均匀沉降。

图 2-4 山涧软土分布

软土形成的原因为地表水所形成的沉淀物质。由于地表水附带大量喜水植物，而植物的生长和死亡会使得软土中含有较多的有机物，因此形成一定厚度的腐殖土、淤泥。软土在填方工点设计中应根据土层的力学性质、厚度、路堤高度、材料供应情况等，进行针对性的换填、抛石挤淤、清淤排水、土工材料、复合地基等工程处置，消除软土影响后方可填筑高填方。

对于软土的识别比较直观，地表水的发育情况往往很容易分辨。长期积水、壅水的低洼处地段即分布软土。在旱季地表水弱发育的时段，也可根据其他现象来推断，如该山涧田地上存在水稻种植痕迹、河道转弯外缘处的冲刷痕迹、地表土碎石含量少、黏粒含量高、有高水位痕迹的地段等。同时也可利用一些简单的工具来识别软土，如脚踩时很容易下陷、木棍极易插入等，而对于软弱地基，则应根据勘探钻孔或静力触探进行判断。软土的识别主要利用的是其含水率高和压缩性强的性质。对于软土范围的划定也较为直观，以密实碎石土、地表水发育边缘或稳定基岩出露处为界。JTG C20—2011《公路工程地质勘察规范》中规定软土的地质调绘要求如下：

（1）地形地貌的成因、类型、分布和形态特征（现场工程地质条件的常规调查项）。

（2）软土的成因、地质年代、分布范围（核查区域地质资料中的软土路段地层年代，现场分析软土成因，确定范围）。

（3）软土的物理、水理性质（其他性质需要借助试验）。

（4）古牛轭湖、埋藏谷，暗埋的塘、浜、沟、渠等的发育与分布情况。

（5）地下水的类型、水位变化情况、水质。

（6）地震动峰值加速度大于或等于 $0.1g$ 的地区，软土产生震陷的可能性（定性判断）。

（7）当地既有建筑物软土地基处治措施和经验等（工程类比，以及借鉴既有工程判断软土层的发育深度）。

在软土发育路段，除了调查软土本身的情况外，地质调绘中还应查清地表水的排泄路径，有无落水洞、岩溶等可以引走地表水的天然条件。以便在路基填筑之后理清区域排水路径，完善设计方案。

对于超高填方位于软土和软弱地基段，应充分考虑超高填方路基加载引起的稳定性和沉降问题，必须进行详细的多方法计算分析验证。如果软土过深，需复合地基处理才能解决稳定和沉降问题，应充分考虑与桥梁方案的比较，一般情况下建议采用桥梁通过。

2.1.3.4 煤系地层

煤系地层是一类产出于特定岩石组合中的含炭质、含煤地层的总称。煤系地层除产有煤外，常常还含有许多共生、伴生矿产。煤系地层本身即为一类抗剪强度极低、遇水易软化、对工程极为不利的极软岩地层。在以往的工程经验中煤系地层表现出极差的稳定性，尤其是地表水丰富地段。煤系地层斜坡填方哪怕只填一级，在雨季都不乏有整体滑移现象发生。因此对于基底为煤系地层的高填方应给予高度重视。

在地质调绘阶段，煤系地层的识别可以从区域地质资料中获取信息。在公路项目沿线所经过的地层中，对于含煤地层，工程人应做到心中有数。如西南地区贵州省范围的二叠系上统龙潭组（P_2l）泥岩夹碳质泥岩及煤层、吴家坪组（P_2w）泥岩夹碳质泥岩等。在前期方案研究阶段，调查者应对含煤地层路段重视，根据已有资料对发育情况进行初判，再至工程现场对先期判断进行核实。

煤系地层的标志性现象为碳质岩土层出露（见图 2-5），此现象在地质调绘中较容易识别。如图 2-6 中深灰色至黑色部分即为含碳岩层。较为集中、含碳较高的碳质岩层为煤线，厚度较大的煤线为煤层。出露的煤系地层中煤的性状多为粉砂状或片理状，以手可以轻松掰下，极易在手上或纸上留下黑色痕迹。在有煤系地层出露的地方，判别难度较低。在覆盖层厚度较大的地段，不见基岩，可根据其他现象判定下伏煤系地层，如铁锈色的地表水（如图 2-6 左）、小煤窑（如图 2-6 右）等。

图 2-5　煤系地层现场出露

图 2-6　煤系地层地表铁锈色水（左）和出露小煤窑（右）

另外，对于煤系地层的分布情况也可采用调访当地居民的方式。有煤分布的地带，当地人多数相当熟悉，很多时候一段轻松的交流询问，其达到的调查效果有可能胜过工程人员自己大范围调查一整天。

煤系地层的地质调绘中，对与其他地层的分界处调查要准确。地质调绘中应准确反映煤系地层的分布范围，明确需要考虑煤系地层设防的路段范围。对于分界线附近的深覆盖层地段，不见基岩，又因为本身路基规模很小，如果不设勘察钻孔，则应以不利情况考虑为煤系地层。

煤系地层路段应高度重视水的影响，除了调查煤系地层本身的情况外，地质调绘中还应查清地表水的排泄路径，有无落水洞等可以引走地表水的天然条件。以便在路基填筑之后理清区域排水路径，完善设计方案。

2.1.3.5 岩溶

岩溶是水对可溶性岩石（碳酸盐岩、石膏、岩盐等）进行以化学溶蚀作用为主，流水的冲蚀、潜蚀和崩塌等机械作用为辅的地质作用，以及由这些作用所产生的现象的总称。岩溶发育于可溶性石灰岩、白云质灰岩等，地层年代分布繁多，主要表现为小型的溶蚀洼地、大型岩溶管道、地下暗河。在路基工程中，影响高填方的岩溶主要有裸露型和覆盖型两种类型[28]。

1. 裸露型岩溶

裸露型岩溶地基是指岩溶岩体直接出露于地表或其上仅有很薄的覆盖层的地基，又可分为溶洞地基和石芽地基两种，如图 2-7 所示。

图 2-7 裸露型岩溶现场

（1）溶洞地基中若存在浅层溶洞，当溶洞的规模大、埋深浅、溶洞顶板承受不了高填方的荷载时，就会使溶洞顶板坍塌、地基失稳。此时必须评价溶洞顶板的稳定性，查清溶洞的规模、埋深及充填情况。

（2）石芽地基在纵横交错的溶沟之间多残留有锥状或尖核状的石芽，致使石灰岩基面高低不平，石芽间的溶沟常被土充填，易引起地基的不均匀沉降或因桩柱支撑不牢靠而导致上部结构破坏。因此，在石芽地基上修建建筑物时，必须查清基岩的埋深、起伏情况、覆盖土层的压缩性及石芽的强度。

2. 覆盖型岩溶

覆盖型岩溶地基是指在岩溶平原、洼地、谷地中覆盖着较厚的第四纪松散堆积层，在上覆土层中常发育空洞，一般称土洞。当土洞顶板在荷载作用下失去平衡而产生下陷或塌落时，会危及路基及结构物的安全。该类型地基常会遇到不均匀沉陷和地面塌陷问题。因此，凡是岩溶地区有第四纪土层分布的地段，都要注意土洞发育的可能性，应查明土洞的成因、形成条件、土洞的位置、埋深、大小，以及与土洞发育有关的溶洞、溶沟的分布。

岩溶的类型及其主要特征如表 2-1 所示。

表 2-1　公路工程地质勘察规范中岩溶按埋藏条件分类

类　型	主　要　特　征
裸露型	可溶性岩层大部分出露地表，低洼地带分布有厚度一般不超过 10 m 的第四纪覆盖层，地表岩溶景观显露，地表水与地下水连通密切
浅覆盖型	可溶性岩层大部分被第四系土层覆盖，厚度一般不超过 30 m，少部分岩溶景观显露地表，地表水与地下水连通较密切
深覆盖型	可溶性岩层基本被第四系土层覆盖，厚度一般超过 30 m，几乎没有岩溶景观显露地表，地表水与地下水连通不密切
埋藏型	可溶性岩层被非可溶性岩层（如泥岩、砂岩、页岩等）覆盖，没有岩溶景观显露地表，地表水与地下水连通不密切

岩溶的识别比较常规，强发育地段肉眼可见，在弱发育地段需要将核查既有资料和调防当地相结合。JTG C20—2011《公路工程地质勘察规范》中对岩溶地区的地质调绘要求查明如下内容：

（1）岩溶地貌的成因、类型、规模、发育方向、形态特征、分布范围。

（2）岩溶发育与地层岩性、地质构造、水文地质条件及新构造运动的关系。

（3）覆盖层的成因、类型、分布、土质名称、地层结构。

（4）基岩的岩性、地质年代、分布范围。

（5）褶皱、断裂、节理的类型、规模、性质、分布范围和产状。

（6）土洞、岩溶洞穴、暗河的分布范围和规模。

（7）地下水的类型、分布、富水程度、埋藏条件、水位变化及运动规律。

（8）地下水与地表水的水力联系，地表水的消水位置和洪水痕迹的分布高程。

（9）土洞、岩溶水害、岩溶塌陷的成因、分布和发育规律。

（10）当地治理岩溶、土洞和地面塌陷的工程经验。

（11）地层接触线、可溶岩与非可溶岩界线、断层、土洞、岩溶塌陷、落水洞、暗河、井及泉等地下水露头、岩溶水的消水位置和洪水痕迹、覆盖层发育的代表性路段等应布置调绘点。

（12）覆盖层发育地带，与路线设置关系密切的隐伏岩溶、土洞等宜辅以物探、挖探等进行调绘。

在调查清楚岩溶路基的发育规模后，应尽可能对较大型的岩溶进行避让。当不得不以填方路基通过岩溶时，可根据 JTG C20—2011《公路工程地质勘察规范》条文初步定性判断岩溶的影响情况。当存在条件较好的完整顶板（如完整、厚层的中风化石灰岩）时，可按照厚跨比法（顶板的厚度与路基跨越溶洞的长度之比）确定溶洞顶板的安全厚度。对于一般填方路基，当厚跨比大于 0.8 时，可视作稳定、安全的顶板厚度，溶洞的顶板岩层可不作处置；而对于超高填方路基，应计算分析超高填方加载对溶洞的影响。在不满足厚跨比要求时，应在调绘阶段及时引起重视，将其定性为需要计算核实顶板安全性的岩溶路基，提醒后续工作逐步深入，对该岩溶路基作出评价。

2.1.3.6 滑　坡

滑坡在地质调绘中属于重大不良地质，由于其规模大、治理难度大、扰动后风险高，可能会直接影响路线方案。在地质调绘阶段应该及时地发现、识别滑坡，基本查明其发育情况、边界、滑动方向、成因等。滑坡根据主要物质组成，可按照表2-2进行分类。

表2-2　滑坡按主要物质组成分类

类　型	亚　类	主　要　特　征
土质滑坡	堆积体滑坡	除膨胀土、黄土、填土等特殊土之外，发生在第四系地层各类成因土层中，包括风化残积土，由一般土质组成滑坡体。滑动面多位于软弱土层中或基岩顶面
	膨胀土滑坡	发生在含有膨胀土的地层中。滑动面多位于膨胀土活动区深度范围
	黄土滑坡	发生在各时期黄土地层中，由黄土构成滑坡体。滑动面位于黄土层间界面或基岩顶面
	填土滑坡	发生在路堤或人工弃土堆中。滑动面可位于填土内部、老地面或基底以下松软层中
岩质滑坡	破碎岩体滑坡	发生在构造破碎带或严重风化带的破碎岩体中
	层状岩体滑坡	发生在具层状结构的岩体中。滑动面位于层面或软弱结构面
	块状岩体滑坡	相对完整的块状岩体沿构造节理或断层产生的组合式滑动

对公路工程及其附属工程的安全有影响的滑坡或潜在滑坡，应进行滑坡专项工程地质勘察。在项目前期的调查阶段，可通过自然资源部、地方交通局等部门收集有关项目场区已有的滑坡调查情况资料，对于规模巨大的滑坡应在先期方案研究阶段及时进行避让，对于中小型滑坡做到心中有数，带着验证的心态到达现场，核实滑坡发育情况。

在地质调绘阶段，可通过地形地貌、岩土结构等具有滑坡特点的自然条件，来对滑坡进行初步判别：

（1）坡体地形具圈椅状或马蹄状环谷地貌，或斜坡上出现异常台坎及斜坡坡脚侵占河道等现象。

（2）坡体两侧分布有沟谷，并有双沟同源的现象。

（3）坡体上分布有地面裂缝、醉汉林、马刀树，或建筑物倾斜、开裂等现象。

（4）坡体岩土有扰动松软现象，基岩层位、产状特征与外围不连续，或局部地段新老地层呈倒置现象。

（5）坡体上分布有积水洼地，坡体前缘有泉水溢出。

（6）坡体后缘断壁上有顺坡擦痕，前缘土体被挤出或呈舌状凸起；下部岩土体具有塑性变形带，存在摩擦镜面，擦痕方向与滑动方向一致。

当地形地貌、岩土结构等具有下列特征，在工程活动影响下或其他环境条件变化时可能产生变形或滑动的斜坡，可初步判别为潜在滑坡：

（1）存在顺层的斜坡。

（2）存在顺坡向的优势节理裂隙或顺坡向软弱结构面的斜坡。

（3）存在厚层堆积体的长大缓斜坡。

在前期勘察工作中，通过对地质调查测绘、遥感图像资料的分析，重点对地形地貌形态、岩层露头及一些地表和建筑物变形破坏形迹进行滑坡综合识别，初步判断为滑坡的，须进行滑坡专项工程地质勘察。在地质调绘阶段，工作范围应包括滑坡区、滑坡影响区，以及与之相邻的斜坡稳定区的一定范围。当采用排水工程进行滑坡防治时，应对其外围可能布置地面排水沟或地下排水隧洞洞口等防治工程的地区进行地质调绘。当滑坡的剪出口影响滑坡体下部构造物或河流等重要地物时，应测绘沿主滑方向的控制性断面。

地表特征勘察应查明以下内容：

（1）地形地貌、地层岩性、地质构造、水文地质条件、地震动参数及当地气象资料。

（2）滑坡的成因、类型、规模、分布范围、发育规律及诱发因素。

（3）滑坡周界、滑坡裂缝、滑坡擦痕、坡台阶、滑坡壁、滑坡鼓丘、滑坡洼地等滑坡要素的分布位置和发育情况。

（4）滑动面（带）的分布位置、层数、厚度、形态特征、物质组成、含水状态及其物理力学性质。

（5）滑坡体的物质组成及其分级、分块和分层情况。

（6）滑床的形态特征、物质组成、物理力学性质和地质结构。

（7）沟系、洼地、陡坎等微地貌特征和植被情况。

（8）地下水的类型、分布、埋藏条件、成因、水质、水量。

（9）滑坡的稳定性。

（10）当地滑坡的勘察、设计资料和治理经验。

2.1.3.7 泥石流

当超高填方路基位于沟谷、沟口或沟谷中存在大量无分选的堆积物，且在沟谷两侧或源头坡面有较厚的松散堆积物，并存在崩塌、滑坡等不良地质现象时，应进行泥石流工程地质勘察。特别是需要注意填方所处的沟谷区域无明显堆积物，但是场区汇水面积大、地震频繁、高位远端分布雪崩、雪山消融、崩塌、滑坡等不良地质现象时，更应要核查工程全寿命周期内是否存在暴发泥石流的可能。如图 2-8 所示为某高速填方路基在泥石流暴发时造成交通段道。

图 2-8 某高速填方路基在泥石流暴发时造成交通段道

泥石流工程地质勘察应查明的内容有：
（1）地形地貌、地层岩性、地质构造、水文地质条件、地震、气象和水文条件。
（2）泥石流的类型、分布、规模、成因、发生的时间及频率。
（3）泥石流沟谷的横断面形态、沟槽宽度、纵坡和汇水面积。
（4）泥石流形成区、流通区不良地质的发育情况及固体的物质来源与储量。
（5）泥石流的冲淤情况、流动痕迹，沟谷转弯及沟道狭窄处最高泥痕的位置。
（6）泥石流堆积物的分布范围、物质成分、数量和粒径组成。
（7）泥石流堆积扇的扇面坡度、漫流和沟槽发育情况以及植被情况。
（8）当地泥石流防治经验与工程类型。

当超高填方路基场区存在泥石流的可能时，应慎用超高填方路基，最好采用桥梁跨越。当经过小型低频泥石流时，经充分论证后无安全问题时，可采用超高填方路基通过，但需预留足够的泥石流流通通道，以便泥石流暴发时，可迅速经过超高填方路基。

2.2 水文调查

超高填方的勘察中，对场区的水文地质条件提出了一定要求。水文调查旨在掌握地下水和地表水的成因、分布及其运动规律，为合理开采利用水资源，正确进行基础工程的设计和施工提供依据，其包括地下、地上水文勘察两个方面。超高填方边坡设计中，地表水与地下水条件是影响稳定评价结果、左右设计方案的重要因素。

2.2.1 水文地质调查

在 GB 51254—2017《高填方地基技术规范》[31]中规定，水文地质测绘的比例尺及范围应根据勘察阶段、工程特点和场地水文地质条件复杂程度确定。水文地质调查应符合下列规定：

（1）根据区域水文地质条件，分析工程完工后，区域水文地质条件改变可能引起的环境地质、水土保持和地质灾害问题，并应作出评价。
（2）内容应包括区域地形地貌、地层岩性、地质构造、水文气象、植被分布等及其与水文地质条件的关系，区域水文地质特征，地下水的赋存条件与分布规律，地下水的水质、水量及其补给条件与运动规律，含（透）水层和隔水层的埋藏与分布特征，地下水的赋存条件复杂时应进行水文地质分区。
（3）搜集和分析区域自然地理、地质和水文地质资料，包括勘探成果及水井资料。
（4）对水文地质资料缺乏的地区应进行区域水文地质调查，重点地段可采用勘探手段验证。

2.2.2 水文地质勘察

除了调查工作以外，对水文地质条件的把控还需采取如物探、钻探、试验等的一定勘察措施。

水文地质物探应根据被探测对象的物性特征，采用有效方法综合探测，关键点位及典型地段的探测成果应经钻探或其他手段验证。水文地质试验应以现场试验为主,室内试验为辅。试验的位置、数量和方法应结合勘察阶段和工程特点确定。

水文地质勘察应符合下列规定:

(1) 查明场区地下水的类型、补给来源、排泄条件、历年最高地下水位、近3~5年最高地下水位,确定水位变化幅度,并应实测地下水位,设置长期观测孔。

(2) 调查场区附近的河流、水系、水源及水的流向、流速、流量,10年、15年、20年一遇的水位和历年最高洪水位及其发生时间和淹没范围。

(3) 当地下水可能浸蚀基础时,应根据其埋藏特征采取有代表性的水样进行腐蚀性分析,评价地下水对混凝土、金属材料有无腐蚀性;冻土地区应评价地下水对土的冻胀和融陷的影响。

针对性地,边坡水文地质勘察应符合下列规定:

(1) 各含(透)水层、相对隔水层的岩性、厚度、渗透性及空间分布特征。

(2) 地下水补给、径流和排泄条件,各含水层地下水位及其动态变化规律,地表水与地下水的水力联系。

(3) 地下水出露情况,主要包括:泉井类型、出露高程、涌水量及其动态变化,勘探人工洞和天然洞穴内地下水的出渗情况、变化规律及其与周边地质环境的关系。

(4) 分析评价地表水和地下水活动可能产生的冲刷、溶解、软化、潜蚀、静水压力和动水压力的变化等对边坡稳定性的影响。

(5) 分析评价降水入渗、泄水等对边坡稳定性的影响。

高填方边坡的失事工点中,由水引起的地表水排泄不畅、地表水壅积、水位线上涨从而软化填方基底或下部路基土,从而引起局部至整体的填方滑移现象尤为常见。故在前期调查、勘察阶段,应查清场区的水文条件,对现有条件、填方填筑后的水文条件做到心中有数,便于在设计中理清地表水、地下水排泄路径,避免因工程实施造成不良的路径截断、堵塞等导致水文条件骤变,影响工程。

2.3 钻孔布置

结合已收集到的区域地质资料、水文资料及现场调查、调绘成果,对超高填方的地质条件已有大体认识。对于已有的成果与认识需要钻孔进行验证,以作为高填方方案设计的有力依据。

2.3.1 初 勘

JTG C20—2011《公路工程地质勘察规范》中规定:填土高度大于 20 m,或填土高度虽未达到 20 m 但基底有软弱地层发育,填筑的路堤有可能失稳、产生过量沉降及不均匀沉降时,应按高路堤进行勘察。工程地质勘探、测试应符合下列规定:

(1)应根据现场地形地质条件选择代表性位置布置横向勘探断面,每段高路堤的横向勘探断面数量不得少于1条。

(2)每条勘探横断面上的钻孔数量不得少于1个。勘探深度宜至持力层或岩面以下3 m,并满足沉降稳定计算要求。

(3)粉土、黏性土应取原状样,在0~10 m的深度范围内,取样间距宜为1.0 m;10 m以下,取样间距宜为1.5 m,变层应立即取样。砂土、碎石土可取扰动样,取样间距宜为2.0 m,变层应立即取样。层厚大于5 m的同一土层,可在上、中、下取样,取样后应立即做动力触探试验。

(4)有地下水发育时,应量测地下水的初见水位和稳定水位,采集水样做水质分析。

(5)室内测试项可按表2-3选用。

(6)勘探断面上的地形、岩石露头、地下水出露点、勘探测试点等应实测。

表2-3 高路堤室内测试项目

测试项目		岩土类别		
		粉土、黏性土	砂土	碎石土
颗粒分析		选做	必做	必做
天然含水率 ω/%		必做	选做	选做
密度 ρ/(g·cm^{-3})		必做	选做	选做
塑限 ω_p/%		必做		
液限 ω_L/%		必做		
压缩系数 a/MPa^{-1}		必做		
剪切试验	黏聚力 c/kPa	必做		
	内摩擦角 φ/(°)	必做	选做	选做

超高填方往往由于地形条件所致,其基底坡度常常陡于1:2.5或常存在侧向滑移可能,按照规范要求也应进行陡坡路堤勘察。陡坡路段应沿拟定的线位及其两侧的带状范围进行1:2 000工程地质调绘,调绘宽度不宜小于两倍路基宽度。工程地质勘探、测试应符合下列规定:

(1)每段陡坡路堤的横向勘探断面数量不宜少于1条,以作代表性勘探,工程地质条件复杂时,应增加勘探断面的数量。

(2)每条勘探横断面上的勘探点数量不宜少于2个,宜采用挖探、物探、钻探等进行综合勘探。勘探深度应至持力层或稳定的基岩面以下3 m。

(3)勘探应采取岩土试样,取样、测试要求应符合高路堤的要求规定。

(4)有地下水发育时,应量测地下水的初见水位和稳定水位,采集水样做水质分析。

(5)室内测试项目可按表2-4选用。

(6)勘探断面上的地形、岩石露头、地下水出露点、勘探测试点等应实测。

表 2-4　陡坡路堤室内测试项目

测试项目		岩土类别		
		粉土、黏性土	砂土	碎石土
颗粒分析		选做	必做	必做
天然含水率 ω/%		必做	选做	选做
密度 ρ/(g·cm^{-3})		必做	选做	选做
塑限 ω_p/%		必做		
液限 ω_L/%		必做		
压缩系数 a/MPa^{-1}		必做		
剪切试验	黏聚力 c/kPa	必做	选做	选做
	内摩擦角 φ/(°)			

若填方场区发育不良地质，勘察布孔工作需按照规范中的该不良地质的勘察要求执行，如表 2-5 梳理出不同不良地质的布孔要求。

表 2-5　填方区分布不良地质的勘察布孔原则

类型	断面数	钻孔数	深度要求	备注
堆积体	不得少于 1 条	每条断面不宜少于 2 个	至稳定地层 ≥3 m	综合物探、挖探
软土	不得少于 1 条；断面间距：简单场地初勘 700~1 000 m，详勘 500~700 m；复杂场地初勘 500~700 m，详勘 300~500 m	每条断面不宜少于 1 个	浅层：应至下卧硬层 3~5 m；厚层：应不小于地基压缩层的计算深度或达到地基附加应力与地基土自重应力比为 0.10~0.15 时所对应的深度	结合简易钻探、挖探、静力触探判断
岩溶	不得少于 1 条；勘探钻孔平均间距不宜大于 200 m	每条断面不宜少于 1 个	应至基底以下完整地层内不小于 10 m。在该深度内遇岩溶洞穴时，应在洞穴底板稳定基岩内再钻进 3~5 m	地调为基础，物探先行，钻孔验证异常区
滑坡	不得少于 1 条；勘探点（线）应沿滑坡的主滑方向	每条断面不宜少于 2 个	应至滑坡体以下的稳定地层内不小于 3 m，或抗滑桩底部以下不小于 5 m，或锚索锚固端以下不小于 3 m。滑面以上 5 m 范围必须干钻	综合物探、挖探

2.3.2　详　勘

高路堤/陡坡路堤工点勘察中，在详勘阶段对勘察没做出进一步要求。详勘中应对初勘成果进行复核，对仍然存疑的内容进行进一步查明，如在地质情况变化处加密勘察断面，横向增加勘察钻孔等。图 2-9~图 2-11 为不同高填方勘察布孔平面图。

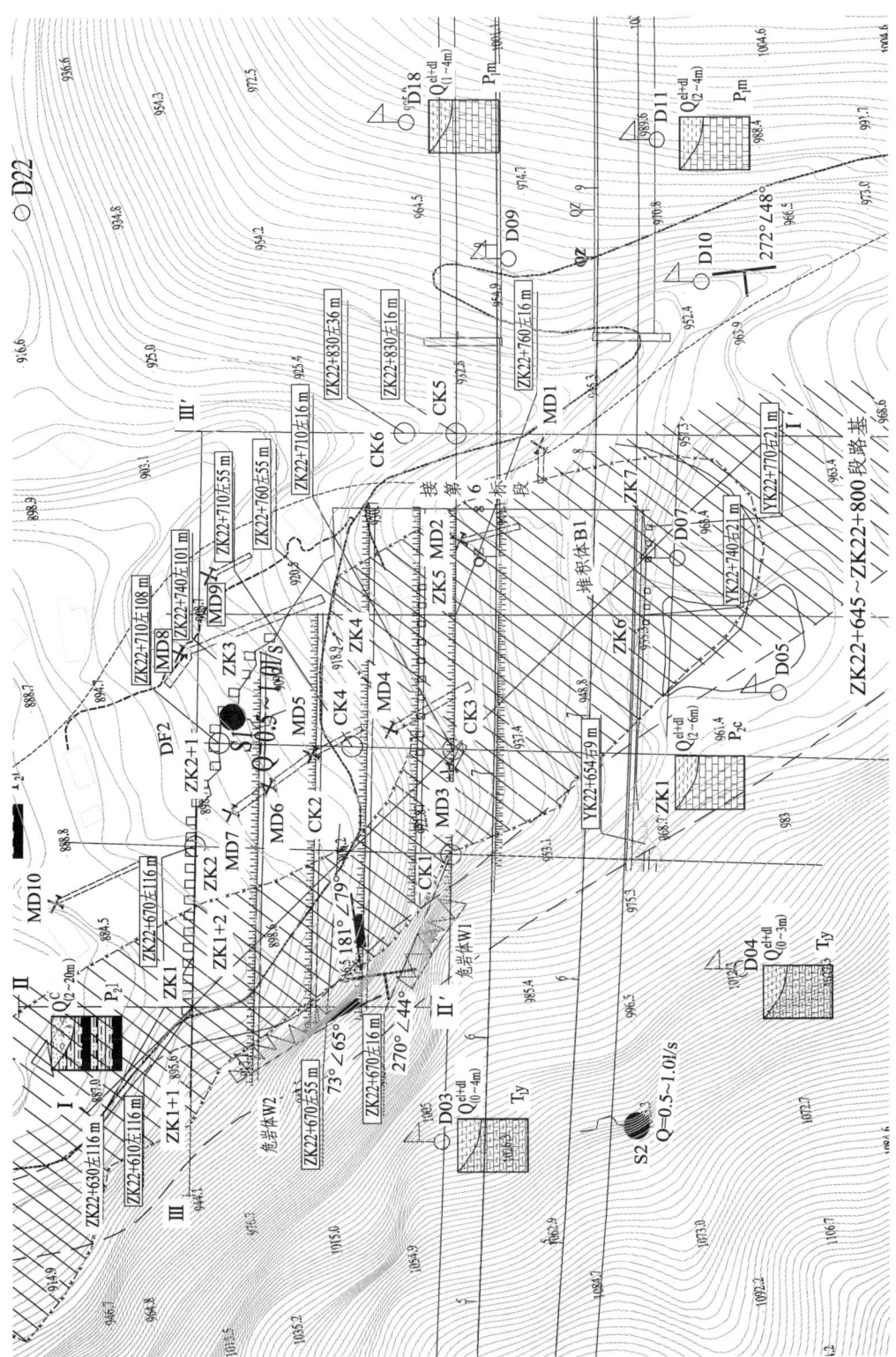

图 2-9　某煤系地层+堆积体复杂地质隧道间高填方勘察布孔平面图

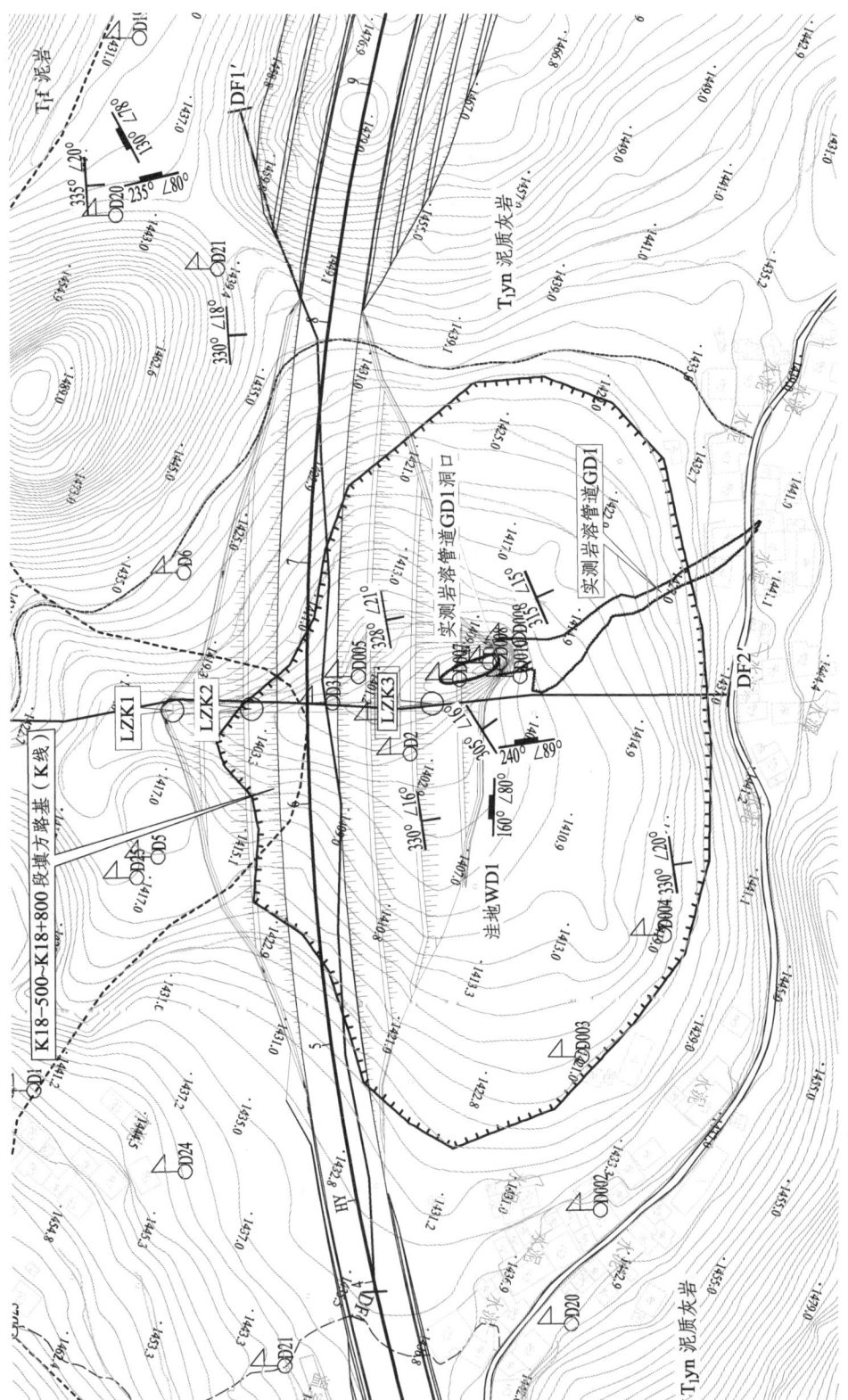

图 2-10 某岩溶洼地高填方勘察布孔平面图

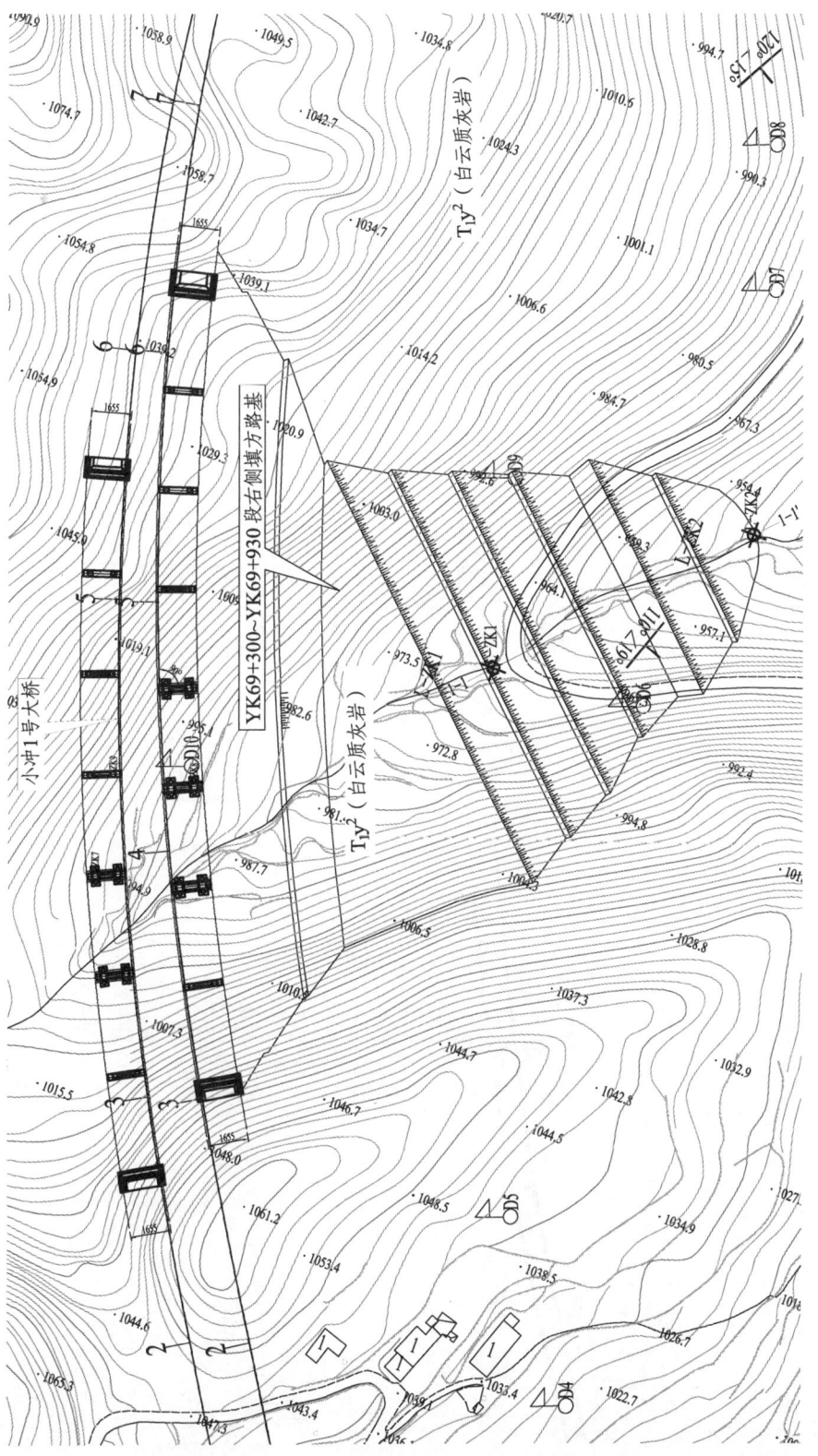

图 2-11　某高速 V 形冲沟高填方勘察布孔平面图

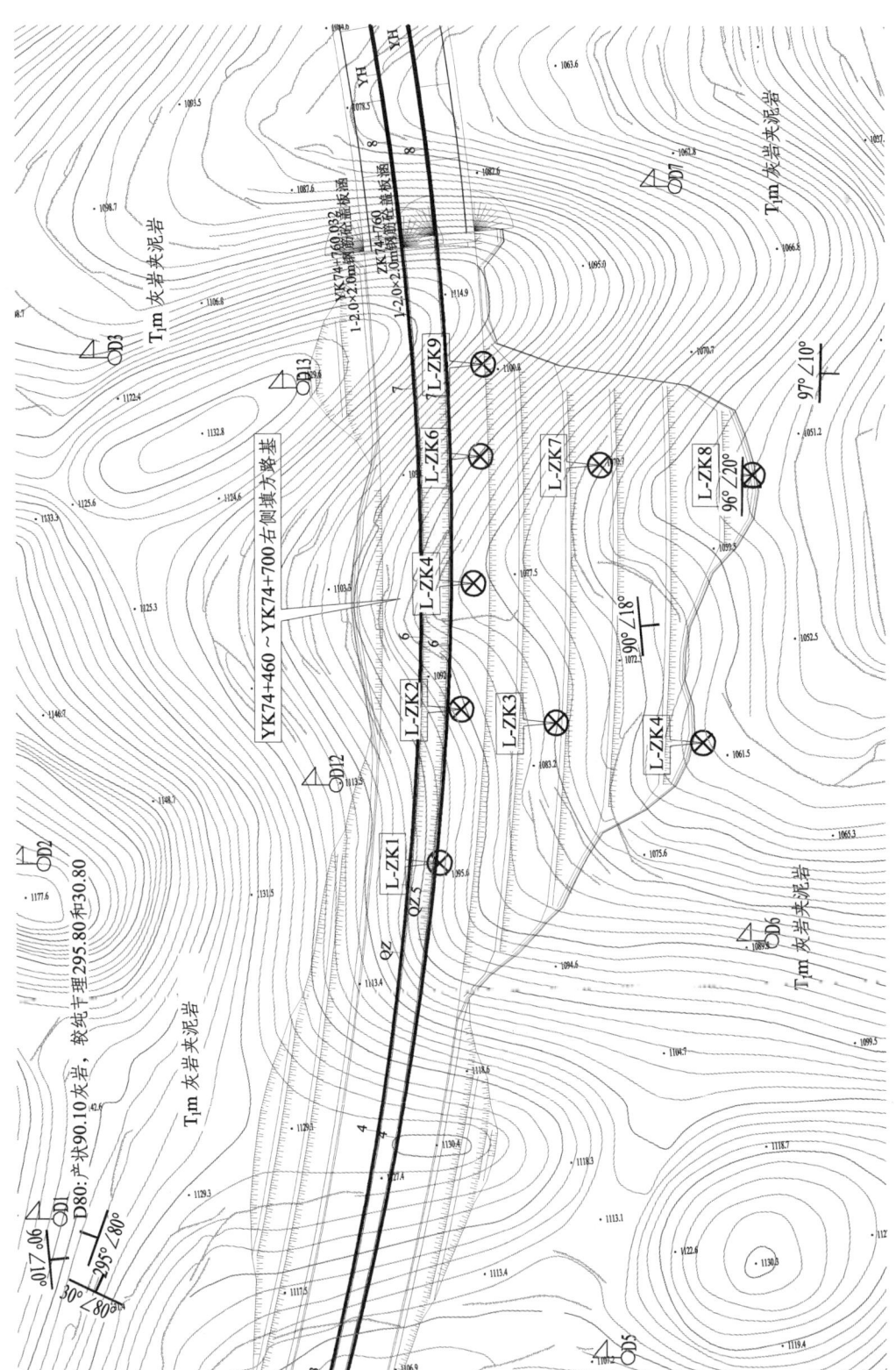

图 2-12　某高速单斜地形高填方勘察布孔平面图

2.4 评价结果

在施工勘察钻孔，取得了岩芯资料，进行勘察成果分析之后，需要对超高填方工点的自然条件进行评价。评价内容主要分为：①岩土力学指标；②场区稳定性评价；③填方稳定性评价；④填方的沉降变形评价。

2.4.1 岩土力学指标

根据勘察中所采用的原位测试、岩土室内试验结果，结合邻近工点相同地层的工程类比，以及相关规范的推荐指标范围，在勘察工作中推荐各岩土层的相关物理力学参数。对于高填方勘察，设计到的力学指标主要有：重度 γ、黏聚力 c、内摩擦角 φ、地基承载力特征值 $[f_{a0}]$、单轴饱和抗压强度 f_{rk}。各指标需要提供正常工况与暴雨工况两种设计工况下的推荐值，以便于设计工作中针对对应工况考虑采用。一个填筑于煤系地层斜坡上的高填方工点，力学指标推荐情况如表2-6所示。

表2-6 推荐岩土体物理力学指标

岩土名称	重度 γ/(kN·m^{-3})	正常工况		暴雨工况		侧壁摩阻力 q_{ik}/kPa	地基承载力特征值 $[f_{a0}]$/kPa	单轴饱和抗压强度 f_{rk}/MPa	基地摩擦系数 μ
		黏聚力 c/kPa	内摩擦角 φ/(°)	黏聚力 c/kPa	内摩擦角 φ/(°)				
含碎石粉质黏土	18	20	10	18	9	—	160	—	0.25
卵石土	20	8	9	6	7	80	250	—	0.36
强风化粉砂质泥岩夹炭质泥岩	24	20	18	18	16	170	350	—	0.40
中风化粉砂质泥岩夹炭质泥岩	26	42	28	38	25	—	900	10	0.50

2.4.2 场区稳定性评价

场区不良地质（如堆积体、滑坡、下伏岩溶管道等）发育时，需要对场区稳定性进行评价。场区稳定性是指拟建场地是否存在能导致场地滑移、大变形及破坏等严重情况的地质条件。在实际进行评价时还牵涉工程的类型、规模、场地的工程地质条件、地形地貌等诸多因素。此时的评价为填方路堤填筑之前的稳定性情况，需要对发育的不良地质稳定性得出稳定性结论，其稳定状态可根据填筑前自然情况下不良地质的稳定系数来体现，如表2-7所示。若原始坡体已出现变形现象，也应按照表2-7中标准进行自然坡面稳定情况评价。

表2-7 稳定状态划分

稳定状态	不稳定	欠稳定	基本稳定	稳定
稳定系数 F_s	$F_s<1.00$	$1.00 \leq F_s<1.05$	$1.05 \leq F_s<K_s$	$F_s \geq K_s$

注：K_s 为填方路基所选用的设计安全系数。

2.4.3 填方稳定性评价

为了得到最终评价结论，需要对高填方的稳定性进行计算评价。勘察中评价分为定性和定量两种。定性评价为整理场区的地质概况，明确对填方稳定性存在影响的不良地质条件，明确高填方填筑后将会带来的潜在工程风险，明确潜在滑移的高填方的破坏模式与机理。

定量评价为采用某种计算模型对高填方的稳定性进行稳定性计算。基于滑动面形式的特点，填方中多采用 JTG D30—2015《公路路基设计规范》推荐的 Bishop 法计算其稳定系数（不同计算方法的取舍见第 2 章相关内容），如图 2-13 所示。定量计算需要对所有不利横断面进行计算，给出每个计算断面的稳定系数结果，对于欠稳定至不稳定的结果应予以明确、提醒、指导设计。一个填筑于煤系地层斜坡上的高填方工点，定量计算结果如式（2.1）和式（2.2）所示。勘察地质断面如图 2-14~图 2-15 所示。

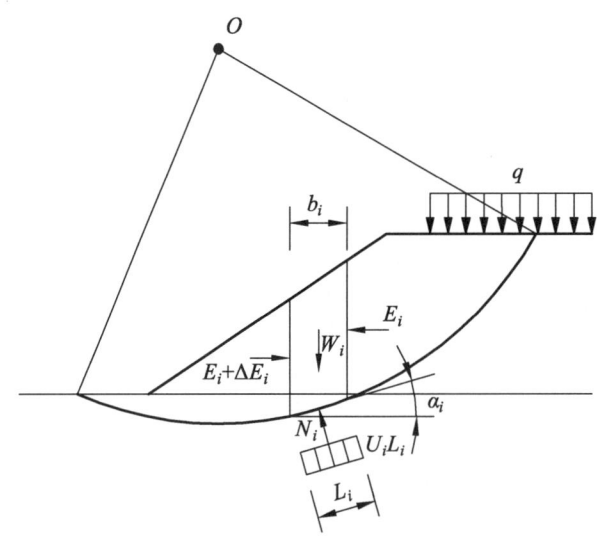

图 2-13　Bishop 法计算

$$F_s = \frac{\sum [c_i b_i + (W_i + Q_i)\tan\varphi_i]/m_{\alpha i}}{\sum (W_i + Q_i)\sin\alpha_i} \tag{2.1}$$

$$m_{\alpha i} = \cos\alpha_i + \frac{\sin\alpha_i \tan\varphi_i}{F_s} \tag{2.2}$$

式中，F_s——稳定系数；

b_i——第 i 个土条宽度（m）；

α_i——第 i 个土条底滑面的倾角（°）；

c_i，φ_i——第 i 个土条所在土层的抗剪强度值（kPa，°）；

$m_{\alpha i}$——中间系数；W_i 为第 i 个土条重力（kN）；

Q_i——第 i 个土条垂直方向的外力（kN）。

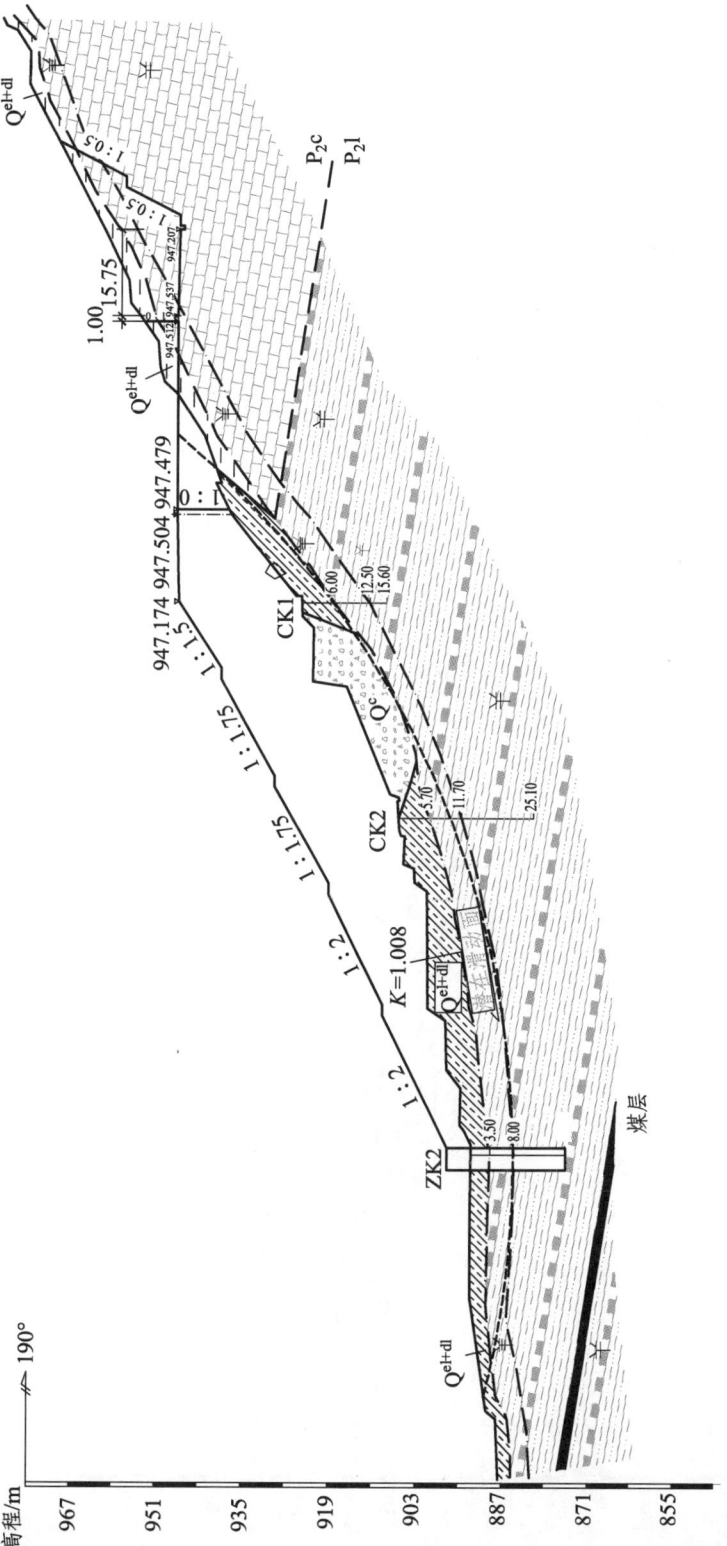

图 2-14 勘察地质断面（1）

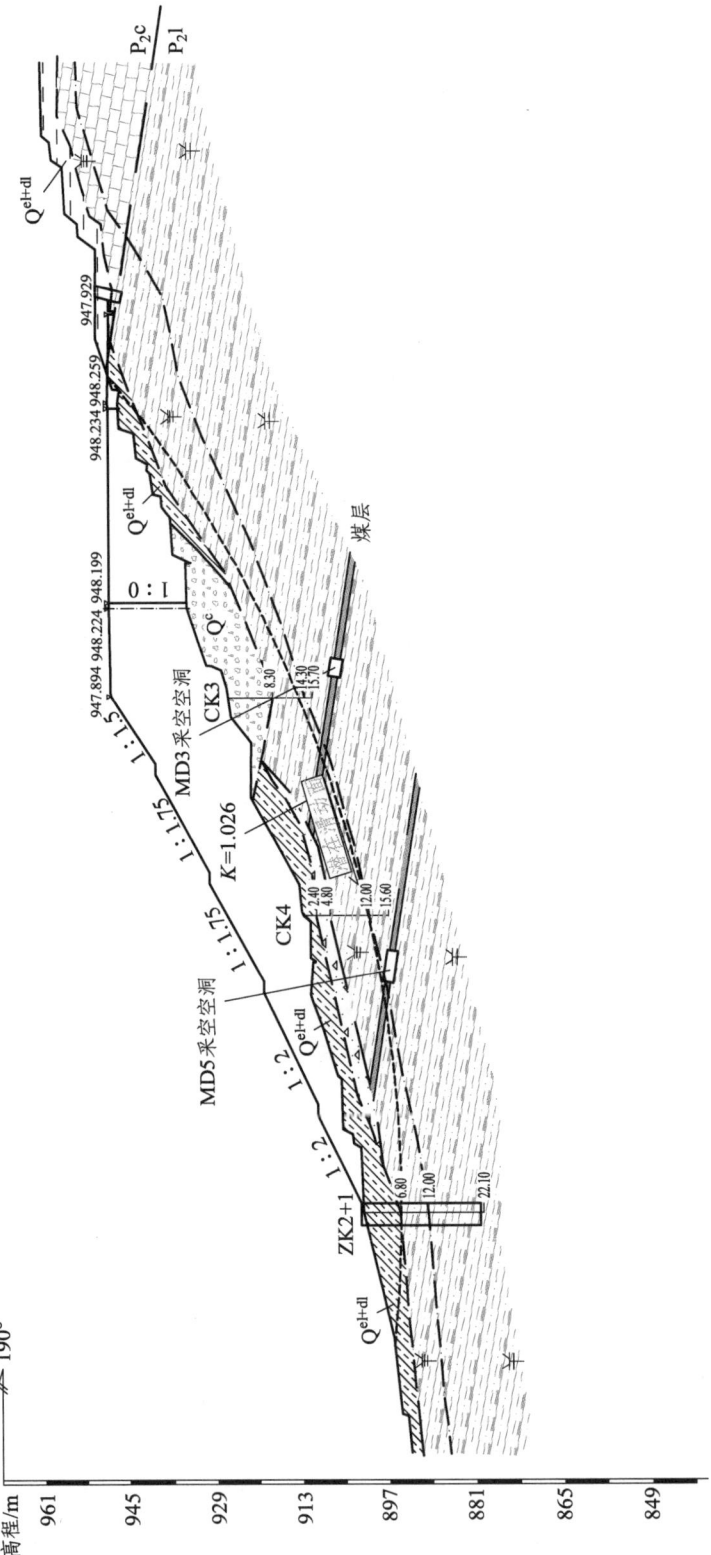

图 2-15 勘察地质断面（2）

通过对路堤和地基的整体稳定性计算（见表 2-8），其最小稳定性系数不满足 JTG D30—2015《公路路基设计规范》稳定安全系数的相关要求，路基直接填筑极易产生滑移，需对地基进行处理。

表 2-8　稳定性计算结果

计算断面	工况	强风化炭质泥岩			稳定系数 F_s
		重度 γ/（kN·m^{-3}）	黏聚力 c/kPa	内摩擦角 φ/（°）	
ZK22+670	正常工况	22	23.5	14.6	1.008
ZK22+710	正常工况	22	23.5	14.6	1.026

通过多种方式查明场区地质情况之后，在勘察报告的最后应给出勘察工作的结论。结论主要包含场区的自然条件概况、地质概况、地震设防情况、地表水和地下水发育情况及腐蚀性、场区主要发育的不良地质、路基填筑之后的潜在失稳方式、稳定性评价结果、是否需要工程处置等。

对于勘察结果，勘察报告最后须给出处置建议。建议中需要针对勘察工点的主要问题进行处置方式推荐，包括不良地质、地表水及地下水排泄、填方填筑后的稳定支挡与检测，以及对下阶段工作重点的建议。对于超高填方路基，因其填方体量大，沉降变形周期长，因此一般建议填筑至路基设计标高后，经历一个雨季周期的自密固结后再进行铺设路面，并要求布置监测措施，加强监测。至此，便完成了对于超高填方工点的整个勘察内容。

第3章 山区超高填方破坏模式及稳定性影响因素

3.1 破坏模式

填方路堤的破坏模式可分为沿基底接触面或软弱覆盖层的整体式滑移破坏,及沿路堤自身内部滑面的局部滑移破坏。根据已有研究及实际工程经验,主要的破坏模式为部分或全部沿接触面的滑移破坏、沿路堤内圆弧滑动破坏和折线型滑动破坏,如图 3-1 所示。破坏形式主要受填料性质、场区横坡、地形条件、地质条件及路堤边坡自身填筑质量控制。

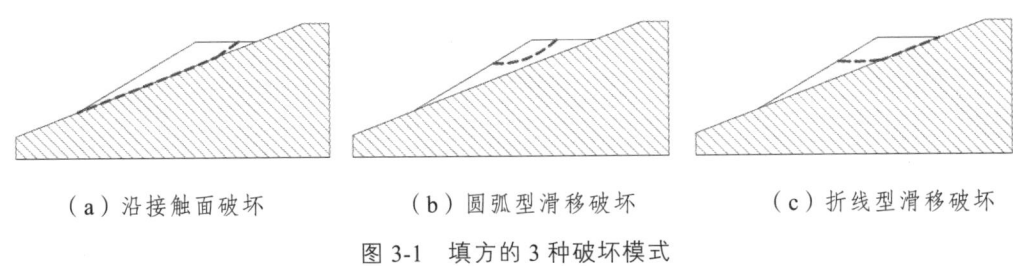

(a) 沿接触面破坏　　　　(b) 圆弧型滑移破坏　　　　(c) 折线型滑移破坏

图 3-1 填方的 3 种破坏模式

3.1.1 整体滑移破坏

整体滑移破坏即路堤全部沿接触面的滑移破坏。路堤与稳定基底之间的接触面成为滑面的多发地带。由于接触面处材料性质差异,接触摩擦条件受基底面粗糙程度等影响,常造成接触面处抗剪强度的折减。以往研究中也对不同接触面强度折减系数下路堤稳定性做出分析,沿接触面滑移的路堤,通常形成由路堤顶面滑入、沿接触面直至坡脚剪出的贯通滑面,以剪切破坏为主。

整体滑移变形特征表现为坡脚位移最大,坡顶以竖向位移为主,随路基高程降低逐渐由竖向位移转化为侧向水平位移,水平位移由路堤顶面至坡脚处逐渐增大,竖向位移由路堤顶面至坡脚处逐渐减小。最大水平位移出现在路堤坡脚靠近接触面处,最大竖向位移则出现在滑动体顶面中心处。

3.1.2 局部滑移破坏

局部滑移破坏发生在路堤内部，分为圆弧型滑面破坏和折线型滑面破坏。

3.1.2.1 圆弧型滑面破坏

圆弧型滑面破坏为路堤内部弧型滑面破坏的一种，除此之外还有对数曲线破坏和对数螺旋曲线破坏。基于滑面拟合程度高、参数表达简便的优点，圆弧滑面成为行业推荐的类土质滑移滑面推荐拟合曲线形式。圆弧滑面的剪出口多发生在边坡高度的上三分之一处。塑性区主要分布在滑体内部，以剪切破坏为主。

局部滑移破坏剪出口位置边坡坡面位移最大，坡顶土体以向下位移为主，逐步向路肩边坡处过渡为向外位移。最大水平位移出现在剪出口的坡面处及路肩部位，最大竖向位移则出现在滑动体顶面中心处。

3.1.2.2 折线型滑面破坏（图 3-2）

折线型滑面为圆弧型滑面的特例。当圆弧滑面与路基顶部的交点距路肩点处的距离大于路基顶宽度时，滑面由两段组成：下部滑面为圆弧滑面的一段；上部滑面为倾斜基底接触面，该破坏类型的滑面为折线形式，即折线型滑面破坏。与圆弧型滑面破坏一样，折线滑面的剪出口多发生在边坡高度的上三分之一处，塑性区主要分布在滑体内部，以剪切破坏为主。

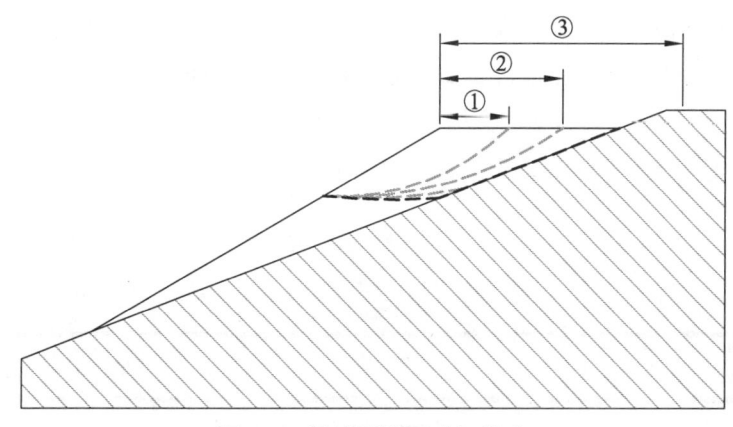

图 3-2 折线型滑面破坏模式

折线型滑面破坏的剪出口处坡面的位移最大，坡顶土体以向下位移为主，逐步向路肩边坡处过渡为向外位移。最大水平位移出现在剪出口的坡面处及路肩部位，最大竖向位移则出现在滑动体顶面中心处。

3.1.3 裂缝判别

在既有工程的病害调查中，可以根据具体路面裂缝开展的情况，来定性判断填方路堤产生病害的根本原因。不同的病害原因将造成不同的裂缝表现，对填方路堤失稳病害的判断偏差将很大程度上影响对该填方的治理方案，造成人力、物力和材料的浪费，甚至极大的社会不良影响。

由于路面材料相较于路堤材料的刚度更大，故路面在填方产生变形时，往往表现出更大的敏感性。工程中的填方变形往往由路面出现裂缝开始。所以在路面开裂的早期及时根据裂缝发育情况，对填方病害做出准确判断，成为危险预防和处治的关键。

填方路基的路面裂缝，主要可以分为失稳裂缝和沉降裂缝两种。

3.1.3.1 失稳裂缝

失稳裂缝是指由于填方路堤的自身稳定性不足而产生的变形裂缝。根据不同的路堤失稳原因，失稳裂缝可细分为滑塌裂缝和滑移裂缝。失稳裂缝多表现为圆弧形或近弧形。

1. 滑塌裂缝

滑塌裂缝产生的原因为填方边坡的坡率过陡，或是路基填料本身不佳，边坡力学性能由于施工条件或运营期的强降雨而下降，导致设计放坡坡率不能满足该填料的自然休止角，从而产生发生于填方体内部的自身局部失稳。滑塌裂缝在路面上多表现为"直线+两端弯曲"的性状，并且距离外侧路肩较近。如图3-3中的①号裂缝示意。

2. 滑移裂缝

填方边坡产生滑移裂缝的原因在于其位于较陡的自然斜坡上或下伏有软弱层，导致在强降雨作用下，基底岩土的抗剪强度降低，进而使得填方边坡自稳性不足，产生整体性的滑移失稳。滑移裂缝在路面上多表现为"圈椅桩"，为滑体后缘的张拉裂缝和侧面的拉剪裂缝组合成的弧形裂缝，并且距离外侧路肩较远。如图3-3中的②号裂缝示意。

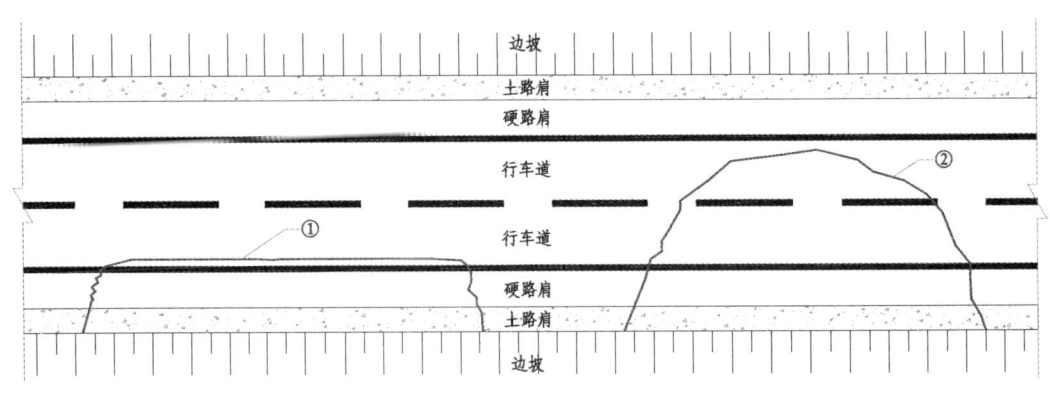

图 3-3 失稳裂缝的主要表现

3.1.3.2 沉降裂缝

沉降裂缝是由于路基整体或部分沉降而引起的变形裂缝。沉降主要分为过大沉降和差异沉降，在路面上的病害表现也有所不同。沉降裂缝多表现为近直线。

1. 过大沉降

过大沉降产生的原因主要为路基压实度不够，在填筑后路堤自身产生过大的内部沉降；或是下伏软弱地基的承载力不足，填筑后地基土由于过大的附加应力产生显著沉降。过大沉降在路面上引发的裂缝主要表现为无规则块状、斑点状、"花脸状"。如图 3-4 中的③号裂缝示意。

2. 差异沉降

差异沉降产生的原因主要为不同岩土体的压缩性能存在差异，导致两种岩土体的竖向沉降产生偏差，从而在两者的接触部位产生张拉裂缝。差异沉降往往出现在半填半挖路基及新老路基搭接的工程中。

在半填半挖路基工程中，挖方段路基下部为原有埋深相对较大、相对较为稳定、密实的岩石或硬土，而填方段路基下部为原状地表层，且有填方路堤产生的附加应力作用，两种基底因性质和附加应力的不同而产生差异沉降。故半填半挖工程中差异沉降裂缝多集中在填挖交界线处。如图 3-4 中的④号裂缝示意。

在新老路基搭接工程中，除了因新老填料差异造成的沉降差外，由于新路基的填筑会对老路基在接触线附近产生附加应力，导致老路基在新路基填筑后产生进一步沉降。此种情况更明显地表现在下伏软弱地基路段。所以新老路基搭接的沉降裂缝不一定严格地发育在两者接触部位，而有可能沿接触线表现为一个裂缝带。如图 3-4 中的⑤号裂缝示意。

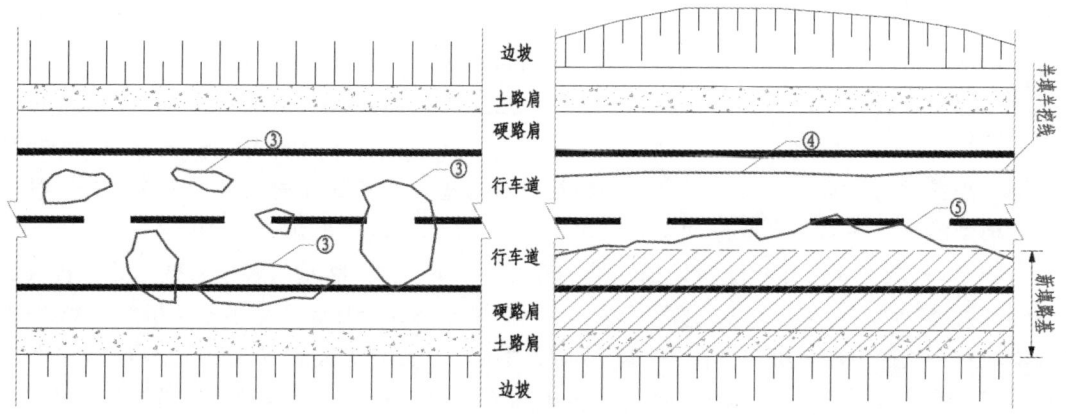

图 3-4 沉降裂缝的主要表现

3.2 稳定性影响因素

为研究复杂地形、地质、地下水变化及填料性质等多种因素对超高填方路堤稳定性的影响规律，拟采用保持其他因素不变而改变研究因素的方法进行计算，根据计算结果探讨不同因素对超高填方路堤稳定性的影响规律。采用 GEO5 和 GEO-SLOPE 软件进行分析，选取填方体物理力学参数：填石材料密度为 20 kN/m³，抗剪强度指标黏聚力 c 为 10 kPa、内摩擦角 φ 为 33°，拟从填方高度、地面横坡坡度、基地覆盖层厚度等多方面进行研究超高填方的稳定性影响因素，研究结果如下。

3.2.1 填方高度的影响

保持地面横坡 m、填方坡比 n 及所有岩土体力学参数 c、φ 不变，改变边坡高度 H，使其在[50 m，80 m]区间内以 5 m 为阶梯递增。采用 GEO5 软件建立模型后逐一计算其稳定性系数，计算方法选择斯宾塞（Spencer）法。此计算仅考虑高度影响，忽略接触面的强度折减。

由图 3-5～图 3-6 可知：随填方高度的增加，稳定系数降低，二者关系为近线性关系。填方高度由 50 m 提升至 80 m，稳定系数变化幅值 0.08，影响幅度较小。结果表明，在基岩稳定、填筑质量有保证的情况下，随填方高度增加，填方边坡稳定性逐渐降低，但敏感度较低。

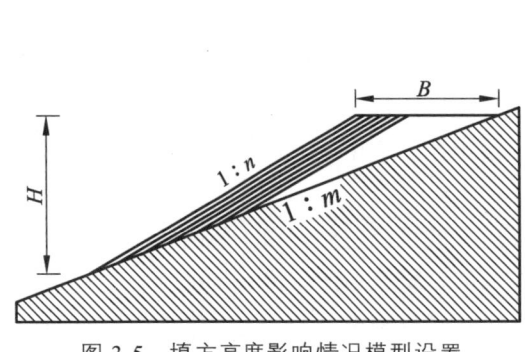

图 3-5 填方高度影响情况模型设置

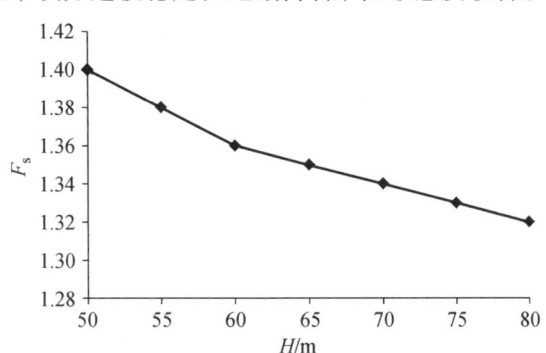

图 3-6 稳定系数随填方高度变化曲线

3.2.2 地面横坡的影响

保持填方高度 $H = 80$ m、填筑宽度 B、填方坡比 n 及岩土体和填料力学参数 c、φ 值不变，改变地面横坡 m，使其在[2.5，4]区间内以 0.25 为阶梯递增。采用 GEO5 软件建立模型后逐一计算其稳定性系数，计算方法选择斯宾塞（Spencer）法。计算考虑横坡影响，分析地面坡度大小引发的沿基底接触面滑移失稳破坏，故考虑 0.6 倍的接触面抗剪强度折减，使填方路堤模型沿基底滑移。选取滑面参数黏聚力 c 为 6 kPa、内摩擦角 φ 为 19.8°。

由图 3-7～图 3-8 可知：随着地面横坡的变缓（m 增大），路基的稳定系数沿线性提高，提升幅值为 53.6%，影响强烈，敏感度高。可知在填方路基沿基底产生平面（折线）滑移时，地面横坡对路基稳定性起决定性作用。陡斜坡路段的路基具有更大的下滑力和下滑趋势，加之接触面较低的抗剪强度提供有限的抗滑力，边坡易产生滑移失事。有效的处置措施是提高接触面的抗滑条件，如基底彻底清除覆盖层、凿毛、开挖台阶等，使土岩接触面摩擦效果增加。

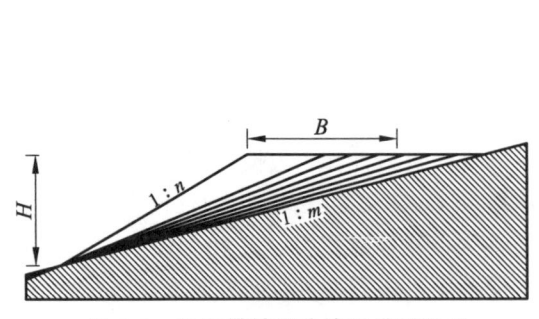

图 3-7 地面横坡影响情况模型设置

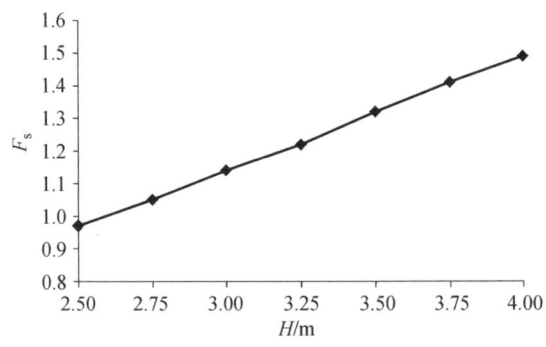

图 3-8 稳定系数随地面横坡变化曲线

3.2.3 基底覆盖层性质的影响

超高填方所处的单面坡或冲沟地形，底部往往覆盖有不同厚度的土层，成分从粉质黏土至碎石土、块石土不等。保持边坡高度 H、地面横坡 m、填方坡比 n 及所有岩土体力学参数 c、φ 不变，改变覆盖层厚度 t，使其在[0 m，6 m]区间内以 1 m 为阶梯递增。采用 GEO5 软件建立模型后逐一计算其稳定性系数，计算方法选择斯宾塞（Spencer）法。此计算仅考虑覆盖层厚度的影响，忽略接触面的强度折减。

由图 3-9 ~ 图 3-10 可知：随着覆盖层厚度的增加，边坡稳定系数逐渐降低；当无覆盖层或完全清除覆盖层时，路堤边坡稳定系数达到最大的 1.33；存在覆盖层的斜坡填方稳定性急剧下降，从 1.33 下降至 0.95。当 $t \geqslant 4$ m 时，滑动面下移，完全处于覆盖层内，不经过填方路基（如图 3-11 ~ 图 3-12 所示）。边坡沿覆盖层为软弱层，产生整体滑移失稳。随后覆盖层厚度的继续增加，对路基稳定性的影响变得不显著（0.85 ~ 0.83）。

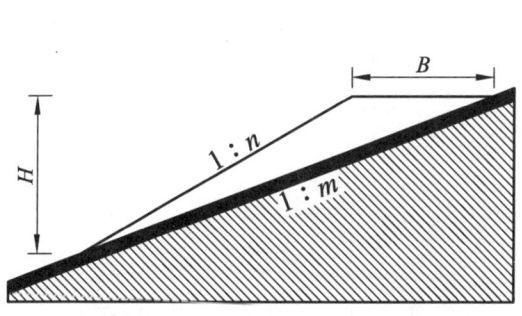

图 3-9 覆土厚度影响情况模型设置

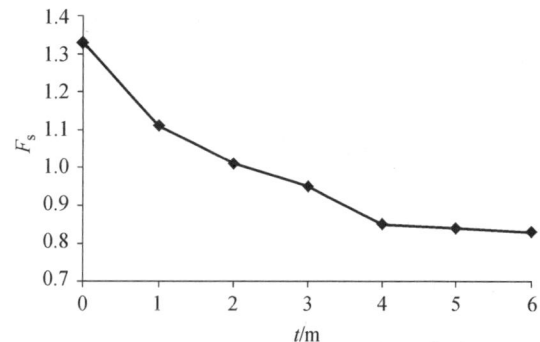

图 3-10 稳定系数随覆土厚度变化曲线

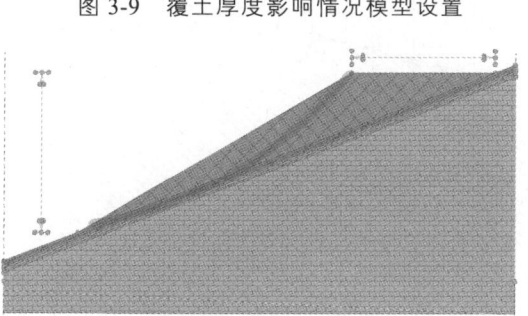

图 3-11 $0 \leqslant t < 4$ m 时滑面情况

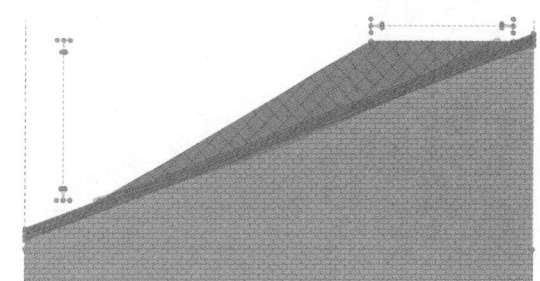

图 3-12 $t \geqslant 4$ m 时滑面情况

3.2.4 斜坡填方开挖台阶的影响

在路堤基底基岩强度较高（如硬质石灰岩）时，填方边坡的失稳滑移多沿基岩顶面土石界面，即路堤与基岩的交界面，该交界面的强度受接触面光滑程度的影响，较路堤自身抗剪强度低，若沿用路堤强度指标，则开挖形成的折线滑面的安全系数高于原界面安全系数，边坡会沿着原滑动面破坏，台阶无作用[2]。类似地，在挡土墙设计中，圬工体与填土间的摩擦系数采用填土内摩擦角的折减值，也验证此交界面强度折减的规律。

采用萨玛（Sarma）法，运用条分和公式迭代计算挖台阶条件下超高填方边坡的稳定系数。交界面按 0.5 的系数进行强度折减，相关影响因素为台阶宽度 B 和台阶倾角 β，选取滑面黏聚力 c 为 5 kPa、内摩擦角 φ 为 16.5°，滑移面为沿基底的折线滑面。

试验组①保持台阶宽度 $B = 14$ m 不变，改变台阶倾角 β，控制 $\beta \in [20°, 80°]$ 范围以 10° 阶梯递增；试验组②保持倾角 $\beta = 50°$ 不变，使 $B \in [6\ m, 20\ m]$ 以 2 m 为台阶递增。两组试验组分别得到两个台阶参数对于填方路基稳定性的影响规律，条块划分和工点模型如图 3-13 ~ 图 3-14 所示，结果如图 3-15 ~ 图 3-16 所示。

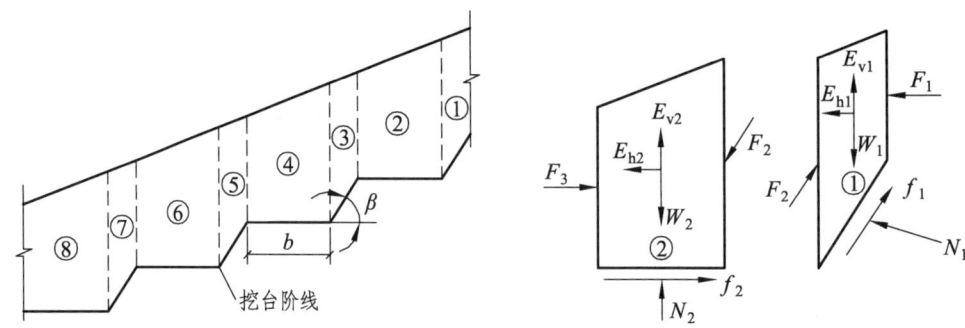

图 3-13　台阶开挖条块划分示意图

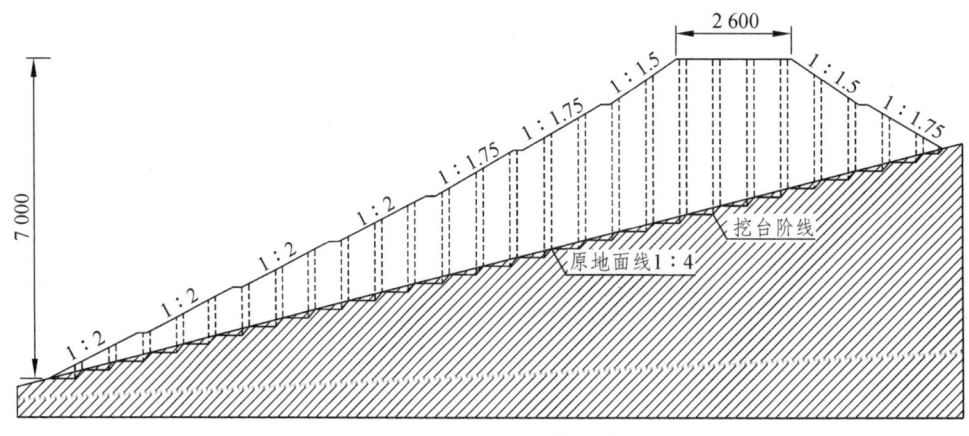

图 3-14　计算填方边坡示意图

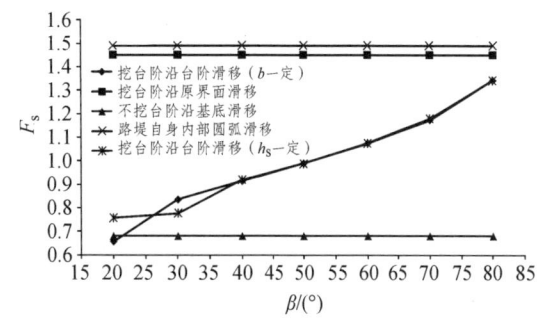

图 3-15　稳定系数随台阶倾角变化曲线

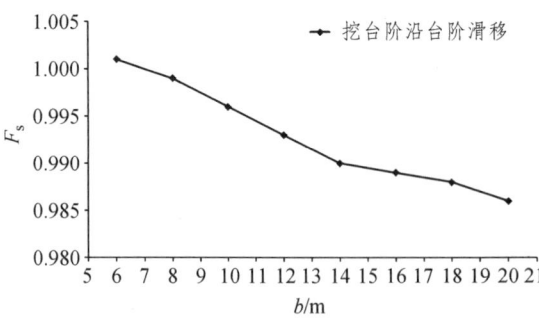

图 3-16　稳定系数随台阶宽度变化曲线

挖台阶后，填方路基的稳定系数大幅提高。图 3-15 表明稳定系数随台阶倾角的增大而提高，两者为近二次抛物线关系，提升幅度为 97.5%。理论上当倾角为 90°时，填方路基条块划分后将不再存在倾斜基底条块①，所有条块的底部均为水平，将不再有下滑力存在，路堤的稳定系数将变为无穷大。但开挖陡倾角台阶将导致滑面上移至填方内部，以更小的稳定系数内部滑面滑移。在截面折减系数小即界面参数更大时，图 3-15 中的"挖台阶沿台阶面滑移"曲线将上升，且与"挖台阶沿原界面滑移"直线产生交点，表明该点之后更陡的台阶倾角对填方稳定性不起作用，即台阶倾角 β 在界面抗剪强度折减较小时存在最大值，倾角的继续增大不仅会增加工程量，且并未提高路堤的稳定系数；在界面折减少时，开挖台阶可有效提高路堤的稳定性。研究成果与相关文献的研究[2]结论一致。

图 3-16 可知，当台阶宽度 B 增大时，路堤稳定性以近线性趋势逐步降低，但幅度较小，约为 1.5%，主要由于宽台阶形成了更大的下滑条块①，虽然抗滑段也有增加，但增加幅值较下滑力小，因此稳定系数逐渐降低。故实际开挖中应在保证路基稳定和施工条件可行的情况下，采用尽量小尺寸的台阶开挖，以减少开挖量，控制工程规模。

3.2.5 路基填料压实度的影响

填料的压实度反映了填方路基的施工质量的好坏，填料在压路机的碾压作用下，填料颗粒之间的孔隙被压缩，土体中的孔隙减小，土体颗粒更加密实，路基的压实度提高。压实度越大表明路基土的土体颗粒更加密实。从而结合水膜变薄，并形成共同水膜，同时水膜中极性水分子吸力增大、水膜水中形成离子共价键，因而黏聚力会越来越大。同样随压实度的提高，土体颗粒间密实程度提高，相互接触点、面增多，在外力作用下摩阻力增大，导致土体颗粒间的骨架嵌挤力增大，因此内摩擦角增大。参考成正伟等[32]的试验研究成果，选取填料类型为砂土时的压实度与土体抗剪强度的对应关系如表 3-1 所示。

表 3-1 不同压实度与填土抗剪强度对应关系

土类型	干密度/(g·cm^{-3})	容重/(kN·m^{-3})	压实度/%	黏聚力/kPa	内摩擦角/(°)
砂土	1.84	18.03	95.6	37.7	30.6
			97.6	45.0	33.6
			98.9	46.6	35.1
			99.5	49.8	35.9

此处考虑压实度引起抗剪强度的增大，从而对填方稳定性的有利影响。计算模型设置中考虑填土内部产生的类土质圆弧滑移，不考虑沿倾斜基底滑移，基底选择稳定硬质岩，且完全清除软弱覆盖层。采用 GEO5 软件建立模型后逐一计算其稳定性系数，计算方法选择斯宾塞（Spencer）法，此计算仅考虑压实度的影响，忽略接触面的强度折减。

由图 3-17～图 3-18 可知：填方路基的稳定系数 F_s 随压实度 K 的提高而增大，当压实度由 95.6%提高至 99.5%，稳定系数由 1.59 增大至 1.98，提升幅度 0.39（24.5%）。可见压实度对稳定性影响显著，敏感度较高。

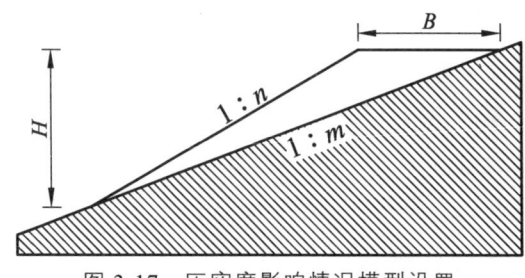

图 3-17　压实度影响情况模型设置

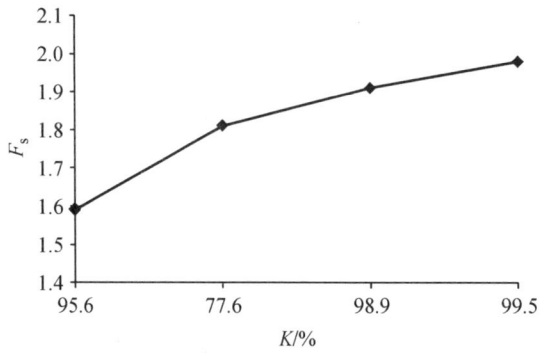

图 3-18　稳定系数随坡率变化曲线

3.2.6　填方坡率及平台设置的影响

填方坡率和平台设置，最终体现为填方边坡的综合坡比。采用控制变量法，在综合坡比改变时其他因素保持不变，填方基底考虑为水平且无软弱层，以保证填方高度一定。填方的滑移为路堤内部的类土质圆弧滑移。坡率与宽平台的组合情况各异，考虑综合坡比 $1:n$，设置 $n\in[1.0, 2.5]$ 以 0.25 为阶梯递增，来计算对应的稳定系数 F_s。采用 GEO5 软件建立模型后逐一计算其稳定性系数，计算方法选择斯宾塞（Spencer）法，仅考虑填方坡比的影响，忽略接触面的强度折减。

由图 3-19～图 3-20 可知：稳定系数 F_s 随填方坡比的变缓而提高，与坡比 n 呈线性关系。填方坡率对稳定系数的影响显著，n 由 1:1 放缓至 1:2.5 的情况下，提升幅度 1.0（126.6%），影响敏感度高。

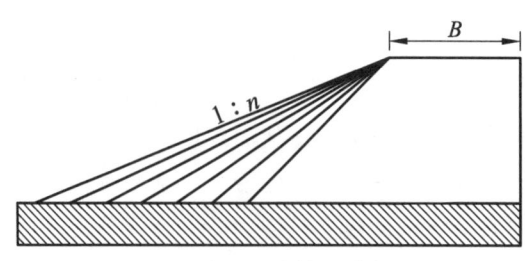

图 3-19　坡比影响情况模型设置

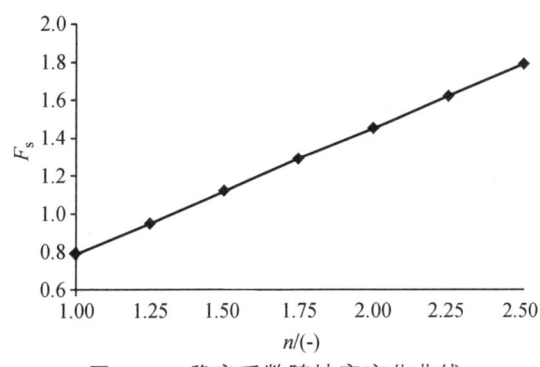

图 3-20 稳定系数随坡率变化曲线

3.2.7 强降雨地下水的影响

填方路堤场区地下水位的高低使岩土体处于饱和或干燥状态,影响岩土体的抗剪强度和孔隙水压力,从而直接影响路基的稳定性。地下水位抬高,引起土体中的孔隙水压力增大,从而造成土体的有效应力及抗剪强度降低。这在众多邻水或地下水位较高的公路项目中成为路堤破坏的重要原因。所以地下水位是公路路堤稳定性评价中的重点关注因素之一[33]。降雨入渗将引起边坡渗流场的变化,入渗影响区域出现孔隙水压力升高、含水量增大,甚至在边坡表层出现暂态饱和区,而上述几个方面都是引起路堤边坡失稳的重要因素[34]。

设置不同地下水位线高度的对照试验组,从低至高调整地下水位,以 10 m 为阶梯递增,其他条件保持一致。采用 GEO5 软件建立模型后逐一计算其稳定性系数,计算方法选择斯宾塞(Spencer)法。

由图 3-21 ~ 图 3-22 可知:随着地下水位线的提升,路堤的稳定系数呈线性负相关。当地下水位由路堤底部上涨至路堤高度的一半时,稳定系数下降 0.12,合 9.23%,敏感度中等。

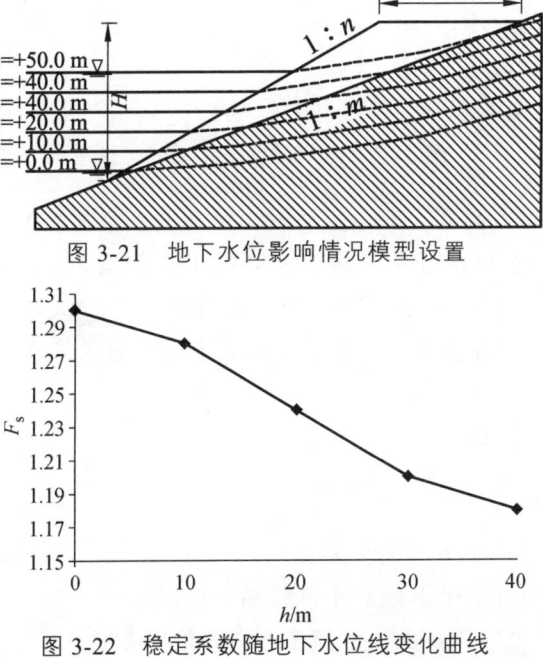

图 3-21 地下水位影响情况模型设置

图 3-22 稳定系数随地下水位线变化曲线

3.2.8 敏感度分析

对于超高填方的侧向整体稳定性问题，不同因素对稳定系数的影响显著性不同，有必要确定影响因素对整体稳定性的敏感性大小。本次研究由于考虑多因素、多参数的敏感性，采用正交试验的方法进行分析。

3.2.8.1 正交试验原理

在研究多因素分析的问题中，一种方法为全面试验法。该方法的思想为完全穷举各因素在各水平下的所有组合情况，并进行逐一求解实验。全面试验法的弊端在于试验次数过大。例如 3 因素 3 水平的试验分析，采用全面试验法将进行 $3^3 = 27$ 组实验[如图 3-23（a）]。过大的试验次数造成了实际在工程中的使用烦琐与不便。

正交试验设计是利用正交表来安排与分析多因素试验的一种设计方法。它是根据依据伽罗瓦（Galois）理论，从试验因素的全部水平组合中，挑选部分有代表性的水平组合进行试验，通过对这部分试验结果的分析，了解全面试验的情况，找出最优的水平组合。例如 3 因素 3 水平试验分析，正交试验可选择 $L9(3_4) = 9$ 次试验即可得出令人满意的结果[如图 3-23（b）]。

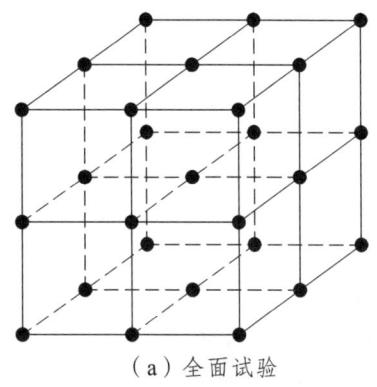
（a）全面试验

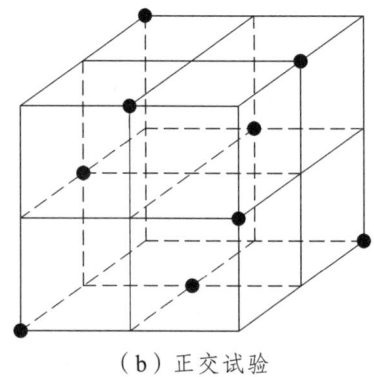
（b）正交试验

图 3-23　全面试验与正交试验数量

设不同因素：A = 填方高度；B = 地面横坡；C = 覆土厚度；D = 挖台阶（b）；E = 挖台阶（β）；F = 压实度；G = 综合坡比；H = 地下水位；I = 地震强度；i（$i = 1, 2, 3, \cdots$）为各因素的水平数；P_{ij} 表述第 j 个元素的第 i 水平的值。在 P_{ij} 下进行试验，得到第 j 个因素在第 i 水平的实验结果为 Q_{ij}，在 P_{ij} 下做 n 次试验，得到 n 个试验结果，分别即为 Q_{ijk}，则

$$K_{ij} = \sum_{k=1}^{n} Q_{ijk} \tag{3.1}$$

式中，K_{ij}——因素 A_j 第 i 水平的统计参数；

n——因素 A_j 第 i 水平下的试验次数；

Q_{ij}——因素 A_j 第 i 水平下第 k_{ij} 个试验结果指标值；

K_j——在不同 i 水平下最大值的组合，即为最优方案。

评价因素显著性的参数为极差 R_j，如式（3.2）所示。极差大小的顺序为因素的水平对试验结果影响大小的顺序。

$$R_j = \max(K_{1j}, K_{2j}, \cdots, K_{ij}) - \min(K_{1j}, K_{2j}, \cdots, K_{ij}) \tag{3.2}$$

3.2.8.2 试验设计方案

为了明确各个参数（A～H）对超高填方稳定系数影响的大小和规律[33]，分别对填方各参数进行变化，分别变化不同参数，研究不同参数对超高填方稳定性的影响规律，具体计算方案设计见表 3-2。

表 3-2 各因素取值和水平

方案	填方高度 A/m	地面横坡 B	覆土厚度 C/m	挖台阶（b）D/m	挖台阶（β）E/（°）	压实度 F/%	综合坡比 G	地下水位 H/m
1	50	2.5	0	6	30	95.6	1.25	10
2	60	3.0	2	10	45	97.6	1.50	20
3	70	3.5	4	14	60	98.9	1.75	30
4	80	4.0	6	18	75	99.5	2.00	40

为了明确各参数对超高填方稳定系数的影响规律，采用正交试验进行数值分析，研究各因素（A～H）对稳定系数的影响规律，即以边坡稳定系数为指标，进行多因素单指标计算分析。不考虑各因素的相互作用，即假定他们之间相互没有影响。本次试验采用 8 因素 4 水平正交分析，即每个影响因素有 4 个可选取的值进行研究，并至少要进行 32 次正交试验，即为 L32（4$_9$）正交试验表（见表 3-3）。

表 3-3 正交试验设计方案

方案	因素							
	填方高度 A/m	地面横坡 B	覆土厚度 C/m	挖台阶（b）D/m	挖台阶（β）E/（°）	压实度 F/%	综合坡比 G	地下水位 H/m
实验 1	1	1	1	1	1	1	1	1
实验 2	1	1	2	2	4	4	3	3
实验 3	1	2	3	4	1	2	3	4
实验 4	1	2	4	3	4	3	1	2
实验 5	1	3	1	3	2	4	2	4
实验 6	1	3	2	4	3	1	4	2
实验 7	1	4	3	2	2	3	4	1
实验 8	1	4	4	1	3	2	2	3
实验 9	2	1	3	4	3	4	2	1

续表

方案	因素							
	填方高度 A/m	地面横坡 B	覆土厚度 C/m	挖台阶（b） D/m	挖台阶（β） E/(°)	压实度 F/%	综合坡比 G	地下水位 H/m
实验 10	2	1	4	3	2	1	4	3
实验 11	2	2	1	1	3	3	4	4
实验 12	2	2	2	2	2	2	2	2
实验 13	2	3	3	2	4	1	1	4
实验 14	2	3	4	1	1	4	3	2
实验 15	2	4	1	3	4	2	3	1
实验 16	2	4	2	4	1	3	1	3
实验 17	3	1	3	1	4	2	4	2
实验 18	3	1	4	2	1	3	2	4
实验 19	3	2	1	4	4	1	2	3
实验 20	3	2	2	3	1	4	4	1
实验 21	3	3	3	3	3	3	3	3
实验 22	3	3	4	4	2	2	1	1
实验 23	3	4	1	2	3	4	1	2
实验 24	3	4	2	1	2	1	3	4
实验 25	4	1	1	4	2	3	3	2
实验 26	4	1	2	3	3	2	1	4
实验 27	4	2	3	1	2	4	1	3
实验 28	4	2	4	2	3	1	3	1
实验 29	4	3	1	2	1	2	4	3
实验 30	4	3	2	1	4	3	2	1
实验 31	4	4	3	3	1	1	2	2
实验 32	4	4	4	4	4	4	4	4

3.2.8.3 正交试验分析

通过数值分析，求出各因素[填方高度（A）、地面横坡（B）、覆土厚度（C）、挖台阶（b）（D）、挖台阶（β）（E）、压实度（F）、综合坡比（G）、地下水（H）]不同组合下的超高填方稳定系数。稳定系数的计算采用 GEO5 软件中的土质边坡稳定性分析模块，分别计算圆弧滑面和沿台阶面的折线滑面两种情况，取较小的不利值作为计算稳定系数，如表 3-4 所示。正交试验计算断面及最不利滑面如表 3-5 所示。

表 3-4 正交试验数值分析

方案	因素								稳定系数
	填方高度 A/m	地面横坡 B	覆土厚度 C/m	挖台阶(b) D/m	挖台阶(β) E/(°)	压实度 F/%	综合坡比 G	地下水位 H/m	
实验 1	50	2.5	0	6	30	95.6	1.25	10	1.07
实验 2	50	2.5	2	10	75	99.5	1.75	30	1.89
实验 3	50	3.0	4	18	30	97.6	1.75	40	1.15
实验 4	50	3.0	6	14	75	98.9	1.25	20	1.01
实验 5	50	3.5	0	14	45	99.5	1.50	40	2.12
实验 6	50	3.5	2	18	60	95.6	2.00	20	1.58
实验 7	50	4.0	4	10	45	98.9	2.00	10	1.35
实验 8	50	4.0	6	6	60	97.6	1.50	30	1.16
实验 9	60	2.5	4	18	60	99.5	1.50	10	1.42
实验 10	60	2.5	6	14	45	95.6	2.00	30	1.09
实验 11	60	3.0	0	6	60	98.9	2.00	40	2.23
实验 12	60	3.0	2	10	45	97.6	1.50	20	1.37
实验 13	60	3.5	4	10	75	95.6	1.25	40	1.01
实验 14	60	3.5	6	6	30	99.5	1.75	20	0.98
实验 15	60	4.0	0	14	75	97.6	1.75	10	1.77
实验 16	60	4.0	2	18	30	98.9	1.25	30	1.12
实验 17	70	2.5	4	6	75	97.6	2.00	20	0.99
实验 18	70	2.5	6	10	30	98.9	1.50	40	0.86
实验 19	70	3.0	0	18	75	95.6	1.50	30	1.31
实验 20	70	3.0	2	14	30	99.5	2.00	10	1.38
实验 21	70	3.5	4	14	60	98.9	1.75	30	1.19
实验 22	70	3.5	6	18	45	97.6	1.25	10	0.9
实验 23	70	4.0	0	10	60	99.5	1.25	20	1.43
实验 24	70	4.0	2	6	45	95.6	1.75	40	1.23
实验 25	80	2.5	0	18	45	98.9	1.75	20	1.35
实验 26	80	2.5	2	14	60	97.6	1.25	40	1.28
实验 27	80	3.0	4	6	45	99.5	1.25	30	0.97
实验 28	80	3.0	6	10	60	95.6	1.75	10	0.94
实验 29	80	3.5	0	10	30	97.6	2.00	30	1.6
实验 30	80	3.5	2	6	75	98.9	1.50	10	1.25
实验 31	80	4.0	4	14	30	95.6	1.50	20	1.19
实验 32	80	4.0	6	18	75	99.5	2.00	40	1.33

表 3-5 正交试验计算断面及最不利滑面

方案	最不利滑面	计算断面	方案	最不利滑面	计算断面
实验 1	沿台阶滑面（折线）		实验 2	沿基底覆土（圆弧）	
实验 3	沿台阶滑面（折线）		实验 4	沿基底覆土（圆弧）	
实验 5	沿路堤内部（圆弧）		实验 6	沿路堤内部（圆弧）	
实验 7	沿基底覆土（圆弧）		实验 8	沿基底覆土（圆弧）	
实验 9	沿路堤内部（圆弧）		实验 10	沿基底覆土（圆弧）	
实验 11	沿路堤内部（圆弧）		实验 12	沿路堤内部（圆弧）	
实验 13	沿路堤内部（圆弧）		实验 14	沿基底覆土（圆弧）	
实验 15	沿路堤内部（圆弧）		实验 16	沿台阶滑面（折线）	
实验 17	沿基底覆土（圆弧）		实验 18	沿基底覆土（圆弧）	
实验 19	沿路堤内部（圆弧）		实验 20	沿台阶滑面（折线）	
实验 21	沿基底覆土（圆弧）		实验 22	沿路堤内部（圆弧）	
实验 23	沿路堤内部（圆弧）		实验 24	沿路堤内部（圆弧）	
实验 25	沿台阶滑面（折线）		实验 26	沿路堤内部（圆弧）	

续表

方案	最不利滑面	计算断面	方案	最不利滑面	计算断面
实验27	沿路堤内部（圆弧）		实验28	沿基底覆土（圆弧）	
实验29	沿台阶滑面（折线）		实验30	沿路堤内部（圆弧）	
实验31	沿路堤内部（圆弧）		实验32	沿路堤内部（圆弧）	

注：1. 计算断面中填方路基的颜色由浅至深代表压实度的由低至高。
  2. 基底岩土参数不变，为稳定石灰岩和黏土覆盖层。

通过表3-4分别计算4个水平指标的平均值 $\bar{K}_i$ 如下：

（1）因素A（填方高度）的水平指标：

$$\bar{K}_{1A} = (1.07+1.89+1.15+1.01+2.12+1.58+1.35+1.16)/8 = 1.416,$$
$$\bar{K}_{2A} = (1.42+1.09+2.23+1.37+1.01+0.98+1.77+1.12)/8 = 1.374,$$
$$\bar{K}_{3A} = (0.99+0.86+1.31+1.38+1.19+0.90+1.43+1.23)/8 = 1.161,$$
$$\bar{K}_{4A} = (1.35+1.28+0.97+0.94+1.60+1.25+1.19+1.33)/8 = 1.239$$

（2）因素B（地面横坡）的水平指标：

$$\bar{K}_{1B} = (1.07+1.89+1.42+1.09+0.99+0.86+1.35+1.28)/8 = 1.244,$$
$$\bar{K}_{2B} = (1.15+1.01+2.23+1.37+1.31+1.38+0.97+0.94)/8 = 1.295,$$
$$\bar{K}_{3B} = (2.12+1.58+1.01+0.98+1.19+0.90+1.60+1.25)/8 = 1.329,$$
$$\bar{K}_{4B} = (1.35+1.16+1.77+1.12+1.43+1.23+1.19+1.33)/8 = 1.323$$

（3）因素C（土层厚度）的水平指标：

$$\bar{K}_{1C} = (1.07+2.12+2.23+1.77+1.31+1.43+1.35+1.60)/8 = 1.610,$$
$$\bar{K}_{2C} = (1.89+1.58+1.37+1.12+1.38+1.23+1.28+1.25)/8 = 1.388,$$
$$\bar{K}_{3C} = (1.15+1.35+1.42+1.01+0.99+1.19+0.97+1.19)/8 = 1.159,$$
$$\bar{K}_{4C} = (1.01+1.16+1.09+0.98+0.86+0.90+0.94+1.33)/8 = 1.034$$

（4）因素D[挖台阶（b）]的水平指标：

$$\bar{K}_{1D} = (1.07+1.16+2.23+0.98+0.99+1.23+0.97+1.25)/8 = 1.235,$$
$$\bar{K}_{2D} = (1.89+1.35+1.37+1.01+0.86+1.43+0.94+1.60)/8 = 1.306,$$
$$\bar{K}_{3D} = (1.01+2.12+1.09+1.77+1.38+1.19+1.28+1.19)/8 = 1.379,$$
$$\bar{K}_{4D} = (1.15+1.58+1.42+1.12+1.31+0.90+1.35+1.33)/8 = 1.270$$

（5）因素 E[挖台阶（β）]的水平指标：

$$\bar{K}_{1E} = (1.07+1.15+0.98+1.12+0.86+1.38+1.60+1.19)/8 = 1.169,$$
$$\bar{K}_{2E} = (2.12+1.35+1.09+1.37+0.90+1.23+1.35+0.97)/8 = 1.298,$$
$$\bar{K}_{3E} = (1.58+1.16+1.42+2.23+1.19+1.43+1.28+0.94)/8 = 1.404,$$
$$\bar{K}_{4E} = (1.89+1.01+1.01+1.77+0.99+1.31+1.25+1.33)/8 = 1.320$$

（6）因素 F（压实度）的水平指标：

$$\bar{K}_{1F} = (1.07+1.58+1.09+1.01+1.31+1.23+0.94+1.19)/8 = 1.178,$$
$$\bar{K}_{2F} = (1.15+1.16+1.37+1.77+0.99+0.90+1.28+1.60)/8 = 1.278,$$
$$\bar{K}_{3F} = (1.01+1.35+2.23+1.12+0.86+1.19+1.35+1.25)/8 = 1.295,$$
$$\bar{K}_{4F} = (1.89+2.12+1.42+0.98+1.38+1.43+0.97+1.33)/8 = 1.440$$

（7）因素 G（综合坡比）的水平指标：

$$\bar{K}_{1G} = (1.07+1.01+1.01+1.12+0.90+1.43+1.28+0.97)/8 = 1.099,$$
$$\bar{K}_{2G} = (2.12+1.16+1.42+1.37+0.86+1.31+1.25+1.19)/8 = 1.335,$$
$$\bar{K}_{3G} = (1.89+1.15+0.98+1.77+1.19+1.23+1.35+0.94)/8 = 1.313,$$
$$\bar{K}_{4G} = (1.58+1.35+1.09+2.23+0.99+1.38+1.60+1.33)/8 = 1.444$$

（8）因素 H（地下水位）的水平指标：

$$\bar{K}_{1H} = (1.07+1.35+1.42+1.77+1.38+0.90+0.94+1.25)/8 = 1.260,$$
$$\bar{K}_{2H} = (1.01+1.58+1.37+0.98+0.99+1.43+1.35+1.19)/8 = 1.238,$$
$$\bar{K}_{3H} = (1.89+1.16+1.09+1.12+1.31+1.19+0.97+1.60)/8 = 1.291,$$
$$\bar{K}_{4H} = (1.15+2.12+2.23+1.01+0.86+1.23+1.28+1.33)/8 = 1.401$$

通过对不同因素的水平指标进行计算可得，因素 A 的 4 个水平指标中 K_{iA} 的最小值为 $\bar{K}_{3A}$；因素 B 的 4 个水平指标中 K_{iB} 的最小值为 $\bar{K}_{1B}$，因素 C 的 4 个水平指标中 K_{iC} 的最小值为 $\bar{K}_{4C}$；因素 D 的 4 个水平指标中 K_{iD} 的最小值为 $\bar{K}_{1D}$；因素 E 的 4 个水平指标中 K_{iE} 的最小值为 $\bar{K}_{1E}$；因素 F 的 4 个水平指标中 K_{iF} 的最小值为 $\bar{K}_{1F}$；因素 G 的 4 个水平指标中 K_{iG} 的最小值为 $\bar{K}_{1G}$；因素 H 的 4 个水平指标中 K_{iH} 的最小值为 $\bar{K}_{2H}$。因此最不利组合为 $\bar{K}_{3A}\bar{K}_{1B}\bar{K}_{4C}\bar{K}_{1D}\bar{K}_{1E}\bar{K}_{1F}\bar{K}_{1G}\bar{K}_{2H}$。

为了明确各个因素对超高填方稳定系数的影响程度，要计算各个影响因子对试验指标的影响大小，按照影响高低排序。因此通过极差 R 来分析不同影响因素对稳定系数的影响情况，计算方法如式（3.3）所示。

$$R = \bar{K}_{i\max} - \bar{K}_{i\min} \tag{3.3}$$

因此分别计算不同影响因素的极差为

$$R_A = \bar{K}_{4A} - \bar{K}_{2A} = 1.416 - 1.161 = 0.255,$$
$$R_B = \bar{K}_{1B} - \bar{K}_{4B} = 1.329 - 1.244 = 0.085,$$
$$R_C = \bar{K}_{1C} - \bar{K}_{4C} = 1.610 - 1.034 = 0.576,$$
$$R_D = \bar{K}_{4D} - \bar{K}_{1D} = 1.379 - 1.235 = 0.144,$$
$$R_E = \bar{K}_{2E} - \bar{K}_{1E} = 1.404 - 1.169 = 0.235,$$
$$R_F = \bar{K}_{4F} - \bar{K}_{1F} = 1.440 - 1.178 = 0.263,$$
$$R_G = \bar{K}_{4G} - \bar{K}_{1G} = 1.444 - 1.099 = 0.345,$$
$$R_H = \bar{K}_{2H} - \bar{K}_{4H} = 1.401 - 1.238 = 0.164$$

通过数值分析求出各因素不同组合下的超高填方稳定系数，并对其进行极差分析，如图 3-24 所示。

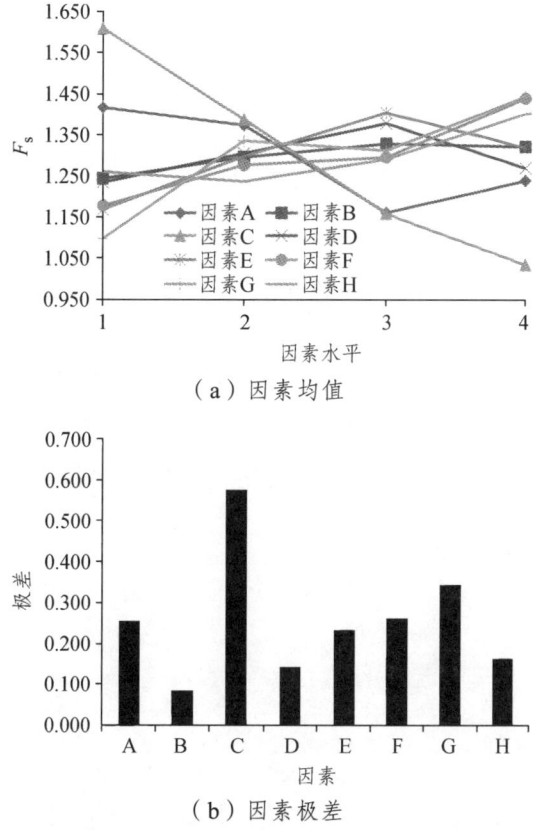

(a) 因素均值

(b) 因素极差

图 3-24 超高填方稳定性影响因素的均值和极差

图 3-24（a）中，横坐标为各因素水平分类，水平值按照所列的水平顺序排列；纵坐标反映了稳定系数 F_s 的统计值。对各因素的趋势进行分析发现：高填方的稳定系数随着地面横坡 B、压实度 F、综合坡比 G 的增大而表现出增大趋势，其中综合坡比 G 对稳定系数的影响幅度最大（31.4%）；而随着填方高度 A、覆土厚度 C、地下水水位高度 H 的增大表现出稳定系数减小趋势，其中覆土厚度 C 的影响幅度最大（35.8%）；另外开挖台阶（b）D、开挖台阶（β）

E 的影响趋势表现出较为平稳、有增有减，这是由于开挖台阶后填方滑面部分上移至填方内部而不沿台阶面滑移，导致其影响因素在稳定系数上体现不充分的现象。

由图 3-24（b）可知，极差分析中各因素极差由大到小为：覆土厚度 C>综合坡比 G>压实度 F>填方高度 A>开挖台阶（β）E>水位高度 H>开挖台阶（b）D>地面横坡 B，可知在考虑超高填方稳定性的各因素中，覆土厚度对其稳定性影响最大，其次为综合坡比、压实度、填方高度。覆土厚度由于土层本身的抗剪强度、力学性能低下，在厚度较大、填方填筑前不能完全清除的情况下，作为软弱不利岩土层的存在，对超高填方的整体稳定性造成最大程度的影响。实际工程中应重点关注填方基底覆盖层的发育情况，做好充足的清除、处置或支挡措施。

第4章 超高填方的粗粒填料特性

公路工程的超高填方路基一般由附近的挖方路基开挖出来的岩土体或隧道洞渣经破碎成一定粒径大小的散体颗粒组成。根据性质,填料分为石质填料、土石填料、土料和特殊土料。石料根据强度不同,用于不同的路基部位:硬质岩石、中硬岩石可用作路床、路堤填料;软质岩石可用作路堤填料,不得用于路床;膨胀性岩石、易崩解性岩石和盐化岩石等不得用作路堤填料。

对于土质填料,泥炭、淤泥、冻土、强膨胀土、有机土及易溶盐超过允许含量的土等,不得直接用于填筑路堤。季节冻土地区路床及浸水部分的路堤不应直接采用粉土填筑。路堤土质填料最小承载比应符合表4-1的规定。

表4-1 土质路堤CBR(加州承载比)和粒径要求

路基部位		路槽底面以下深度/cm	填料最小CBR/%		
			高速公路、一级公路	二级公路	三、四级公路
上路床		0~30	8	6	5
下路床	轻、中等及重交通	30~80	5	4	3
	特重、极重交通	30~120	5	4	
上路堤	轻、中等及重交通	80~150	4	3	3
	特重、极重交通	120~190	4	3	
下路堤	轻、中等及重交通	150以下	3	2	2
	特重、极重交通	190以下			

山区公路超高填方因其填方高度大、稳定性要求高,因此其填料一般采用石质填料和含石量高的粗粒土石混合料填筑,纯黏土填料慎用。

影响山区高速公路高填方路基沉降和稳定性的原因很多,其中一个显著的因素为填料的类型及其自身的强度性能,所以,为更清楚地了解高填方路基的沉降规律,就需要研究超高填方路基工程所用到填料的力学指标及各指标之间的相关性。本章采用室内粗粒土大型三轴试验和数值模拟试验等手段研究超高填方的填料强度特性。

4.1 超高填方填料的分类

4.1.1 根据填料粒径界限划分

根据国内外的研究，填料的粒径大小对填料的工程物理力学性质影响很大。现有的JTG D30—2015《公路路基设计规范》要求，填料最大粒径应小于150 mm，受开挖边坡弃渣和洞渣岩性及施工工艺影响，填料粒径变化幅度很大，从1 mm到150 mm都有。现有的研究和规范根据粒径大小将填料划分为不同的粒组，如表4-2所示。

表4-2 土的粒组划分

粒组名称	粒组名称		粒径 d 的范围/mm
巨粒	漂石（块石）		$d > 200$
	卵石（碎石）		$200 \geqslant d > 60$
粗粒	砾粒（角砾）	粗砾	$60 \geqslant d > 20$
		中砾	$20 \geqslant d > 5$
		细砾	$5 \geqslant d > 2$
	砂粒	粗砾	$2 \geqslant d > 0.5$
		中砾	$0.5 \geqslant d > 0.25$
		细砾	$0.25 \geqslant d > 0.075$
细粒	粉粒		$0.075 \geqslant d > 0.002$
	黏粒		$0.002 \geqslant d$

注：数据来源于JTG 3430—2020《公路土工试验规程》。

工程实践中一般将5 mm定义为区分土和石混合料粒径的划分粒径，把粒径大于5 mm的颗粒称之为含石量；把小于5 mm的颗粒称之为含土量，对此粒径土的以粒径和塑性指数进行分类。

4.1.2 根据含石量分类

现有研究和工程实践进行土石混合料的干密度与含石量关系试验时，同时结合混合料的密实特性和强度渗透系数等性质，把30%和70%设为土石混合料的界限点。根据开山渣料的组成，一般分为填土、填石、土石混填3种形式，采用粒径大于40 mm、含石比例大于70%的石料填筑的为填石路基，粗粒骨架起控制作用，此时填料的抗剪强度特性接近石料；石料含量占比在30%~70%的土石混合材料为土石路基，此时填料抗剪强度由土石共同决定；石料含量小于30%的为填土路基，细粒料起控制作用，此时填料抗剪强度由细粒料性质决定。

4.1.3 根据岩性分类

影响路基填料强度的因素主要有岩石自身强度、抗风化能力和吸水性等。通常情况下，自身强度高的岩石同时具有较强的抗风化能力,同时水稳性能也好。实际情况下,岩石的抗风化能力和水稳性能测试不容易,岩石强度可以通过抗压强度试验进行判别。土石混合料可以根据抗压强度分类为3类:强度低易风化($p<15$ MPa)、强度抗风化中等(15 MPa$\leqslant p \leqslant 30$ MPa)、强度高抗风化强($p>30$ MPa)。

4.1.4 根据工程特性分类

土石混合料一般是按照粒级配粒径大小进行分类,但实际施工时若根据粒径来选用施工工艺和压实工具将会十分麻烦。故应在原来分类的基础上,根据填料在工程中的特性进行更进一步的分类,如表4-3所示。

表4-3 根据填料特性分类

分类		岩石特征	含石量	施工方法	路用性能
Ⅰ	强度低易风化类	$p<15$ MPa,吸水后容易软化,干湿循环后易崩解破碎。(泥岩、页岩泥板岩)	>0% ≤100%	通常不使用此类填料用于路基填筑。施工进行碾压前,应多次洒水使其充分进行干湿循环后发生崩解;摊铺时,需使用大型推土机将超过粒径的石块进行破碎,最大粒径要小于路基设计的压实厚度;压实时应选择振动羊足碾或选择光轮压路机与凸块振动压路机共同施工。松铺厚度和碾压遍数的确定需进行试验段铺筑	粗颗粒经过充分处理后,并严格按照试验段路基施工工艺填筑,路基强度可满足要求
Ⅱ	强度抗风化中等类	15 MPa$\leqslant p \leqslant 30$ MPa,抗风化能力较强,吸水后有不同程度软化,但不崩解。(泥质砂岩、泥质砾岩、泥板岩、凝灰岩)	<30%	碾压前洒水软化石块,必要时采用推土机破碎;施工时一般碾压机械均能满足要求,同时要严格控制施工含水量和松铺厚度	粗颗粒经过处理后可使用,路基强度的大小主要受含水量的影响,含水量过大会造成路基强度不足
Ⅱ	强度抗风化中等类	15 MPa$\leqslant p \leqslant 30$ MPa,抗风化能力较强,吸水后有不同程度软化,但不崩解。(泥质砂岩、泥质砾岩、泥板岩、凝灰岩)	≥30%	碾压前洒水软化石块;摊铺时,需使用大型推土机将超过粒径的石块进行破碎,最大粒径要小于路基设计的压实厚度;压实时应选择振动羊足碾或选择光轮压路机与凸块振动压路机共同施工。松铺厚度和碾压遍数的确定需进行试验段铺筑。最大粒径不应大于松铺厚度的2/3	粗颗粒经过处理后,并按试验段填筑工艺施工,路基强度可满足要求
Ⅲ	强度高抗风化能力强类	$p>30$ MPa,水稳性好。(花岗石、花岗斑岩、玄武岩、石灰岩、非泥质的砂岩和砾岩)	≤30%	一般碾压机械均能满足要求,但必须严格控制松铺厚度及填料含水量	强度的大小主要受最佳含水量的影响
Ⅲ	强度高抗风化能力强类	$p>30$ MPa,水稳性好。(花岗石、花岗斑岩、玄武岩、石灰岩、非泥质的砂岩和砾岩)	>30% ≤70%	必须用激振力较大的振动压路机进行碾压。松铺厚度及碾压遍数可通过试验路段确定。最大粒径不得超过松铺厚度的2/3	强度较高,受含石量影响。随含石量的增加强度增大
Ⅲ	强度高抗风化能力强类	$p>30$ MPa,水稳性好。(花岗石、花岗斑岩、玄武岩、石灰岩、非泥质的砂岩和砾岩)	>70%	参照填石路基施工工艺,即最大粒径不超过松铺厚度的2/3、分层填石分层嵌缝,以碾压遍数为控制指标	按填石路基方法施工

4.2 超高填方填料工程力学性质与含石量间相关性研究

为研究填料的工程力学性质，采用大型击实仪对不同粗颗粒质量分数级配情况下的土石混合料进行击实试验、无侧限抗压、CBR 以及回弹模量试验[36]。

超高填方路基填料是由土和石按照不同比例组合而成的松散体，不同的土种类、石种类以及不同土石比例都会使其拥有不同的物理结构和力学特性。研究资料表明，以前主要通过剪切特性和压实特性来对土石混合料的力学性能进行研究。对于剪切特性的研究主要通过三轴试验来实现，通过三轴试验结果得到土石混合料的屈服准则以及弹塑性增量本构理论；而对于压实特性的研究主要是通过调配不同土石比例的混合料进行压实试验，对试验结果进行分析，并建立土石混合料最大干密度、最佳含水量与土石比例之间的关系。土石混合料剪切特性研究在理论方面或者试验方面都研究得较多，而土石混合料压实特性研究主要集中在最大干密度、最佳含水量与土石比例之间的关系，对于其他方面研究较少，比如最大颗粒粒径、石料级配以及击实功等变化对土石混合料最大干密度和最佳含水量的影响规律。除此之外，公路路基在选择填料时不只要考虑剪切特性和压实特性，还要考虑无侧限抗压强度、CBR、回弹模量以及在路基压实时产生的颗粒破碎情况。为此，我们通过室内试验详细地研究了土石混合料的工程力学性能指标。

公路设计中不能忽视回弹模量这个重要参数，但对回弹模量的测试却很复杂，耗时很多，而对于路面设计的另一个设计参数 CBR 的测试过程相对而言简单得多。目前国内路面设计常以路基回弹模量作为设计参数，但在路基设计中却采用 CBR 值作为设计参数，同时又要求路基材料回弹模量不能超过路面设计规范[37]允许值。国内外对两个设计参数之间的关系进行研究的结果表明二者之间存在较好的相关关系，但这些研究提出的关系表达式参数差异性大，不同的填料性质应该选择不同的设计参数值。本节选取某高速公路的填料进行室内试验，对路基填料的回弹模量和对 CBR 之间的关系进行系统的研究。

4.2.1 无侧限抗压强度试验

试验使用重型击实仪成型不同压实度的直径为 150 mm 的试件，将试件放于万能材料试验机上均匀加载，直到试件压坏，按式（4.1）计算出试件的无侧限抗压强度，试验结果如表 4-4 所示，材料的无侧限抗压强度与含石量、压实度的关系如图 4-1 所示。

$$P = \frac{4p}{\pi d^2} \quad (4.1)$$

式中，P——无侧限抗压强度（MPa）；

p——试件压坏时的荷载（N）；

d——直径（mm）。

表 4-4 土石混合料无侧限抗压强度试验结果

土石比	70∶30	50∶50	30∶70	10∶90
无侧限抗压强度/MPa	28.5	42	59.8	26

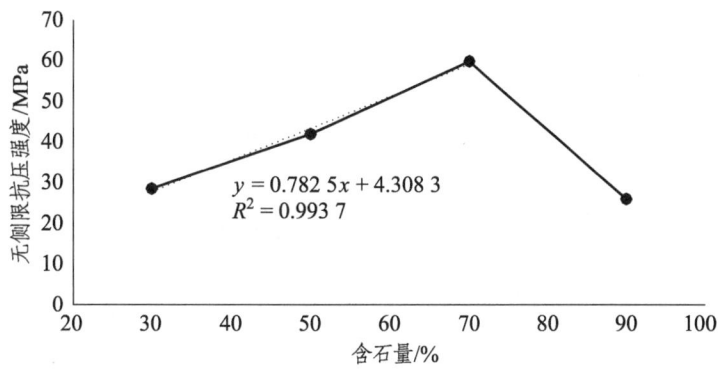

图 4-1 土石混合料含石量与无侧限抗压强度的关系曲线

由图 4-1 可看出，土石混合料的无侧限抗压强度与其含石量成正比关系，但当含石量大于 70% 时土石混合料的无侧限抗压强度反而降低，这种情况发生的原因是石料形成骨架但土料不足以填充空隙，形成骨架-空隙结构，从而导致强度降低。其中，当粗颗粒质量分数在 30%~70% 范围内时，土石混合料无侧限抗压强度与含石量有如式（4.2）所示的关系式：

$$P = 0.7825x + 4.3083, \quad R^2 = 0.9937 \quad (4.2)$$

式中，P——无侧限抗压强度（kPa）；

x——含石量（%）；

R——相关系数。

4.2.2 土石混合料 CBR 试验

土石混合料 CBR 试验结果如表 4-5、表 4-6 所示。

表 4-5 土石混合料 CBR 试验结果

土石比	70∶30	50∶50	30∶70	10∶90
CBR 值	14.2	30.8	45.2	50.6

表 4-6 土石混合料泡水膨胀量试验结果

土石比	70∶30	50∶50	30∶70	10∶90
原始高度/mm	120	120	120	120
泡水 96 h 后高度/mm	144	135	125.76	121.2
泡水膨胀量/%	0.2	0.125	0.048	0.01
粗颗粒质量分数 P/%	30	50	70	90

土石混合料含石量与 CBR 值、膨胀量的关系如图 4-2 和图 4-3 所示。

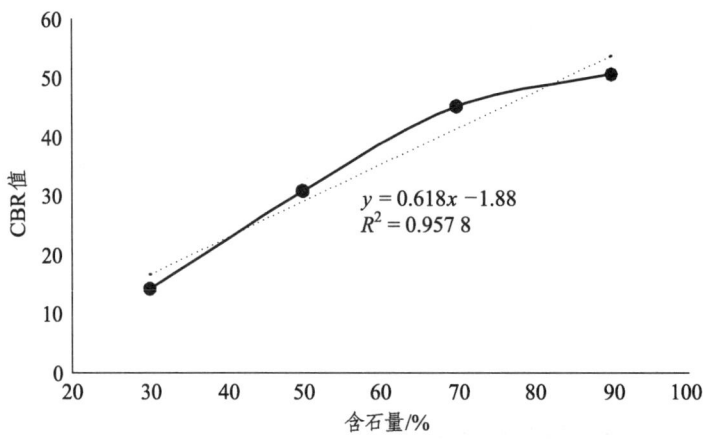

图 4-2 土石混合料含石量与 CBR 值的关系曲线

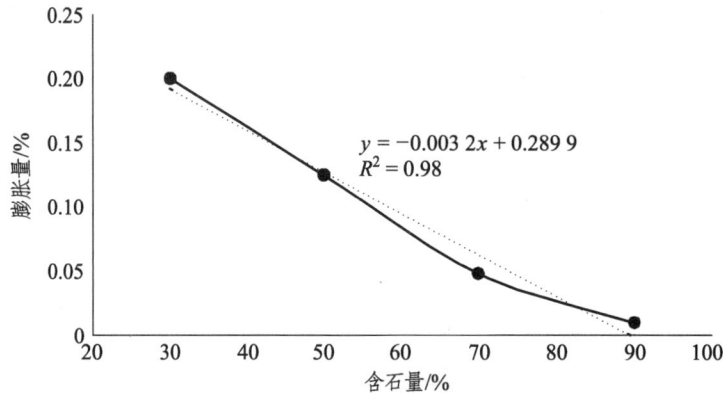

图 4-3 土石混合料含石量与膨胀量的关系曲线

由图 4-2 ~ 图 4-3 可以看出：随着含石量的增大，土石混合料的泡水膨胀逐渐减小，并且比普通的细粒土小，所以土石混合料的水稳性能好。随着含石量的增大，CBR 值逐渐增大，并且比普通细粒土大，所以石料的增加可以大幅提升材料的 CBR 值。土石混合料的 CBR 和膨胀量与含石量之间的统计关系为

$$\text{CBR} = 0.618x - 1.88, \quad R^2 = 0.957\,8,$$
$$y = -0.003\,2x + 0.289\,9, \quad R^2 = 0.980\,0,$$
$$\text{TCBR} = 0.586P + 2.29, \quad R^2 = 0.932\,3,$$
$$\text{VH} = 1.397\,7 \times 10^{-0.069\,2P}, \quad R^2 = 0.924\,1$$

式中，y——膨胀量（%）；

CBR——土石混合料的 CBR 值。

4.2.3 土石混合料回弹模量试验

不同土石比例的土石混合料回弹模量试验结果见表 4-7。

表 4-7　土石混合料回弹模量试验结果

土石比	70∶30	50∶50	30∶70	10∶90
回弹模量/MPa	25.8	35.5	51.3	62

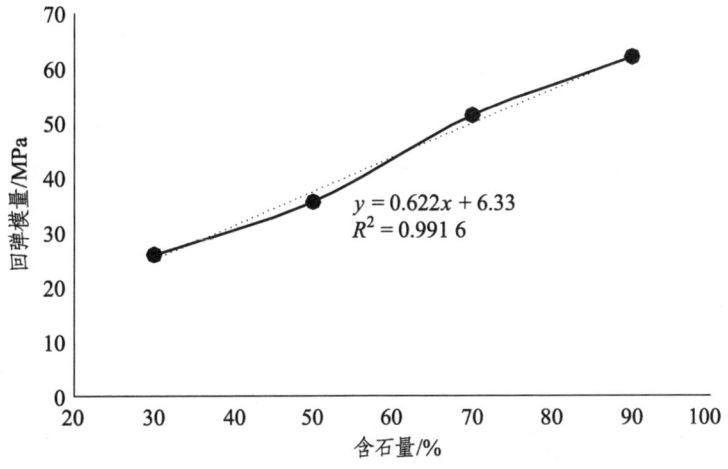

图 4-4　土石混合料含石量与回弹模量的关系曲线

由图 4-4 可知：随着含石量的增大，土石混合料的回弹模量值逐渐增大，土石混合料回弹模量与粗颗粒质量分数之间的统计关系为

$$E_y = 0.622x + 6.33, \quad R^2 = 0.9916 \tag{4.3}$$

式中，E——回弹模量（MPa）。

4.3　超高填方填料的 PFC3D 数值模拟试验

在岩土力学中，岩土的抗剪强度是非常重要的力学指标，测试的试验方法有很多，比如常见的直剪、环剪、三轴压缩等。对于超高填方为粗粒土或填石填料，一般采用大型三轴试验仪或大型直剪试验仪进行试验，获得填方路堤填料强度参数[38]。但受经费、工期等因素的影响，设计时很少做大型三轴试验或大型直剪试验，一般都是采用经验参数。随着计算机功能的增强，采用数值模拟试验成为可能。因此 PFC 便成为用来模拟离散力学特性的一个有效手段，因其便捷、高效以及可控性成为当今最为常用的研究方法。PFC 离散元计算方法在岩体的动态、非线性过程的数值计算方面较传统的连续元有独特的优势和进步，在 PFC 计算中无需给定材料的宏观本构关系和对应的参数，这些传统的参数和力学特性在程序中可以自动得到。PFC 软件从微观结构角度着手，用离散元数值模拟试验的方法可以解决传统试验造价高，试验操作烦琐复杂，材料模型复杂等难题，并且可以精确化数值，在科研工作中发挥了非常重要的作用，现如今广泛应用于岩土工程、地质工程、机械工程、过程工程等多个场合。

4.3.1 PFC3D 数值模拟基本原理

土石混合体具有典型的非均质和非连续性，在力学性质上表现出强烈的各向异性，采用传统的建立在宏观连续介质上的力学模型和相应的分析方法难以合理描述和反映其内部结构的复杂性，也难以从细观水平上揭示其变形破坏机理，而离散元法则能较好地解决上述难题。基于基本球体的颗粒流程序 PFC 所采用的接触关系较之块体离散元有了很大的简化，接触搜索耗时大大降低，计算效率显著提高，有着明显的优势。

PFC3D 研究的基本对象是颗粒和颗粒间的接触，能直接模拟球形颗粒间的运动和相互作用。可以通过"连接"两个或多个小颗粒来创建任意形状的大颗粒，"连接"而成的"组合颗粒"可以作为独立的颗粒体研究。通过"黏结"相邻颗粒得到的颗粒集合体可作为具有弹性属性的"固体"，当颗粒间的"黏结"逐渐被破坏时，该固体产生"破裂"。PFC3D 模拟单轴抗压强度试验如图 4-5 所示。

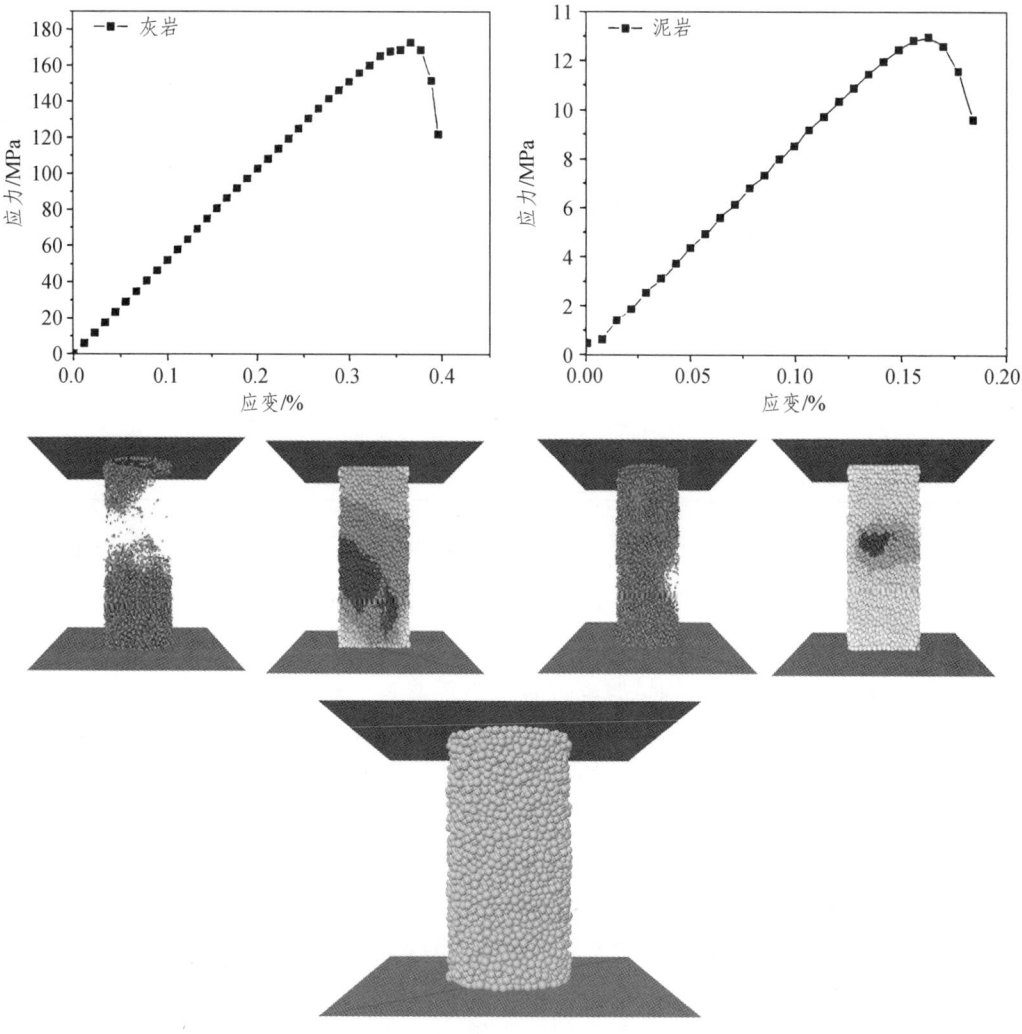

图 4-5　PFC3D 模拟单轴抗压强度试验

4.3.2　PFC3D 模拟的建立

4.3.2.1　块石和土模型建立

离散元作为一款基于颗粒力学的软件，得益于胶结模型的开发应用，使其在模拟胶结材料上展现出了令人惊讶的效果。对于散体材料，使用单个球体（ball）模拟可以很好地模拟颗粒在变形过程中的滑动、跃迁。但是美中不足的是，ball 作为刚性体，不能体现出颗粒的破碎效果。为了达到块石破碎的效果，本次模拟采用 cluster 进行。所谓 cluster，中文名为柔性簇，其作用方式是将若干细小颗粒聚合成指定形状，且胶结在一起。这种方法模拟效果较好，且能够比较好地反映碎石破碎后的状态。柔性簇 cluster 可以模拟三维碎石框架，并在三轴中进行实现。为保证块石在几何形状上的随机性，块石边界基于蒙特卡洛理论生成，按照混合料实际粒度成分由高粒径粒组到低粒径粒组依次满足，各粒组内颗粒粒径采用服从均匀分布的随机数获得，颗粒密度根据室内试验结果设置为 2 700 kg/m³。

本次模拟采用如图 4-6 所示 4 个块石模板对其填充 ball 来进行模拟块石。

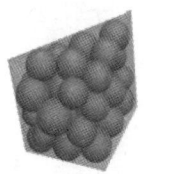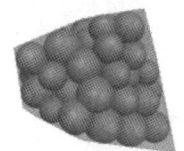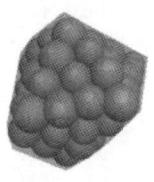

图 4-6　块石模板

土的接触选择的是 cb 模型，模型颗粒密度根据室内实验结果设置为 2 300 kg/m³。在 cb 模型中有一个弹簧，相对于线性模型，胶结器取代分离器，和弹簧是串联关系。这个构件器特征意味着这个模型适用于单一物质的材料。

块石模型接触采用 pb 模型，又称为平行胶结模型，相对于 cb 模型，pb 模型提供了一个额外的弹簧，且胶结器和这个额外的弹簧串联。这种特征也代表这个模型可以适用于两个材料。一个材料是被胶结物，一个材料是胶结物。pb 模型是一个比较标准的岩石模型，其不光继承了传统线性模型的部分，而且基于微观的物质成分出发，增加了胶结模型部分，如图 4-7 所示。

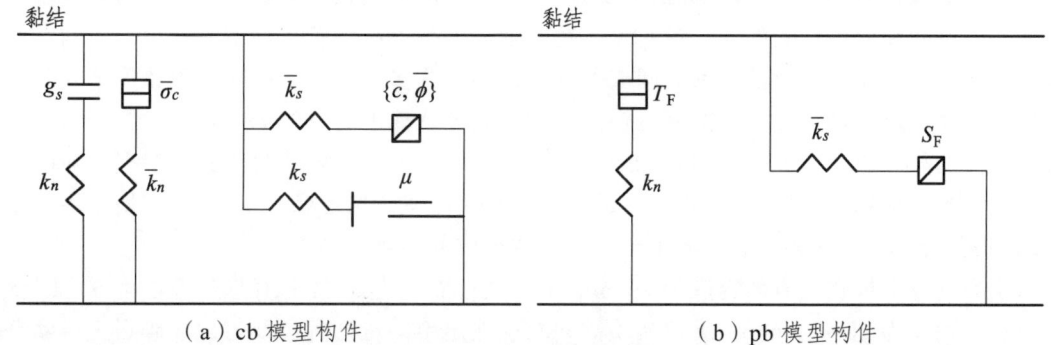

图 4-7　模型构建

4.3.2.2 三轴模型建立

土石混合体数值试样的尺寸与室内大型三轴试验试样的尺寸保持一致，均为宽度为 300 mm、高度 600 mm 的长方体试样。土颗粒使用单个球体（ball）表示，对于块石则使用不规则形状的团簇（cluster）表示，土石的界限根据已有的研究取为 20 mm，数值试样的级配采用渣体的天然级配，含石量为 30%、50%、60%、70%、80%。对于土石混合体这类很不均匀的岩土材料，其级配范围较宽，如果在数值试样中采取与室内试样一样的颗粒级配，则会导致数值试样中生成量极其庞大的颗粒。考虑到计算机的计算效率问题，将粒径小于 10 mm 的颗粒由 10~20 mm 粒组的颗粒进行等量代替，最终生成颗粒个数如表 4-8 所示。

表 4-8 颗粒数量

块石含量	30%	50%	60%	70%	80%
土颗粒数量	11 311	8 181	6 195	4 742	3 100
石颗粒数量	17 583	31 487	34 968	41 203	43 669

本次模拟研究，旨在反映出不同土石比的填方路基力学表现，分别建立不同土石含量的由颗粒组成的模拟填方路堤试样，模型建立见图 4-8。

图 4-8 不同土石比的 PFC3D 路基试样模型

在 PFC3D 数值试验中，颗粒的数量是选取土石阈值必须考虑的因素，颗粒数量越多，计算效率越低。因此，综合考虑颗粒数量以及计算机的运算能力，最终选取的土石阈值为 20 mm。为与室内试验相对应，后续参数标定以及数值模拟中，需采用相似级配法换算室内颗粒级配，保证室内试验和数值试验的含石量一致。对于轴线加载速度，若采用室内三轴试验的轴线加载速度进行数值模拟，所消耗的时间成本巨大，参考众多学者在离散元三轴数值试验时采用的加载速度，最终确定本次离散元三轴试验的轴线加载速度为 0.05 m/s。

试样的尺寸长×宽×高为 300 mm × 300 mm × 600 mm，孔隙率为 0.36。根据颗粒的特性表现，土颗粒使用单个球体（ball）表示（图 4-8 中深灰色球形颗粒），块石则使用不规则形状的团簇（cluster）表示（图 4-8 中由杂色小球组成的不规则体）。

土石的界限根据已有研究取为 20 mm，土体颗粒简化为球体，粒径取值范围为 5~12 mm，块石粒径简化为 20~60 mm。模拟实验欲同时反映出不同母岩种类及占比的碎石土压实路基的受力表现，将碎石颗粒赋予不同的岩石参数，以模拟当母岩分别为灰岩（硬质）和泥岩（软质）时，所压实路基的力学性质。碎石颗粒及土颗粒微观参数见表4-9，具体试验组设置见表4-10。

表4-9 PFC模拟土石参数

颗粒	弹性模量/Pa	平行弹性模量/Pa	黏聚力/Pa	法向抗拉强度/Pa	摩擦角/(°)	摩擦系数	刚度比	平行刚度比
土	$5×10^8$	—	—	—	—	0.5	1.5	—
灰岩	$4×10^9$	$6.77×10^{10}$	$5.214×10^7$	$3.4×10^6$	45	0.6	4	1
泥岩	$4×10^9$	$3×10^9$	$2.5×10^6$	$2.5×10^6$	50	0.7	3	1.5

表4-10 模拟试验组设置

泥岩占比-灰岩占比	含石量				
	30%	50%	60%	70%	80%
100%-0	NY11	NY12	NY13	NY14	NY15
75%-25%	NY21	NY22	NY23	NY24	NY25
50%-50%	JF1	JF2	JF3	JF4	JF5
25%-75%	HY11	HY12	HY13	HY14	HY15
0-100%	HY21	HY22	HY23	HY24	HY25

不同土石比的试样以各自的土石混合级配来区别实现，级配曲线见图4-9。

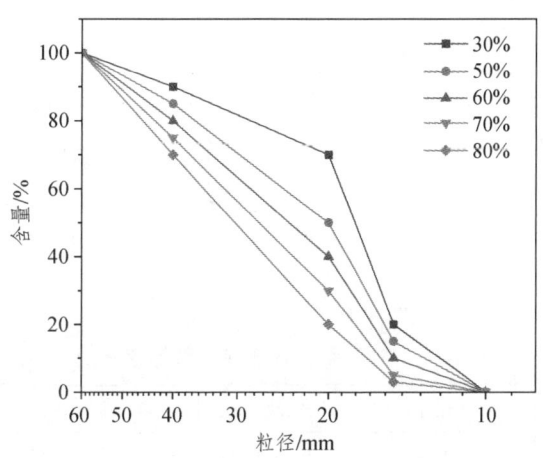

图4-9 不同含石量试样颗粒的累计级配曲线

根据上述试验配置，分别进行若干组数值模拟实验，模拟压实路基试样在三轴试验中的受力情况，根据监测点的数据反映，整理出各个试样的应力应变情况。

4.3.2.3 细观参数标定

选取合适的细观力学参数才能使宏观与细观力学特性相互对应，从而快速得到理想的计算效果。细观参数主要通过试错法进行确定。首先建立岩石的单轴压缩标准试样模型通过模拟单轴压缩试验如图4-10，得到其裂纹图和单轴压缩应力应变曲线；结合室内单轴压缩试验结果对块石的细观参数进行标定,当所得压缩曲线基本吻合时标定完成;最后以土体、块石的细观参数为基准,在基准值附近调整参数,对应参数即为土石混合料的细观参数。重复上述步骤,可以依次得到各块石土石混合料的细观参数值,最终所选取的细观力学参数如表 4-11 所示。

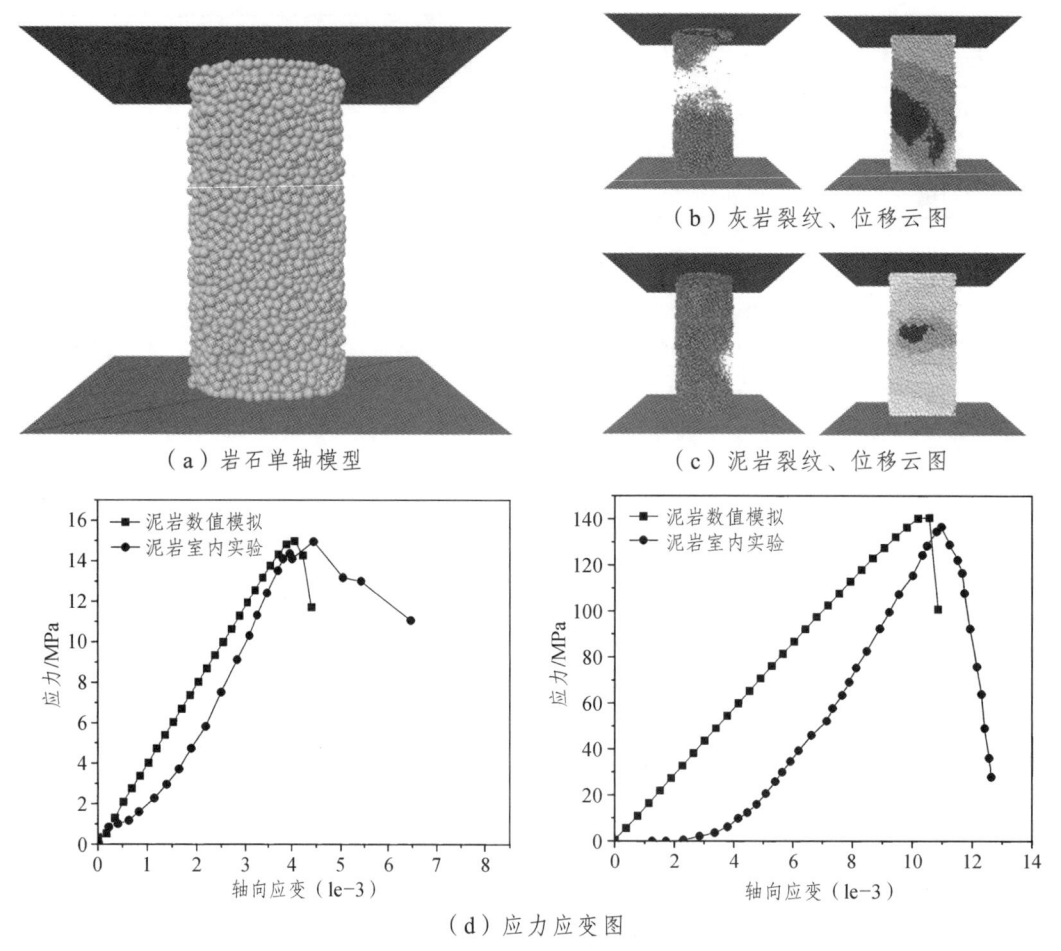

图 4-10　岩石单轴模拟

表 4-11　土石混合体细观参数标定情况

土	Emod	kratio	cb_tensile	cb_shear	fric	
	$5×10^8$	1.5	$1×10^5$	$1×10^6$	0.5	
石	Emod	kratio	pb_emod	pb_kratio	pb_ten	pb_coh	pb_fa	fric
灰岩	$4×10^9$	4	$6.77×10^{10}$	1	$3.4×10^6$	$5.214×10^7$	45	0.7
泥岩	$4×10^9$	3	$3×10^9$	1.5	$2.5×10^6$	$2.5×10^6$	50	0.6

4.3.3　试验结果

经过若干组数值模拟试验,得出如表 4-10 设置组下的不同含石量的碎石土压实路基在不同母岩种类及配比下的压缩应变情况,绘制应力应变曲线(见图 4-11~图 4-15)。

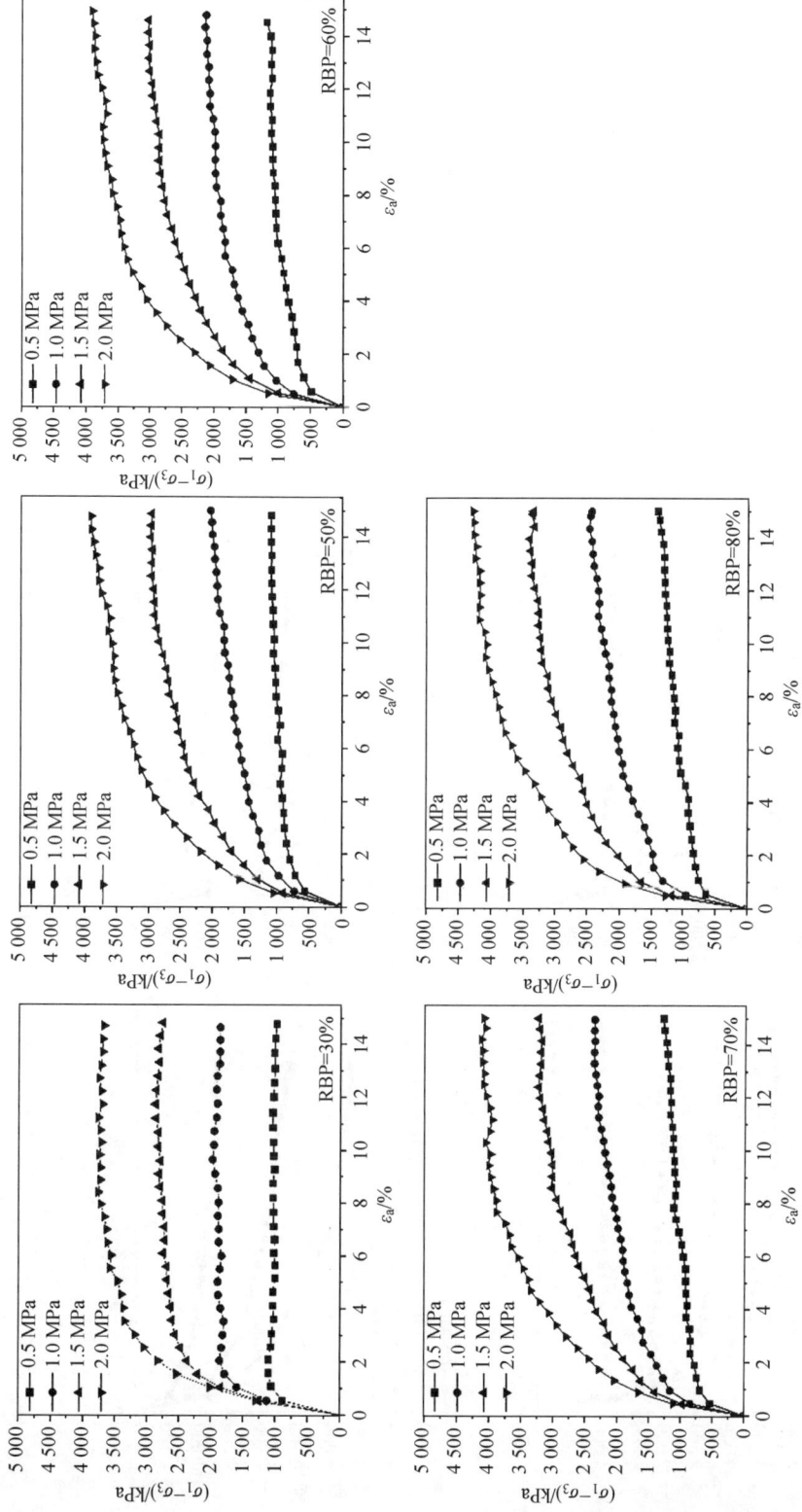

图 4-11 NY11~NY15（泥岩100%）试验组应力应变曲线

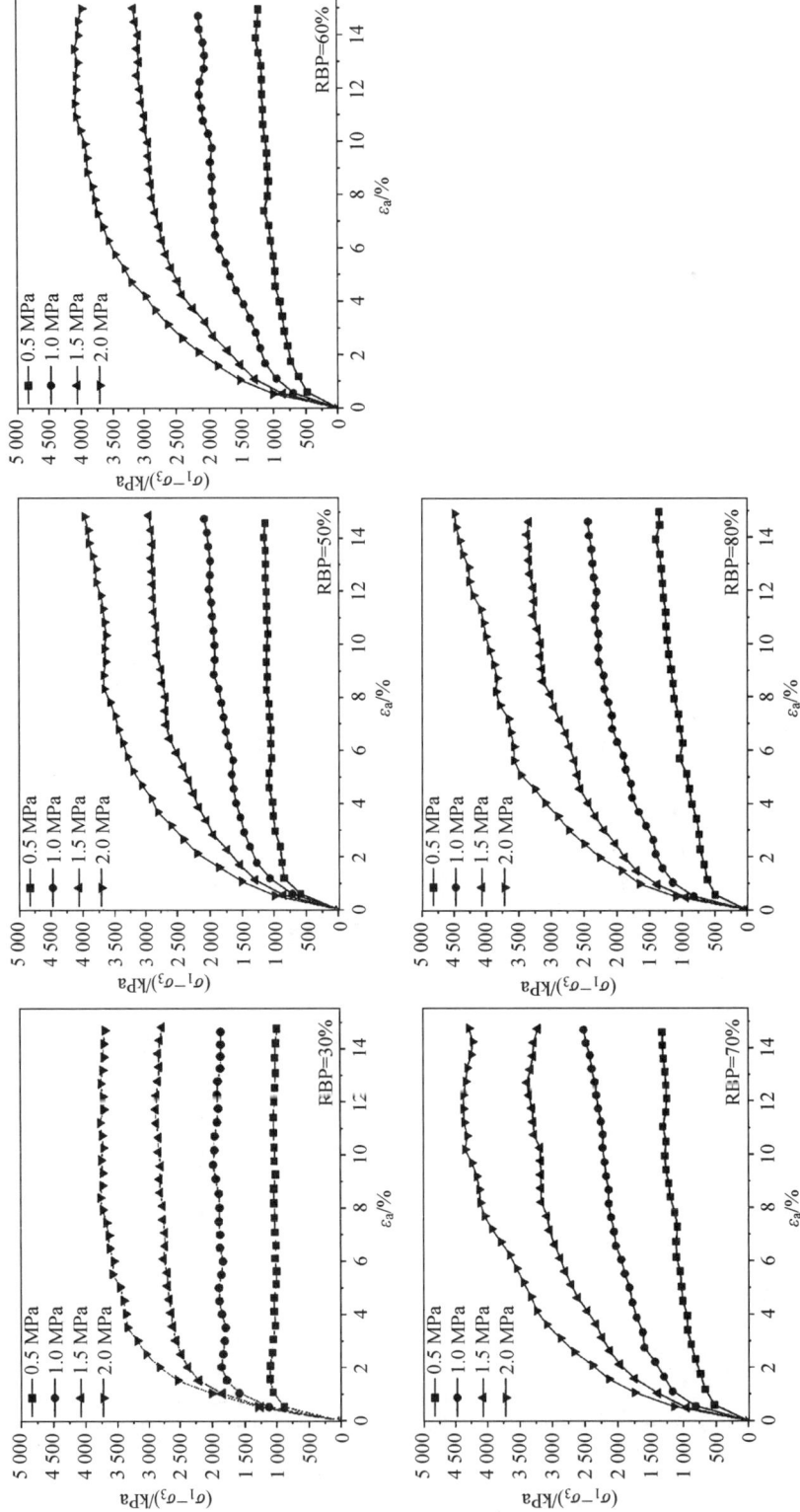

图 4-12 NY21~NY25（泥岩 75%-灰岩 25%）试验组应力应变曲线

第 4 章 超高填方的粗粒填料特性

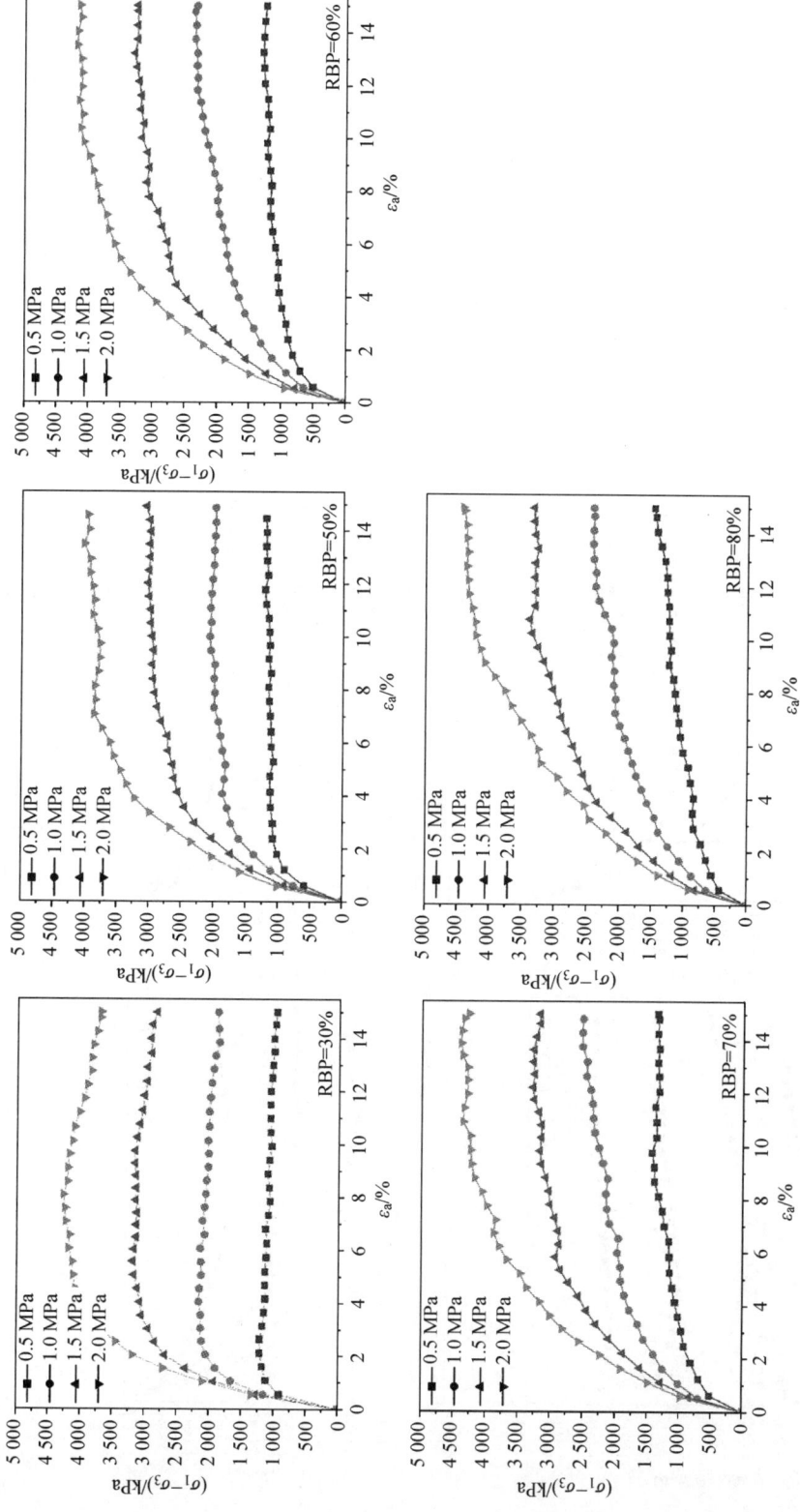

图 4-13　JF1～JF5（泥岩 50%-灰岩 50%）试验组应力应变曲线

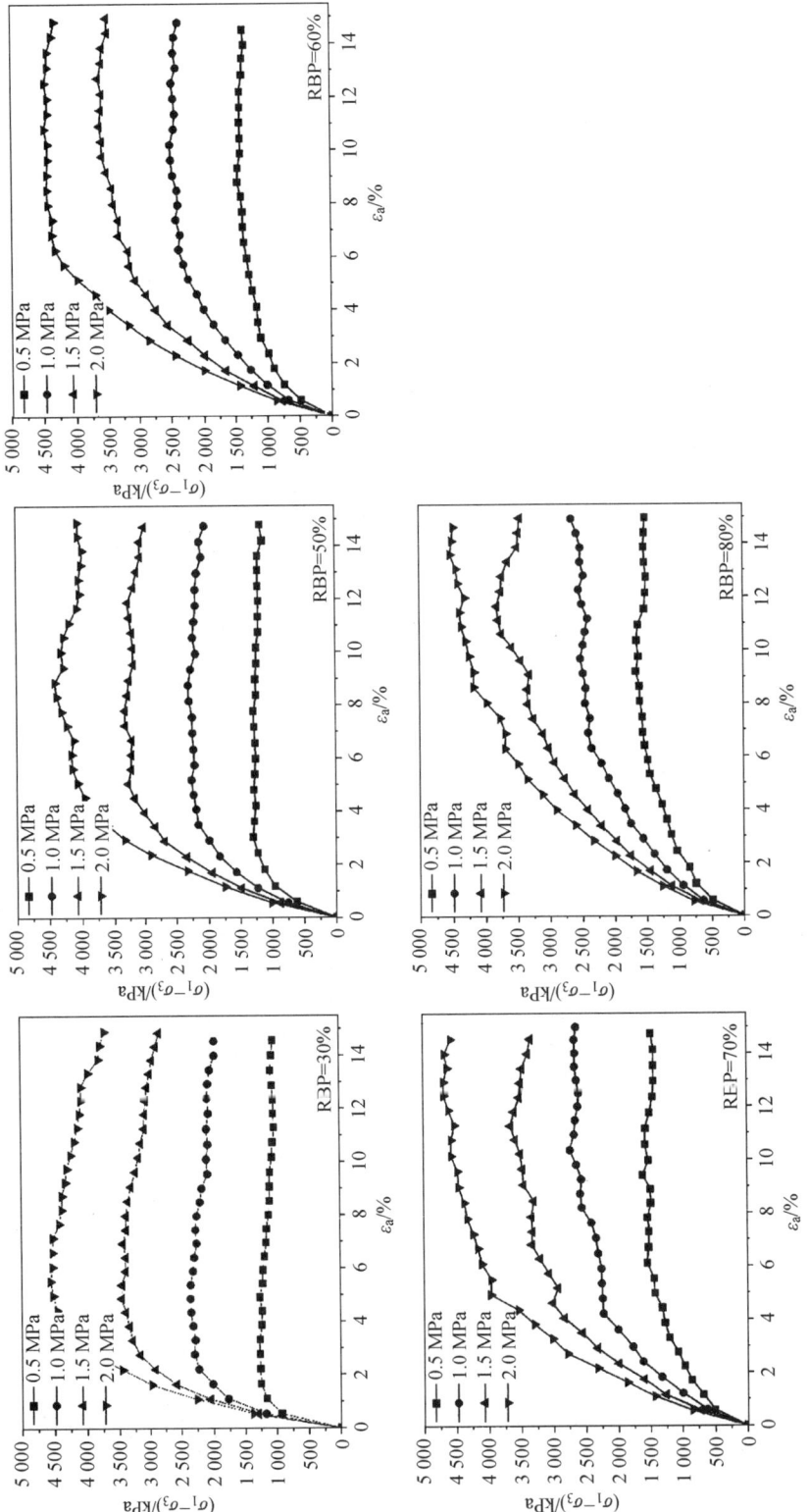

图 4-14 HY21～HY25（泥岩 25%-灰岩 75%）试验组应力应变曲线

第4章 超高填方的粗粒填料特性

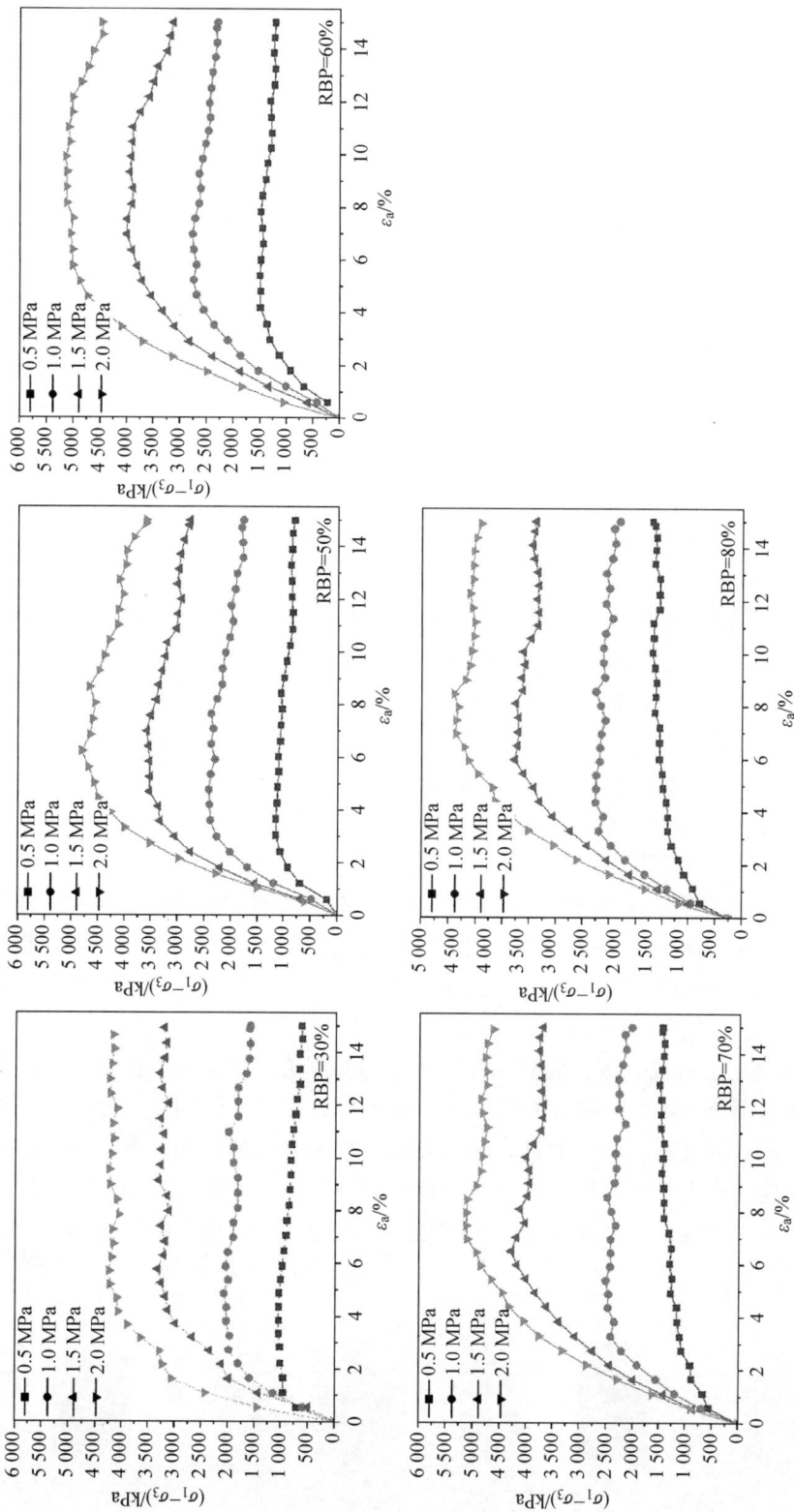

图 4-15 HY21~HY25（灰岩100%）试验组应力应变曲线

综合分析图 4-11~图 4-15 和表 4-11 数值试验结果，不同岩性土石混合料的剪切曲线呈现以下特征：混合料剪切过程中，剪应力-剪切位移曲线呈锯齿状，是因为土石混合料在压剪作用下，由粗粒料中空隙的填充、块石空间位置的重新排列、块石局部破碎等效应所引起的。在低围压作用下，块石强度对土石混合料抗剪性能的影响较小，强度特性曲线表现出应变硬化或微硬化的变化特征；在 2 MPa 高围压下，混合料间的抗剪强度差异显著，泥岩、灰岩 70% 含石量的土石混合料间峰值剪应力差值分别达到 1 MPa，此时灰岩土石混合料呈现出显著应变硬化特征，而泥岩土石混合料的应变软化特征进一步加强；中等围压时，土石混合料的应变软（硬）化特征不明显。造成上述现象的原因是：在土石混合料尤其高含石量混合料中，块石作为骨料起主要的支撑作用，且粗糙表面间的咬合接触能够提供较强的内锁、摩阻作用，对混合料的剪切特性起决定性作用。高轴压作用下，混合料经剪切后，块石空间位置进一步调整，趋于稳定，硬岩块石刚度大，混合料的整体刚性增强，对剪切变形的抵抗能力进一步增强，呈现应变硬化特征；相比之下，软岩块石在高轴压作用时易产生塑性变形，进而表现出应变软化剪切特征。在低轴压环境下，混合料整体外界输入能量较低，仅土体自身强度的发挥以及土-岩界面上块石翻滚、土体绕石运动等即可达到基本平衡，由块石强度不同所引起的剪切特性差异不明显。

随着含石量增加时，摩擦角与黏聚力呈现随含石量增加而增加的现象。在高围压下土与石之间接触更为紧密，黏结性相比于低围压更强，稳定性也更高。块石作为骨料的作用也随着含石量增加更加明显。不同围压各含石量下的数值试样的应力-应变曲线较为相似，随着含石量的增加，数试样的峰值强度、破坏应变和弹性模量都随之增加。含石量为 30% 时，应力-应变曲线没有明显的峰值，表现为应变硬化型，在轴向应变达到 6% 前的初始剪切阶段，偏应力呈近似线性增加，此阶段的变形主要来自土体的压密，在 6% 之后偏应力增加缓慢，达到 9% 后基本保持不变，此阶段主要为塑性变形。含石量为 50% 时，剪切过程表现为应变硬化，试样破坏时达到峰值应力，当轴向应变在 0~3% 时，为线弹性阶段，轴向应变超过 3% 后，偏应力增长变缓，随着轴应变的增加而持续增加。含石量为 70% 时，应力-应变关系同样为应变硬化，没有明显的峰值应力，在轴向应变达 0~5% 时，偏应力呈线性增长，轴应变超过 5% 后，偏应力增长缓慢，最后基本保持稳定。

以图 4-16 为例，土石混合体会随着围压增加裂纹数量在不断减少，说明土石料的稳定性和抗剪能力会随着围压增加而增加，并且由于岩性不同，泥岩在低围压下便出现大量破坏，裂缝数量远多于灰岩混合料。块石通过影响土石混合料中裂隙的空间分布特征和展布方式间接控制混合料剪切面形态。灰岩混合料中块石仅受到研磨，泥岩混合料中块石已基本完全破碎，块石强度越大，对应混合料中裂隙密度就越小，混合料"斜剪"特征越明显，剪切面形态越复杂。

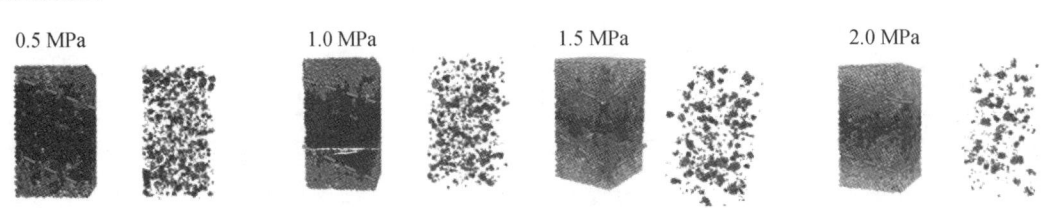

（a）泥岩破坏形态

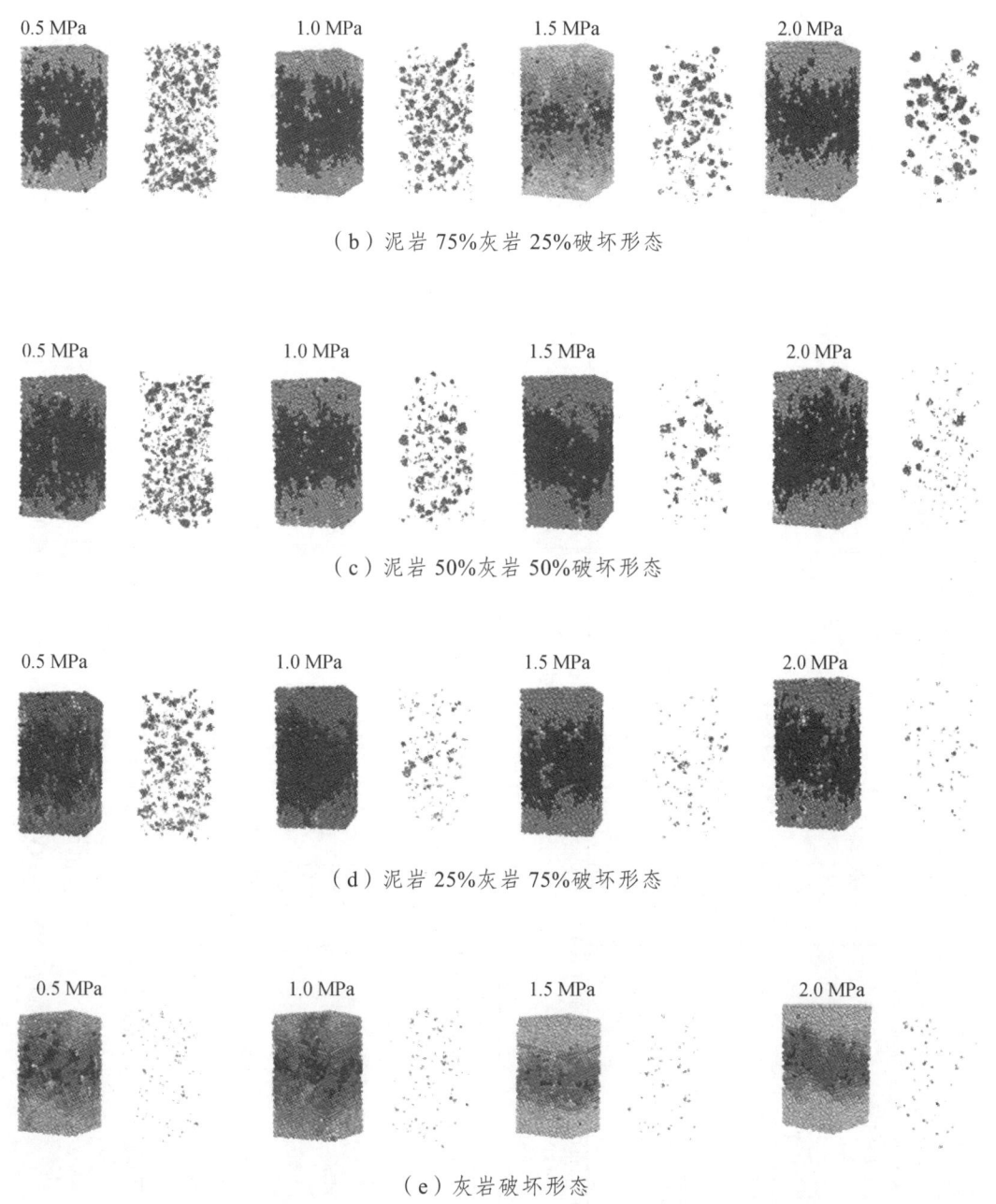

(b)泥岩75%灰岩25%破坏形态

(c)泥岩50%灰岩50%破坏形态

(d)泥岩25%灰岩75%破坏形态

(e)灰岩破坏形态

图 4-16 不同围压下的试样体模拟破坏形态

由模拟实验结果图 4-11～图 4-15，可得各个试验样式的破坏偏差应力$(\sigma_1-\sigma_3)_f$，即可得各样式的最大主应力 $\sigma_{1f} = \sigma_1 + (\sigma_1-\sigma_3)_f$，则可在 τ-σ 平面上绘制对应的莫尔圆。根据同一试验配置不同围压下的莫尔圆情况即可得出其破坏强度包线，即可得到对应的路基试样抗剪强度值。分别作 τ-σ 图并绘制强度包络线，具体情况见图 4-17～图 4-21。

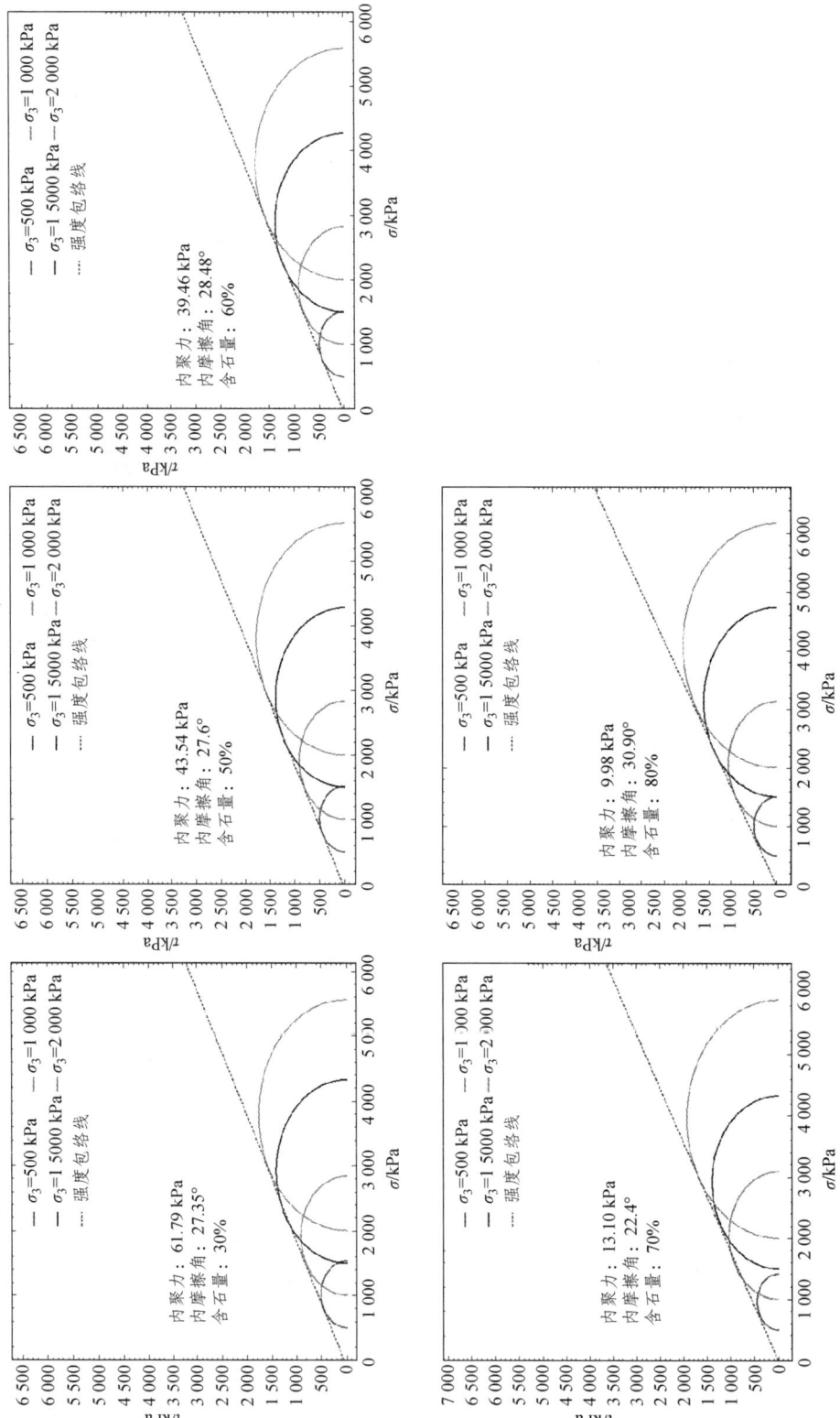

图 4-17 NY11~NY15（泥岩 100%）试验组的莫尔圆及强度包络线

第4章 超高填方的粗粒填料特性

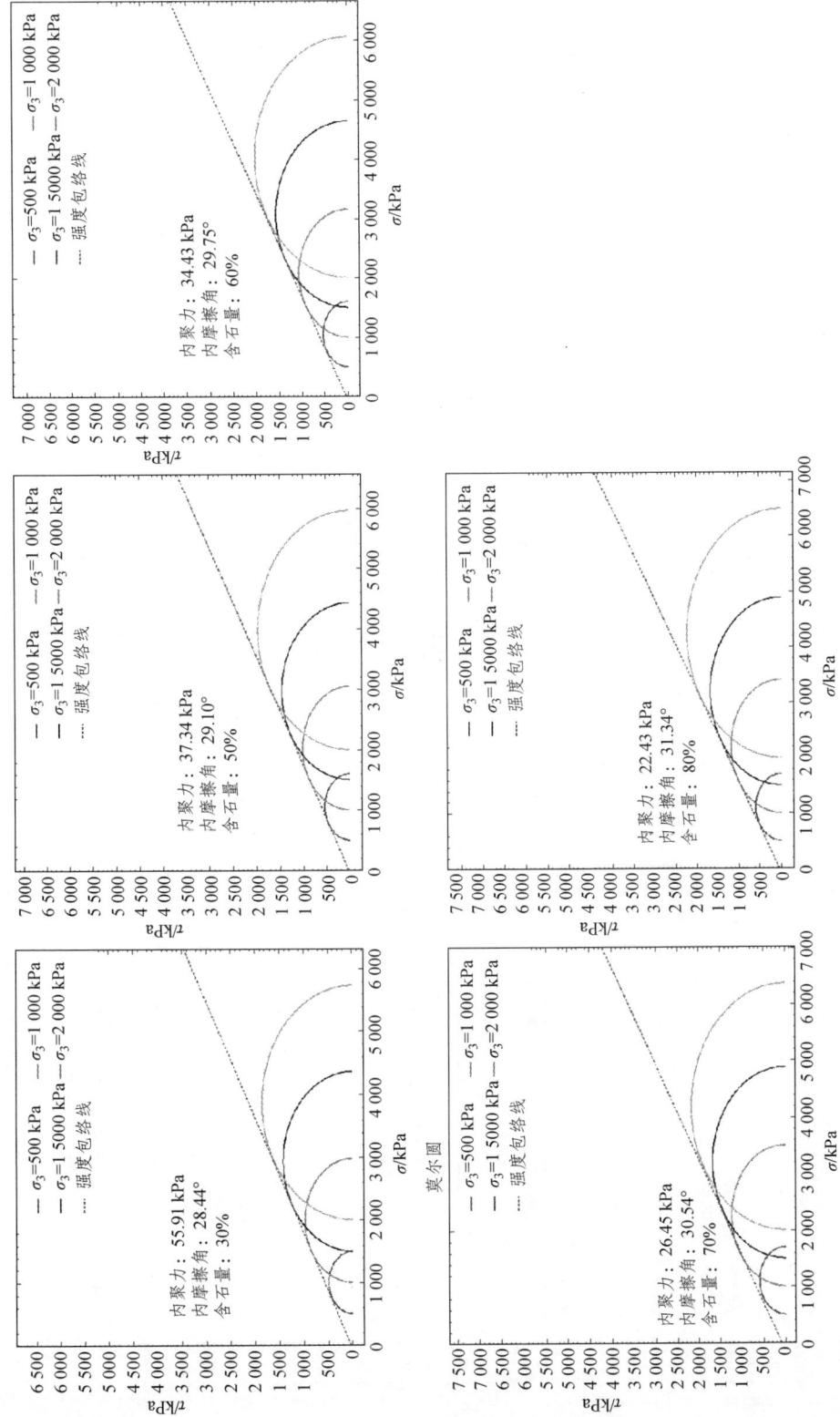

图4-18 NY21~NY25（泥岩75%-灰岩25%）试验组的莫尔圆及强度包络线

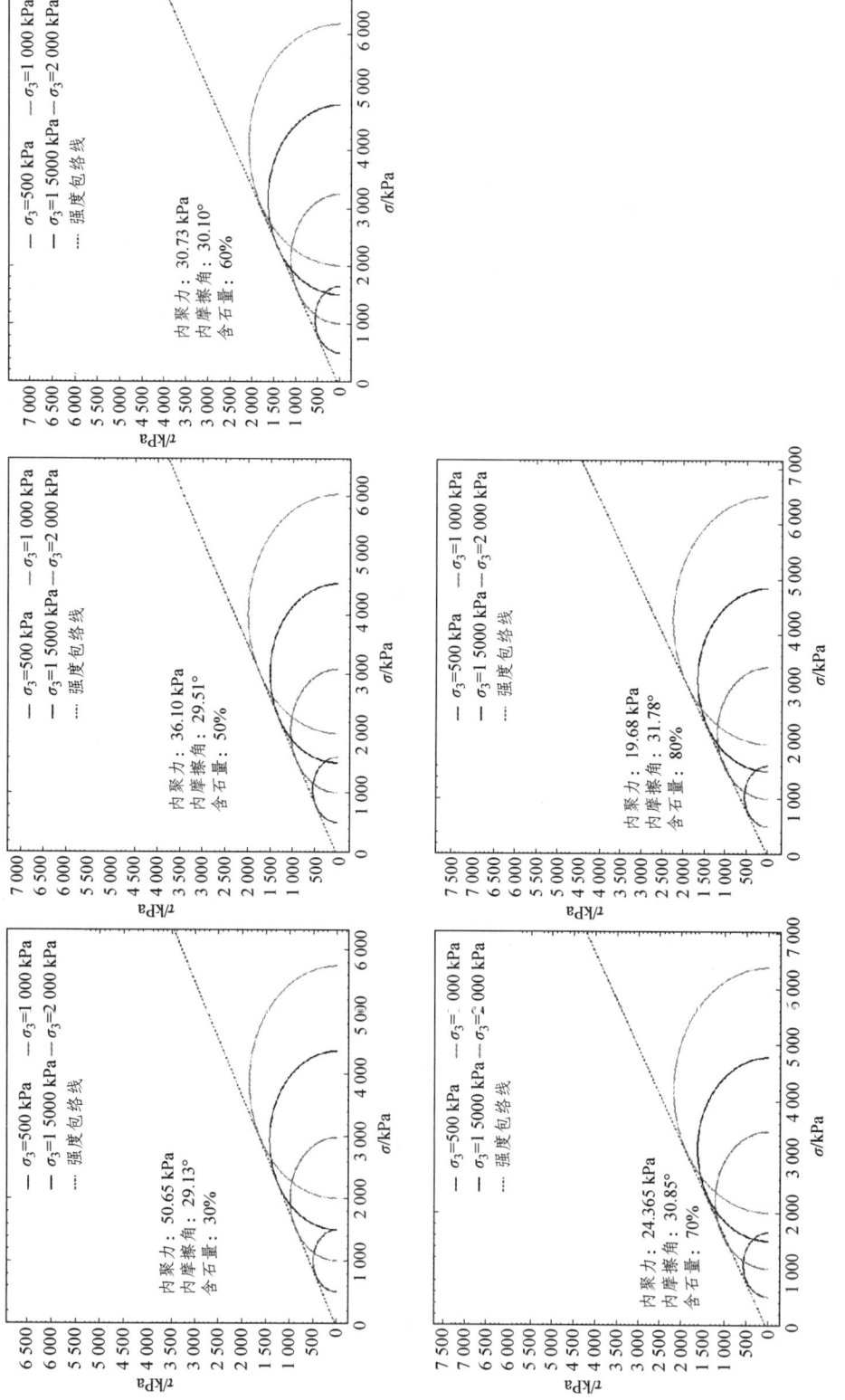

图 4-19 JF1～JF5（泥岩 50%-灰岩 50%）试验组的莫尔圆及强度包络线

第 4 章 超高填方的粗粒填料特性

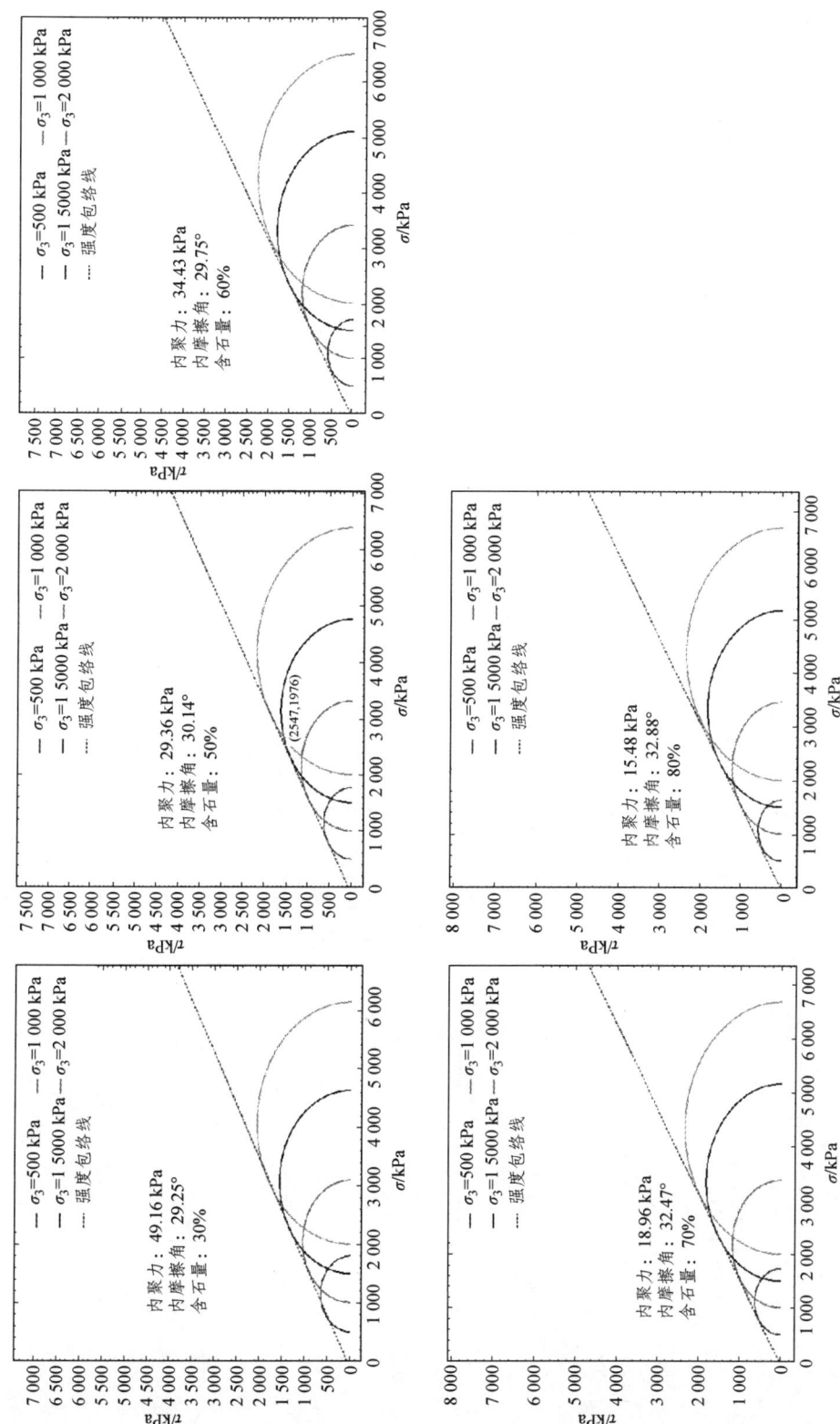

图 4-20 HY11～HY15（泥岩 20%-灰岩 75%）试验组的莫尔圆及强度包络线

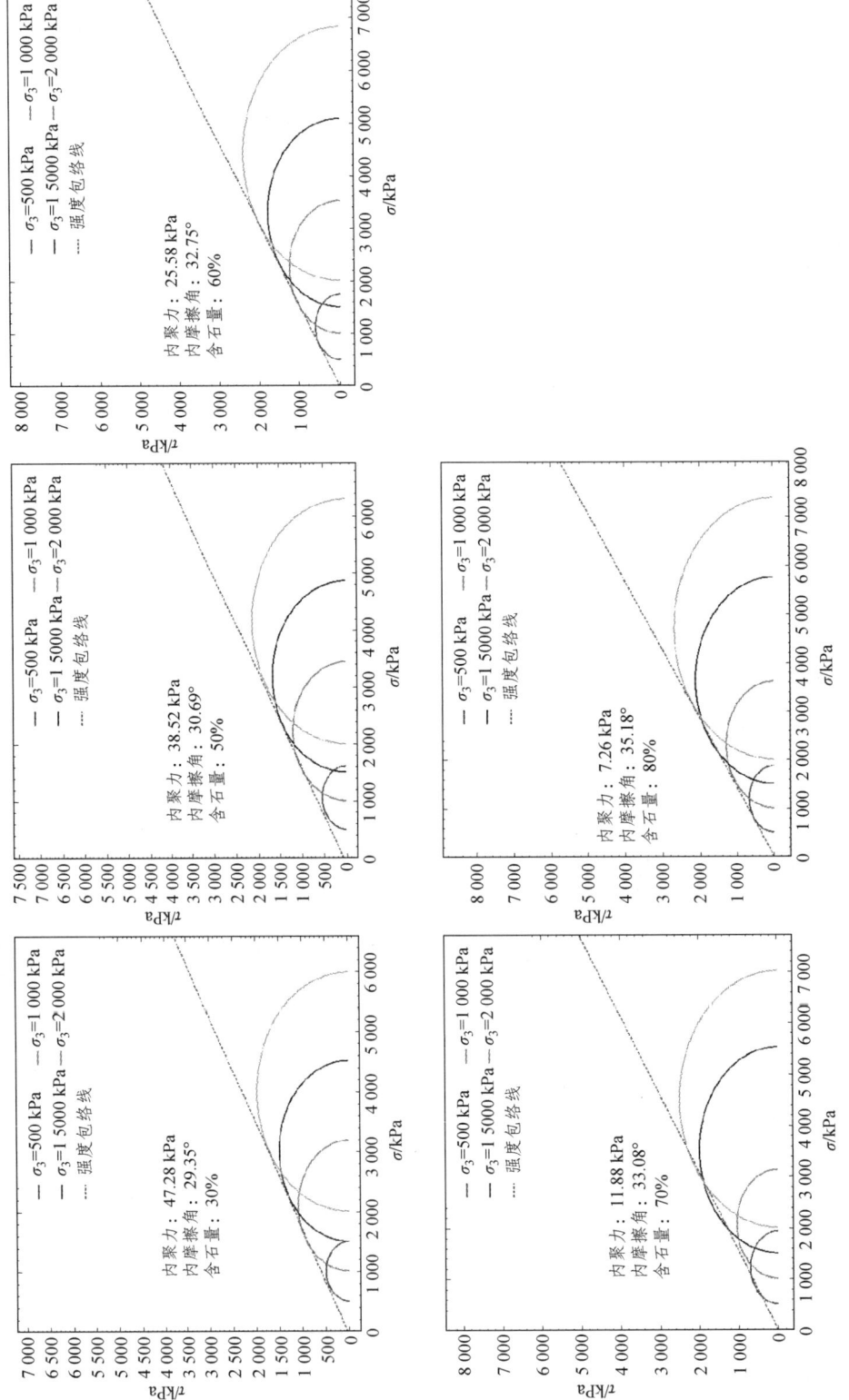

图 4-21 HY21~HY25（灰岩 100%）试验组的莫尔圆及强度包络线

从图 4-22 看，块石强度会直接影响其接触强度，灰岩混合料强接触数量远多于泥岩混合料，这是因为灰岩混合料在高围压下灰岩并未发生损坏，其骨架作用依旧存在，而泥岩混合料的岩石强度较低，在剪切过程中已被压坏，其强度不足以承担起骨架作用，这也导致其抗剪能力低于灰岩土石混合体。

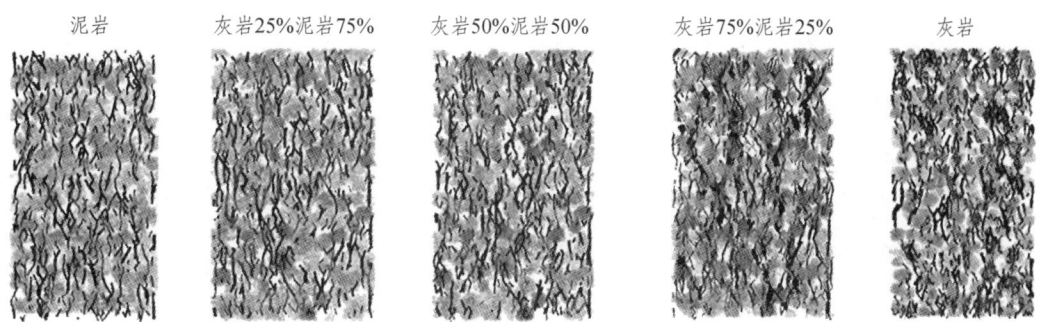

图 4-22 块石强度在三轴实验中强力链数目

从图 4-23 泥岩填料三轴试验位移中可以看出，并没有出现粗粒料常有的剪胀现象。其位移量比灰岩小。在剪切过程中，颗粒间往往会经历错动、转动、拔出等活动，但是所研究的泥岩颗粒强度比较低，因此在错动过程中，泥岩出现了折断、破裂等现象，从而抑制了剪胀的发展。

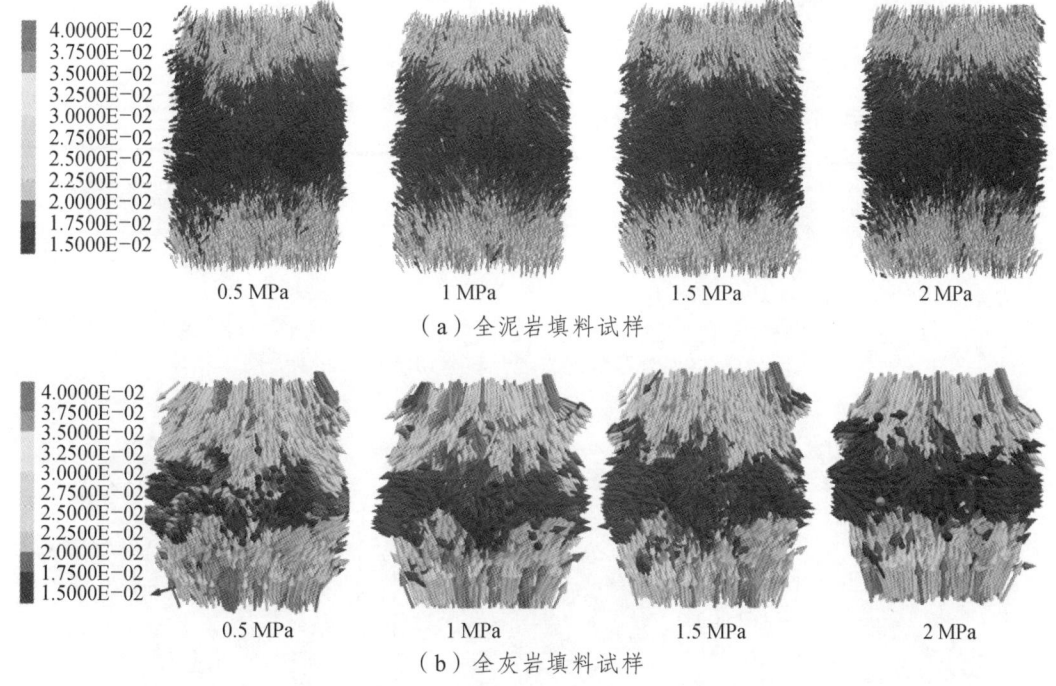

图 4-23 70%含石量混合料位移图

灰岩混合料随着围压的增加，其位移逐渐减小。说明随着偏应力的增大，颗粒运动经历了彼此充填孔隙到翻越相邻颗粒的发展过程。同一组试样，在相同轴向应变条件下，围压越高体变越大，说明应力水平也是影响变形的重要因素。

图 4-24～图 4-27 中，在伺服和剪切后都可以看出灰岩混合料的接触数量要高于泥岩混合料，在剪切完成后灰岩混合料的接触力也要高于泥岩混合料。随着剪切进行，混合料的接触数量图由椭圆变为"x"状，其受力也由围压时的均匀分布，改变为椭球形，在其两端受力增加，符合土石混合体三轴试验规律。

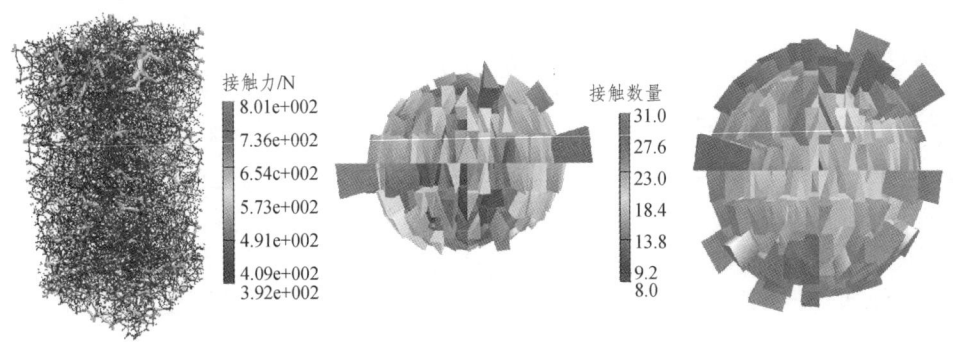

（a）接触图　　　　　（b）接触力图　　　　　（c）接触数量图

图 4-24　70%含石量泥岩混合料伺服状态（2 MPa）

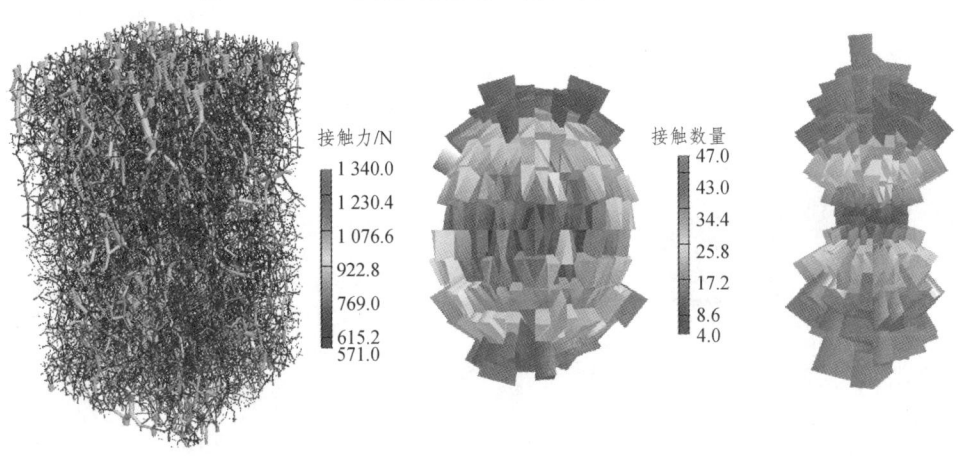

（a）接触图　　　　　（b）接触力图　　　　　（c）接触数量图

图 4-25　70%含石量泥岩混合料剪切状态（2 MPa）

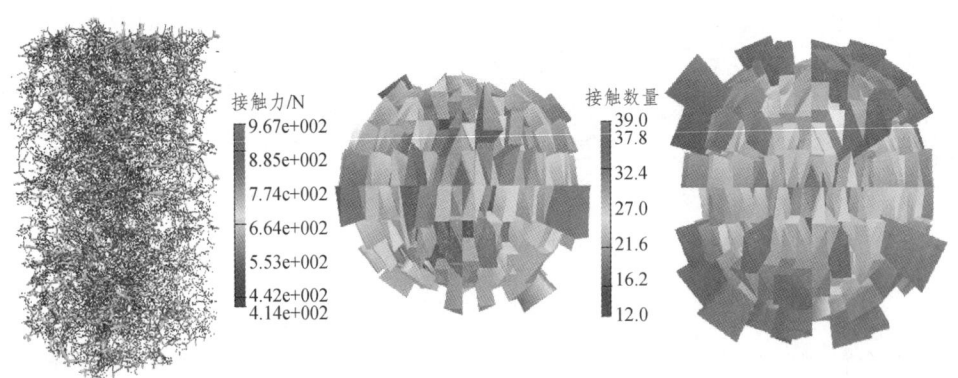

（a）接触图　　　　　（b）接触力图　　　　　（c）接触数量图

图 4-26　70%含石量灰岩混合料伺服状态（2 MPa）

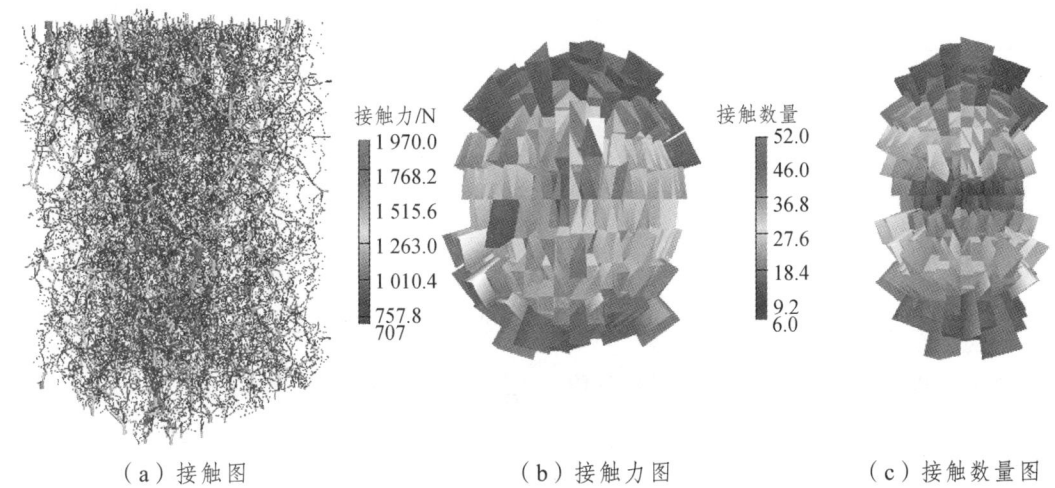

(a) 接触图　　　　　　　　(b) 接触力图　　　　　　　(c) 接触数量图

图 4-27　70%含石量灰岩混合料剪切状态（2 MPa）

4.3.4　PFC3D 模拟实验成果

对不同含石量不同母岩组分的路基土试样进行模拟三轴试验，得到以下结论：

（1）块石强度对土石混合料的剪切特性起重要的控制作用，高水平应力环境下表现尤甚：高围压下，硬岩土石混合料的"骨料效应"突出，表现出应变硬化的剪切特征；而软岩块石以塑性变形为主，土石混合料表现出应变软化特征。

（2）块石强度越大，混合料的抗剪能力就越强。试验结果表明，土石混合料的剪切过程基本符合莫尔-库仑强度理论，且块石强度越大，混合料的内摩擦角就越大，黏聚力呈现增大的变化趋势。

（3）块石含量对土石混合料的剪切强度有较强作用，抗剪强度随着含石量增加而增加，混合料的内摩擦角和黏聚力同样随含石量增加呈现增大的变化趋势。在低含石量下应力应变曲线呈现应变微硬化或软化现象，含石量增加应变硬化现象越发明显。

（4）对数值模拟试验的结果进行梳理，依靠模拟三轴试验得到不同母岩种类、不同含石量条件下的压实路基抗剪强度指标，结果汇总见表 4-12。

表 4-12　土石混合填方路基抗剪强度模拟指标汇总

岩性	指标	土石混合比				
		30%	50%	60%	70%	80%
灰岩 100%	黏聚力/kPa	47.28	38.52	25.58	11.88	7.26
	摩擦角/(°)	29.35	30.69	32.75	33.08	35.18
泥 25%灰 75%	黏聚力/kPa	49.16	29.36	27.68	18.96	15.48
	摩擦角/(°)	29.25	30.14	31.63	32.47	32.83
泥 50%灰 50%	黏聚力/kPa	50.63	36.10	30.73	24.36	19.68
	摩擦角/(°)	29.13	29.51	30.10	30.85	31.78

续表

岩性	指标	土石混合比				
		30%	50%	60%	70%	80%
泥75%灰25%	黏聚力/kPa	55.91	37.34	34.43	26.45	22.43
	摩擦角/(°)	28.44	29.10	29.75	30.54	31.34
泥岩100%	黏聚力/kPa	61.79	43.54	39.46	22.40	9.98
	摩擦角/(°)	27.35	27.60	28.48	29.35	30.90

4.3.5　路基填料强度与填料强度、含石量间的相关性研究

4.3.5.1　分析目的

为研究路基填料中含石量多少和石头中硬质灰岩比例对压实路基土抗剪强度的影响，通过整理数值模拟结果，分析同一93%压实度情况下路基土含石量ω_1、灰岩比例ω_2的综合作用影响，将这两个影响因素作为自变量，取填料的抗剪强度指标c、φ分别作为因变量，采用数据回归分析法，拟归纳出一个可以用于计算的填筑填料抗剪强度值的经验公式。

4.3.5.2　数据整理

在数据分析之前，首先需要进行数据查看，包括数据中是否有异常值、无效样本等。如果有异常值则需要进行处理，然后再进行分析。另外如果数据中有无效样本也需要进行处理后再进行分析。无效样本会干扰分析研究，扭曲数据结论等，因而在分析前先对无效样本进行标识显示尤其必要。异常值的鉴别与处理一般分为3个部分，分别是判断标准、鉴别方法以及异常值的处理。

4.3.5.3　填料强度与填料强度、含石量间的关系

将所收集的项目检测数据按照2个不同影响因素，作散点图（如图4-28~图4-29所示），观察因变量与自变量之间是否具有线性特点。从图4-28~图4-29中可以看出，黏聚力c、内摩擦角φ与含石量ω_1、灰岩比例ω_2均存在线性关系，其中y轴为因变量抗剪强度c、φ，x轴为自变量，不存在异常值。

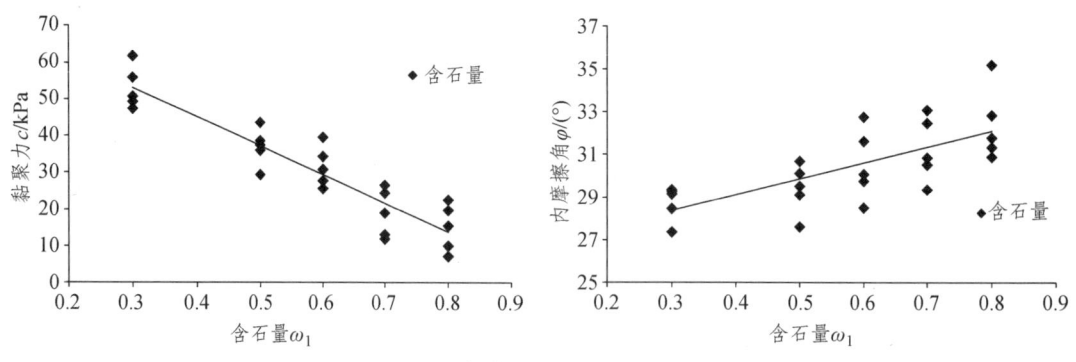

图4-28　抗剪强度与含石量关系

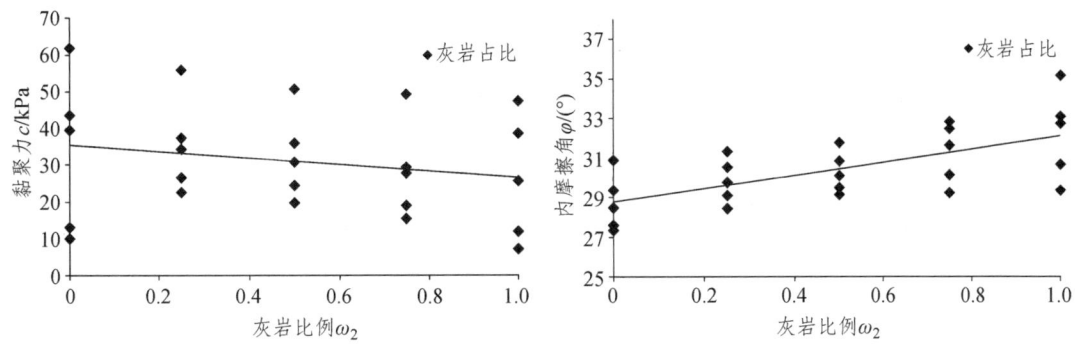

图 4-29 抗剪强度与灰岩占比关系

从单个因素的影响上理解：①含石量越大，填料中粗粒土越多，黏聚力越小。颗粒间的摩擦作用越明显，内摩擦角越大，符合图 4-28 趋势。②填料石方中灰岩占比越大，其保留的完整硬质碎石就越多，填料凝聚力越小，但幅度相对不明显，由于土石比例没有发生变化，填料中决定黏聚力的细粒土含量不变。灰岩越多，硬质碎石强度较高，摩擦中破碎的可能越小，颗粒间的摩擦作用越明显，内摩擦角越大，符合图 4-29 趋势。

4.3.5.4 模型建立

根据 5.3.5.3 节基本关系的结果，各因素与抗剪强度之间可视作线性关系，成为多因素线性共同制约抗剪强度的大小。因此模型采用多元线性模型。线性回归方法是研究变量相关关系的一种统计方法，它定量地建立一个变量与其他变量之间的数学表达式。线性回归的内容包括回归方程的建立、回归方程与回归系数的检验、回归方程的预测和外推。

4.3.5.5 线性回归方程的建立

设因变量黏聚力 c、内摩擦角 φ 与自变量含石量 ω_1、灰岩比例 ω_2 有关，其 2 元线性回归模型如式（4.4）、式（4.5）所示。则本回归分析的目的为确定参数 β_0、β_1、β_2、β_3、β_4、β_5、A、B 的大小。

$$c = \beta_0 + \beta_1 \omega_1 + \beta_2 \omega_2 + A \tag{4.4}$$

$$\varphi = \beta_3 + \beta_4 \omega_1 + \beta_5 \omega_2 + B \tag{4.5}$$

式中，A，B——随机误差。

对因变量 c、φ 和各自变量做 m 次抽样，即研究中从若干项目的路基试验段整理出的 m 组检测数据，于是有

$$c_\alpha = \beta_0 + \beta_1 \omega_{1\alpha} + \beta_2 \omega_{2\alpha} + A_\alpha, \quad \alpha = 1, 2, \cdots, m \tag{4.6}$$

$$\varphi_\alpha = \beta_3 + \beta_4 \omega_{1\alpha} + \beta_5 \omega_{2\alpha} + B_\alpha, \quad \alpha = 1, 2, \cdots, m \tag{4.7}$$

式中，A_α，B_α——遵从正态分布 A_α、$B_\alpha \sim N(0, \sigma^2)$ 的 m 个相互独立同分布的随机变量。

设 b_0，b_1，b_2，b_3，b_4，b_5 分别为参数 β_0、β_1、β_2、β_3、β_4、β_5 的估计值，则可得回归方程

$$\hat{c}_\alpha = b_0 + b_1\omega_{1\alpha} + b_2\omega_{2\alpha} + A_\alpha, \quad \alpha = 1,2,\cdots,m \tag{4.8}$$

$$\hat{\varphi}_\alpha = b_3 + b_4\omega_{1\alpha} + b_5\omega_{2\alpha} + B_\alpha, \quad \alpha = 1,2,\cdots,m \tag{4.9}$$

式中，c_α，φ_α——样本值；

$\hat{c}_\alpha$，$\hat{\varphi}_\alpha$——回归值；

$c_\alpha - \hat{c}_\alpha$，$\varphi_\alpha - \hat{\varphi}_\alpha$——残余差，它刻画了样本值与回归值的偏差。

根据最小二乘法使残余差平方和达到最小的原理，即式（4.10）和式（4.11）为最小：

$$Q_1 = \sum_\alpha (c_\alpha - \hat{c}_\alpha)^2 = \sum_\alpha (c_\alpha - b_0 - b_1\omega_{1\alpha} - b_2\omega_{2\alpha})^2 \tag{4.10}$$

$$Q_2 = \sum_\alpha (\varphi_\alpha - \hat{\varphi}_\alpha)^2 = \sum_\alpha (\varphi_\alpha - b_3 - b_4\omega_{1\alpha} - b_5\omega_{2\alpha})^2 \tag{4.11}$$

根据微积分极值原理，b_0，b_1，b_2，b_3，b_4，b_5 必须满足：

$$\frac{\partial Q_1}{\partial b_i} = 0 \quad (i = 0,1,2) \tag{4.12}$$

$$\frac{\partial Q_2}{\partial b_i} = 0 \quad (i = 3,4,5) \tag{4.13}$$

$$\sum_\alpha (c_\alpha - \hat{c}_\alpha)^2 = 0, \quad \sum_\alpha (c_\alpha - \hat{c}_\alpha)x_{i\alpha} = 0 \quad (i = 0,1,2) \tag{4.14}$$

$$\sum_\alpha (\varphi_\alpha - \hat{\varphi}_\alpha)^2 = 0, \quad \sum_\alpha (\varphi_\alpha - \hat{\varphi}_\alpha)x_{i\alpha} = 0 \quad (i = 3,4,5) \tag{4.15}$$

因此，

$$b_0 = \bar{c} - b_1\bar{\omega}_1 - b_2\bar{\omega}_2 = \bar{y}_1 - \sum_{k=1}^{2} b_k \bar{x}_k \tag{4.16}$$

$$b_3 = \bar{\varphi} - b_4\bar{\omega}_1 - b_5\bar{\omega}_2 = \bar{y}_2 - \sum_{k=3}^{4} b_k \bar{x}_k \tag{4.17}$$

式中，$\bar{x}_k = \bar{\omega}_1 = \bar{\omega}_2 = \frac{1}{n}\sum_\alpha x_{k\alpha}$，$\bar{y}_1 = \bar{c} = \sum_{\alpha=1}^{2} y_\alpha$，$\bar{y}_2 = \bar{\varphi} = \sum_{\alpha=4}^{5} y_\alpha$。

将 b_0 代入得到线性方程组：

$$\sum_{k=1}^{2} b_k S_{ik} = S_{iy1}, \quad i = 1,2 \tag{4.18}$$

$$\sum_{k=4}^{5} b_k S_{ik} = S_{iy2}, \quad i = 4,5 \tag{4.19}$$

即

$$\begin{cases} S_{11}b_1 + S_{12}b_2 = S_{1y_1} \\ S_{21}b_1 + S_{22}b_2 = S_{2y_1} \end{cases}, \begin{cases} S_{41}b_1 + S_{42}b_2 = S_{3y_2} \\ S_{51}b_1 + S_{52}b_2 = S_{4y_2} \end{cases} \tag{4.20}$$

记系数矩阵：

$$\boldsymbol{S}_c = \begin{pmatrix} S_{11} & S_{12} \\ S_{21} & S_{22} \end{pmatrix}, \quad \boldsymbol{S}_\varphi = \begin{pmatrix} S_{41} & S_{42} \\ S_{51} & S_{52} \end{pmatrix}$$

式中，$S_{ij} = \sum_{\alpha=1}^{m}(x_{i\alpha} - \bar{x}_i)(x_{j\alpha} - \bar{x}_j)$，$S_{iy} = \sum_{\alpha=1}^{m}(x_{i\alpha} - \bar{x}_i)(y_\alpha - \bar{y})$。

解出 b_0，b_1，b_2，b_3，b_4，b_5 并代入式（4.4）、式（4.5）可得到多元回归方程。

1. 回归方程和回归系数的检验

通常来说样本的回归值与实际观测值存在一定偏差，通常需要考虑所回归线与数据发展趋势的配合度，即拟合优度。因此，要对所得的回归方程与回归系数进行显著回归性检验。可以证明：

总的离差平方和 S_{yy} = 回归平方和 U + 残差平方和 Q

其中（求 φ 情况同理），$S_{yy} = \sum_{\alpha=1}^{m}(c_\alpha - \bar{c})^2$，自由度为 $f_总 = m-1$，

$U = \sum_{\alpha}(\hat{c}_\alpha - \bar{c})^2$，自由度为 $f_U = 2$，

$Q = \sum_{\alpha}(n_\alpha - \hat{n}_\alpha)^2$，自由度为 $f_Q = m - 2 - 1 = m - 3$

（1）检验回归方程的显著性，及检验假设 $H0$：$\beta_1 = \beta_2 = \beta_4 = \beta_5 = 0$，做统计量

$$F = \frac{U/f_U}{Q/f_Q} = \frac{U/2}{Q/(m-3)} \sim F(2, m-3) \tag{4.21}$$

给定检验水平 α，查表得 $F_\alpha(2, m-3)$，若 $F > F_\alpha(2, m-3)$，则回归方程效果显著，反之则效果不显著。

（2）检验评价因子（变量）$x_i = \omega_1, \omega_2$ 的显著性，即检测假设 $H0$：$\beta_1 = \beta_2 = \beta_4 = \beta_5 = 0$，做统计量

$$F = \frac{b_i^2 / C_{ii}}{Q/(m-5)} \sim F(1, m-3) \tag{4.22}$$

式中，C_{ii}——系数矩阵 $\boldsymbol{S}$ 的逆矩阵 $\boldsymbol{S}^{-1}$ 的第 i 行第 i 列的元素。

给定检验水平 α，查表得 $F_\alpha(1, m-3)$，若 $F > F_\alpha(1, m-3)$，则回归方程效果显著，反之则效果不显著。

2. 回归方程的预测

在预测区，划分出评价预测单元（共 k 个），选出评价因素 2 个，利用已建立的回归方程 $\hat{c} = \beta_0 + \beta_1\omega_1 + \beta_2\omega_2$、$\hat{\varphi} = \beta_3 + \beta_4\omega_1 + \beta_5\omega_2$ 可进行预测，将评价单元 i 的各评价因素 $\omega_1^{(i)}$，$\omega_2^{(i)}$

代入回归方程,得到 $\hat{c}^{(i)} = b_0 + b_1\omega_1^{(i)} + b_2\omega_2^{(i)}$、$\hat{\varphi}^{(i)} = b_0 + b_3\omega_1^{(i)} + b_4\omega_2^{(i)}$ 用 $\hat{c}^{(i)}$、$\hat{\varphi}^{(i)}$ 作为 $c^{(i)}$、$\varphi^{(i)}$ 的估计。

4.3.5.6 实测数据回归

选取本章节 PFC 数值模拟所得数据,整理如表 4-13 所示。本次研究欲以此数据为基础数据,拟合回归出一个用于土石混填路基抗剪强度的回归公式。

表 4-13 PFC 模拟结果数据

序号	含石量 ω_1	灰岩比例 ω_2	填料抗剪强度	
			黏聚力 c/kPa	内摩擦角 φ/(°)
1	0.3	1	47.28	29.35
2	0.5	1	38.52	30.69
3	0.6	1	25.58	32.75
4	0.7	1	11.88	33.08
5	0.8	1	7.26	35.18
6	0.3	0.75	49.16	29.25
7	0.5	0.75	29.36	30.14
8	0.6	0.75	27.68	31.63
9	0.7	0.75	18.96	32.47
10	0.8	0.75	15.48	32.83
11	0.3	0.5	50.63	29.13
12	0.5	0.5	36.10	29.51
13	0.6	0.5	30.73	30.10
14	0.7	0.5	24.36	30.85
15	0.8	0.5	19.68	31.78
16	0.3	0.25	55.91	28.44
17	0.5	0.25	37.34	29.10
18	0.6	0.25	34.43	29.75
19	0.7	0.25	26.45	30.54
20	0.8	0.25	22.43	31.34
21	0.3	0	61.79	27.35
22	0.5	0	43.54	27.60
23	0.6	0	39.46	28.48
24	0.7	0	22.40	29.35
25	0.8	0	9.98	30.90

采用如 4.3.5.1～4.3.5.6 小节所述的多元线性回归法对基础数据进行回归分析，可得回归方程如式（4.23）和式（4.24）所示，回归公式计算抗剪强度与模拟结果强度偏差关系如图 4-30 所示。

$$c = 80.92 - 78.29\omega_1 - 8.85\omega_2 \tag{4.23}$$

$$\varphi = 24.47 + 7.44\omega_1 + 3.35\omega_2 \tag{4.24}$$

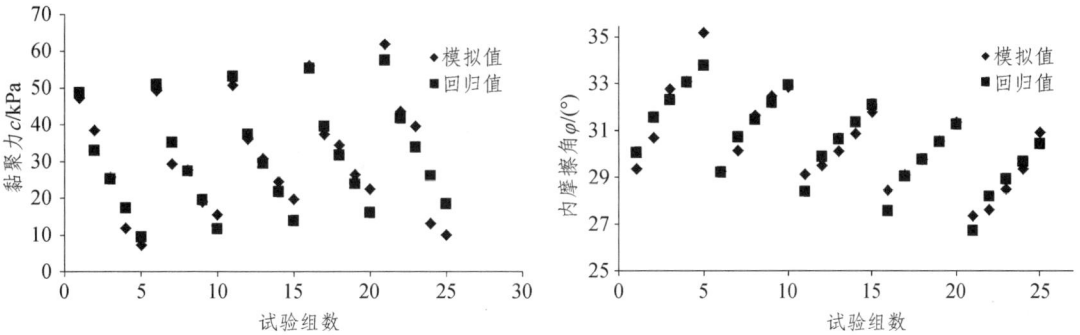

图 4-30　回归公式计算抗剪强度与模拟结果强度偏差关系

1）检验回归方程（4.23）和（4.24）的显著性

① 式（4.23）黏聚力 c。

$$U = \sum_\alpha (\hat{c}_\alpha - \overline{c})^2 = 4\,780.4, \quad f_U = 2$$

$$Q = \sum_\alpha (c_\alpha - \hat{c}_\alpha)^2 = 518.3, \quad f_Q = 22$$

$$F = \frac{U/f_U}{Q/f_Q} = \frac{4\,780.4/2}{518.3/22} = 101.46 \sim F(2, 22)$$

本次回归 $R^2 = 90.22\%$。给定检验水平置信度 $\alpha = 0.05$，查阅 F 分布 0.05 表可得 $F_{0.05}(2, 22) = 3.443$，$F > F_{0.05}(2, 22)$，回归方程式（4.23）效果显著。

② 式（4.24）内摩擦角 φ。

$$U = \sum_\alpha (\hat{\varphi}_\alpha - \overline{\varphi})^2 = 76.07, \quad f_U = 2$$

$$Q = \sum_\alpha (\varphi_\alpha - \hat{\varphi}_\alpha)^2 = 7.30, \quad f_Q = 22$$

$$F = \frac{U/f_U}{Q/f_Q} = \frac{76.07/2}{7.30/22} = 114.68 \sim F(2, 22)$$

本次回归 $R^2 = 91.25\%$。给定检验水平置信度 $\alpha = 0.05$，查阅 F 分布 0.05 表可得 $F_{0.05}(2, 22) = 3.443$，$F > F_{0.05}(2, 22)$，回归方程式（4.24）效果显著。

2）检验评价因子 x_i 的准确性

$$F = \frac{b_i^2 / C_{ii}}{Q/(m-3)} \sim F(1, 22)$$

给定检验水平置信度 $\alpha=0.05$，查阅 F 分布 0.05 表可得 $F_{0.05}(1,22)=4.301$。

$$S_{ij}=\sum_{\alpha=1}^{m}(x_{i\alpha}-\overline{x}_i)(x_{j\alpha}-\overline{x}_j)$$

$$S_{11}=\sum_{\alpha=1}^{25}(\omega_{1\alpha}-\overline{\omega}_1)^2=0.740, \quad S_{12}=\sum_{\alpha=1}^{25}(\omega_{1\alpha}-\overline{\omega}_1)(\omega_{2\alpha}-\overline{\omega}_2)=0$$

$$S_{21}=\sum_{\alpha=1}^{25}(\omega_{2\alpha}-\overline{\omega}_2)(\omega_{1\alpha}-\overline{\omega}_1)=0, \quad S_{22}=\sum_{\alpha=1}^{25}(\omega_{2\alpha}-\overline{\omega}_2)^2=3.125$$

$$\Rightarrow S_{ij}=\begin{pmatrix}0.740 & 0 \\ 0 & 3.125\end{pmatrix} \Rightarrow C_{ij}=S_{ij}^{-1}=\begin{pmatrix}1.351 & 0 \\ 0 & 0.320\end{pmatrix}$$

① 式（4.23）黏聚力 c。

$$b_1=-78.29, \quad b_2=-8.85, \quad C_{11}=1.351, \quad C_{22}=0.320$$

$i=1$ 时，

$$F=\frac{b_1^2/C_{11}}{Q/(m-3)}=\frac{(-78.29)^2/1.351}{518.3/22}=192.57>4.301=F_{0.05}(1,22)$$

$i=2$ 时，

$$F=\frac{b_2^2/C_{22}}{Q/(m-3)}=\frac{(-8.85)^2/0.320}{518.3/22}=10.39>4.301=F_{0.05}(1,22)$$

故评价因子：含石量 ω_1、灰岩比例 ω_2 对黏聚力 c 作用均为显著。

② 式（4.24）内摩擦角 φ。

$$b_4=7.44, \quad b_5=3.35, \quad C_{11}=1.351, \quad C_{22}=0.320$$

$i=1$ 时，

$$F=\frac{b_4^2/C_{11}}{Q/(m-3)}=\frac{(7.44)^2/1.351}{7.3/22}=123.48>4.301=F_{0.05}(1,22)$$

$i=2$ 时，

$$F=\frac{b_5^2/C_{22}}{Q/(m-3)}=\frac{(3.35)^2/0.320}{7.3/22}=105.69>4.301=F_{0.05}(1,22)$$

故评价因子：含石量 ω_1、灰岩比例 ω_2 对内摩擦角 φ 作用均为显著。

4.3.5.7 回归分析结论

经过二元线性回归分析，采用 PFC 数值模拟出的结果数据，拟合为式（4.23）~式（4.24），即

$$c = 80.92 - 78.29\omega_1 - 8.85\omega_2$$

$$\varphi = 24.47 + 7.44\omega_1 + 3.35\omega_2$$

式中，ω_1——含石量；

ω_2——灰岩占比。

此公式可作为设计阶段，已知填料土石比和石料中灰岩占比情况下，计算较为可靠的填方体抗剪强度的参考公式，具有相当的实际操作意义。

4.4 超高填方填料的大型三轴试验

为研究不同土石组成的填方体参数的影响，从正在建设的公路项目中进行现场取样、筛分、配置级配、碾压后得到路基试样，再送至室内对试样进行大型三轴试验，以通过试验获得不同土石组成的路基填料抗剪强度参数。

4.4.1 仪器设备

试验在中国科学院武汉岩土力学研究所的 2 000 kN 大型多功能静动三轴试验机上进行。试样尺寸为 $\phi 300 \text{ mm} \times 600 \text{ mm}$。如图 4-31 所示。

图 4-31 试验设备及试样安装

4.4.2 现场取样（见图 4-32~图 4-36）

本次试验所采用的试样，由某正在施工的高速公路项目中取得。取样的主要目标为构成碎石土路基的土和母岩：灰岩、泥岩，供后续室内试验制作试样使用。取样采用项目中用于填筑路基的开山石渣和黏土，根据级配要求进行筛分试验，获得不同粒径标准的碎石样、土样。

根据试验方案设计,共需要灰岩和泥岩作为母岩的碎石土路基试样各4件,试样尺寸$\phi 300 \text{ mm} \times 600 \text{ mm}$,每件试样体积$0.04 \text{ m}^3$。试样级配按照表4-14配置,以岩土体质量控制,并考虑一定富余量,以备压实等措施过程中的试样损失。

表4-14 现场取样各粒径岩土体数量

项目	级配/%	数量	
		灰岩	泥岩
目标试样/份	—	6(150%)	6(150%)
总体积/m³	—	0.25	0.25
容重/(kN·m⁻³)	—	260	235
总质量/kg	—	662	598
$\phi 60 \sim 40$ mm/kg	15	99	90
$\phi 40 \sim 20$ mm/kg	15	99	90
$\phi 20 \sim 10$ mm/kg	20	132	120
$\phi 10 \sim 5$ mm/kg	20	132	120
$\phi 5 \sim 2$ mm/kg	22	146	132
$\phi 2 \sim 1$ mm/kg	8	53(土)	48(土)

图4-32 实地项目填方选址(左)、填方路基土开挖取样(右)

图4-33 现场筛分试验(泥岩)

第 4 章 超高填方的粗粒填料特性

图 4-34 现场筛分试验（灰岩）

图 4-35 现场筛分试验（土）

图 4-36 取样打包、装车

根据 JTG 3430—2020《公路土工试验规程》[39]，试验用料允许的最大粒径为 60 mm。由于现场采集的石灰岩、泥岩填料中，有一部分颗粒粒径大于 60 mm，为此，由于试验仪器尺寸的限制，必须对现场原始级配进行缩尺（处理超粒径）。

目前，处理超粒径的基本方法主要有摒弃法、替代法和相似级配法 2 种：

（1）摒弃法，又称剔除法。把超过仪器容许最大粒径的超粒径部分完全剔除，而把剩下的部分当成整体,再分别求出各粒组的含量。这种方法操作简便,但对于超粒径含量超过10%时就不适用。因此,去掉含量小于5%的超粒径,试样基本上接近于原级配,不均匀系数变化很小,因而粗粒土的强度变化不大。

(2)替代法,又称等量替代法。用仪器容许最大粒径(本试验仪器为60 mm)以下的粗粒的部分等量替代超粒径。该方法保持了原样的细粒含量不变,改变了不均匀系数C_u和曲率系数C_c。此方法所得的粗粒土强度更接近于实际,因此,在工程界中得到广泛应用。

(3)相似法,又称相似级配法。该方法是根据容许最大粒径,按照几何相似的原则,使粒径等比例缩小。此法增加了细粒的含量,但能保持不均匀系数C_u和曲率系数C_c不变。一般认为,对于细粒含量增加不超过30%时,粗粒土力学性质变化不明显。

以上3种方法都可在工程中采用,按国内工程实践经验,替代法基本上保持了粗、细粒组的含量比例,能很好地反映天然材料的基本特性,因此,对于粗粒土的力学特性试验中广泛采用替代法。相似法在国外应用较为广泛,多用于砂砾料和堆石料的力学性质试验。

本次试验中由于超粒径的含量并不多,为了能近似反映出粗粒土的实际工作条件,采用替代法对原始试料进行缩尺备样,用粒径5 mm ~ 60 mm替代大于60 mm的超粒径颗粒,并保持<5 mm的粒径含量不变。

4.4.3 试样制备

根据JTG 3430—2020《公路土工试验规程》,该路基填料试样中粗粒组质量均多于试样总质量的50%,属于粗粒土范畴,同时,大于2 mm含量的颗粒含量均超过总质量的50%,属于砾类土。根据级配曲线,d_{60} = 15 mm,d_{30} = 5 mm,d_{10} = 2.2 mm。所以,不均匀系数C_u为6.82,曲率系数C_c为0.758,为级配不连续的粗粒土。

本次试验所用材料为现场路基开挖时产生的泥岩、灰岩和粉质黏土。实验设计试样"含石量"为70%,相关学者总结大量工程经验与室内试验研究,认为含石量在25% ~ 75%区间的岩土体,其力学强度可由"土体"与"块石"共同反映。根据文献[40] ~ [42]将土石混合料的土石阈值定义为

$$d_{s/RT} = 0.05 \sim 0.075 I_c \tag{4.25}$$

式中,$d_{s/RT}$——土/石阈值;

L_c——土石混合体的工程尺度。

土石混合体的土、石阈值取法不一,目前多采用5 mm作为粒径界限,本实验采用此标准,便于与已有研究结果进行对比。

对现场取回的灰岩、泥岩大块石头进行碾碎后,晾晒。通过筛分法按照被测试样的粒径大小及分布范围,将大小不同筛孔的筛子叠放在一起进行筛分,计算出各粒组所需的相对含量,按照设定的颗粒级配进行配比(见表4-15)。根据GB/T 50123—2019《土工试验方法标准》[43]规定:块石最大粒径不能超过试样高度或直径的1/5倍,最大粒径必须小于等于60 mm。对于大于60 mm的超大粒径块石,采用等量替代法进行相应的缩尺,等量替换后级配曲线如图4-37所示。

表 4-15　土石混合试样级配

粒径大小/mm	60	40	20	10	5	2	1
小于该粒径含量/%	100	85	70	50	30	8	0

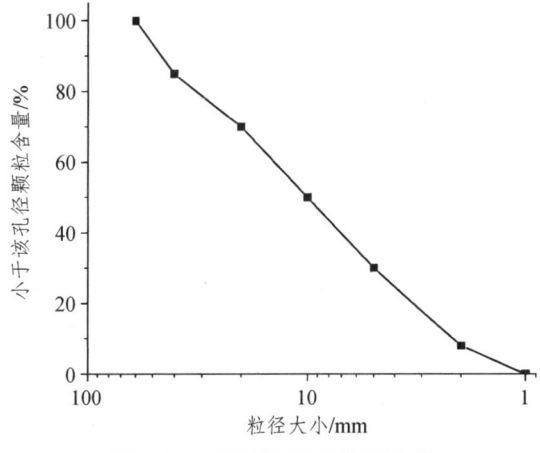

图 4-37　等量替换后级配曲线

按照图 4-37 所设计好的级配曲线,通过其初始含水率和质量控制试样的干密度,试样的制备均分为 6 层装样,每层高 10 cm,击实成型,在填筑过程中注意防止粗粒骨料离析。按照工程经验要求的 93% 压实度,重塑试样的控制干密度 1.8~2.3 g/cm³,含水率为 5%,按照设计级配计算并称取试验所需的试样,将其拌和均匀,分 4 层每层厚度 150 mm,装料振实。为保证每层振实后的密实度相同,振实成型采用体积法,即根据填料容重与每层填料高度计算填料质量,均匀摊铺夯实,使每层填料高度达到设计分层高度。

4.4.4　试验过程

试验级配严格按照工程现场情况,对于大于 60 mm 的粒径进行等效替代法,获得试验级配。以同一种试验级配,主要试验方案如表 4-16 所示,试验过程如下。

表 4-16　试验方案

研究对象	试验类型	干密度控制/(g·cm⁻³)	围压 σ_3/kPa	轴向应变控制
灰岩	固结排水剪切	2.18	500、1 000、1 500、2 000	当应力-应变曲线有明显的峰值时,达到峰后 2% 的轴向应变停止;当应力应变无峰值时,取轴向应变为 15% 所对应的应力为破坏应力,并使应变达到 17% 停止加载
泥岩		1.98		

①将备好的土样,分层装填。应防止粗细颗粒分离,保证试样的均匀性。

②将透水板放在试样底座上,开进水阀,使试样底座透水板充水至无气泡溢出,关闭阀门。

③在底座上扎好橡皮膜,安装成型筒,将橡皮膜外翻在成型筒上,并使其顺直和紧贴成型筒内壁。

④装入第 1 层土样,均匀抚平表面,用振捣法使土样达到预计高度后,再以同样方法填入第 2 层土样[见图 4-38(a)]。如此继续,直至装完最后一层,整平表面,加上透水板和试样帽,扎紧橡皮膜。开真空泵从试样顶部抽气,使试样在负压下直立,再去掉成型筒。

⑤安装压力室,旋紧连接螺栓[见图 4-38(b)]。开压力室排气孔,向压力室注满水后,关排气孔。开压力机,使试样与传力活塞和测力计等接触,当测力计指针微动时立即停机。并调整轴向位移计百分表,使测力计指针为零。

⑥抽气饱和。为保证稍后饱和过程中试样不会坍塌,先给试样施加 10~20 kPa 的侧压力。试样抽真空时间约 30 min 后,徐徐开进水阀,使用脱气水在负压作用下,水由下而上逐渐饱和试样。待试样上部出水后,持续 20 min 左右,关闭真空泵和出水阀门,试样底部继续进水直至进水管的水位稳定,试样内负压去除。待试样饱和。饱和期间,围压控制在 100~110 kPa,采取抽真空、反压混合饱和的方式。

⑦试样饱和后,使量水管水面位于试样中部,测记读数。关排水阀,测记孔隙压力的起始读数。施加周围压力至预定值,并保持恒定,测定孔隙压力稳定后的读数。

⑧开排水阀,每隔 20~30 s 测记排水量管水位和孔隙压力计读数各 1 次。在固结过程中随时绘制排水量 V 与时间 t 或孔隙水压力 u 与时间 t 关系曲线(见图 4-39)。正常情况下,排水量应趋于稳定,即曲线的下段趋于水平,即认为固结完成。

⑨固结完成后,不关排水阀,使试样保持排水条件,以每分钟应变为 0.1%~0.5%的剪切速率进行剪切。在剪切过程中测记轴向压力计、轴向位移计和量水管读数。

⑩试验结束后,关排水阀,卸去轴向压力,再卸去周围压力,开压力室排气孔和排水阀,排去压力室内的水,卸除压力室罩,挡干试样周围余水,去掉橡皮膜,拆掉试样。

⑪其余几个试样,分别在不同周围压力下,按上述步骤进行试验。

(a)装样　　　　　　　　(b)安装压力室　　　　　　(c)推入试验机开始试验

图 4-38　试验工程照片

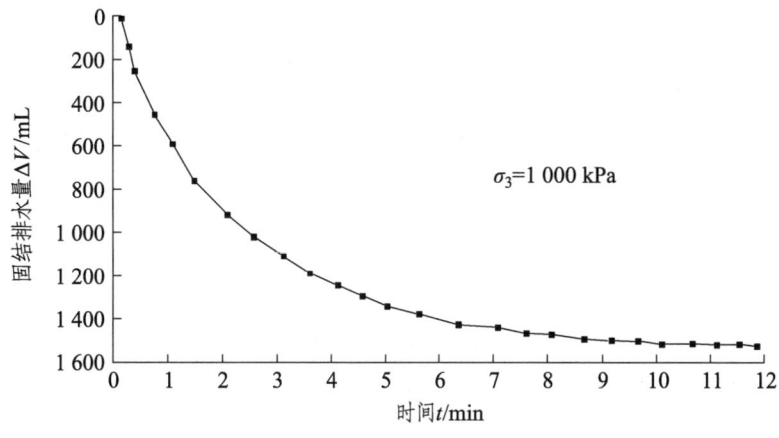

图 4-39　固结排水量 ΔV 与时间 t 关系曲线

4.4.5　结果与分析

根据上述试验方案,并严格按照土工试验规程对试验数据进行相应的处理、分析。

4.4.5.1　灰岩填料

1. 应力-应变特性分析

灰岩填料固结排水试验的偏应力-轴向应变关系见图 4-40。从图中可以看出:在低围压下(0.5 MPa)应力-应变关系表现为硬化型,而较高围压(1.0~2.0 MPa)则呈现软化型,峰值主应力差(σ_1-σ_3)随围压增大而增大,围压越高,初始切线模量也越大。

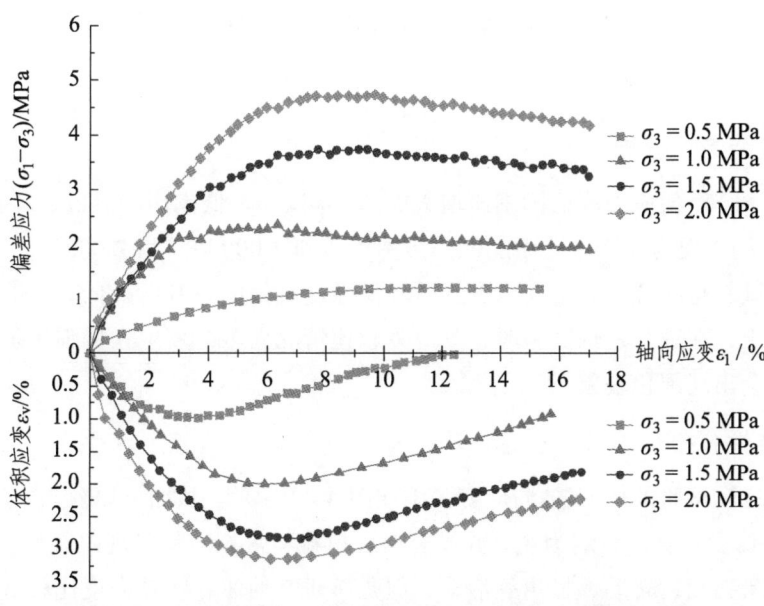

图 4-40　灰岩填料应力-应变关系和体积应变-应变关系曲线

2. 变形特性分析

图 4-40 得到的体积应变-应变关系结果表明：在试验围压范围内，剪切过程中均先出现体积收缩，随着轴向应变的增加，逐渐转为体积膨胀。说明随着偏应力的增大，颗粒运动经历了彼此充填孔隙到翻越相邻颗粒的发展过程。同一组试样，在相同轴向应变条件下，围压越高体变越大，说明应力水平也是影响变形的重要因素。

3. 抗剪强度分析

从图 4-41 中可以看出，在试验压力范围内，其强度包线基本为一条直线，其内摩擦角为 33°，黏聚力为 14.2 kPa，试样的黏聚力不为零，主要为颗粒间咬合力的体现。但相对于抗剪强度，黏聚力的值非常小。总体来说，在灰岩填料中，黏聚力对试样的抗剪强度贡献是有限的，说明硬质灰岩填料的路基的抗剪强度主要取决于内摩擦角的大小。

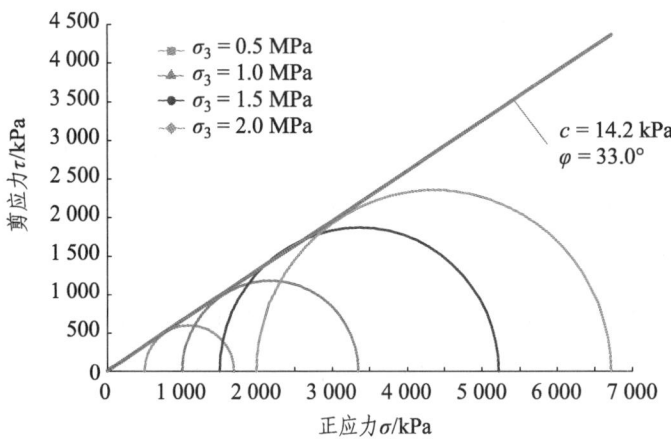

图 4-41 灰岩填料试样摩尔圆和抗剪强度包络线

4.4.5.2 泥岩填料

1. 应力应变特性分析

由图 4-42 可知，偏应力峰值随围压增大而增大。试样在低围压 500 kPa 到 1 000 kPa 时，应力-应变曲线均表现为应变硬化型。但是当围压达到 1 000 kPa 和 2 000 kPa 时应力-应变曲线却出现应变微软化的现象，轴向应变到达峰值强度后偏应力有所降低。一般而言，不论细粒土还是粗粒土，在进行三轴试验时，其应力软化情况大多会发生在低围压阶段，随着围压的增大，应力会出现硬化现象。

2. 变形特性分析

泥岩填料三轴试验的体变-轴向应变关系如图 4-42 所示。从图可以看出，从围压 500 kPa 到 2 000 kPa，体变一直以剪缩为主，并没有出现粗粒料常有的剪胀现象。在剪切过程中，颗粒间往往会经历错动、转动、拔出等活动，但是所研究的泥岩颗粒强度比较低，因此在错动过程中，泥岩出现了折断、破裂等现象，从而抑制了剪胀的发展。

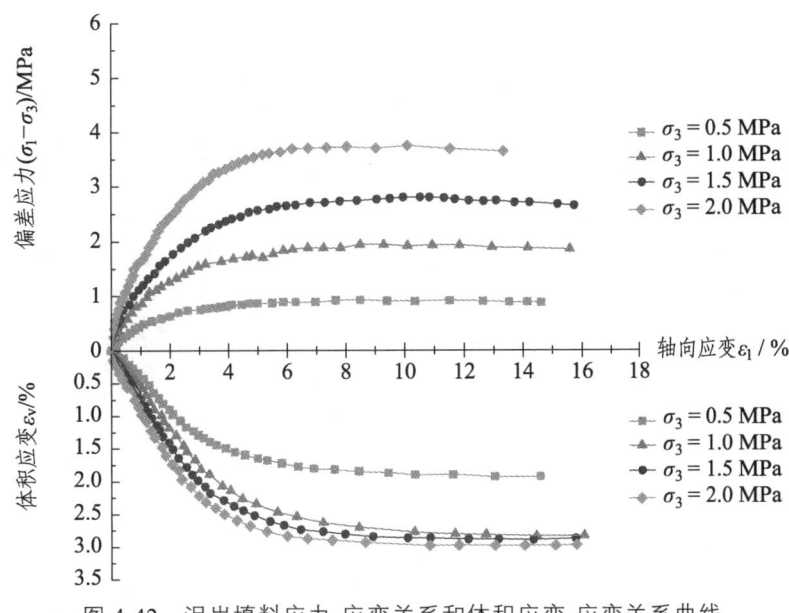

图 4-42　泥岩填料应力-应变关系和体积应变-应变关系曲线

3. 抗剪强度分析

固结排水三轴剪切试验的抗剪强度与强度包线见图 4-43。在试验围压范围内，其强度包线基本在一条直线上，此时内摩擦为 28.8°，黏聚力 c 为 20.5 kPa，该黏聚力正是咬合力的反映。但相对于抗剪强度，其值较小。

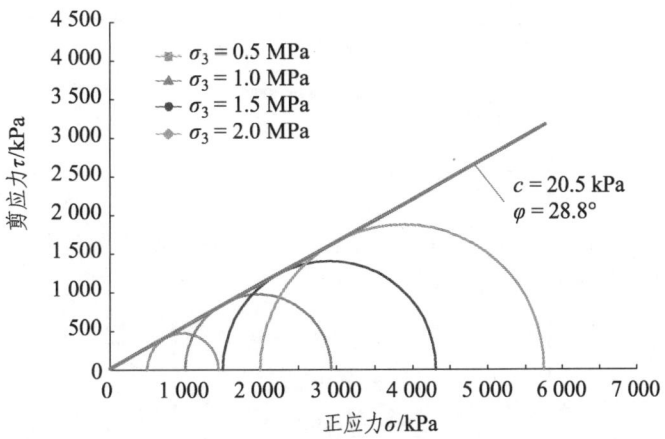

图 4-43　灰岩填料试样摩尔圆和抗剪强度包络线

4.4.6　三轴试验结论

经过对实地取样填方体填料进行室内试样分层压实，进而采取的大型三轴试验，得出填方路基在路堤压实度为 93%（对应路基规范对于高速公路中下路堤的压实度要求）时，填方路基土所表现出的抗剪能力。试验结果（见表 4-17）归纳后，从中可得结论如下：

表 4-17　填方填料大型三轴试验结果

母岩	路基压实度	应力-应变特性	变形特性	有效黏聚力 c'	有效内摩擦角 φ'
灰岩	93%	应变硬化/软化	剪胀	14.2 kPa	33.0°
泥岩	93%	应变硬化/软化	剪缩	20.5 kPa	28.8°

（1）采取试验为固结排水试验（CD），所得土体的抗剪强度指标为有效应力强度指标。

（2）母岩的不同对抗剪强度指标存在一定影响，其中灰岩母岩填筑的填方路堤表现出更大的内摩擦角和更小的黏聚力，作为石质填料，黏聚力不为零主要为土颗粒间的咬合力的体现。

（3）填方路基的抗剪强度指标位于黏聚力为 10 kPa 左右，内摩擦角为 33°左右范围，这与实际工程中所运用的经验参数吻合度较高。路基规范中对于填方边坡的坡率建议值为 1：1.5，此坡率下的坡面倾角为 35°，与本实验得出的抗剪强度综合内摩擦角相近。工程中结合台阶式填方设置平台、下边坡适量放缓等措施，整体填方路基的综合坡面倾角度小于 28°，这可基本保证填方的自身整体稳定。

4.4.7　试验结果对比

如图 4-44 所示，对比 3.3 节中的 PFC3D 模拟三轴试验数据与本节的室内大型三轴试验数据，吻合度较高。试样在低围压下表现出应变硬化，而较高围压下表现出应变软化。两种试验相互证实了彼此的试验效果。

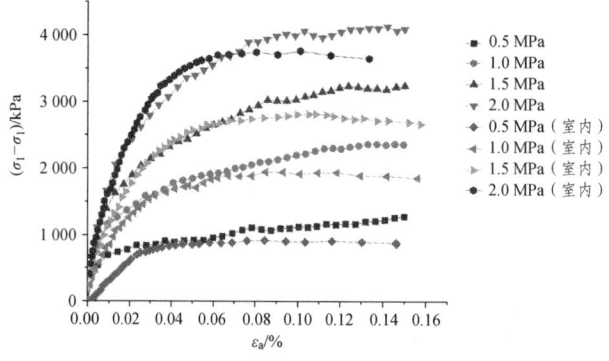

（a）泥岩母岩路基土三轴试验数据

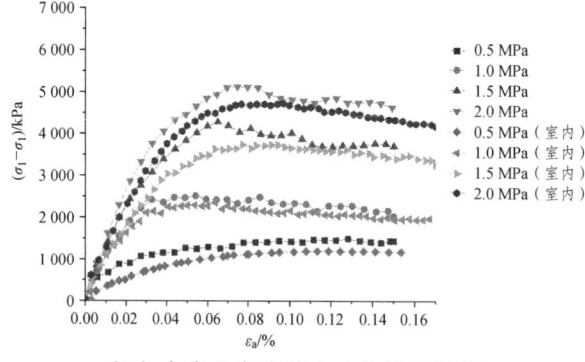

（b）灰岩母岩路基土三轴试验数据

图 4-44　室内试验与模拟试验结果对比

采用 4.3.5 小节拟合出的经验公式式（4.23）~式（4.24）来预期抗剪强度：
①纯灰岩母岩：含石量 70%，灰岩占比 100%。

$$c = 80.92 - 78.29 \times 0.7 - 8.85 \times 1 = 17.26 \text{ kPa}$$

$$\varphi = 24.47 + 7.44 \times 0.7 + 3.35 \times 1 = 33.03°$$

②纯泥岩母岩：含石量 70%，灰岩占比 0。

$$c = 80.92 - 78.29 \times 0.7 - 8.85 \times 0 = 26.12 \text{ kPa}$$

$$\varphi = 24.47 + 7.44 \times 0.7 + 3.35 \times 0 = 29.68°$$

试验所得抗剪强度值如表 4-18 所示。从 3 种对抗剪强度的测定/预期中分析：①在内摩擦角方面，3 种结果的吻合度较高，误差小于 ±2%。可见在对抗剪强度起决定性作用的填料颗粒间摩擦力大小的预期上，PFC 模拟和经验公式的预期效果极佳；②在黏聚力方面，3 种结果存在一定误差。处于 ±35%以内。原因主要为试验本身客观存在一定操作误差，并且黏聚力 c 值为多个围压下莫尔圆公切线的截距值，在公切线反复调整时较为敏感，多个莫尔圆做公切线的过程中也存在着尽可能准确的人为因素。作为粗粒土，黏聚力值本身很小，故体现在误差百分比上看似较大（例如，尽管在做公切线求截距的过程中只引起偏差 3 kPa 的黏聚力，但相对于总 11 kPa 的黏聚力来说仍有 27%的误差）。故可认为整体的抗剪强度指标处于可接受范围。

表 4-18　模拟试验、经验公式和大型室内试验抗剪强度结果对比

母岩	试验种类	压实度	含石量	有效黏聚力 c'	有效内摩擦角 φ'	与均值误差/%	
						c	φ
灰岩	大型室内		70%	14.2 kPa	33.00°	-1.6	-0.1
	PFC 模拟	93%		11.8 kPa	33.08°	-18.2	0.1
	经验公式	93%		17.3 kPa	33.03°	19.9	0.0
泥岩	大型室内		70%	20.5 kPa	28.80°	10.9	-1.6
	PFC 模拟	93%		22.4 kPa	29.35°	-2.6	0.3
	经验公式	93%		26.1 kPa	29.68°	13.5	1.4

第 5 章 超高填方压实控制关键技术

公路工程的超高填方路基一般是指由附近的挖方路基开挖出来的岩土体或隧道洞渣经破碎成一定粒径大小的散体颗粒在外力作用下挤密压实而成的紧密结构体。填筑体压实的紧密程度直接影响路基的强度、刚度和稳定性。超高填方在填筑的工程中需要进行分层压实。根据设计要求按一定厚度先松铺一层,再用碾压设备进行压实。待压实度满足路基填筑要求时,进行下一层的松铺填筑。为了保证路基有足够的强度、刚度和稳定性,对超高填方路基分层压实后须再用强夯或冲击碾压分层进行补强,提高路基压实度,减少后期沉降。因此,超高填方路基的压实方式和压实质量是决定超高填方路基施工期和运营期稳定安全的关键技术之一。

5.1 压实质量标准

对于压实质量的控制,JTG D30—2015《公路路基设计规范》对土质填料主要以压实度控制为主,按表 5-1 所示的要求规定。

表 5-1 土质路堤压实度要求

路基部位		路面底面以下深度/cm	压实度要求/%		
			高速公路、一级公路	二级公路	三、四级公路
上路床		0~30	≥96	≥95	≥94
下路床	轻、中等及重交通	30~80	≥96	≥95	≥94
	特重、极重交通	30~120	≥96	≥95	
上路堤	轻、中等及重交通	80~150	≥94	≥94	≥93
	特重、极重交通	120~190	≥94	≥94	
下路堤	轻、中等及重交通	150 以下	≥93	≥92	≥90
	特重、极重交通	190 以下			

对于填石路基,不同强度的石料,应采用不同的填筑层厚度和压实控制标准,一般采用结合压实沉降差或施工参数联合控制。岩石强度不同,压实的孔隙率要求也不一样,目前主要是按照硬质岩、中硬岩、软质岩三类进行分类要求填石路基的孔隙率。采用石料填筑时,

填石路堤最后一层的铺筑厚度不大于 400 mm，过渡层碎石料粒径应小于 150 mm，其中小于 0.05 mm 的细粒料含量不应小于 30%。填石路堤的压实要求见表 5-2。

表 5-2 填石路基压实质量控制标准

路堤分区	路面底面以下深度 /cm	岩性	摊铺层厚度 /mm	最大料径/mm	压实干密度 /(kg·m^{-1})	孔隙率/%
上路堤	80～150 (120～190)	硬质岩	≤400	小于层厚 2/3	由试验确定	≤23
		中硬岩	≤400			≤22
		软质岩	≤300			≤20
下路堤	>150 (>190)	硬质岩	≤600	小于层厚 2/3	由试验确定	≤25
		中硬岩	≤500			≤24
		软质岩	≤500			≤22

在实际施工过程中，填石路堤应采用大功率推土机与重型压实机具施工，压实质量采用施工参数（压实功率、碾压速度、压实遍数、铺筑层厚等）与压实质量检测联合控制，压实质量采用压实沉降差或孔隙率进行检测，孔隙率的检测应采用水袋法进行。

5.2 压实方法及特点

土体各项特性与其密实状态存在着紧密联系。在路基土的压实过程中，土体的孔隙受挤压而减小，整体力学表现随之得到一定程度的改善。目前，根据填方路基压实所受外力的性质不同，又分为静力压实、冲击压实和振动压实 3 种类型，3 种压实方式各有优点，目前公路填方路基压实主要采用振动压实。路基压实典型碾压设备如图 5-1 所示。

图 5-1 路基压实典型碾压设备

1. 静力压实

静力压实是松散填料在压轮自重作用下，慢速碾压填料，使松散填料挤压密实的过程。由于压轮质量是固定的，它所提供的静压力也是一定的，因此，静力压实对松散填料的极限挤压密实程度也是一定的，如果想提高压实程度，须提高压轮的质量。所以，静力压实压路机压实功能存在一定的局限，适用于压实厚度较小的路段，一般不超过 20 cm。但是静力压实压路机结构简单，使用和维修便利。静力压实主要靠压轮自重压实填料，对环境影响小，能适用某些特定环境下的压实工作，比如挡墙墙背、涵洞台背、桥台台背以及对环境要求较高的人口密集区、危房区、精密仪器附近和既有公路铁路构造物附近。

2. 冲击压实

冲击压实是将重物从某一高度自由下落时所产生的冲击力将松散填料挤压密实的方法。松散填料在冲击力的作用下，填料颗粒产生运动，加速重新排列，挤压填料，使其密实。冲击压实的压实深度较静力压实有一定的增加，但其对环境影响较大，只适用于对环境要求不高的荒野和远离构造物的地方。

3. 振动压实

振动压实是指对松散填料体表面施加一个周期性振动的荷载，在被压的松散填料内部产生一个快速、连续的应力波，松散填料颗粒由静止状态进入到运动状态，颗粒之间相互挤压，从而达到密实状态。振动压实相对冲击压实，对环境影响小，相比静力压实，其影响深度要大，压实效率高，所以其适用范围较广，是目前主要的压实方式。

5.3 压实机理

松散填料在外力挤压作用下，颗粒密实的过程，其过程机理主要分为 3 个部分：

（1）填料在碾压荷载的作用下，克服土石颗粒之间的摩擦力，产生滑动和滚动，并发生位置偏移，直至移动到更为稳定的平衡位置。土石颗粒间的空隙在碾压作用下逐渐变小，整个压实层的空间体积不断压缩、更加密实，从而使路基的总体积不断减小，便产生了沉降。此沉降为路基填方压缩沉降的主要部分。

（2）填料中的土石颗粒在碾压外力的作用下，发生破碎崩解。破碎后形成的较小粒径颗粒滚动填充至空隙中，使整个填方路基的体积减小。

（3）填料颗粒在碾压外力的作用下产生弹性变形，使路基整体体积减小。

压实的最终目的为保证路基土颗粒的密实程度，使其各项力学性能达到设计要求，以实现侧向自稳及工后沉降稳定。

5.4 压实质量控制

路基松散填料在经过碾压密实后，松散填料强度达到一定标准，在路基承受标准荷载时，其变形量和残余变形量将小于某一特定值。路基的强度和稳定性均与填料的压实程度密切相关。压实质量的控制目前主要有填料控制和压实控制两种。

对于路基填料的控制，主要是对岩土材料的要求，它的性质直接决定了路基的最终质量，一般从填料本身的特性、填料级配、填料的含水率、填料的厚度控制。对压实控制，主要从压实程度、压实的稳定性、压实的均匀性和压实工艺控制。

5.4.1 填料控制

1. 填料本身的控制

JTG D30—2015《公路路基设计规范》对填土填料要求，路堤宜选用级配较好的砾类土、砂类土等粗粒土作为填料，填料最大粒径应小于 15 cm。泥炭、淤泥、冻土、强膨胀土、有机土及易溶盐超过允许含量的土等，不得直接用于填筑路堤。季节冻土地区路床及浸水部分的路堤不应直接采用粉土填筑。路堤填料最小承载比应符合表 5-3 中的规定。

表 5-3 土质路堤 CBR 和粒径要求

路基部位		路面底面以下深度/cm	填料最小承载比 CBR 要求/%			最大粒径/cm
			高速公路、一级公路	二级公路	三、四级公路	
上路床		0~30	8	6	5	10
下路床	轻、中等及重交通	30~80	5	4	3	10
	特重、极重交通	30~120	5	4		10
上路堤	轻、中等及重交通	80~150	4	3	3	15
	特重、极重交通	120~190	4	3		15
下路堤	轻、中等及重交通	150 以下	3	2	2	15
	特重、极重交通	190 以下				15

公路路基填料除了土质填料外，还避免不了全部为石料填筑的路基，比如全部用隧道洞渣或挖方边坡的石料来填筑路基。对于填石路基，JTG D30—2015《公路路基设计规范》对填石填料要求为：硬质岩石、中硬岩石可用作路床、路堤填料；软质岩石可用作路堤填料，不得用于路床填料；膨胀性岩石、易溶性岩石和盐化岩石不得用于路堤填筑。

2. 填料级配控制

对于采用粗粒土填筑的路基，如果颗粒粒径不同、含量不同，所形成的路基结构也不同。不均匀的各种粒径组合的粗粒土经过压实后，细颗粒充填于较大颗粒之间的空隙中，碾压后容易得到较高的压实度和物理力学性质。如果颗粒粒径相差不大，颗粒之间的空隙不易得到充填，碾压后压实效果和物理力学性质也不太理想。对于山区公路，因多数为隧道洞渣和开山石渣形成，虽然进行了一定的破碎工艺，但所形成的颗粒级配也不是完全合理，所以对于山区公路用隧道洞渣和开山石渣形成的填料，一般要求采用大吨位的压路机进行压实。级配较差的粗粒土在大吨位压路机荷载作用下发生破碎，由于颗粒破碎，破碎小颗粒充填大颗粒之间的空隙，导致其受力前后的级配发生变化，从而使粗粒土的密度、强度大大改善，并影响粗粒土的变形和渗透特性。

3. 填料含水量控制

含水量对填料的影响主要体现在：一是水可以软化填料，对于细粒黏土、软质泥岩等有明显的软化作用，填料被水软化后，强度降低。二是水在填料颗粒间起润滑作用，含水量小时，填料颗粒之间的空隙在外力作用下容易被挤密，黏聚力、内摩擦角和干密度提高，但是含水量过小，压路机压实路堤也难以达到规定的压实度；当含水量过大时，填料颗粒间被水充填充满，处于饱和状态，土颗粒从固体状态变为塑性状态，外力作用下容易改变原来的形状，经常会发生"弹簧"现象，不能压实，俗称"橡皮土"，这种现象对于细粒的黏性土尤为明显。

为了使路基填料在压路机作用下达到规定的压实度，必须控制填料在一定的含水量位置。通常情况下，在一定的压实条件下，处于最佳含水量时，填料的干密度也最大。现场施工时，经常要求控制填料的湿度，使其在最佳含水量时，压实效果最好，耗费的压实功率最小。

4. 分层厚度控制

分层厚度对填料的压实效果具有明显的影响，同等的压实作用下，填料密实程度随深度递减，距地表 5 cm 时密实度最高。在一定的压实功率作用下，分层厚度越小，压实效果越好，但是因分层厚度小，分层的层数增加，压路机耗费的能耗增加，压实的总时间也长。但是分层厚度过厚，底部的土层受到压实挤密作用小，压实效果很难达到规定的压实度。

5.4.2 压实控制

1. 压实程度控制

对于土质填料路基，压实程度的控制主要采用压实度或压实系数控制，对于石质填料路基主要采用压实沉降差或孔隙率控制。

2. 压实稳定性控制[44]

压实稳定性主要指路基在压实后，路基稳定性满足规范要求，在使用的全寿命周期内稳定；强度在水平分布上一致的，不存在差异性或差异性很小。

3. 压实工艺控制

压实工艺包括压路机的工艺参数，含有压实吨位、振动质量、激振力、频率、行走速度、碾压遍数、碾压厚度，以及碾压的长度、宽度、时间等参数。这些参数对压实质量也起着非常重要的作用。

对于超高填方路基，尽管从填料的性质、级配、含水量、分层厚度和压实的工艺、压实的稳定性和压实度进行了控制，但是由于路基填筑高度大，加之填料的不均匀性，经常规的分层碾压后，路基仍存在一定的工后压缩变形和不均匀变形，引起路面开裂、不平整等病害。因此，对于超高填方路基，在经压路机碾压后采用冲击碾压和强夯增强补压，或铺设土工格栅或土工格室等土工合成材料，消减超高填方路基不协调变形或沉降引起的病害。对于山区超高填方路基受地形影响，"V"字形山谷居多，冲击碾压无法保证在有限空间高填方路基填筑的压实质量。因此，路基长度短于 200 m 或"V"形沟谷，一般采用强夯进行补强，沟底路基长度超过 200 m 采用冲击碾压进行补强消减路基工后变形。

5.5 压实质量的评定

路堤压实质量的评定方法，包括物理指标、力学指标和施工工艺指标。物理指标主要有压实度、空气体积率、固体体积率以及相对密度等；力学指标包括回弹模量、弯沉、塑性变形增量以及地基系数等；施工工艺指标包括松铺系数、碾压遍数和压实功能等。如表5-4所示。

山区超高填方路基的填料主要由附近挖方的开山石渣和隧道洞渣组成，尤其是隧道洞渣填料，主要由软质石料和中硬质石料组成，现场压实质量主要通过试验路段，确定填石路堤孔隙率标准对应的松铺厚度、压实机械、压实速度、压实遍数、沉降差等参数。

表5-4 不同类型路堤的压实质量评定方法

路堤类型		压实控制指标	评定方法
土质路堤		压实度、弯沉值	灌砂法、灌水法、核子密度仪法、贝克曼梁法
填石路堤		孔隙率、沉降差	通过试验路段，确定填石路堤孔隙率标准对应的松铺厚度、压实机械、压实速度、压实遍数、沉降差等参数
土石路堤	软质石料	按土质路堤标准	按土质路堤评定方法
	中硬质石料 硬质石料	按石质路堤标准	按石质路堤评定方法

沉降差：路基的某一压实层顶面的沉降值稳定时，路基处于密实稳定状态，以标准吨位压路机压实前后路基表面沉降量的差值作为控制指标，此时孔隙率小于规范规定的值。这种方法被广泛应用，在实际操作过程中，为保证填石路堤的压实质量，又便于检测施工压实质量，填石路堤压实质量采用孔隙率指标控制，施工压实质量采用孔隙率与压实沉降差或施工参数联合控制。通过在试验路段确定压实沉降差控制标准，并同时检测孔隙率指标对沉降差进行验证，一般以沉降差平均值应不大于5 mm，标准差不大于3 mm控制。

假定路基待压实层压实前松铺厚度 H_0，在碾压 n 次之后的压实后松铺厚度 H_n，压实前后的厚度差与压实前松铺厚度 H_0 的比值即为沉降率 $S_\%$，它反映了路基填筑体在压实作用下压实层的压缩变化程度，如式（5.1）所示。

$$S_\% = \frac{S}{H_0} = \frac{H_0 - H_n}{H_0} = 1 - \frac{H_n}{H_0} \tag{5.1}$$

5.5.1 压实度计算

路基压实前的压实层面积为 A（m^2），压实层的总质量为 M（kg），压实前松铺厚度为 H_0，则其压实前路基的松铺密度 ρ_0 如式（5.2）所示。

$$\rho_0 = \frac{M}{V_0} = \frac{M}{AH_0} \tag{5.2}$$

假设碾压前后压实层的面积 A 不变，则碾压 n 次以后压实层厚度 H_n，则由式（5.1）得

$$H_n = H_0(1-S_\%) \tag{5.3}$$

路基碾压 n 次以后路基压实层的密度 ρ_n 为

$$\rho_n = \frac{M}{AH_n} = \frac{M}{AH_0(1-S_\%)} = \frac{1}{1-S_\%}\rho_0 \tag{5.4}$$

将式（5.4）按照如式（5.5）~式（5.6）的泰勒级数展开，可得压实密度 ρ_n，如式（5.7）所示。

$$f(x) = \frac{1}{1-x} \tag{5.5}$$

$$f(x) = f(0) + xf'(0) + \frac{x^2}{2!}f''(0) + \cdots + \frac{x^n}{n!}f^{(n)}(0)$$

$$= 1 + x^2 + x^3 + \cdots + x^n \approx 1+x \tag{5.6}$$

$$\rho_n \approx \rho_0(1+S_\%) \tag{5.7}$$

则碾压后土层密度的增加率 $T_\%$ 为

$$T_\% = \frac{\rho_n - \rho_0}{\rho_0} \approx \frac{\rho_0(1+S_\%) - \rho_0}{\rho_0} = 1+S_\% - 1 = S_\% \tag{5.8}$$

由此可见，填土的沉降率基本等于密度的增加率，表明沉降率越大，路基土的密度增加率也就越大。代入压实度 K 计算公式可得

$$K = \frac{\rho_n}{\rho_{max}} \times 100\% = \frac{\rho_0(1+S_\%)}{\rho_0(1+S_{max})} \times 100\% = \frac{1+S_\%}{1+S_{max}} \times 100\% \tag{5.9}$$

式中，S_{max} 为路基压实层的最大沉降率（%），为路基在进行碾压 n 次以后，直到沉降率不再增加或下降时的最终沉降率。

压实层的最大沉降率 S_{max} 可以用以下两种方式得到：

（1）取具有代表性的试验路段上的填料，按照严格的施工工艺进行碾压试验，可以得到最大沉降率 S_{max}。

（2）将求最大干密度的思路运用于求最大沉降率，将室内试验搬到现场。现场的压实能量按式（5.10）计算。将压实器械的相关参数代入式（5.10），即可求出现场压实达到室内重型击实能量时的碾压遍数，然后用这一碾压遍数进行碾压，完成后的沉降率即为所求的最大沉降率 S_{max}。此方法应保证压实能量与室内试验一致，才可按照能量等效的原则来确定规定的振动压路机的碾压遍数。

$$E = \frac{2AfNL(W+F/2)}{vLBh} \tag{5.10}$$

式中，E——压实能量（J/cm³）；
　　　A——振幅（mm）；
　　　W——振动轮的轴重（kN）；
　　　F——激振力（kN）；
　　　f——振动频率（Hz）；
　　　N——振动碾压遍数；
　　　v——振动碾压速度（cm/s）；
　　　L——振动轮接地长度（cm）；
　　　B——压实宽度，可取振动轮接地宽度 $B=\sqrt{D}$（cm）；
　　　h——压实层厚度（cm）；
　　　D——振动轮直径（cm）。

由上述内容可知，可建立沉降率与压实度两项检测指标之间的关系。这样的意义在于可以避免"如何准确测定大粒径碎石填料的最大干密度"这一技术难题，同时也不必在施工现场进行压实密度的灌水检测。

5.5.2　孔隙比的计算

欲建立沉降率 $S_\%$ 孔隙比 e 之间的理论关系。由沙爱民[45]成果可知：松铺状态下路基土的孔隙比 e_0 如式（5.11）所示，压实后的孔隙比 e 如式（5.12）所示，两者的关系如式（5.13）所示。

$$e_0 = \frac{\rho_D}{\rho_0} - 1 \tag{5.11}$$

$$e = \frac{\rho_D}{\rho_n} - 1 = \frac{\rho_D}{\rho_0 \dfrac{1}{1-S_\%}} - 1 \tag{5.12}$$

$$e = e_0(1-S_\%) - S_\% \tag{5.13}$$

式中，ρ_D——填料密度（g/cm³）。

由此可见，随着沉降率的增加，压实层的孔隙比逐渐减小。

5.5.3　沉降率的控制

沉降率的控制值是进行填石路基压实质量检测的关键指标。如何确定沉降率控制值以判断路基施工质量的合格与否，直接关系到这一检测手段的真实效果。而沉降率为多少，或者说沉降率的变化程度到何时才表明路基已达到较为理想的压实效果，目前在实际施工中并无定论。有施工单位认为，当碾压 n 遍后，第 $n-1$ 遍的路基沉降率为第 n 遍沉降率的 95% 时即可认为压实合格；也有施工单位以沉降率增加量不超过 1% 时为控制标准。

但是通过现场试验数据可知，由于填石路基现场填料的复杂性，路基在碾压过程中的沉降率有可能存在由缓增变陡增的变化趋势。因此认为，沉降率控制值的确定应遵循以下几项准则：①结合施工现场的实际情况，准确反映路基压实层的真实压实效果；②合理反映沉降率的变化趋势，在保证合理压实质量的前提下，避免过度增加碾压遍数的要求，以减少施工费用，加快工程进度和提高效率。

5.6 超高填方分层碾压

超高填方路基的碾压措施，主要分为常规分层碾压及补强措施两种，补强措施中常见使用的方案为冲击碾压及强夯。按照填料的基本性质，超高填方填筑可分为土方填筑、石方填筑和土石混填。

5.6.1 土方填筑

首先对土填料进行土工标准试验，确定填料的各项指标符合规范要求；摊铺前对土的含水率进行检验，当填料含水率达到最佳含水率的±2%时可以立即予以摊铺整平，根据试验段填筑的实际情况确定分层层数与松铺厚度，用以确定填土路基在实际施工中的各项参数。填土路基压实度采用灌砂法进行检测；采用自卸车自行卸料进行施工，应用平地机对填料先进行整平，然后采用人工配合进行精平，必须控制层面没有明显的凸起。待层面达到预定的松铺厚度时采用振动压路机进行碾压。如果压实度无法满足要求，将对该层进行清除处理。土质填筑的摊铺与孔隙率测量如图 5-2 所示。

图 5-2　土质填筑的摊铺（左）与孔隙率测量（右）

5.6.2 石方填筑

根据 JTG D30—2015《公路路基设计规范》规定填石路堤填料粒径不大于 500 mm，并且不超过层厚的 2/3。根据试验段填筑的实际情况确定分层层数与松铺厚度，以确定石方填筑在实际施工中的各项参数。石方填筑采用自卸车装料运输，推土机摊铺整平，然后采用人工配合将表面明显的凸起处进行处理，现场发现有粒径过大的填料时，选择人工锤解，人工无法锤解时应把粒径过大的填料清理出现场。填料填筑至预计松铺厚度后,采用压路机进行压实,直至表面无压实痕迹为止。如果孔隙率无法满足要求,就会对该层进行清除处理。石质填筑的孔隙率测量和沉降差检测如图 5-3 所示。

图 5-3　石质填筑的孔隙率测量（左）和沉降差检测（右）

5.6.3　土石混填

按照 JTG/T 3610—2019《公路路基施工技术规范》要求将石料总质量控制在 30%～70%,根据试验段填筑的实际情况确定分层层数与松铺厚度,用以确定土石混填在实际施工中的各项参数。土石混填压实度采用灌砂水进行检测。填料采用挖掘机配合自卸车装料运输,推土机摊铺整平的机械组合方式进行施工。运至现场的填料由质检人员认真检查,如有粒径过大的,采用机械进行锤解。在填料填筑到预计厚度后,压路机先进行静压,再人工配合将表面明显的不平整处进行处理,然后压路机进行振动压实,直至表面无压实轨迹且表面无空洞。如果压实度无法满足要求,将对该层进行清除处理。土石混填路基的压实与检测如图 5-4 所示。

图 5-4　土石混填路基的压实（左）与检测（右）

5.6.4　填筑压实工艺流程

填筑压实工艺流程如图 5-5 所示。

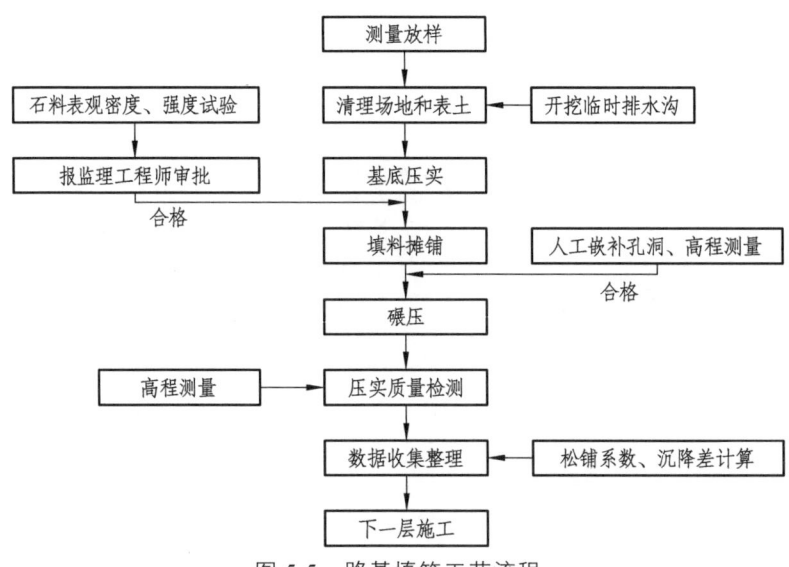

图 5-5 路基填筑工艺流程

（1）清表与填前压实。

先用人工砍伐填方范围内的灌木丛和草皮，并用挖掘机挖除填方范围内的腐殖土及其他有机物质。排除填方范围内的积水，用推土机清理表层有机土，清除后的表土放入指定弃土点堆放，待表土晾晒后用压路机对填方范围内进行碾压，基底压实度采用灌砂法检测，且必须达到 90%。碾压宽度若超出路堤宽度 0.5 m，按照设计要求挖台阶。

（2）开挖临时排水设施。

在路基试验路段填筑的范围确定好以后，利用挖掘机在周围开挖临时排水沟，将四周地表水集中引排至征地线以外的当地排水设施，防止地表水聚集在施工区域内。

（3）填筑方法。

按照 5.6.1~5.6.3 节不同填料的填筑方法实施填筑工作。

（4）填料摊铺。

采用自卸汽车将填料从路基挖方段开挖后运输至试验段现场，根据每一车填料的实际方量，计算出堆料高度和面积，使用灰线按照 10 m×4 m 的矩形进行路基纵向排列标识，并在填方边线设置高程控制线，用以控制填料厚度。卸料后用推土机将填料均匀地摊铺在预先标记的矩形方格内，对填料进行初步粗平以后，使用推土机对填料进行精平，然后再用人工配合进行整平和整形，同时根据边桩设置的边桩控制松铺厚度，对松铺厚度超过每一层层厚的段落重新进行处理，直至松铺厚度满足每一层要求为止。

摊铺过程中为了考虑路基整体压实质量，在路基设计边线上加宽 50 cm 进行摊铺碾压。摊铺完成后埋设沉降板，并用水准仪测量记录沉降板的初始高程数据，再进行填料的碾压施工。

（5）测量放线。

首先用全站仪测出原地面标高以及试验段摊铺范围，依据设计资料精确测放路基坡脚线，并放出中桩点以及边桩点，采用撒灰线或打桩形式进行区域标识，直线地段每 20 m 一个桩，曲线地段每 10 m 一个桩，边线桩定位好以后根据两侧的边线桩设置沉降板，沉降板主要作为试验段沉降差测量的基准点，沉降板横向设置 5 个，纵向间距 20 m。

（6）碾压。

碾压前需向压路机操作手进行技术交底，内容包括碾压遍数、行走路线、行走方式、行走速度以及振动强弱的控制等。压实顺序应按直线段先两侧后中间，曲线段先内侧后外侧，纵向进退式碾压的方式进行。

碾压时压路机碾压顺序为：第 1 遍采用慢速静压，第 2 遍采用慢速弱振碾压，第 3、4、5 遍采用快速强振碾压，第 6、7 遍采用慢速强振碾压，第 8 遍慢速弱振碾压，碾压时后轮重叠 1/2，先慢后快。

石方路基的试验路段每一遍都需要观测沉降差，利用水准仪进行沉降差的测量，当某一遍碾压过后和前一遍的沉降差小于某一特定值后可以停止碾压，然后进行压实质量的检测。填筑的压实质量检测方法为灌水法，检测其孔隙率，当孔隙率和沉降差同时满足要求后方可结束碾压，结束碾压后利用水准仪对沉降板进行测量并且记录数据，计算出最大沉降差和松铺系数，并且确定碾压遍数。

（7）路基修整。

填筑路基采用挖掘机配合人工刷坡和边坡的码砌，刷坡前应准确测放路基边线，并留调整量，然后从坡顶开始刷坡，刷坡过程中要严格控制边坡坡度，可用自制简易坡度架或用坡度尺来进行控制，严禁超刷。

5.6.5 压实工艺与压实质量间的相关性研究

为研究填石路堤中压实工艺对压实质量的影响，从若干项目中收集路基试验段填筑检测数据，考虑碾压次数 N、松铺厚度 h_0、压路机吨位 T 及石料母岩强度 f_{rk} 的综合作用影响，将该 4 个影响因素作为自变量，取填石路堤的孔隙率 n 作为因变量，采用数据回归分析法，拟归纳出一个可以用于计算填石路堤的孔隙率 n 与压实工艺间的多元变量经验公式。

5.6.5.1 填料孔隙率与压实参数间的关系

将所收集的项目检测数据按照 4 个不同影响因素，作散点图（如图 5-6～图 5-9 所示）。观察因变量与自变量之间是否具有线性特点。从图中可以看出，孔隙率 n 与碾压次数 N、松铺厚度 h_0、压路机吨位 T 及石料母岩强度 f_{rk} 均存在线性关系，其中 y 轴为因变量孔隙率 n，x 轴为自变量。从图中观察不存在异常值。

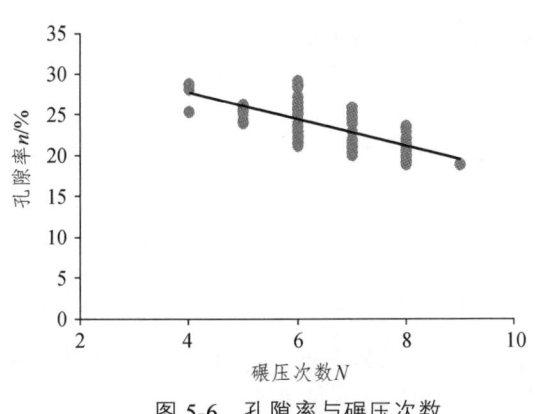

图 5-6 孔隙率与碾压次数

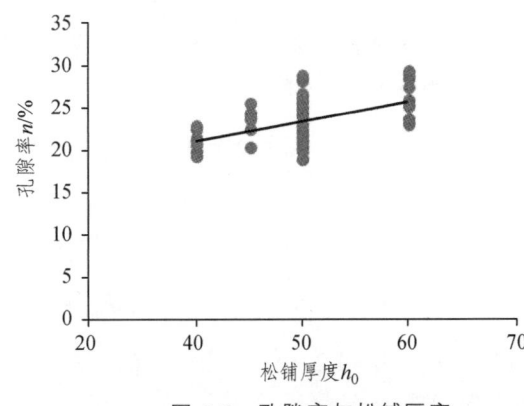

图 5-7 孔隙率与松铺厚度

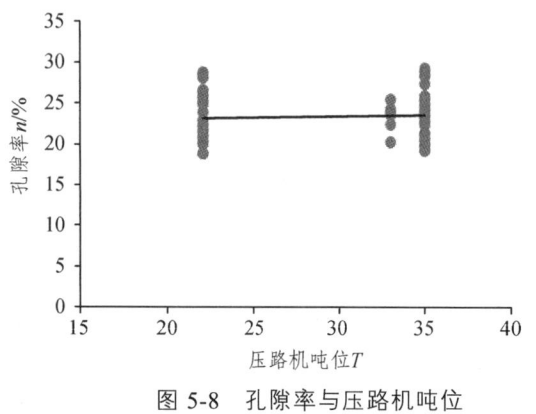

图 5-8 孔隙率与压路机吨位

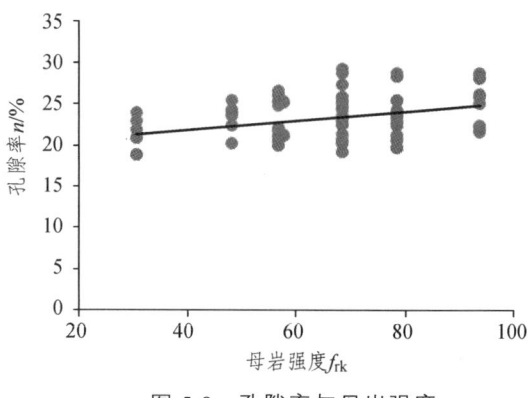

图 5-9 孔隙率与母岩强度

从单个因素的影响上理解：①碾压次数越多，填方体越密实，孔隙率越小，符合图 5-6 趋势。②松铺厚度越大，压实层就越难以严格压实，孔隙率越大，符合图 5-7 趋势。③压路机吨位越大，越容易使岩土颗粒发生易位，越能够对岩土颗粒造成破坏、碎解，故填方体越密实，孔隙率越小。但压实效果同样也受压路机行进速度影响，整体影响幅度很小，符合图 5-8 趋势。④母岩强度越高，填石路基的碎石颗粒越不易破碎，形成更有棱角的不规则颗粒，孔隙率越大，符合图 5-9 趋势。

5.6.5.2 孔隙率与多元压实参数关系的模型建立

根据上节基本关系的结果，各因素与孔隙率之间可视作线性关系，成为多因素线性共同制约孔隙率 n 的大小。因此模型采用多元线性模型。线性回归方法是研究变量相关关系的一种统计方法，它定量地建立一个变量与其他变量之间的数学表达式。线性回归的内容包括回归方程的建立、回归方程与回归系数的检验、回归方程的预测和外推。

5.6.5.3 线性回归方程的建立

设因变量孔隙率 n 与自变量碾压次数 N、松铺厚度 h_0、压路机吨位 T 及石料母岩强度 f_{rk} 有关，其 4 元线性回归模型为

$$n = \beta_0 + \beta_1 N + \beta_2 h_0 + \beta_3 T + \beta_4 f_{rk} + \varepsilon \tag{5.14}$$

式中，ε——随机误差。对因变量 n 和各自变量做 m 次抽样，即研究中从若干项目的路基试验段整理出的 m 组检测数据，于是有

$$n_\alpha = \beta_0 + \beta_1 N_\alpha + \beta_2 h_{0\alpha} + \beta_3 T_\alpha + \beta_4 f_{rk\alpha} + \varepsilon_\alpha \quad (\alpha = 1, 2, \cdots, m) \tag{5.15}$$

式中，ε_α——遵从正态分布 $\varepsilon_\alpha \sim N(0, \sigma^2)$ 的 m 个相互独立同分布的随机变量。

设 b_0，b_1，b_2，b_3，b_4 分别为参数 β_0，β_1，β_2，β_3，β_4 的估计值，则可得回归方程：

$$\hat{n}_\alpha = b_0 + b_1 N_\alpha + b_2 h_{0\alpha} + b_3 T_\alpha + b_4 f_{rk\alpha} + \varepsilon_\alpha \quad (\alpha = 1, 2, \cdots, m) \tag{5.16}$$

式中，n_α（$\alpha = 1, 2, \cdots, m$）为样本值；$\hat{n}_\alpha$ 为回归值；$n_\alpha - \hat{n}_\alpha$ 为残余差，它刻画了样本值与回归值的偏差。

根据最小二乘法使残余差平方和达到最小的原理，即式（5.17）为最小：

$$Q = \sum_{\alpha}(n_\alpha - \hat{n}_\alpha)^2 = \sum_{\alpha}(n_\alpha - b_0 - b_1 N_\alpha - b_2 h_{0\alpha} - b_3 T_\alpha - b_4 f_{\text{rk}\alpha})^2 \tag{5.17}$$

根据微积分极值原理，b_0，b_1，b_2，b_3，b_4 必须满足

$$\frac{\partial Q}{\partial b_i} = 0 \quad (i = 0,1,2,3,4) \tag{5.18}$$

$$\sum_{\alpha=1}^{4}(n_\alpha - \hat{n}_\alpha)^2 = 0, \quad \sum_{\alpha=1}^{4}(n_\alpha - \hat{n}_\alpha)x_{i\alpha} = 0 \, (i = 0,1,2,3,4) \tag{5.19}$$

因此，

$$b_0 = \bar{n} - b_1\bar{N} - b_2\bar{h}_0 - b_3\bar{T} - b_4\bar{f}_{\text{rk}} = \bar{y} - \sum_{k=1}^{4}b_k\bar{x}_k \tag{5.20}$$

式中，$\bar{x}_k = \bar{N} = \bar{h}_0 = \bar{T} = \bar{f}_{\text{rk}} = \frac{1}{n}\sum_{\alpha=1}^{4}x_{k\alpha}$，$\bar{y} = \bar{n} = \sum_{\alpha=1}^{4}y_\alpha$。

将 b_0 代入得到线性方程组：

$$\sum_{k=1}^{4}b_k S_{ik} = S_{iy}, i = 1,2,3,4 \tag{5.21}$$

即

$$\begin{cases} S_{11}b_1 + S_{12}b_2 + S_{13}b_3 + S_{14}b_4 = S_{1y} \\ S_{21}b_1 + S_{22}b_2 + S_{23}b_3 + S_{24}b_4 = S_{2y} \\ S_{31}b_1 + S_{32}b_2 + S_{33}b_3 + S_{34}b_4 = S_{3y} \\ S_{41}b_1 + S_{42}b_2 + S_{43}b_3 + S_{44}b_4 = S_{4y} \end{cases} \tag{5.22}$$

记系数矩阵

$$\boldsymbol{S} = \begin{pmatrix} S_{11} & S_{12} & S_{13} & S_{14} \\ S_{21} & S_{22} & S_{23} & S_{24} \\ S_{31} & S_{32} & S_{33} & S_{34} \\ S_{41} & S_{42} & S_{43} & S_{44} \end{pmatrix}$$

式中，$S_{ij} = \sum_{\alpha=1}^{m}(x_{i\alpha} - \bar{x}_i)(x_{j\alpha} - \bar{x}_j)$，$S_{iy} = \sum_{\alpha=1}^{m}(x_{i\alpha} - \bar{x}_i)(y_\alpha - \bar{y})$。

解出 b_0，b_1，b_2，b_3，b_4 并代入式（5.14）即可得到多元回归方程。

1. 回归方程和回归系数的检验

一般来说样本的回归值与实际观测值存在一定偏差，通常需要考虑所得回归线与数据发展趋势的配合度，即拟合优度。因此，要对所得回归方程与回归系数进行显著回归性检验。可以证明：

总的离差平方和 S_{yy}=回归平方和 U +残差平方和 Q

其中，$S_{yy} = \sum_{\alpha=1}^{m}(n_\alpha - \bar{n})^2$，自由度为 $f_\text{总} = m-1$，

$U = \sum_{\alpha}(\hat{n}_\alpha - \bar{n})^2$，自由度为 $f_U = 4$，

$Q = \sum_{\alpha}(n_\alpha - \hat{n}_\alpha)^2$，自由度为 $f_Q = m - 4 - 1 = m - 5$

（1）检验回归方程的显著性，及检验假设 $H0$：$\beta_1 = 0$，$\beta_2 = 0$，$\beta_3 = 0$，$\beta_4 = 0$，做统计量

$$F = \frac{U/f_U}{Q/f_Q} = \frac{U/4}{Q/(m-5)} \sim F(4, m-5) \quad (5.23)$$

给定检验水平 α，查表得 $F_\alpha(4, m-5)$，若 $F > F_\alpha(4, m-5)$，则回归方程效果显著，反之则效果不显著。

（2）检验评价因子（变量）$x_i = N, h_0, T, f_{rk}$ 的显著性，即检测假设 $H0$：$\beta_1 = 0$，$\beta_2 = 0$，$\beta_3 = 0$，$\beta_4 = 0$，做统计量

$$F = \frac{b_i^2/C_{ii}}{Q/(m-5)} \sim F(1, m-5) \quad (5.24)$$

式中，C_{ii}——系数矩阵 $\mathbf{S}$ 的逆矩阵 $\mathbf{S}^{-1}$ 的第 i 行第 i 列的元素。

给定检验水平 α，查表得 $F_\alpha(1, m-5)$，若 $F > F_\alpha(1, m-5)$，则回归方程效果显著，反之则效果不显著。

2. 回归方程的预测

在预测区，划分出评价预测单元（共 k 个），选出评价因素 4 个，利用已建立的回归方程 $\hat{n} = b_0 + b_1 N + b_2 h_0 + b_3 T + b_4 f_{rk}$ 可进行预测，将评价单元 i 的各评价因素 $N^{(i)}, h_0^{(i)}, T^{(i)}, f_{rk}^{(i)}$ 代入回归方程，得到 $\hat{n}^{(i)} = b_0 + b_1 N^{(i)} + b_2 h_0^{(i)} + b_3 T^{(i)} + b_4 f_{rk}^{(i)}$，用 $\hat{n}^{(i)}$ 作为 $n^{(i)}$ 的估计。

5.6.5.4 实测数据回归

根据某若干高速公路施工阶段前期路基试验段的填石路基孔隙率实测结果，整理出具有一定数量的测点孔隙率数据以及对应的施工工艺参数，如表 5-5 所示。本次研究欲以此数据为基础数据，拟合回归出一个用于填石路基的回归公式。

表 5-5 实测基础数据

序号	碾压遍数 N	松铺厚度 h_0/cm	压路机吨位 T/t	母岩强度 f_{rk}/MPa	孔隙率 n/%
1	4	50	22	93.5	28.5
2	4	50	22	93.5	28.2
3	4	50	22	93.5	28.9
4	4	45	33	48.0	25.5
5	5	50	22	57.5	25.4

续表

序号	碾压遍数 N	松铺厚度 h_0/cm	压路机吨位 T/t	母岩强度 f_{rk}/MPa	孔隙率 n/%
6	5	50	22	57.5	25.3
7	5	50	22	93.5	25.2
8	5	50	22	93.5	25.9
9	5	50	22	93.5	26.3
10	5	45	33	48.0	24.4
11	5	45	33	48.0	24.0
12	6	40	35	68.4	22.6
13	6	40	35	68.4	22.6
14	6	40	35	68.4	22.6
15	6	50	35	68.4	25.6
16	6	50	35	68.4	25.9
17	6	50	35	68.4	25.6
18	6	60	35	68.4	28.9
19	6	60	35	68.4	29.3
20	6	60	35	68.4	27.4
21	6	40	35	78.3	22.5
22	6	40	35	78.3	22.5
23	6	40	35	78.3	22.9
24	6	50	35	78.3	25.5
25	6	50	35	78.3	25.5
26	6	50	35	78.3	25.5
27	6	60	35	78.3	28.5
28	6	60	35	78.3	28.5
29	6	60	35	78.3	28.8
30	6	50	22	57.5	21.8
31	6	50	22	57.5	21.9
32	6	50	22	93.5	22.5
33	6	50	22	93.5	22.1
34	6	50	22	93.5	22.2
35	6	45	33	48.0	23.6
36	6	45	33	48.0	22.5
37	7	40	35	68.4	20.7

续表

序号	碾压遍数 N	松铺厚度 h_0/cm	压路机吨位 T/t	母岩强度 f_{rk}/MPa	孔隙率 n/%
38	7	40	35	68.4	20.7
39	7	40	35	68.4	21.5
40	7	50	35	68.4	23.0
41	7	50	35	68.4	24.8
42	7	50	35	68.4	24.4
43	7	60	35	68.4	25.9
44	7	60	35	68.4	25.9
45	7	60	35	68.4	25.2
46	7	40	35	78.3	21.1
47	7	40	35	78.3	20.7
48	7	40	35	78.3	20.7
49	7	50	35	78.3	24.0
50	7	50	35	78.3	24.4
51	7	50	35	78.3	24.0
52	7	60	35	78.3	25.5
53	7	60	35	78.3	25.5
54	7	60	35	78.3	25.5
55	7	45	33	48.0	20.3
56	8	40	35	68.4	19.3
57	8	40	35	68.4	20.7
58	8	40	35	68.4	19.3
59	8	50	35	68.4	20.4
60	8	50	35	68.4	20.7
61	8	50	35	68.4	20.7
62	8	60	35	68.4	23.0
63	8	60	35	68.4	23.3
64	8	60	35	68.4	23.7
65	8	40	35	78.3	19.9
66	8	40	35	78.3	19.9
67	8	40	35	78.3	19.9
68	8	50	35	78.3	21.1
69	8	50	35	78.3	21.4

续表

序号	碾压遍数 N	松铺厚度 h_0/cm	压路机吨位 T/t	母岩强度 f_{rk}/MPa	孔隙率 n/%
70	8	50	35	78.3	19.9
71	8	60	35	78.3	23.3
72	8	60	35	78.3	23.6
73	8	60	35	78.3	23.6
74	6	50	22	30.5	23.0
75	7	50	22	30.5	21.0
76	8	50	22	30.5	19.0
77	9	50	22	30.5	19.0
78	6	50	22	30.5	24.0
79	7	50	22	30.5	22.0
80	8	50	22	30.5	21.0
81	9	50	22	30.5	19.0
82	6	50	22	56.6	26.4
83	6	50	22	56.6	25.6
84	6	50	22	56.6	25.3
85	6	50	22	56.6	26.0
86	6	50	22	56.6	24.9
87	6	50	22	56.6	26.3
88	7	50	22	56.6	20.9
89	7	50	22	56.6	22.0
90	7	50	22	56.6	21.2
91	7	50	22	56.6	20.5
92	7	50	22	56.6	20.5
93	7	50	22	56.6	20.2
94	8	50	22	56.6	21.6
95	8	50	22	56.6	22.3
96	8	50	22	56.6	22.0
97	8	50	22	56.6	20.9
98	8	50	22	56.6	21.2
99	8	50	22	56.6	22.0

采用如上节所述的多元线性回归法对基础数据进行回归分析，可得回归方程如式（5.25）所示。

$$n = 19.9036 - 1.7521N + 0.2455h_0 + 0.0822T + 0.0080f_{rk} \quad (5.25)$$

其中，$\boldsymbol{\beta} = (\beta_0, \beta_1, \beta_2, \beta_3, \beta_4) = (19.9036, -1.7521, 0.2455, 0.0822, 0.0080)$，$m=99$。

将每组孔隙率数据的现场实测值和本研究多元线性回归值作于同一张图，如图 5-10 所示，可见两者的吻合度较好，在工程中可以接受。这一定程度上体现了本研究所得回归方程的准确性。

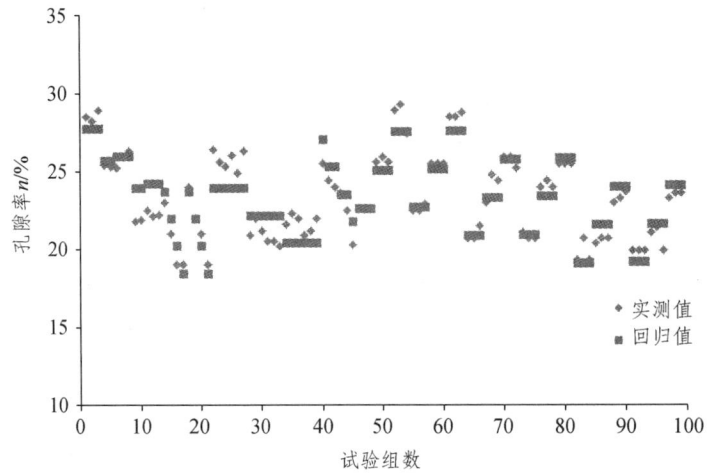

图 5-10 回归公式计算孔隙率与实测孔隙率偏差关系

1）检验回归方程（5.25）的显著性

总的离差平方和 S_{yy}=回归平方和 U+残差平方和 Q

$$S_{yy} = \sum_{\alpha=1}^{99}(n_\alpha - \overline{n})^2 = 686.11, \quad f_{总} = 98$$

$$U = \sum_\alpha (\hat{n}_\alpha - \overline{n})^2 = 576.62, \quad f_U = 4$$

$$Q = \sum_\alpha (n_\alpha - \hat{n}_\alpha)^2 = 109.48, \quad f_Q = 94$$

$$F = \frac{U/f_U}{Q/f_Q} = \frac{576.62/4}{109.48/94} = 123.77 \sim F(4, 94)$$

给定检验水平置信度 $\alpha=0.05$，查阅 F 分布 0.05 表得 $F_{0.05}(4,94)=2.5$，若 $F>F_{0.05}(4,94)$，回归方程效果显著。

2）检验评价因子 x_i 的准确性

$$F = \frac{b_i^2/C_{ii}}{Q/(m-5)} \sim F(1, m-5)$$

给定检验水平置信度 $\alpha=0.05$，查阅 F 分布 0.05 表可得 $F_{0.05}(1,94)=3.9$。
取实测数据

$$S = \begin{pmatrix} S_{11} & S_{12} & S_{13} & S_{14} \\ S_{21} & S_{22} & S_{23} & S_{24} \\ S_{31} & S_{32} & S_{33} & S_{34} \\ S_{41} & S_{42} & S_{43} & S_{44} \end{pmatrix} = \begin{pmatrix} 122.51 & 36.21 & 125.97 & -409.59 \\ 36.21 & 3740.91 & -97.27 & 554.91 \\ 125.97 & -97.27 & 3894.18 & 3590.03 \\ -409.59 & 554.91 & 3590.03 & 24927.63 \end{pmatrix}$$

求逆矩阵

$$C = S^{-1} = \begin{pmatrix} 0.009\,539 & -0.000\,141 & -0.000\,530 & 0.000\,236 \\ -0.000\,141 & 0.000\,271 & 0.000\,022 & -0.000\,012 \\ -0.000\,530 & 0.000\,022 & 0.000\,326 & -0.000\,056 \\ 0.000\,236 & -0.000\,012 & -0.000\,056 & 0.000\,052 \end{pmatrix}$$

$i=1$ 时，

$$F = \frac{b_1^2 / C_{11}}{Q/(m-5)} = \frac{(-1.7521)^2 / 0.009\,539}{109.48/94} = 276.32 > F_{0.05}(1,94)$$

$i=2$ 时，

$$F = \frac{b_2^2 / C_{22}}{Q/(m-5)} = \frac{0.245\,5^2 / 0.000\,271}{109.48/94} = 190.95 > F_{0.05}(1,94)$$

$i=3$ 时，

$$F = \frac{b_3^2 / C_{33}}{Q/(m-5)} = \frac{0.082\,2^2 / 0.000\,326}{109.48/94} = 17.80 > F_{0.05}(1,94)$$

$i=4$ 时，

$$F = \frac{b_4^2 / C_{44}}{Q/(m-5)} = \frac{0.008\,0^2 / 0.000\,052}{109.48/94} = 1.06 < F_{0.05}(1,94)$$

故评价因子：碾压次数 N、松铺厚度 h_0、压路机吨位 T 作用显著，母岩强度 f_{rk} 作用不显著。

5.7 超高填方路基最优压实方案的确定

在 5.6.5.4 节的试验数据回归分析中，确定了振动碾压遍数、松铺厚度、压实度与填料含水量的关系式。通过公式可以很方便地根据松铺厚度、压实度与填料含水量计算出振动压实的碾压遍数。即可以通过该关系式确定很多种路基填筑方案，但公式不能计算出哪个方案具有优越性，因而有必要对相关填筑方案进行进一步研究。本节利用灰色关联分析的基本方法对填筑方案进行优化设计与研究，从中找到最佳填筑碾压方案，并以此指导路基填筑碾压施工。

灰色关联分析是对一个系统发展变化态势的定量描述和比较的方法，是灰色系统理论中最基本的方法[46]。其基本思想是通过参考数列和若干个数列的几何形状相似度，判断其是否紧密，反映了曲线间的关联关系。如果两者在发展过程中相对变化基本一致，则认为两者关联度大，也就是说，与参考数列关联度大的比较数列优于与参考数列关联度小的比较数列。灰色关联分析实质上是一系列数据对一条参考曲线的拟合程度。显然，某组数据的变化趋势越接近参考曲线，其关联度越大，说明该组数据代表的主体越符合设想的要求。灰色关联分析的基本步骤包括：确定比较数列、确定参考数列、关联数计算、关联度计算。

5.7.1 基本方法

灰色关联分析方法的基本思想是根据序列曲线几何形状的相似程度来判断其联系是否紧密，是一种相对性的排列分析。曲线越接近，相应序列之间的关联度就越大，反之就越小。

5.7.1.1 比较数列和参考数列的确定

（1）将各备选方案评价指标参数构成比较数列。

$$\{X_i(k)\} = \{X_i(1), X_i(2), X_i(3), \cdots, X_i(k)\} \quad (i=1,2,\cdots,n) \tag{5.26}$$

将式（5.26）展开后，可得到各方案的比较数列：

$$\begin{aligned}\{X_1(k)\} &= \{X_1(1), X_1(2), X_1(3), \cdots, X_1(k)\} \\ \{X_2(k)\} &= \{X_2(1), X_2(2), X_2(3), \cdots, X_2(k)\} \\ &\cdots\cdots \\ \{X_n(k)\} &= \{X_n(1), X_n(2), X_n(3), \cdots, X_n(k)\}\end{aligned} \tag{5.27}$$

（2）将备选方案评价指标最佳值进行组合，构成参考数列。

$$\{X_0(k)\} = \{X_0(1), X_0(2), X_0(3), \cdots, X_0(k)\} \tag{5.28}$$

最佳值的选择应根据具体指标决定，有的以最小（少）为最佳，有的以最大（多）为最佳。即

$$\{X_0(k)\} = \min\{X_i(1), X_i(2), X_i(3), \cdots, X_i(k)\}$$

或

$$\{X_0(k)\} = \max\{X_i(1), X_i(2), X_i(3), \cdots, X_i(k)\}$$

（3）确定比较数列 $\{X_i(k)\}$ 与参考数列 $\{X_n(k)\}$ 后，就可用关联系数和关联度反映它们的接近程度。关联度越大的比较数列 $\{X_i(k)\}$ 表明与参考数列 $\{X_n(k)\}$ 越接近，即相对最优方案。

5.7.1.2 关联系数的计算

(1) 初始化处理。

为便于分析并保证各因素具有等效性和同序性,使之无量纲化和归一化,首先应对原始数据进行处理。对一个数列中的所有数据均用它的第一个数据去除,得到一个新数列的方法叫初始化处理。

(2) 构造关联离散函数 $\{\zeta_{0i}(k)\}$。

为了确定多个子序列 $\{X_i(k)\}$(比较序列)相对母序列(参考序列)$\{X_n(k)\}$ 的点的关联离散函数 $\{\zeta_{0i}(k)\}$,借鉴邓聚龙提出的框架

$$\{\zeta_{0i}(k)\} = \frac{\Delta_{\min} + \rho\Delta_{\max}}{\Delta_{0i}(k) + \rho\Delta_{\max}} \tag{5.29}$$

式中,$\Delta_{0i}(k)$——子序列(比较数列)$\{X_i(k)\}$ 相对母序列(参考序列)$\{X_n(k)\}$ 的点的接近程度。如取绝对差,则有

$$\Delta_{0i}(k) = |X_i(k) - X_0(k)| \tag{5.30}$$

$\Delta_{\min}$,$\Delta_{\max}$ 是最小和最大极差,即

$$\Delta_{\min} = \min_i \min_k \{\Delta_{0i}(k)\} \tag{5.31}$$

$$\Delta_{\max} = \max_i \max_k \{\Delta_{0i}(k)\} \tag{5.32}$$

ρ 为分辨系数,$\rho \in [0,1]$,$\{\zeta_{0i}(k)\}$ 随 ρ 的取值增加而增加,但 ρ 的取值不会影响到关联序。ρ 的取值越小,分辨率越高,可以证明,当 $\rho \leq 0.546$ 时,分辨率最高。无验前信息时,取 $\rho = 0.5$。

(3) 计算关联系数 $\{\zeta_{0i}(k)\}$。

关联系数即为经初始化处理后的比较数列与参考数列在第 k 个元素上的相对差值,其计算公式可根据式(5.29)~式(5.32)得到

$$\{\zeta_{0i}(k)\} = \frac{\Delta_{\min} + \rho\Delta_{\max}}{\Delta_{0i}(k) + \rho\Delta_{\max}}$$

$$= \frac{\min\limits_i \min\limits_k |X_i(k) - X_0(k)| + \rho \max\limits_i \max\limits_k |X_i(k) - X_0(k)|}{|X_i(k) - X_0(k)| + \rho \max\limits_i \max\limits_k |X_i(k) - X_0(k)|} \tag{5.33}$$

(4) 关联度计算。

因素间关联性大小的度量称为关联度。关联度分析的实质是对时间序列数据进行几何关系的比较,若两序列在各个时刻点都重合在一起,则两序列的关联度等于 1。同时,两比较序列任何时候也不会垂直,故关联系数均大于 0,两比较数列对参考数列的关联度为

$$\{\gamma_{0i}\} = \frac{1}{n}\sum_{i=1}^{n}\omega_i \zeta_{0i}(m) \tag{5.34}$$

式中，ω_i——各关联系数的权重，依各指标的重要性而定，但具有人为性的特点。

（5）关联度排序。

$\{\gamma_{0i}\}$全体构成了关联序关系，从中可确定关联性最大、隶属程度最高的某个序列。即利用式（5.34）的关联度γ_{0i}计算结果进行排序，从而确定出待评价的各目标的重要性。关联度大者即为最佳方案。

5.7.2 压实方案灰色关联分析

根据式（5.26）和表5-5。保留孔隙比$e \leqslant 21\%$的数据，剔除以上区间以外的孔隙比数据，并剔除数据相同的测点，整理得到孔隙比位于该区间的碾压方案，如表5-6所示。

表5-6 孔隙比$e \leqslant 21\%$的碾压方案

方案	碾压遍数 N	松铺厚度 h_0/cm	压路机吨位 T/t	母岩强度 f_{rk}/MPa	孔隙率 n/%
1	8	50	22	30.5	19.0
2	9	50	22	30.5	19.0
3	8	40	35	68.4	19.3
4	8	40	35	78.3	19.9
5	8	50	35	78.3	19.9
6	7	50	22	56.6	20.2
7	7	45	33	48	20.3
8	8	50	35	68.4	20.4
9	7	50	22	56.6	20.5
10	7	40	35	68.4	20.7
11	7	40	35	78.3	20.7
12	8	40	35	68.4	20.7
13	8	50	35	68.4	20.7
14	7	50	22	56.6	20.9
15	8	50	22	56.6	20.9
16	8	50	22	30.5	21.0
17	8	50	22	30.5	21.0

5.7.2.1 构造比较数列

在路堤填筑振动碾压过程中，填料碾压遍数、松铺厚度、压路机吨位、母岩强度、孔隙比等反映路基压实质量的关键性技术指标可视为碾压方案的特征值。因此，可构成比较数列

$$\{X_i(k)\} = \{\text{碾压遍数 } X_i(1)，\text{松铺厚度 } X_i(2)，\text{压路机吨位 } X_i(3)，$$
$$\text{母岩强度 } X_i(4)，\text{孔隙比 } X_i(5)\} \quad (i = 1, 2, \cdots, 17) \quad (5.35)$$

于是得到碾压方案的比较数列矩阵

$$\{X_i(k)\} = \begin{Bmatrix} 8 & 50 & 22 & 30.5 & 19.0 \\ 9 & 50 & 22 & 30.5 & 19.0 \\ 8 & 40 & 35 & 68.4 & 19.3 \\ 8 & 40 & 35 & 78.3 & 19.9 \\ 8 & 50 & 35 & 78.3 & 19.9 \\ 7 & 50 & 22 & 56.6 & 20.2 \\ 7 & 45 & 33 & 48.0 & 20.3 \\ 8 & 50 & 35 & 68.4 & 20.4 \\ 7 & 50 & 22 & 56.6 & 20.5 \\ 7 & 40 & 35 & 68.4 & 20.7 \\ 7 & 40 & 35 & 78.3 & 20.7 \\ 8 & 40 & 35 & 68.4 & 20.7 \\ 8 & 50 & 35 & 68.4 & 20.7 \\ 7 & 50 & 22 & 56.6 & 20.9 \\ 8 & 50 & 22 & 56.6 & 20.9 \\ 7 & 50 & 22 & 30.5 & 21.0 \\ 8 & 50 & 22 & 30.5 & 21.0 \end{Bmatrix}$$

5.7.2.2 构造参考数列

参考数列 $\{X_0(k)\}$ 中各元素为式（5.35）中各列元素最优者，其中，碾压遍数、压路机吨位、母岩强度、孔隙比取最小值，松铺厚度取最大值时，工程经济性更好。得到各压实度碾压方案的参数数列矩阵

$$\{X_0(k)\}_{1\times 5} = \{7 \quad 50 \quad 22 \quad 30.5 \quad 19.0\}$$

5.7.2.3 初始化处理

对上述比较数列进行初始化处理，得到

$$\{X_i(k)\} = \begin{Bmatrix} 1 & 6.25 & 2.75 & 3.81 & 2.38 \\ 1 & 5.56 & 2.44 & 3.39 & 2.11 \\ 1 & 5.00 & 4.38 & 8.55 & 2.41 \\ 1 & 5.00 & 4.38 & 9.79 & 2.49 \\ 1 & 6.25 & 4.38 & 9.79 & 2.49 \\ 1 & 7.14 & 3.14 & 8.09 & 2.89 \\ 1 & 6.43 & 4.71 & 6.86 & 2.90 \\ 1 & 6.25 & 4.38 & 8.55 & 2.55 \\ 1 & 7.14 & 3.14 & 8.09 & 2.93 \\ 1 & 5.71 & 5.00 & 9.77 & 2.96 \\ 1 & 5.71 & 5.00 & 11.19 & 2.96 \\ 1 & 5.00 & 4.38 & 8.55 & 2.59 \\ 1 & 6.25 & 4.38 & 8.55 & 2.59 \\ 1 & 7.14 & 3.14 & 8.09 & 2.99 \\ 1 & 6.25 & 2.75 & 7.08 & 2.61 \\ 1 & 7.14 & 3.14 & 4.36 & 3.00 \\ 1 & 6.25 & 2.75 & 3.81 & 2.63 \end{Bmatrix}$$

对上述参考数列初始化，得到

$$\{X_0(k)\}_{1\times5} = \{1\quad 7.14\quad 2.44\quad 3.39\quad 2.11\}$$

5.7.2.4 接近度和极差

$\Delta_{0i}(k)$ 为比较数列 $\{X_i(k)\}$ 与参考数列 $\{X_0(k)\}$ 的点的接近程度，$\Delta_{0i}(k) = |X_i(k) - X_0(k)|$。$\Delta_{\min}$、$\Delta_{\max}$ 是最小和最大极差，即

$$\Delta_{\min} = \min_i \min_k \{\Delta_{0i}(k)\}$$

$$\Delta_{\max} = \max_i \max_k \{\Delta_{0i}(k)\}$$

$\Delta_{0i}(k)$、$\Delta_{\min}$、$\Delta_{\max}$ 的计算结果，如表5-7所示。

表 5-7　$\Delta_{0i}(k)$、$\Delta_{\min}$、$\Delta_{\max}$ 的计算结果

方案 (i)	$\Delta_{0i}(k)$					$\min\limits_k$	$\Delta_{\min}$	$\max\limits_k$	$\Delta_{\max}$
	1	2	3	4	5				
1	0	0.89	0.31	0.42	0.26	0		0.89	
2	0	1.59	0.00	0.00	0.00	0		1.59	
3	0	2.14	1.93	5.16	0.30	0		5.16	
4	0	2.14	1.93	6.40	0.38	0		6.40	
5	0	0.89	1.93	6.40	0.38	0		6.40	
6	0	0.00	0.70	4.70	0.77	0		4.70	
7	0	0.71	2.27	3.47	0.79	0		3.47	
8	0	0.89	1.93	5.16	0.44	0		5.16	
9	0	0.00	0.70	4.70	0.82	0	0	4.70	7.80
10	0	1.43	2.56	6.38	0.85	0		6.38	
11	0	1.43	2.56	7.80	0.85	0		7.80	
12	0	2.14	1.93	5.16	0.48	0		5.16	
13	0	0.89	1.93	5.16	0.48	0		5.16	
14	0	0.00	0.70	4.70	0.87	0		4.70	
15	0	0.89	0.31	3.69	0.50	0		3.69	
16	0	0.00	0.70	0.97	0.89	0		0.97	
17	0	0.89	0.31	0.42	0.51	0		0.89	

5.7.2.5 关联系数和关联度

考虑到孔隙比和碾压遍数的重要性，其权重比例分别为 1.5，1.3；松铺厚度、母岩强度、压路机吨位分别取为 1.0，这样他们的权重系数为

$$\{\omega_k\} = \{碾压遍数\,\omega_k(1), 松铺厚度\,\omega_k(2), 压路机吨位\,\omega_k(3), 母岩强度\,\omega_k(4),$$
$$\qquad 孔隙比\,\omega_k(5)\}$$
$$= \left\{\frac{1.3}{1.3+1+1+1+1.5}, \frac{1}{1.3+1+1+1+1.5}, \frac{1}{1.3+1+1+1+1.5}, \frac{1}{1.3+1+1+1+1.5},\right.$$
$$\qquad \left.\frac{1.5}{1.3+1+1+1+1.5}\right\}$$
$$= \{0.224, 0.172, 0.172, 0.172, 0.259\}$$

取分辨率 $\rho=0.5$，则关联系数 $\{\zeta_{0i}(k)\}$ 和关联度 $\{\gamma_{0i}\}$ 的计算结果如表 5-8 所示。

表 5-8　孔隙比 $e\leqslant 21\%$ 时 $\{\zeta_{0i}(k)\}$ 和关联度 $\{\gamma_{0i}\}$ 的计算结果

方案 (i)	$\zeta_{0i}(k)$					γ_{0i}
	1	2	3	4	5	
	0.224	0.172	0.172	0.172	0.259	
1	1	0.814	0.927	0.902	0.937	0.921
2	1	0.711	1.000	1.000	1.000	0.949
3	1	0.645	0.669	0.430	0.928	0.764
4	1	0.645	0.669	0.379	0.912	0.751
5	1	0.814	0.669	0.379	0.912	0.780
6	1	1.000	0.848	0.454	0.834	0.836
7	1	0.845	0.632	0.529	0.832	0.785
8	1	0.814	0.669	0.430	0.899	0.786
9	1	1.000	0.848	0.454	0.827	0.834
10	1	0.732	0.604	0.379	0.822	0.732
11	1	0.732	0.604	0.333	0.822	0.724
12	1	0.645	0.669	0.430	0.891	0.755
13	1	0.814	0.669	0.430	0.891	0.784
14	1	1.000	0.848	0.454	0.817	0.831
15	1	0.814	0.927	0.514	0.886	0.841
16	1	1.000	0.848	0.801	0.814	0.891
17	1	0.814	0.927	0.902	0.884	0.907

5.7.2.6　碾压方案排序

（1）根据表 5-8 按照关联度由大到小排序，可得孔隙比 $e\leqslant 21\%$ 的碾压方案计算结果，排序方案为"方案 2、方案 1、方案 17、方案 16、方案 15、方案 6、方案 9、方案 14、方案 8、方案 7、方案 13、方案 5、方案 3、方案 12、方案 4、方案 10、方案 11"。

（2）依照路基设计规范，采用填石路堤并填筑硬质填料时，孔隙比要求≤25%，可在本研究中以收集的现场数据来看，若要筛选 e≤25%的数据，则试验组达到60余组，计算不便。故本研究采取更严格的筛选，仅选取 e≤21%的实验组（17组）作为计算示例。按照此种方法，可以求得要求孔隙比下的施工组合方案，如表5-9所示。

表5-9　路堤填筑碾压方案

方案	碾压遍数 N	松铺厚度 h_0/cm	压路机吨位 T/t	母岩强度 f_{rk}/MPa	孔隙率 n/%
2	9	50	22	30.5	19.0
1	8	50	22	30.5	19.0
17	8	50	22	30.5	21.0

5.8　超高填方冲击碾压

冲击碾压是利用非圆形冲击碾压路机对路基基础进行高强度冲击施工作业，具体表现为冲击碾在冲击压路机牵引车的牵引下，非圆形的碾压钢轮利用自身的重量和前进时的冲击力，对路基填料进行破碎和压实的过程。

一般来说常规分层碾压在能保证路基压实度的情况下，即可满足路基填筑要求。但在一些特殊路段，由于地基条件复杂或填料条件差异性大，需要采用冲击碾压补强，来保证其压实情况、力学性能满足设计要求。利用冲击碾的大小半径差，产生高位势能转化为动能，与牵引机牵引的动能相结合，对路基土进行连续的高振幅、低频率的冲击，释放出强大的冲击能和振动力。这使土体克服自身的内聚力，使土颗粒产生位移，土颗粒的位置进行重新排布。土体受压，孔隙中的气体、液体被排出，整个土体趋于密实，填方的密实度随之增加。

冲击碾压是集静力、振夯、搓揉、冲击作用的一种新型高效压实方法，能够优质地提高路基的整体强度和稳定性，针对软弱地基可以进行强化加固，进一步降低路基的工后沉降，并且对施工现场原有材料进行深层压实，从而使其形成较高的强度和稳定性，而不必采用换填的方式直接修筑底层和基层，就可得到优质的路基。这对提高当前公路的路基修筑质量具有现实意义[40]。

5.8.1　冲击碾压目的

冲击碾压作为针对高填方常用的碾压补强措施，其目的主要有以下3点。

（1）提高压实度。

随着近些年车辆载重、路基承载量的逐步加大，以及国家对施工质量要求的提高，越来越多的工程建设施工都开始使用冲击碾压施工工艺。工程实践证明，使用冲击碾压施工工艺（见图5-11），超过96%的路基压实度都能满足相应指标，路基稳定性得到保障。

图 5-11 冲击碾压路基

（2）降低工后沉降。

冲击碾压技术可以提前排除工后可能出现的不均匀或大幅度沉降。工程实践证明，使用冲击碾压施工工艺后，路基压缩性在饱和前后指标明显减小，整体强度提高，路段回弹模量有效增大，变沉值减小，有效降低了路基的工后沉降变形。

（3）缩短施工工期。

作为交通行业迅猛发展的国家，"中国速度"几乎成为工程建设高效的代名词。种种原因造就了大部分工程建设工期设计短，"高效"是冲击碾压技术的特点之一。同时，缩短工期也是利润获取的重要保障。

5.8.2 适用条件

冲击碾压由于碾压设备的行进、掉头需求，对碾压作业面存在一定要求。冲击碾压宽度不宜小于 6 m，自行式冲击压路机单块最小冲压施工面积不宜小于 1 000 m^2；牵引式冲击压路机单块施工面积不宜小于 1 500 m^2。工作面较窄时需设置转弯车道，冲压最短直线距离不宜少于 100 m（设计中多以 200 m 控制）。

从冲击碾压的作用效果来看，其适用条件有：

（1）高填方路基、填挖交界处的增强补压；

（2）湿陷性黄土等特殊土地基加固处理；

（3）旧路加宽及旧路改造施工；

（4）黏性土、砂砾石和土石混合料填料；

（5）不宜使用强夯的区域可代替强夯使用。

冲击碾压设备适用于压实碎石，特别适用于填方压实、煤场压实、干旱地区黄土、湿陷性黄土、大孔隙土等压实施工。还适用于铁路、公路基础土方的压实施工，对机场跑道，水力发电站大坝、港口市政广场、矿山矿石场等高填方深度的压实作业效果尤为明显。

以下情况为不宜采用冲击碾压的路段：

（1）加筋土挡土墙路段；

（2）旧路改造中挡土墙、桥梁和涵洞等的承载力不足以承受冲击碾压荷载的路段；

(3) 含水率超出范围,经冲击碾压试验验证效果不明显的路段;
(4) 路基增强补压试验段冲击碾压 20 遍后平均下沉量≤30 mm 的路段;
(5) 建筑物安全距离不足的路段;
(6) 有需要特别保护的建筑物路段。

5.8.3 碾压设备

冲击碾压法所采用的冲击压路机,特点是其压实轮的形状为非圆柱形,采用三边形、四边形、五边形或六边形截面柱体,这种冲击碾轮有对应柱体交替排列的凸点和平整的冲击面。以三边形冲击压路机为例,如图 5-12,在牵引车的牵引下冲击碾滚动,当冲击碾轮圆弧凸点、地面接触点和冲击轮轴心位于同一铅垂线上时,冲击碾的质心处在最高位置,此时其重力势能最大,动能最小;越过此点的瞬间,冲击碾在重力作用下坠落,形成的冲击力矩使冲击碾冲击路基,也就是冲击碾重力势能转换为动能对路基做功;此后,冲击碾在牵引车牵引下,沿光滑圆弧面向前运动,搓挤土体而产生的搓揉作用。在牵引力、土体反力所形成的举升力偶作用下,冲击碾以圆弧凸边与地面瞬时解除的直线为转动轴心向前运动,并提升凸轮至最高位置,也就是将牵引车的动能转化为冲击碾的重力势能。这样就形成了对路基的减短冲击过程[48-50]。

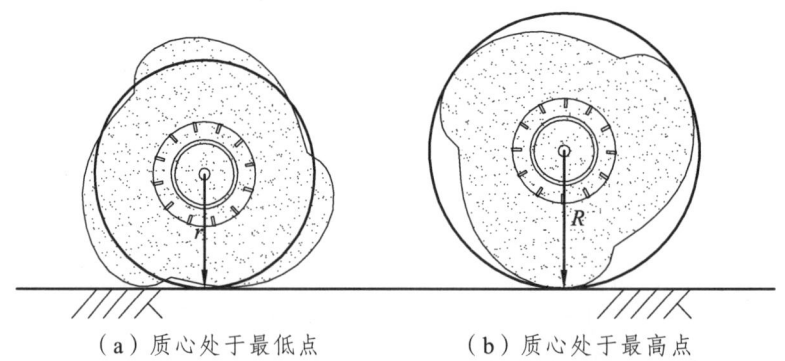

(a) 质心处于最低点　　　　(b) 质心处于最高点

图 5-12　冲击碾轮移动趋势

冲击压路机行驶速度快,冲击力大,对附近的构造物、精密仪表等会有一定的影响,采用前须事先调查论证(见表 5-10)。

表 5-10　冲击压路机与普通压路机的施工参数对比

指标	冲击压路机	普通压路机
冲压有效宽度/m	2	2.134
行驶速度/(km·h^{-1})	10~15	3~6
压实厚度/m	0.8	0.3
压实遍数	20	6
压实效率/(m^3·h^{-1})	800~1 200	320~640

冲击压路机有三边形、四边形、五边形，冲击能量以 25 kJ 为主，还有 15 kJ、20 kJ、30 kJ 等。迄今为止尚未对不同的冲路机进行过详细的效能试验，综合分析河北、甘肃、河南、青海等省的冲压工程实例，20 kJ 的三边形冲击压路机处理湿陷性黄土地基的有效深度为 1.1 m 左右，而 25 kJ 为 1.4 m 左右，差异明显。因此，应结合工程实际铺筑试验路，根据试验路的结果分析总结，提出合理可行的施工工艺、检测方法及质量控制标准（见表 5-11）。

表 5-11 不同类型冲击压路机的适用条件

型号	用途				
	地基与路堑冲压	土石混填、填石路堤分层冲压	路基冲击补压	旧砂石（沥青）路面冲压	旧水泥混凝土路面冲压
三边形（25 kJ）	适合	适合	适合	适合	不宜采用
四边形	效果一般	效果一般	效果一般	效果一般	适合
五边形	效果一般	效果一般	效果一般	效果一般	适合

5.8.4 碾压荷载

冲击式压路机由冲击碾和牵引车两部分组成。位于压路机前部的冲击碾自身不配置动力装置，需要在牵引车的辅助下运动。以某型号 YCT-25 冲击压路机为例：轮宽 0.9 m，两轮净距 1.16 m，碾轮纵向长度 3.73 m，且由大量试验经验得知，冲击碾速度为 2.8～3.3 m/s 时冲击能得到最大程度的发挥。故在牵引车的作用下，碾轮以 2 次/s 的速度冲击地面。这即为有别于传统的高频、低振幅压实法的一个低频率、高振幅的冲击碾压。冲击压路机的能量以净能量 $E=mgh$ 确定，其中 m 为动力部件的质量（kg）；h 为碾压轮半径与内半径的差值，即 $h=R-r$。

冲击碾轮的作用流程如下：

（1）冲击轮静止于地面上，此时碾轮的重力势能最小，如图 5-13（a）所示；

（2）在牵引车的作用下，碾轮沿特定形状的边缘滚动，迫使碾轮抬高至最高点，此时碾轮的重力势能最大，如图 5-13（b）所示；

（3）随着碾轮的继续滚动，碾轮失去最远边缘点的支撑，碾轮"落空"，在强大的自重下，碾轮向下运动，如图 5-13（c）所示；

（4）碾轮在自重下撞击地面，对路基土实施冲击，碾轮恢复到状态（1），如图 5-13（d）所示。

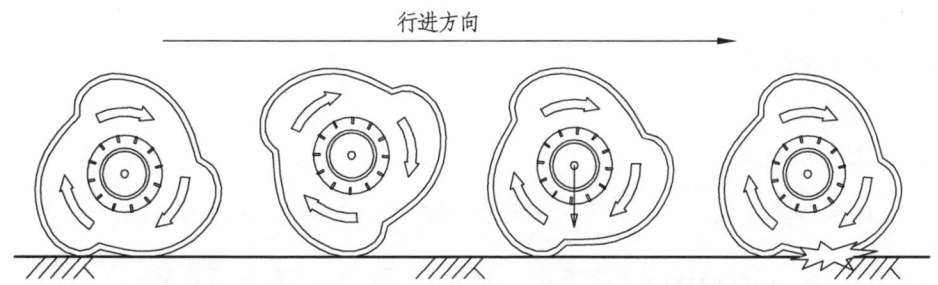

图 5-13 冲击碾轮的运动方式

冲击压力的动力荷载是一个较为复杂的瞬态冲击问题，其荷载大小、冲击时间、引力分布的特征受到地基、碾轮系统的影响较大[51]。分析中常假设表面接触应力沿锤底均匀分布，在碾轮与地基土接触桩基的过程中，其沉降是均匀分布的。冲击产生的应力波为一尖峰，没有明显的第二应力波。荷载特征如图 5-14 所示，将冲击荷载简化为三角形分布应力波，峰值大小为 F_c。

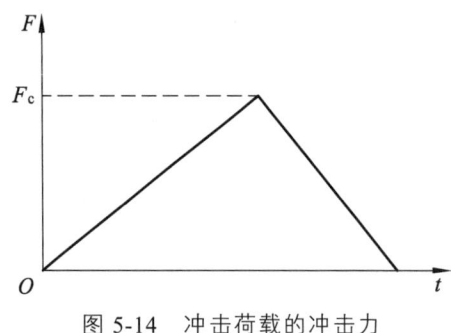

图 5-14 冲击荷载的冲击力

根据李洁[48]的推算成果，可得式（5.36）~式（5.38），冲碾荷载应力水平随时间的曲线情况如图 5-15 所示。

总夯击时长为

$$T = \frac{\pi}{2\omega} + \frac{1}{\omega}\arctan\sqrt{\frac{4MS}{(R')^2} - 1} \tag{5.36}$$

应力峰值为

$$\sigma_{\max} = \frac{2W}{A}\left(1 + \sqrt{\frac{2h}{g}}\cdot\frac{1}{T}\right) \tag{5.37}$$

应力曲线为

$$\sigma = \begin{cases} \dfrac{\sigma_{\max}}{t_0}\cdot t, & t < t_0 \\ \dfrac{\sigma_{\max}}{T - t_0}\cdot(T - t), & t \geq t_0 \end{cases} \tag{5.38}$$

式中，W——冲击轮重量；

h——冲击轮落距；

A——接触底面积；

ω——加载角频率；

S——加载弹性常数，$S = \dfrac{2aE}{1 - u^2}$，a 为冲击轮接触面半径，u 为泊松比；

R'——土体的阻尼常数，$R' = 0.6\pi a^2\sqrt{\rho E_{\text{sul}}}$，$E_{\text{sul}}$ 为卸载弹性模量。

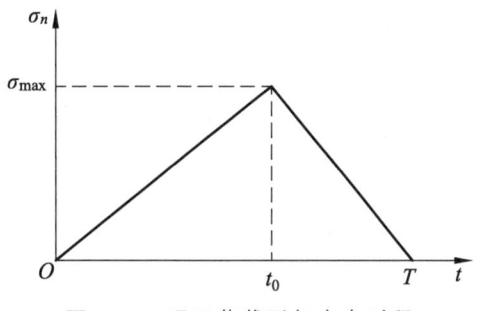

图 5-15 碾压荷载引起应力时程

5.8.5 碾压沉降

通过将冲击碾压的作用过程简化为强夯,可计算出冲击碾压后路基土的竖向位移,即沉降量。简化为强夯后,夯锤冲击荷载作用于地基表面时,引起接触应力变化和土体竖向位移,假定其应力时程为 $\sigma_n(t)$,土体发生竖向变形的速度时程为 $v_n(t)$。FLAC 3D 在描述动力边界条件时指出,对于边界上的法向边界条件,速度时程可以通过式(5.39)转化成应力时程[52]:

$$\sigma_n(t) = 2\rho C_p v_n(t) \tag{5.39}$$

在三角形荷载的假设前提下,由动应力公式(5.38)可得沉降量 s 计算公式:

$$s = \int_0^T v_n(t)\mathrm{d}t = \frac{1}{2\rho C_p}\left(\int_0^{t_0} \frac{\sigma_{\max}}{t_0}\cdot t\mathrm{d}t + \frac{1}{2\rho C_p}\int_{t_0}^T \frac{\sigma_{\max}}{T-t_0}(T-t_0)\mathrm{d}t\right)$$

$$= \frac{\sqrt{2}}{2}\frac{\beta W}{\rho C_p A}\sqrt{\frac{h}{g}} \tag{5.40}$$

式中,ρ——土体戒指密度;

C_p——纵波波速,$C_p = \sqrt{\dfrac{E(1-\mu)}{(1+\mu)(1-2\mu)}}$。

将 $W = Mg$、$A = \pi a^2$、$V = \sqrt{2gh}$ 代入并化简,可得冲击碾压沉降

$$s = \frac{\beta V M}{2\rho C_p \pi a^2} \tag{5.41}$$

5.8.6 碾压有效深度

分层冲击碾压,适用于路基填土高度在 150 cm 以上的路基,分层压实厚度通过试验确定。一般情况下,《公路冲击碾压应用技术指南》[53](以下简称《指南》)中推荐:填石路堤的压实层厚度为 80 cm,风化砂砾土、砂砾的压实层厚度为 60 cm。填料的最大粒径不超过 40 cm,每层冲压不宜超过 30 遍(设计中多为 20 遍),否则应减薄层厚。

关于分层厚度,北京某高速公路高填方边坡采用 80~100 cm 厚度分层;广西某硬质石灰岩石质高填方采用 100 cm 分层;贵州兴义机场采用分层厚度 120~160 cm;重庆万州机场跑道高填方为泥岩、页岩和碎石土为主的土石混填,分层厚度采用 80~100 cm;贵州洪家渡电

站面板堆石坝采用 160 cm 的分层、25 kJ 的三边形冲击压路机冲压 27 遍。这些成功先例的分层厚度均可作为参考，但《指南》中以 80/60/40 cm 作为推荐，以突出提高路基压实度的重要性。在高速公路的设计工作中，常以 2 m 作为冲击补强的分层厚度使用。

以往研究中也提出了对于冲碾影响深度的经验公式[54]。但因为冲碾加固效果受诸多因素影响，仅能作为初步预估冲击碾压处理浅层地基的有效加固深度经验公式，如式（5.42）所示。

$$H = \alpha\sqrt{(1+n)Wh} \tag{5.42}$$

式中，H——冲击碾压有效加固深度（m）；

n——能量比，与冲碾轮的形状和牵引车速度有关，是冲击轮转动动能的体现，反映牵引速度对冲击碾压加固效果的影响，取值可参考表 5-12；

W——冲击碾轮质量（kg）；

h——碾轮的落距（m）；

α——主要经验系数，主要反映土体类型、地下水位等场地条件对冲击碾压加固效果的影响。

作为一个经验计算公式，尚需要进一步的验证，尤其是其中经验系数 α 的确定需要大量工程实践经验的支撑。在采用三边形冲击碾的情况下：对于湿陷性黄土，α 可取 0.7~0.8；对于松散粉土及粉细砂，α 可取 3.2~4.1（消除液化）或 1.2~2.1（压实效果显著）。

表 5-12　能量比 n 计算取值

冲击轮形状	牵引速度/（km·h^{-1}）		
	12.5	8.5	5.0
三边形	0.663	0.342	0.118
四边形	0.732	0.401	0.112
五边形	0.687	0.289	0.104

若以实验结果作为参考：在李沽[18]的研究中，利用土压力传感器检测不同土体深度的压力值，得到有效影响深度范围为 1.5~2 m，合理冲击遍数为 10 遍；再使用沉降仪检测不同厚度路基在冲击碾压作用下的位移量，分析有效影响深度为 2 m；最后在冲击碾压之后对黄土路基进行钻芯取样，检测压实度，得到有效影响深度为 2 m。综合三方面结果分析，冲击碾压有效影响深度为 2 m。

5.8.7　构造物的保护

使用冲击碾压前应查明范围内的地下管线及附近的各种构造物，并针对性地采取相应的保护措施。一般情况可按照表 5-13 确定与构造物的水平安全距离。对于河沟等有明显隔震效果的情况，经确认不会造成影响时可适当减少安全距离。在冲击碾压施工前，应在保护范围的外围设置明显的保护构造物标记物。

表 5-13　冲击碾压水平安全距离

构造物类型	水平安全距离	构造物类型	水平安全距离
U 形桥台和涵洞通道	距桥台翼墙端或涵洞通道 5 m	导线点、水准点、电线杆	10 m
其余类型桥台	10 m	地下管线	5 m
重力式挡墙	距墙背内侧 2 m	互通式立交桥梁	10 m
扶壁（悬臂）式挡墙	距扶（立）壁内侧 2.5 m	建筑物	30 m

正常使用的构造物顶部以上填土高度大于 2.5 m 或填石高度大于 3.0 m，土工格栅等合成材料竖向填土厚度大于 1.5 m，可直接进行冲击碾压。

对于不符合上述安全距离但又需施工冲击碾压的路段，可采取以下两种措施：①开挖宽 0.5 m 深 1.5 m 左右的隔震沟进行隔震；②降低冲击压路机的行进速度，增加冲压遍数。

5.9　超高填方强夯技术

强夯是一种提高地基的承载能力，用重锤从一定高度落下，夯击土层，使地基迅速固结的方法，又称为动力固结法。将 10~40 t 的重锤提升至 10~40 m 的高处，使其自由下落，依靠强大的夯击能和冲击波作用，夯实土层。根据工程需要通过现场试验以确定夯实次数和有效夯实深度。这是在重锤夯实法的基础上发展起来的，而其加固机理又不完全相同。

目前地基处理的方式有很多种。以往研究中，雷旷[55]通过对诸多如强夯、注浆、搅拌桩、灰土桩、CFG 桩等的地基处理方式比较，得出强夯法在工期方面和造价方面，都为各种方法的最优解，其节约量达到一半以上。

强夯法具有造价低、施工快、设备需求简单、操作简便、节能环保等优点。利用强夯可将重力势能转化为动能，再将动能转化为撞击能量，以压缩地基土。目前在公路行业中已得到广泛应用。

强夯法是利用强大重力或重力势能，随着夯锤的下落，势能不断变小，动能不断变大，势能基本上转化为动能，对地基土产生强大冲击力，并产生振动波，向地下传播，进而让土体被压缩，改变土的压缩性及其他工程性质的加固方式[56]。将一定能量的 W，提到一定的高度 H，落下夯击地表，夯击能在地基中沿径向传播，影响深度为 D，如图 5-16 所示。

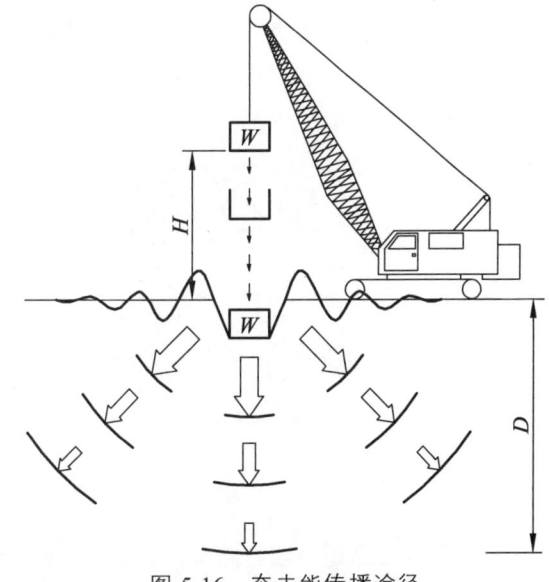

图 5-16　夯击能传播途径

5.9.1 适用条件

从强夯的作用效果来看，其适用条件有：

（1）浅层的软弱地基；

（2）夯击对象以粗颗粒土等渗透性较好的碎石土、砂土为佳；

（3）低饱和度的粉土与黏性土、湿陷性黄土、素填土和杂填土；

（4）在长度不足 100 m（设计中多以 200 m 控制）的 V 形冲沟等冲击压路机无法到达、操作难的路段。

对于软弱地基，如果强夯置换未能处理至稳定底部地层，易产生"坐船"失稳，所以在实际软基处理工程中，需要严格控制施工工艺，否则慎用强夯进行软基处理。

5.9.2 强夯的目的

强夯地基处理的目的是采取切实有效的措施，提高地基土的强度、降低土的压缩性、改善渗透性、提高抗震性能。强夯作用机理主要有以下 3 种[57]：

（1）动力固结。

对于黏性土，颗粒间除了气体分布还有孔隙水存在，巨大的夯击能量使颗粒间的气体或孔隙水快速排出，且夯击能破坏土体原始构造，土体形成新的裂隙，增加新的排水通道，孔隙水压力减少，土体密实固结，强度提高。

（2）动力置换。

对于含水量大的饱和黏土，颗粒间孔隙水不易排出，在强夯夯击作用下易形成"橡皮土"，因此在饱和土中设置碎石沙井形成人工排水通道，改善其透水性，或用碎石置换饱和土体，再利用巨大的夯击能改善饱和土体物理力学性质。

（3）动力挤密。

无黏性土体孔隙率高，其颗粒间被气体充填，颗粒间无黏聚力，巨大的夯击能使颗粒间的空气迅速挤出或压缩，孔隙体积降低，并且颗粒进一步挤密破碎且产生相对移动，土体变密实，强度提高，如图 5-17 所示。

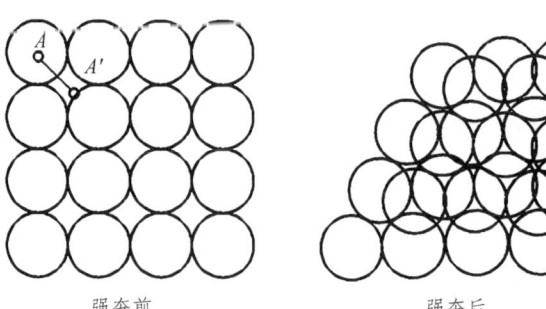

图 5-17 强夯法挤密土体前后土颗粒排列

对于山区公路超高填方路基，其填料主要由隧道洞渣和附近挖方挖出的石渣组成，具有结构松散、孔隙率高、透水性强等物理力学性质的特征，其强夯夯击机理主要为动力挤密作用。

5.9.3 强夯设备

强夯法的施工设备主要包括 3 个部分,整体现场设备可见图 5-18。

(1)夯锤。

夯锤的自重大小和强夯的能级、有效加固深度息息相关。当所需加固的深度越大时,夯锤的重量应该选择更大的。工程中常用的夯锤重量为 100~600 kN。工程中常用的夯锤形状有圆柱形、方形和倒圆台形。大量的工程实践证明这几种截面形状各有优缺点,其中圆形截面由于其定位方便、重合性好的特点被广泛采用。夯锤底面积尺寸大小的合理选择由地基土的性质决定。通常,对于渗透性比较好的砂土、碎石土采用小面积夯锤,而对于渗透性较差的淤泥土则选用面积较大的夯锤。为保证施工过程的安全,锤底面宜对称地设置一定数量与顶面贯通的排气孔。

(2)起重设备。

强夯技术最初应用于我国时,强夯的起重设备普遍采用起重量为 150 kN 的履带式起重机,最大单击夯击能为 1 000 kN·m。随着起重机械的发展,500 kN 履带式起重机得到广泛应用,在辅助设备下最大单机夯击能为 3 000 kN·m。目前我国的强夯施工已由过去的低能级提高到了中等能级的水平。大多地区单击夯击能已达到 8 000~20 000 kN·m 的强夯施工。

(3)脱钩装置。

脱钩装置是强夯施工设备中的关键因素。现有工程应用中最多应用最多的是自动脱钩装置,先用起重机将夯锤提升到某一个规定的高度之后,利用吊车上副卷扬机的钢丝将锁卡焊件合吊起,从而让夯锤自动脱钩而下落。

图 5-18 强夯路基现场

5.9.4 强夯能级选择

强夯的影响深度为从夯击底面开始,向下计算冲击的影响范围,是判断强夯在工程中可行性的重要指标。强夯影响深度受诸多因素影响,如夯锤质量、夯锤尺寸、落距、土层性质、地下水位等。影响深度以现场试验段实际数据来确定为宜。当缺少试验数据时,可采用 JGJ 79—2012《建筑地基处理技术规范》[58]相关条文来选用,如表 5-14 所示。

表 5-14 强夯有效加固深度 单位：m

单击夯击能/kN·m	碎石土、砂土等粗颗粒土	粉土、粉质黏土、湿陷性黄土等细颗粒土
1 000	4.0～5.0	3.0～4.0
2 000	5.0～6.0	4.0～5.0
3 000	6.0～7.0	5.0～6.0
4 000	7.0～8.0	6.0～7.0
5 000	8.0～8.5	7.0～7.5
6 000	8.5～9.0	7.5～8.0
8 000	9.0～9.5	8.0～9.0
10 000	10.0～11.0	9.5～10.5
12 000	11.5～12.5	11.0～12.0
14 000	12.5～13.5	12.0～13.0
15 000	13.5～14.0	13.0～13.5
16 000	14.0～14.5	13.5～14.0
18 000	14.5～15.5	—

注：强夯法的有效加固深度应从最初起夯面算起；单击夯击能 E 大于 12 000 kN·m 时，强夯的有效加固深度应通过试验确定。

根据以往的研究成果，目前我国采用的有效加固影响深度计算公式为

$$H = \alpha\sqrt{Mh} \tag{5.43}$$

式中，M——夯锤质量（t）；

h——落距（m）；

α——修正系数，根据《建筑地基处理技术规范》的建议，一般取 0.34～0.80。能级越大时，修正系数越小。同时修正系数也会根据加固土体不同而有所差异。

影响深度主要受夯锤质量和落距控制。当有效影响深度要求较高时，夯锤质量的选择应为更大的，工程中常用的夯锤为 100～1 000 kN，较大规模的可达 2 000 kN，夯锤的材料多为铸铁。落距至夯锤下落之前的提起高度，与有效深度也有直接关系，如图 5-19 所示。

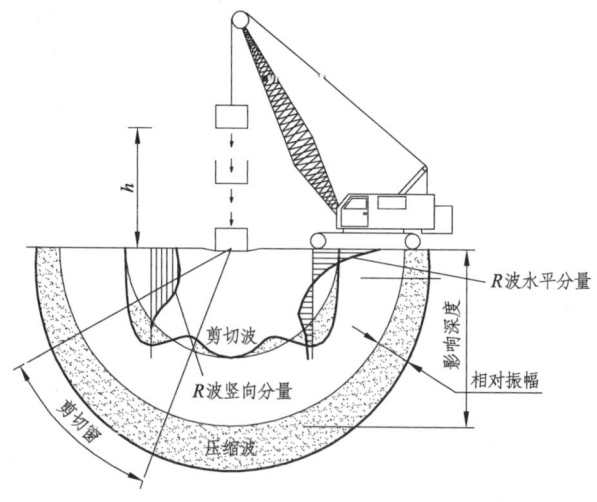

图 5-19 强夯冲击波传播及有效影响深度

5.9.5 强夯方案的选择

采用强夯补强超高填方路基压实质量,需根据填料性质和强夯能级对应的影响深度,选择不同能级的分层厚度。加固深度按照《建筑地基处理技术规范》推荐的选取下限值,如表 5-15 所示。当能级高、加固深度大时,设计分层厚度可取更大值,故加固的分层数更少,但高能级强夯的单价也更高,反之亦然,关系示意见图 5-20。为求相对最优的强夯方案,本节考虑用不同能级的强夯加固相同的高填方路基。设计各能级下的强夯方案如表 5-15 所示,分别加固相同高度、基底水平的超高填方,示意如图 5-21 所示。

表 5-15 强夯方案设置

方案	能级/kN·m	分层厚度/m	夯锤落距/m	夯锤重量/t	夯锤直径/m	夯点间距/m	平均每100 m² 夯点数	每个夯点击数	每层强夯遍数(点夯)	每层普夯遍数(满夯)	单价/(元·m⁻²)
1	1 000	4	5	20	2.5	5	4.92	4	3	1	**13.08**
2	2 000	5	10	20	2.5	5	4.92	4	3	1	**15.34**
3	3 000	6	10	30	2.5	5	4.92	4	3	1	**19.45**
4	4 000	7	15	26	2.5	5	4.92	4	3	1	**27.43**
5	5 000	8	15	33	2.5	5	4.92	4	3	1	**52.50**

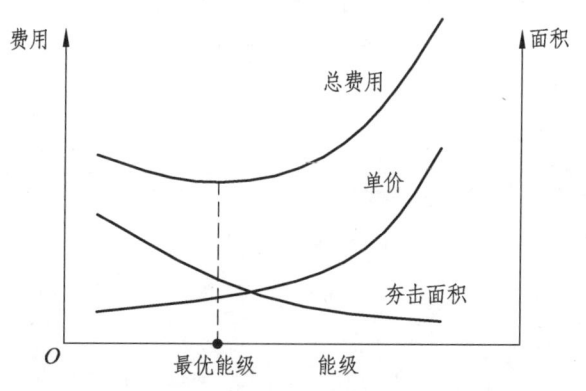

图 5-20 强夯能级与夯击面积、费用的关系

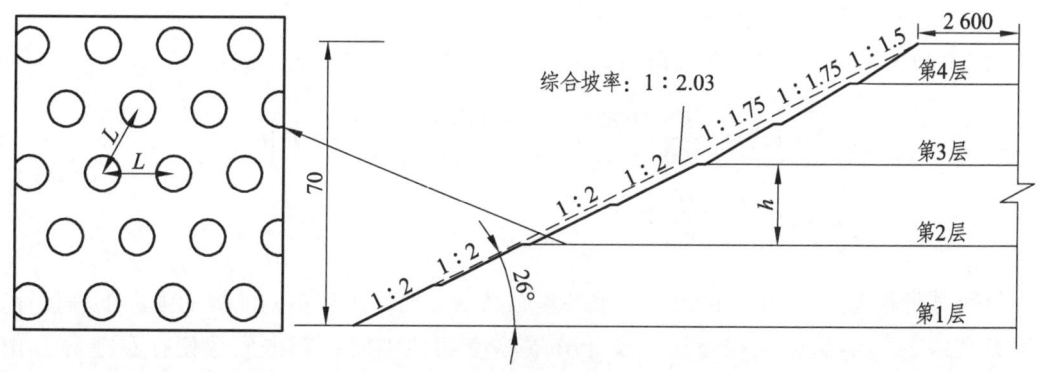

图 5-21 强夯方案设计计算

设超高填方的路堤高度为 H，路基宽度为 B，路基综合坡比坡面与水平面的夹角为 α，强夯分层厚度为 h，夯击总层数为 n，能级为 E。从基底面起算，S_n 为第 n 层强夯的面积，S 为总强夯面积，夯锤点采用正三角形布置，间距为 L，平面布置如图 5-21 所示。设计考虑每个强夯点夯击 3~5 遍（取 4 遍）。采取相间夯击，每个路基分层补强点夯 3 遍，再普夯满夯 1 遍。夯锤采用圆柱形夯锤，底面直径 2.5 m，夯锤重量 20~33 t，落锤高度 5~20 m，以适配 1 000~5 000 kN·m 不同能级的夯击要求。分别由造价定额取得各能级强夯的单位面积单价如表 5-15 所示。

研究单位纵向长度上的强夯方案，由几何关系可得

$$S_1 = 2\left(\frac{H}{\tan\alpha} + \frac{B}{2}\right) = \frac{2H}{\tan\alpha} + B$$

$$S_2 = 2\left(\frac{H-h}{\tan\alpha} + \frac{B}{2}\right) = \frac{2(H-h)}{\tan\alpha} + B$$

$$S_3 = 2\left(\frac{H-2h}{\tan\alpha} + \frac{B}{2}\right) = \frac{2(H-2h)}{\tan\alpha} + B$$

……

$$S_n = 2\left(\frac{H-(n-1)h}{\tan\alpha} + \frac{B}{2}\right) = \frac{2(H+h-hn)}{\tan\alpha} + B$$

因此

$$S = \sum_{i=1}^{n} S_n = \sum_{i=1}^{n}\left(\frac{2(H+h-hn)}{\tan\alpha} + B\right) = -\frac{h}{\tan\alpha}\cdot n^2 + \left(\frac{2H+h}{\tan\alpha} + B\right)\cdot n \quad (5.44)$$

建立夯击总层数 n 与夯击能级 E 的关系。由表 5-15 易得

$$h = \frac{E}{1000} + 3 \quad (5.45)$$

$$n = \text{int}\left(\frac{H}{h}\right) + 2 \quad (5.46)$$

故由式（5.44）~式（5.46）即可得到夯击面积 S 关于能级 E 的表达式：

$$S = F(E) = -\frac{E+3000}{1000\tan\alpha}n^2 + \left(\frac{2000H+E+3000}{1000\tan\alpha} + B\right)n,$$

$$n = \text{int}\left(\frac{1000H}{E+3000}\right) + 2 \quad (5.47)$$

分别对路基高度为 30~100 m 的水平基底高填方路堤进行不同能级的强夯工程量计算。由于各能级的影响深度存在差异，设计分层厚度随即不同，夯击层数便存在差异。由式（5.47）可通过便捷计算得出各能级下的每延米路基长度强夯总面积，如表 5-16 所示。

表 5-16　不同高度高填方的强夯工程量

能级 /(kN·m)	强夯工程量（每延米 m²）							
	$H = 30$ m	$H = 40$ m	$H = 50$ m	$H = 60$ m	$H = 70$ m	$H = 80$ m	$H = 90$ m	$H = 100$ m
1 000	987	1 465	2 099	2 779	3 617	4 500	5 540	6 626
2 000	842	1 198	1 688	2 258	2 910	3 643	4 457	5 352
3 000	677	1 041	1 469	1 911	2 477	3 109	3 753	4 522
4 000	637	912	1 296	1 688	2 134	2 696	3 260	3 936
5 000	552	799	1 154	1 507	1 908	2 357	2 915	3 471
6 000	540	779	1 064	1 450	1 835	2 266	2 744	3 268

更大能级的强夯单价高，但所需工程量较少。综合统计在各能级下，各规模高填方的每延米强夯造价如图 5-22 所示。可见费用随能级的函数曲线存在最小值点：基本处于 1 500 ~ 2 500 kN·m 能级范围。故在该能级范围内，整个路基的强夯费用最低，方案最优。此即为高填方路基土补强强夯设计中多采用如 2 000 kN·m、2 500 kN·m 能级标准的原因，可作为设计中的方案参考。

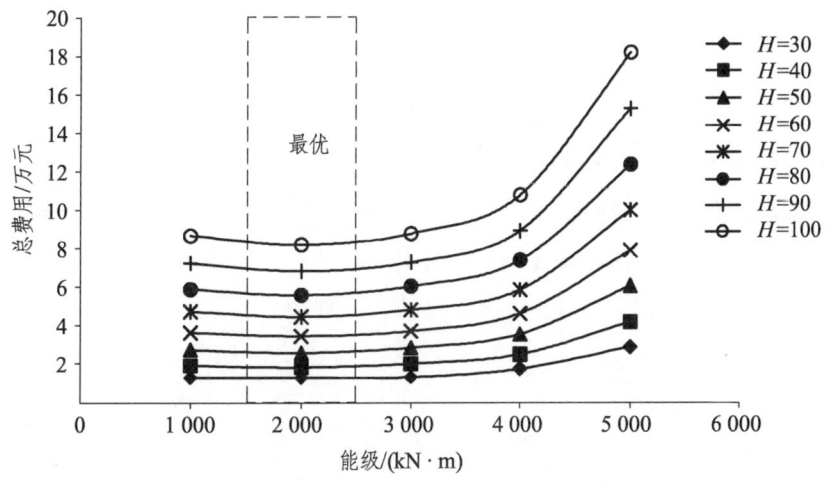

图 5-22　不同能级强夯在各高填方工点中的每延米费用

5.9.6　强夯后的效果评价

强夯法对路基的强夯效果能否达到预期要求，取决于待夯土体的性质和强夯能级选择是否合理。评价强夯法处理效果的主要指标为夯后土体沉降量、土体压实度、孔隙比、内摩擦角、承载力、变形模量等物理力学性能指标。目前评价手段主要靠经验和现场试验，待现场试夯试验满足要求后再进行大面积强夯。根据试夯效果，评价强夯处理路基后能否满足工程需要，如果满足不了要求，再调整参数进行试夯，如此反复，直到满足要求。这样不仅浪费人力、物力，还严重影响工期。本节结合强夯法夯实路基的机理，根据夯锤的质量、半径、落距，待夯土体的密度、变形模量等参数，推导出了碎石土路基强夯后的土体效果的评价模型，以便指导强夯法路基设计和评价处理方案的合理性。

5.9.6.1 强夯荷载形式

目前强夯的冲击形式主要有三角形荷载和假定位正弦形荷载。两种计算方法所得公式概念清楚、物理意义明确，形式简单且相同，区别仅在于系数不同。

（1）三角形荷载。

强夯的冲击荷载作用同样假设为短时程内的三角形荷载，应力方程如式（5.48）所示：

$$\sigma(t)=\begin{cases}\dfrac{\sigma_{\max}}{t_0}\cdot t, & t<t_0 \\ \dfrac{\sigma_{\max}}{T-t_0}\cdot(T-t),& t\geqslant t_0\end{cases}=\begin{cases}\dfrac{2W}{A}\left(1+\sqrt{\dfrac{2h}{g}}\cdot\dfrac{1}{T}\right)\cdot\dfrac{t}{t_0}, & t<t_0 \\ \dfrac{2W}{A}\left(1+\sqrt{\dfrac{2h}{g}}\cdot\dfrac{1}{T}\right)\cdot\dfrac{T-t}{T-t_0},& t\geqslant t_0\end{cases} \quad(5.48)$$

（2）半正弦型荷载。

当将强夯荷载的动力应力考虑为半正弦函数形式时[45]，动应力时程表达式如式（5.49）所示。

$$\sigma=\sigma_{\max}\sin(\omega t) \quad (t\leqslant T) \quad(5.49)$$

式中，$\sigma_{\max}$——动应力峰值；

T——加荷、卸荷的总历时。

5.9.6.2 强夯后土体的沉降计算

采用强夯夯击碎石土路基时，夯锤产生巨大的冲击应力迫使夯锤底夯击能影响深度范围内的土体产生竖向变形，土体孔隙率减小，土体产生沉降，土体强度提高。假定土体变形时应力方程为 $\sigma_n(t)$，速度方程为 $v_n(t)$，则强夯动力方程为

$$v_n(t)=\frac{\sigma_n(t)}{2\rho C_p} \quad(5.50)$$

其中，

$$C_p=\sqrt{\frac{E(1-\mu)}{\rho(1+\mu)(1-2\mu)}}$$

式中，ρ——土体密度（kN/m³）；

C_p——纵波速度（m/s）；

E——弹性模量（kPa），对于碎石土路基，取土的回弹模量；

μ——土体泊松比。

假设强夯的加荷历时为$[0, T]$，某一 t 时刻的变形速度为 $v_n(t)$，在 $\mathrm{d}t$ 时刻时，土体位移方程为

$$d_s = v_n(t)\mathrm{d}t \tag{5.51}$$

根据式（5.50）、式（5.51）可得到 T 时刻内土体竖向位移的计算公式为

$$s = \int_0^T d_s = \int_0^T v_n(t)\mathrm{d}t = \int_0^T \frac{\sigma_n(t)}{2\rho C_p}\mathrm{d}t = \frac{1}{2\rho C_p}\int_0^T \sigma_n(t)\mathrm{d}t \tag{5.52}$$

由式（5.52）可知，只要知道强夯的应力时程 $\sigma_n(t)$，便可通过式（5.52）求出强夯单击土体后的竖向位移。

强夯土体过程分为夯锤挤密土体的加荷过程和夯锤回弹后的土体卸荷过程。根据高有斌[52]的研究，强夯土体的加载卸荷模型为标准的半正弦荷载形式，其表达式如式（5.49）所示。

$$\sigma = \sigma_{\max}\sin(\omega t) \quad (t \leqslant T)$$

式中，$\sigma_{\max}$——动应力峰值；

T——加荷、卸荷的总历时。

高有斌[52]认为，强夯后土体位移不再变化时，其动应力峰值表达式为

$$\sigma_{\max} = \left(1 - \frac{S}{S'}\right)\frac{VS}{\pi a^2 \omega} \tag{5.53}$$

式中，S——加荷弹性常数；

S'——卸荷弹性常数；

ω——加荷角频率；

V——夯锤入土时的速度，$V = \sqrt{2gh}$（m/s）；

h——夯锤落距（m）；

a——夯锤半径（m）。

则由式（5.49）、式（5.53）得到强夯时的动应力表达式：

$$\sigma = \left(1 - \frac{S}{S'}\right)\frac{VS}{\pi a^2 \omega}\sin(\omega t) \quad (t \leqslant T) \tag{5.54}$$

将式（5.54）代入式（5.50）、式（5.52）可得

$$s = \frac{1}{2\rho C_p}\int_0^T \left(1 - \frac{S}{S'}\right)\frac{VS}{\pi a^2 \omega}\sin(\omega t)\mathrm{d}t$$

$$= \frac{1}{2\rho C_p}\left(1 - \frac{S}{S'}\right)\frac{VS}{\pi a^2 \omega}(1 - \cos(\omega t))\mathrm{d}t \tag{5.55}$$

其中，加荷时间 $T = \dfrac{\pi}{\omega}$，$\omega = \sqrt{\dfrac{S}{M}}$，代入式（5.55）推导可得

$$s = \frac{1}{\rho C_p}\left(1 - \frac{S}{S'}\right)\frac{VS}{\pi a^2 \omega^2} = \left(1 - \frac{S}{S'}\right)\frac{VM}{\pi a^2 \rho C_p} \tag{5.56}$$

式中，M——夯锤重（kN）。

又根据钱家欢法[51]，加荷弹性常数 S 与卸荷弹性常数 S' 的比值表达式为

$$\frac{S}{S'} = \frac{2aE/(1-\mu^2)}{2aE_{sul}/(1-\mu^2)} = \frac{E}{E_{sul}} \tag{5.57}$$

式中，E——土体的加载回弹模量；

E_{sul}——卸载回弹模量。

将式（5.57）代入式（5.56），简化可推导出

$$s = \left(1 - \frac{E}{E_{sul}}\right)\frac{VM}{\pi a^2 \rho C_p} \tag{5.58}$$

为一次强夯夯击后的土体沉降量的计算模型。从式（5.58）可知，在已知夯锤的质量 M、夯锤半径 a、夯锤落距 h 和现场试验测得强夯前碎石土路基土体的密度 ρ、变形模量 E 的情况下，即可计算出单次强夯后土体的沉降量。

5.9.6.3 强夯后土体的 e_1

碎石土路基在巨大的夯击能作用下，土体压缩变形，孔隙比减小，土体从松散变得密实，压实度提高。同时在强夯过程中，夯锤挤压侧向土体，对侧向土体挤压密实，如图 5-23 所示。

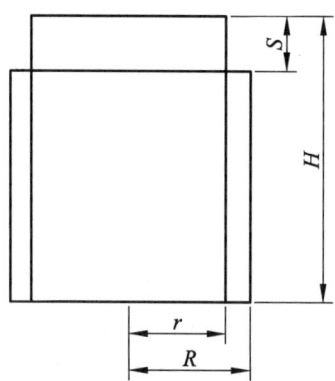

图 5-23 强夯后土体土柱变形

设在某一能级的强夯作用下，强夯夯击能有效影响深度为 H，土体的压缩量为 S，强夯后土体半径为 R。假设强夯后土体只产生竖向位移变化，即 $R = r = a$。由于夯击之后土体的质量未发生变化，夯后干密度 ρ_1 与原始干密度 ρ_0 存在一定关系：

$$\rho_0 H = \rho_1 (H - s) \tag{5.59}$$

设夯后和原始孔隙比分别为 e_1、e_0，且干密度和孔隙比关系 $\rho = \frac{\rho_s}{1+e}$，代入式（5.59）并化简可得出夯击后土体孔隙比 e_1 的表达式为

$$e_1 = \frac{H-s}{H}(1+e_0) - 1 \tag{5.60}$$

将沉降计算公式（5.58）代入式（5.60）可得最终孔隙比 e_1 表达式：

$$e_1 = \frac{H-s}{H}(1+e_0)-1 = \frac{H-\left(1-\dfrac{E}{E_{\text{sul}}}\right)\dfrac{VM}{\pi a^2 \rho C_p}}{H}(1+e_0)-1 \tag{5.61}$$

因此，根据式（5.61）便可计算出单击强夯后土体的平均孔隙比 e_1。

5.9.6.4 强夯后土体的变形模量 E_0

根据《工程地质手册》[60]，压缩系数与孔隙比的关系式为

$$\alpha_{1-2} = 0.38 e_1^{2.7} \tag{5.62}$$

将式（5.61）代入式（5.62）即可求取强夯后土体的压缩系数。

压缩模量、压缩系数和孔隙比的关系式为

$$E_s = \frac{1+e_1}{\alpha_{1-2}} \tag{5.63}$$

则土体变形模量的表达式为

$$E_0 = \left(1-\frac{2\mu^2}{1-\mu}\right)E_s = \left(1-\frac{2\mu^2}{1-\mu}\right)\frac{1+e_1}{\alpha_{1-2}} \tag{5.64}$$

5.9.6.5 强夯后土体的内摩擦角 φ

根据《工程地质手册》，碎石土地基变形模量 E_0 与圆锥重型动力触探击数 $N_{63.5}$ 存在对应关系（式 5.65）。另有路基土内摩擦角 φ 与圆锥重型动力触探击数 $N_{63.5}$ 存在对应关系（式 5.66）。由此可求得强夯后土体的内摩擦角 φ。

$$E_0 = 4.48 N_{63.5}^{0.7554} \tag{5.65}$$

$$\varphi = \sqrt{12 N_{63.5}} + 15 \tag{5.66}$$

5.9.6.6 强夯后土体承载力

根据式（5.64）计算出值，便可通过《工程地质手册》查表 3-2-17，确定强夯后的土体承载力值，如表 5-17 所示。

表 5-17 重型圆锥动力触探 $N_{63.5}$ 击数与地基承载力关系

项目	$N_{63.5}$ 击数与之对应的承载力值							
击数平均值 $N_{63.5}$	3	4	5	6	7	8	9	10
碎石土承载力/kPa	140	170	200	240	280	320	360	400
击数平均值 $N_{63.5}$	12	14	16	18	20	22	24	26
碎石土承载力/kPa	480	540	600	660	720	780	830	870
击数平均值 $N_{63.5}$	28	30	35	40				
碎石土承载力/kPa	900	930	970	1 000				

5.9.6.7 工程算例

某高速为减少高路基工后沉降,采用强夯法补强路基,强夯夯锤重 $M = 120$ kN,夯锤半径 $a = 1.0$ m,落距 $h = 10.0$ m,采用 4 m×4 m 矩形布置夯点。土层密度 = 18.5 kN/m³,土体变形模量 $E = 8\,000$ kPa。根据钱家欢法认为路基土的卸载回弹模量为加载模量的 7~8 倍,本书取 7.5,即土的回弹模量 $E_{sul} = 7.5E = 60\,000$ kPa,土的泊松比 = 0.25,有效影响深度取 6 m,初始孔隙比 $e_0 = 0.45$。强夯施工计算参数如表 5-18 所示。

表 5-18 强夯施工计算参数

强夯能级/(kN·m⁻¹)	锤重 M/kN	夯锤半径 a/m	落距 h/m	V/(m·s⁻¹)	C_p/(m·s⁻¹)
1 200	120	1.0	10	14.14	62.22

下面按前述方法计算单次强夯后土体的沉降量、孔隙比、变形模量、内摩擦角和承载力值。

夯锤夯击土体时的纵波速度为

$$C_p = \sqrt{\frac{E(1-\mu)}{\rho(1+\mu)(1-2\mu)}}$$
$$= \sqrt{\frac{60\,000 \times (1-0.25)}{18.5 \times (1+0.25) \times (1-0.25)}}$$
$$= 62.22 \text{ m/s}$$

强夯后土体的沉降量为

$$s = \left(1 - \frac{E}{E_{sul}}\right)\frac{VM}{\pi a^2 \rho C_p}$$
$$= \left(1 - \frac{60\,000}{7.5 \times 60\,000}\right)\left(\frac{14.14 \times 120}{3.14 \times 1^2 \times 18.5 \times 62.22}\right)$$
$$= 0.41 \text{ m}$$

强夯后土体孔隙比为

$$e_1 = \frac{H-s}{H}(1+e_0) - 1 = \frac{6-0.41}{6}(1+0.45) - 1 = 0.35$$

根据压缩系数与孔隙比的关系式,得到强夯后土体的压缩系数为

$$\alpha_{1-2} = 0.38e_1^{2.7} = 0.38 \times 0.35^{2.7} = 0.022\,4$$

土体强夯后的变形模量为

$$E_0 = \left(1 - \frac{2 \times 0.25^2}{1-0.25}\right)\frac{1+0.35}{0.022\,4} = 50.2 \text{ MPa}$$

强夯后圆锥重型动力触探击数为

$$N_{63.5} = {}^{0.7554}\sqrt{\frac{E_0}{4.48}} = {}^{0.7554}\sqrt{\frac{50.2}{4.48}} = 24.5$$

强夯后其内摩擦角为

$$\varphi = \sqrt{12 N_{63.5}} + 15 = \sqrt{12 \times 24.5} + 15 = 32°$$

根据动力触探击数，查表 5-17 可知，强夯后土体承载力为 830 kPa。为验证计算模型的合理性，在单次强夯后进行现场原位测试，与计算值进行比较，如表 5-19 所示。

表 5-19　强夯后理论计算值与试验值对比

项目	单击夯沉量/(S·cm^{-1})	孔隙比 e	变形模量 E/MPa	内摩擦角 φ/(°)	承载力 f_k/kPa
计算值	41	0.35	50.2	32.32	830
实测值	38	0.32	46.5	30.1	805
误差/%	7.9	9.4	8.0	7.4	3.1

由表 5-19 可知，采用本书计算模型计算的结果与实测结果比较，误差小于 10%，说明本书推导的碎石土路基强夯加固后土体性能计算模型是较合理的。

5.9.7　强夯减震

强夯由于巨大的落锤夯击地面，造成强大的冲击波，使压实土颗粒产生位移。该冲击波将不可避免地对周围建筑、结构物产生一定影响。因此在考虑采用强夯的补强方案时，需要对冲击波的影响范围进行评估，再根据夯击点与建筑物的距离来决定强夯措施的可行性。在距离过近又不得不使用强夯的地段，应采取一定的减振措施，将冲击波对结构物的影响降至最低。

5.9.7.1　影响范围

判别冲击波对建筑物的影响因素主要为距离强夯点 x（m）的建筑物处的测点，其竖向振动峰值速度 y（cm/s）是否超过该建筑物允许的振动速度。不同的建筑物或结构物对于振动速度 y 的允许值有所差异，可参考 GB 6722—2014《爆破安全规程》中有关建筑物安全振速的规定，如表 5-20 所示。

表 5-20　振动安全振速

序号	保护对象类别	安全允许振速/(cm·s^{-1})		
		<10 Hz	10～50 Hz	>50 Hz
1	土窑洞，土坯房，毛石房屋[3]	0.5～1.0	0.7～1.2	1.1～1.5
2	一般砖房，非抗震的大型砌块建筑物[3]	2.0～2.5	2.3～2.8	2.7～3.0

续表

序号	保护对象类别	安全允许振速/(cm·s⁻¹)		
		<10 Hz	10~50 Hz	>50 Hz
3	钢筋混凝土框架房屋[3]	3.0~4.0	3.5~4.5	4.2~5.0
4	一般古建筑与古迹[5]	0.1~0.3	0.2~0.4	0.3~0.5
5	水工隧道[4]	7.0~15.0		
6	交通隧道[4]	10~20		
7	矿山隧道[4]	15~30		
8	水电站及发电厂中心控制设备	0.5		
9	新浇大体积混凝土[6] 龄期：初凝至3 d 龄期：3~7 d 龄期：7~28 d	2.0~3.0 3.0~7.0 7.0~15.0		

注：1. 表列频率为土频率，系指最大振幅所对应波的频率。
2. 频率范围可根据类似工程或现场实测波形选取。可参考：硐室爆破<20 Hz；深孔爆破10~20 Hz；潜孔爆破40~100 Hz。
3. 选取建筑物安全允许速度时，应综合考虑构筑物的重要性、建筑新旧程度、自振频率、地基条件等因素。
4. 选取速调、巷道安全允许振速时，应综合考虑构筑物的重要性、埋深大小、围岩情况、爆源方向、地震振动频率等因素。
5. 省级以上（含省级）重点保护古建筑与古迹的安全允许速度，应经专家论证选取，并报相应文物管理部门批准。
6. 非挡水新浇大体积混凝土的安全允许振速，可按本表给出的上限选取。

以往研究中已对峰值速度 y 和距离 x 的关系有一定结论[61]。振动峰值速度在对夯锤、落距等不同的考虑下，主要拟合关系见式（5.67），拟合曲线见图5-24。关系式结论对应的夯击能量为 2 000 kN·m，该能级也为公路建设中填方路基强夯常用能级，具有一定的参考价值。

$$y=629.82x^{-1.794} \tag{5.67}$$

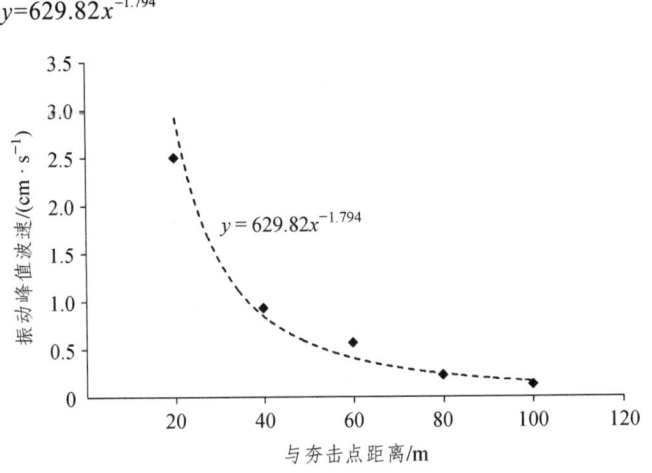

图 5-24　质点竖向振动峰值加速度

注：来源于张宗和[61]。

5.9.7.2 减振措施

对于敏感结构物周围的强夯工点,可采取一定措施来最大程度上减小夯锤冲击波的影响。最有效的减振措施即在夯点与建筑物之间开挖减振沟。减振沟中考虑稳定性问题,可填塞一定减振材料来提高自身稳定性。减振效果最佳的方案为不填筑任何材料,所以有条件的情况下尽量采用不填筑任何材料的减振沟进行减振处理。

第6章 高填方路基的地震效应分析

地震是对人类生存安全危害最大的自然灾害之一。我国地震主要分布在五个区域：台湾省、西南地区、西北地区、华北地区、东南沿海地区，在这五个区域内的公路经常受到地震的破坏。JTG B02—2013《公路工程抗震规范》规定，对于填方路基，需结合公路填方路基所在区域的地震烈度和填方高度进行相应的抗震设计。地震作用一般作为路基规范中考虑的非正常工况Ⅱ，主要考虑其对路基造成短期内的巨大动荷载。

在考虑强震时，超高填方的防护等级将大幅提高，工程规模较大，同时特殊地层（如砂土）在强震作用下将产生液化现象。另外，各防护支挡结构在考虑抗震时也有着包括构造、受力配筋等的特别结构考虑。本章节以地震为关注点，详细叙述超高填方在地震作用下的各种机理与相应对策。

6.1 地震对路基的影响

地震荷载又称地震力，是结构物因地震而受到的惯性力、土压力和水压力的总称。地震波以纵波和横波的方式在土层中传播。其中，纵波引起结构物竖向震动，横波引起建筑物水平向摆动。大量的震害现象表明水平方向的地震作用是引起边坡破坏的主要原因，因此一般只需考虑坡向的水平地震作用[62]，对于超高填方，考虑其破坏的危害风险性，场区位于基本地震动峰值加速度大于或等于 0.20g 地区时，其抗震稳定性验算应考虑垂直路线走向的水平地震作用和竖向地震作用。

6.1.1 地震破坏路基的机理

路基边坡的侧向稳定性，取决于路基土的抗剪强度。对于任何土体，根据扩展的莫尔-库仑准则，由于土孔隙中的水无法提供抗剪力，故任何土体的抗剪强度为

$$\tau_f = c' + (\sigma - u_a)\tan\varphi' + (u_a - u_w)\tan\varphi^b \tag{6.1}$$

由式（6.1）看出：影响土体抗剪强度的因素为有效黏聚力、净法向应力 $(\sigma - u_a)$、有效内摩擦角 φ'、基质吸力 $(u_a - u_w)$ 和关于吸力的内摩擦角 φ^b。其中 u_a 为孔隙气压力；u_w 为孔隙水压力。地震作用使土颗粒之间的间隙在短时间内急剧压缩，孔隙中的空气快速排走，但水来不及消散，引起土体的净法向应力 $(\sigma - u_a)$ 降低。同时，由于空气压缩排出，土体的含水率增

大，这会削弱黏聚力 c' 与内摩擦角 φ'。因此，地震作用会造成土体抗剪强度的降低。

另一方面，从饱和土体的应力条件看，在地震之前，某土体单元的应力为

$$\sigma_1 = \gamma h, \quad \sigma_3 = k\gamma h \tag{6.2}$$

其莫尔圆如图 6-1（a）所示的实线圆。地震时，该土体单元的应力条件变为

$$\sigma_1 = \gamma h, \quad \sigma_3' = k\gamma h - E_h$$

其抗剪强度为

$$\tau_f = c + \sigma \tan\varphi$$

其中，E_h——地震水平作用。

由图 6-1（a）可见，水平地震使得土体的莫尔圆更接近破坏强度线，即土体的应力条件更接近破坏情况。在靠近土坡顶部处，由于 h 较小，当地震强烈时，有可能在坡顶部位出现拉力 $\sigma_3' = k\gamma h - E_h < 0$。这便是地震时土坡首先在坡面和坡顶处开始出现破坏的原因。

同理，竖向地震作用存在相同的影响。地震前土体应力状态同式（6.2），地震时土体的应力状态为

$$\sigma_1' = \gamma h + E_v, \quad \sigma_3 = k\gamma h$$

其应力莫尔圆见图 6-1（b）中虚线。考虑最不利时 t，竖向地震作用 E_v 与重力反向。故其抗剪强度变为

$$\tau_f = c + (\sigma - E_v)\tan\varphi$$

由图 6-1（b）可知，竖向地震作用同样使得土体的莫尔圆更接近破坏强度线，即土体的应力条件更接近破坏情况。

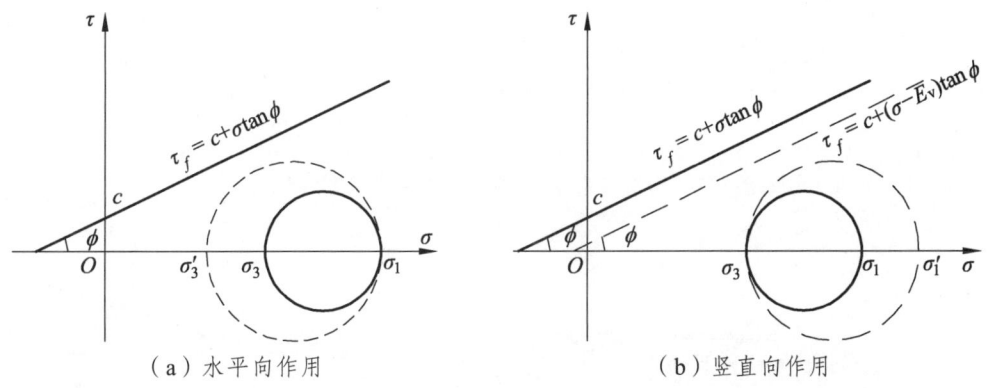

（a）水平向作用　　　　（b）竖直向作用

图 6-1　地震作用对土体单元应力状态的影响

6.1.2　地震对超高填方路基稳定性影响因素分析

由于地震荷载的加入，填方边坡所受荷载水平大幅增大，从而引起下滑力增加、抗滑力减小。地震作用下，土体荷载多了 E_v、E_h。作底边的切向与法向的受力分解：切向上，E_h 的

向下分力增加了下滑力，E_v 的向上分力削弱了下滑力，但幅度小于 E_h 分力（地震加速度以水平向为主），故下滑力 T 增大；法向上，E_h、E_v 的分力均朝上，削弱了土条对接触面的正压力，导致了摩擦力减小，故削弱了抗滑力 R，导致侧向稳定系数减小，剩余下滑力增大，如图 6-2 所示。

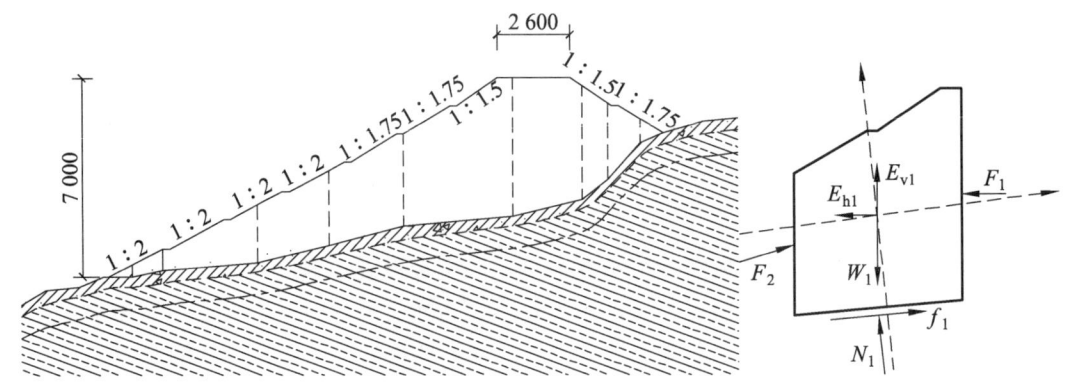

图 6-2　高填方土条划分与代表性条块受力分析

利用 GEO5 软件采用静力法对 3.2 节"稳定性影响因素"中的边坡工点进行计算，将边坡荷载增加一个 $A_v = 0.25g$、$A_h = 0.4g$ 的 9 度地震作用，其余条件不变。对比分析地震前后边坡的稳定性情况。计算结果如图 6-3 ~ 图 6-9 所示。

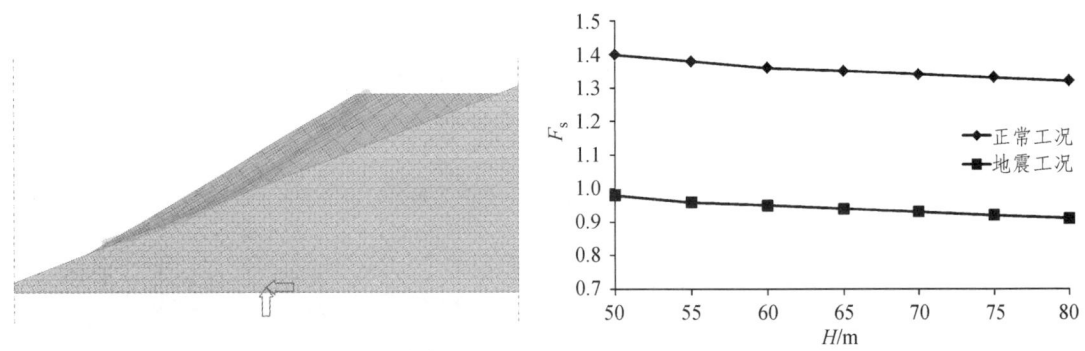

图 6-3　地震条件下高度对填方稳定性影响情况

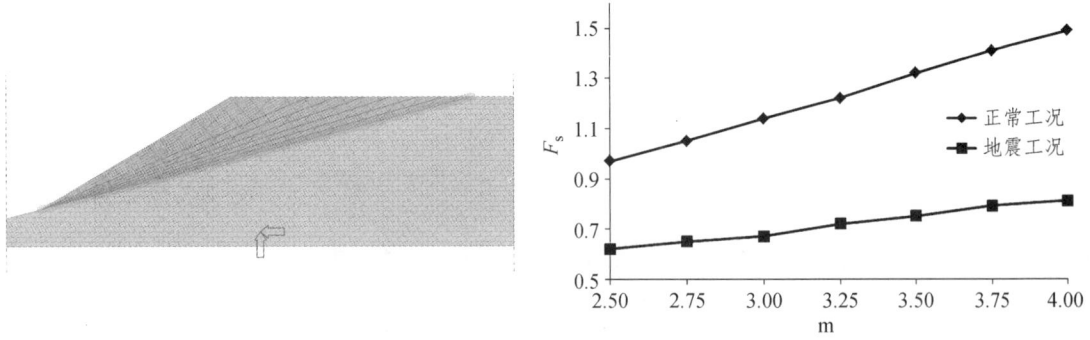

图 6-4　地震条件下地面横坡对填方稳定性影响情况

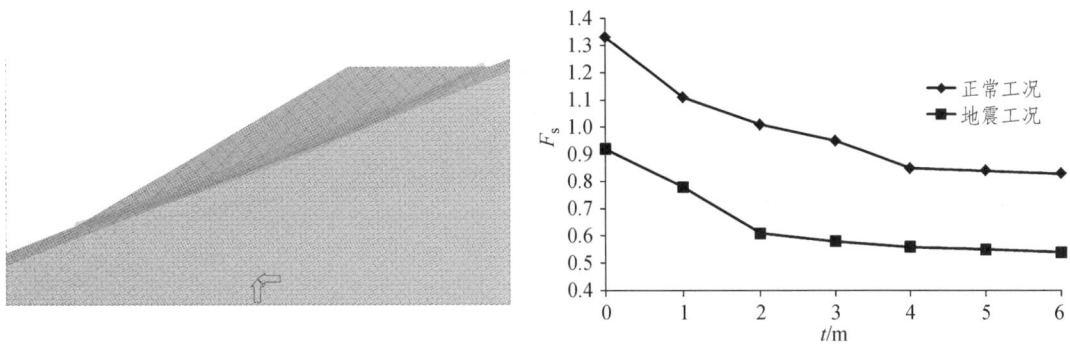

图 6-5　地震条件下覆土厚度对填方稳定性影响情况

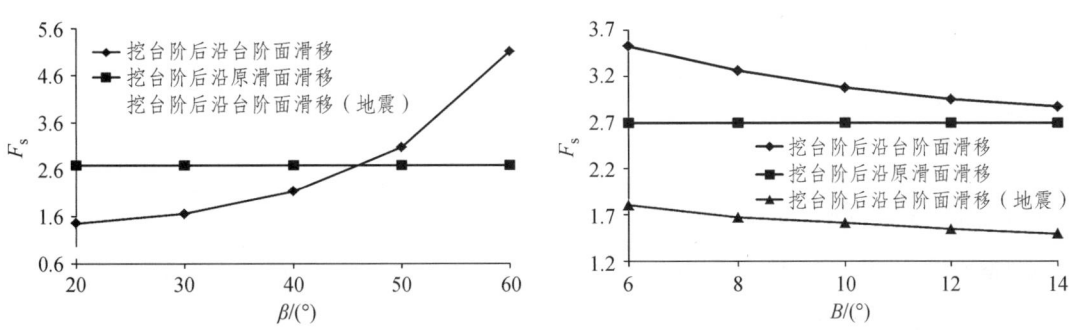

图 6-6　地震条件下台阶倾角（左）和台阶宽度（右）对填方稳定性影响情况

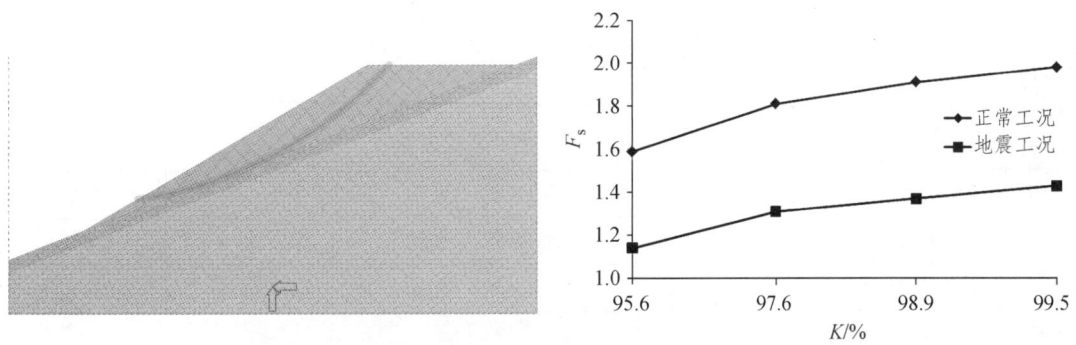

图 6-7　地震条件下填料压实度对填方稳定性影响情况

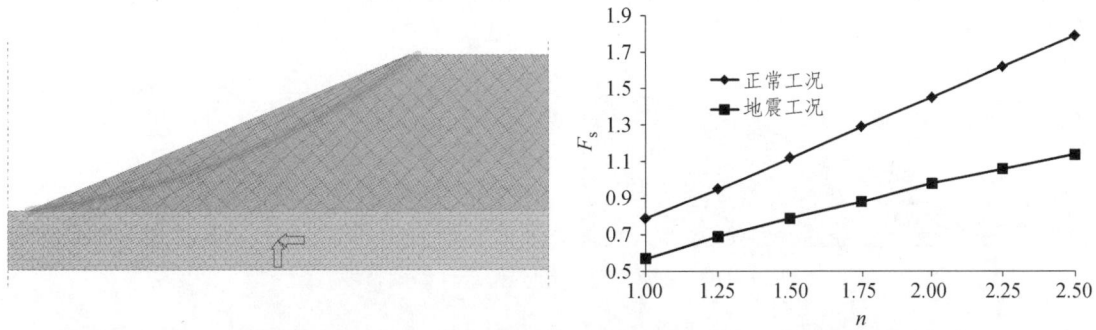

图 6-8　地震条件下填方综合坡比对填方稳定性影响情况

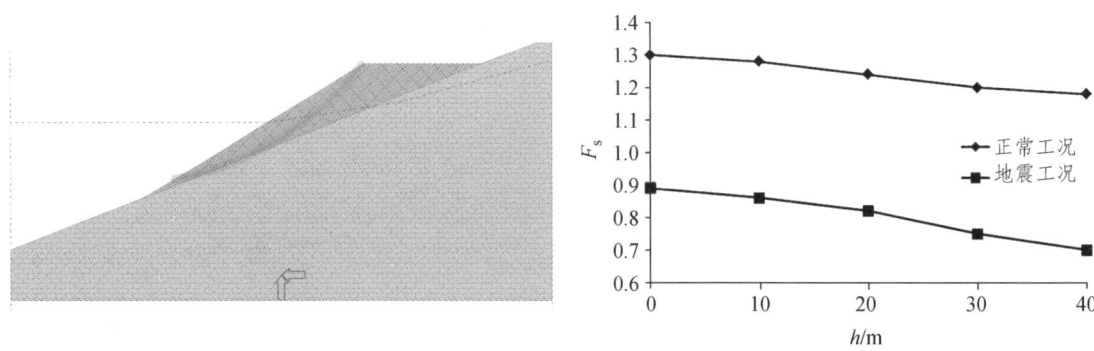

图 6-9　地震条件下地下水位线对填方稳定性影响情况

由图 6-3～图 6-9 所知，在地震的影响下，所有计算结果中稳定系数均有一定程度的降低，且考虑地震的结果与不考虑地震的结果相比，趋势相同。各点稳定系数差值，除挖台阶影响和填方综合坡比影响体现出相对明显的递增结果外，均在各自的控制变量范围中体现出大体一致的下降幅度。

6.1.2.1　地震强度的影响

根据规范，在研究路基稳定性时推荐采用静力法进行抗震验算。以一高度为 70 m 的填方路基半理想工点为例，坡比采用 1∶1.5～1∶2，地面横坡 15°，填方基底为稳定石灰岩并清除覆盖层。分别为该填方工点施加地震烈度为 7～9 度的地震拟静力，设计加速度情况和方向如表 6-1 所示。分别计算高填方在各地震加速度下的稳定性系数情况，如图 6-10 所示。采用 GEO5 软件建立模型后逐一计算其稳定性系数，计算方法选择斯宾塞（Spencer）法，忽略接触面的强度折减。

表 6-1　地震设计加速度设置

地震基本烈度	7 度		8 度		9 度
水平加速度 A_h	0.10 g	0.15 g	0.20 g	0.30 g	0.40 g
竖向加速度 A_v	0		0.10 g	0.17 g	0.25 g

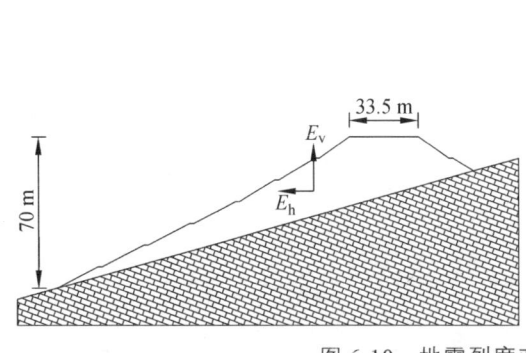
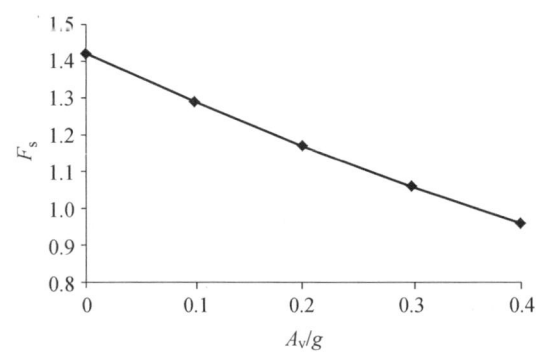

图 6-10　地震烈度对填方稳定性影响情况

由图 6-10 可知：在地震的作用下，原本（$A_v = 0$）安全稳定的高填方边坡当地震烈度逐步提高时,逐渐呈现出欠稳定甚至不稳定情况。安全系数 F_s 随水平地震加速度 A_v 的变化情况呈现近线性降低趋势。由于填方规模大,在欠稳定至不稳定时,因须达到设计安全系数的剩余下滑力规模也将大至不易处置。地震烈度作用使路基填方的整体稳定性由 1.42 降至 0.96（32.4%）,影响显著。

6.1.2.2 敏感度分析

对于超高填方的侧向整体稳定性问题,不同因素对稳定系数的影响显著性不同,有必要确定影响因素对整体稳定性的敏感性大小。本次研究由于考虑多因素、多参数的敏感性,采用正交试验的方法进行分析。

1. 正交试验原理

正交试验在 3.2.8 小节中已经被使用过,原理可见 3.2.8.1 小节。

2. 试验设计方案

为了明确各个参数（A～I）对超高填方稳定系数影响的大小和规律,分别对填方各参数进行变化,分别变化不同参数,研究不同参数对超高填方稳定性的影响规律,具体各因素的取值和水平情况见表 6-2。

表 6-2 各因素取值和水平

方案	填方高度 A/m	地面横坡 B	覆土厚度 C/m	挖台阶(b) D/m	挖台阶(β) E/(°)	压实度 F/%	综合坡比 G	地下水位 H/m	地震强度 I/g
1	50	2.5	0	6	30	95.6	1.25	10	0.1
2	60	3.0	2	10	45	97.6	1.50	20	0.2
3	70	3.5	4	14	60	98.9	1.75	30	0.3
4	80	4.0	6	18	75	99.5	2.00	40	0.4

为了明确各参数对超高填方稳定系数的影响规律,采用正交试验进行数值分析,研究各因素（A～I）对稳定系数的影响规律,即以边坡稳定系数为指标,进行多因素单指标计算分析。不考虑各因素的相互作用,即假定它们之间相互没有影响。本次试验采用 9 因素 4 水平正交分析,即每个影响因素有 4 个可选取的值进行研究,并至少要进行 32 次正交试验,即为 L32（4$_9$）正交试验表（见表 6-3）。

表 6-3 正交试验设计方案

方案	因素								
	填方高度 A/m	地面横坡 B	覆土厚度 C/m	挖台阶(b) D/m	挖台阶(β) E/(°)	压实度 F/%	综合坡比 G	地下水位 H/m	地震强度 I/g
实验 1	1	1	1	1	1	1	1	1	1
实验 2	1	2	2	2	2	2	2	2	2

续表

方案	因素								
	填方高度 A/m	地面横坡 B	覆土厚度 C/m	挖台阶(b) D/m	挖台阶(β) E/(°)	压实度 F/%	综合坡比 G	地下水位 H/m	地震强度 I/g
实验 3	1	3	3	3	3	3	3	3	3
实验 4	1	4	4	4	4	4	4	4	4
实验 5	2	1	1	2	2	3	3	4	4
实验 6	2	2	2	1	1	4	4	3	3
实验 7	2	3	3	4	4	1	1	2	2
实验 8	2	4	4	3	3	2	2	1	1
实验 9	3	1	2	3	4	1	2	3	4
实验 10	3	2	1	4	3	2	1	4	3
实验 11	3	3	4	1	2	3	4	1	2
实验 12	3	4	3	2	1	4	3	2	1
实验 13	4	1	2	4	3	3	4	2	1
实验 14	4	2	1	3	4	4	3	1	2
实验 15	4	3	4	2	1	1	2	4	3
实验 16	4	4	3	1	2	2	1	3	4
实验 17	1	1	4	1	4	2	3	2	3
实验 18	1	2	3	2	3	1	4	1	4
实验 19	1	3	2	3	2	4	1	4	1
实验 20	1	4	1	4	1	3	2	3	2
实验 21	2	1	4	2	3	4	1	3	2
实验 22	2	2	3	1	4	3	2	4	1
实验 23	2	3	2	4	1	2	3	1	4
实验 24	2	4	1	3	2	1	4	2	3
实验 25	3	1	3	3	1	2	4	4	2
实验 26	3	2	4	4	2	1	3	3	1
实验 27	3	3	1	1	3	4	2	2	4
实验 28	3	4	2	2	4	3	1	1	3
实验 29	4	1	3	4	2	4	2	1	3
实验 30	4	2	4	3	1	3	1	2	4
实验 31	4	3	1	2	4	2	4	3	1
实验 32	4	4	2	1	3	1	3	4	2

3. 正交试验分析

通过数值分析，求出各因素[填方高度（A）、地面横坡（B）、覆土厚度（C）、挖台阶（b）（D）、挖台阶（β）（E）、压实度（F）、综合坡比（G）、地下水（H）、地震强度（I）]不同组合下的超高填方稳定系数。稳定系数的计算采用 GEO5 软件中的土质边坡稳定性分析模块，分别计算圆弧滑面和沿台阶面的折线滑面两种情况，取较小的不利值作为计算稳定系数，如表 6-4 所示，最不利滑面情况见表 6-5。

表 6-4 正交试验数值分析

方案	因素									稳定系数
	填方高度 A/m	地面横坡 B	覆土厚度 C/m	挖台阶（b）D/m	挖台阶（β）E/(°)	压实度 F/%	综合坡比 G	地下水位 H/m	地震强度 I/g	
实验 1	50	2.5	0	6	30	95.6	1.25	10	0.1	**0.95**
实验 2	50	3.0	2	10	45	97.6	1.50	20	0.2	**1.19**
实验 3	50	3.5	4	14	60	98.9	1.75	30	0.3	**0.81**
实验 4	50	4.0	6	18	75	99.5	2.00	40	0.4	**0.66**
实验 5	60	2.5	0	10	45	98.9	1.75	40	0.4	**1.13**
实验 6	60	3.0	2	6	30	99.5	2.00	30	0.3	**1.01**
实验 7	60	3.5	4	18	75	95.6	1.25	20	0.2	**0.80**
实验 8	60	4.0	6	14	60	97.6	1.50	10	0.1	**0.88**
实验 9	70	2.5	2	14	75	95.6	1.50	30	0.4	**0.85**
实验 10	70	3.0	0	18	60	97.6	1.25	40	0.3	**0.98**
实验 11	70	3.5	6	6	45	98.9	2.00	10	0.2	**0.83**
实验 12	70	4.0	4	10	30	99.5	1.75	20	0.1	**1.04**
实验 13	80	2.5	2	18	30	98.9	2.00	20	0.1	**1.83**
实验 14	80	3.0	0	14	75	99.5	1.75	10	0.2	**1.58**
实验 15	80	3.5	6	10	30	95.6	1.50	40	0.3	**0.66**
实验 16	80	4.0	4	6	45	97.6	1.25	30	0.4	**0.60**
实验 17	50	2.5	6	6	75	97.6	1.75	20	0.3	**0.66**
实验 18	50	3.0	4	10	60	95.6	2.00	10	0.4	**0.72**
实验 19	50	3.5	2	14	45	99.5	1.25	40	0.1	**1.39**
实验 20	50	4.0	0	18	30	98.9	1.50	30	0.2	**1.32**
实验 21	60	2.5	6	10	60	99.5	1.25	30	0.2	**0.67**
实验 22	60	3.0	4	6	75	98.9	1.50	40	0.1	**0.87**
实验 23	60	3.5	2	18	30	97.6	1.75	10	0.4	**0.78**
实验 24	60	4.0	0	14	45	95.6	2.00	20	0.3	**1.17**

续表

方案	因素									稳定系数
	填方高度 A/m	地面横坡 B	覆土厚度 C/m	挖台阶(b) D/m	挖台阶(β) E/(°)	压实度 F/%	综合坡比 G	地下水位 H/m	地震强度 I/g	
实验 25	70	2.5	4	14	30	97.6	2.00	40	0.2	**0.98**
实验 26	70	3.0	6	18	45	95.6	1.75	30	0.1	**0.93**
实验 27	70	3.5	0	6	60	99.5	1.50	20	0.4	**1.12**
实验 28	70	4.0	2	10	75	98.9	1.25	10	0.3	**0.91**
实验 29	80	2.5	4	18	45	99.5	1.50	10	0.3	**1.01**
实验 30	80	3.0	6	14	30	98.9	1.25	20	0.4	**0.60**
实验 31	80	3.5	0	10	75	97.6	2.00	30	0.1	**1.63**
实验 32	80	4.0	2	6	60	95.6	1.75	40	0.2	**0.90**

表 6-5 正交试验计算断面及最不利滑面

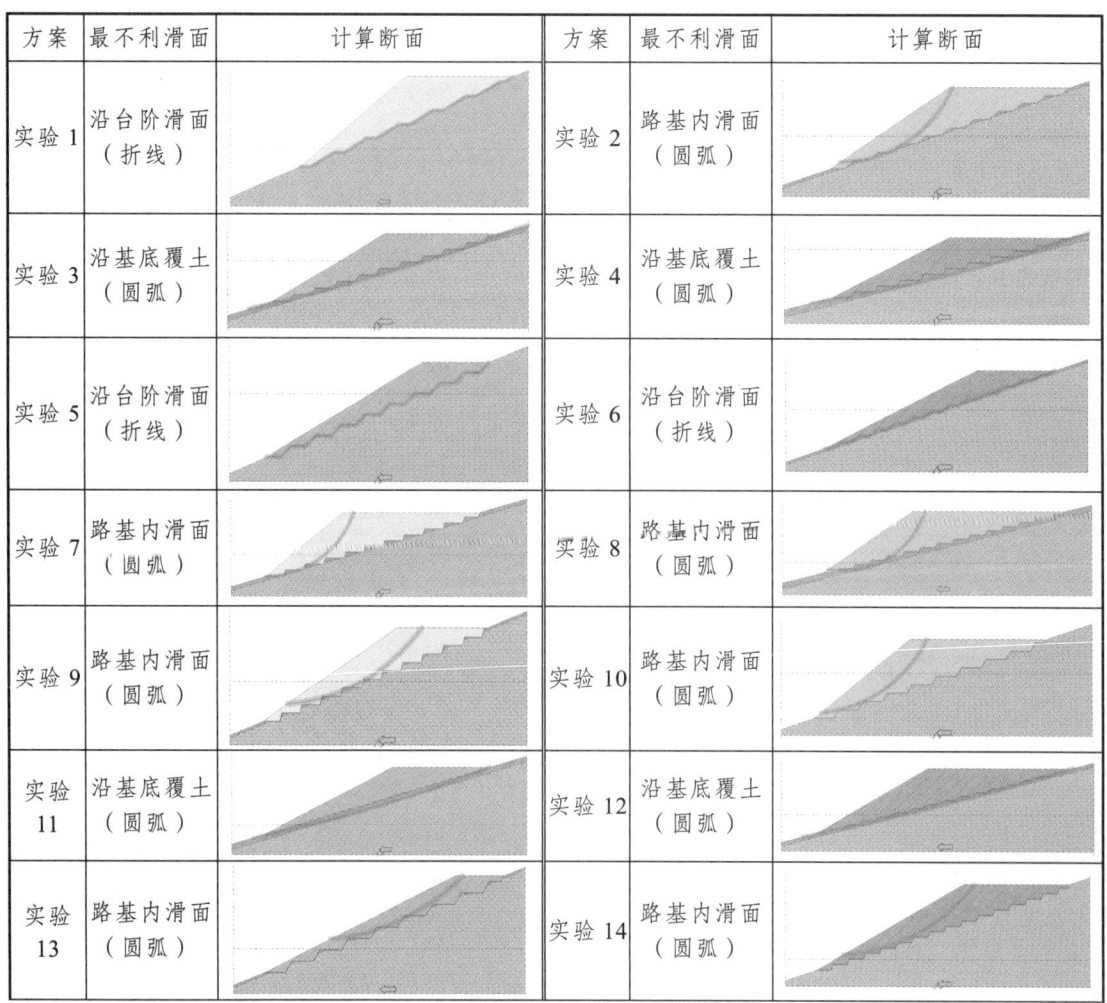

方案	最不利滑面	计算断面	方案	最不利滑面	计算断面
实验 1	沿台阶滑面（折线）		实验 2	路基内滑面（圆弧）	
实验 3	沿基底覆土（圆弧）		实验 4	沿基底覆土（圆弧）	
实验 5	沿台阶滑面（折线）		实验 6	沿台阶滑面（折线）	
实验 7	路基内滑面（圆弧）		实验 8	路基内滑面（圆弧）	
实验 9	路基内滑面（圆弧）		实验 10	路基内滑面（圆弧）	
实验 11	沿基底覆土（圆弧）		实验 12	沿基底覆土（圆弧）	
实验 13	路基内滑面（圆弧）		实验 14	路基内滑面（圆弧）	

续表

方案	最不利滑面	计算断面	方案	最不利滑面	计算断面
实验15	沿基底覆土（圆弧）		实验16	路基内滑面（圆弧）	
实验17	沿基底覆土（圆弧）		实验18	沿基底覆土（圆弧）	
实验19	路基内滑面（圆弧）		实验20	沿台阶滑面（折线）	
实验21	沿基底覆土（圆弧）		实验22	沿基底覆土（圆弧）	
实验23	沿台阶滑面（折线）		实验24	沿台阶滑面（折线）	
实验25	沿台阶滑面（折线）		实验26	路基内滑面（圆弧）	
实验27	路基内滑面（圆弧）		实验28	路基内滑面（圆弧）	
实验29	沿台阶滑面（折线）		实验30	路基内滑面（圆弧）	
实验31	路基内滑面（圆弧）		实验32	沿基底覆土（圆弧）	

注：1. 计算断面中填方路基的颜色由浅至深代表压实度的由低至高。
2. 基底岩土参数不变，为稳定石灰岩和黏土覆盖层。

通过表 6-4 分别计算 4 个水平指标的平均值 $\bar{K}_l$ 如下：

（1）因素 A（填方高度）的水平指标：

$$\bar{K}_{1A} = (0.95+1.19+0.81+0.66+0.66+0.72+1.39+1.32)/8 = 0.963,$$
$$\bar{K}_{2A} = (1.13+1.01+0.80+0.88+0.67+0.87+0.78+1.17)/8 = 0.914,$$
$$\bar{K}_{3A} = (0.85+0.98+0.83+1.04+0.98+0.93+1.12+0.91)/8 = 0.955,$$
$$\bar{K}_{4A} = (1.83+1.58+0.66+0.60+1.01+0.60+1.63+0.90)/8 = 1.101$$

（2）因素 B（地面横坡）的水平指标：

$\bar{K}_{1B} = (0.95+1.13+0.85+1.83+0.66+0.67+0.98+1.01)/8 = 1.010$,
$\bar{K}_{2B} = (1.19+1.01+0.98+1.58+0.72+0.87+0.93+0.60)/8 = 0.985$,
$\bar{K}_{3B} = (0.81+0.80+0.83+0.66+1.39+0.78+1.12+1.63)/8 = 1.003$,
$\bar{K}_{4B} = (0.66+0.88+1.04+0.60+1.32+1.17+0.91+0.90)/8 = 0.935$

（3）因素 C（土层厚度）的水平指标：

$\bar{K}_{1C} = (0.95+1.13+0.98+1.58+1.32+1.17+1.12+1.63)/8 = 1.235$,
$\bar{K}_{2C} = (1.19+1.01+0.85+1.83+1.39+0.78+0.91+0.90)/8 = 1.108$,
$\bar{K}_{3C} = (0.81+0.80+1.04+0.60+0.72+0.87+0.98+1.01)/8 = 0.854$,
$\bar{K}_{4C} = (0.66+0.88+0.83+0.66+0.66+0.67+0.93+0.60)/8 = 0.736$

（4）因素 D[挖台阶（b）]的水平指标：

$\bar{K}_{1D} = (0.95+1.01+0.83+0.60+0.66+0.87+1.12+0.90)/8 = 0.868$,
$\bar{K}_{2D} = (1.19+1.13+1.04+0.66+0.72+0.67+0.91+1.63)/8 = 0.994$,
$\bar{K}_{3D} = (0.81+0.88+0.85+1.58+1.39+1.17+0.98+0.60)/8 = 1.033$,
$\bar{K}_{4D} = (0.66+0.80+0.98+1.83+1.32+0.78+0.93+1.01)/8 = 1.179$

（5）因素 E[挖台阶（β）]的水平指标：

$\bar{K}_{1E} = (0.95+1.01+1.04+0.66+1.32+0.78+0.98+0.60)/8 = 0.918$,
$\bar{K}_{2E} = (1.19+1.13+0.83+0.60+1.39+1.17+0.93+1.01)/8 = 1.031$,
$\bar{K}_{3E} = (0.81+0.88+0.98+1.83+0.72+0.67+1.12+0.90)/8 = 0.989$,
$\bar{K}_{4E} = (0.66+0.80+0.85+1.58+0.66+0.87+0.91+1.63)/8 = 0.995$

（6）因素 F（压实度）的水平指标：

$\bar{K}_{1F} = (0.95+0.80+0.85+0.66+0.72+1.17+0.93+0.90)/8 = 0.873$,
$\bar{K}_{2F} = (1.19+0.88+0.98+0.60+0.66+0.78+0.98+1.63)/8 = 0.963$,
$\bar{K}_{3F} = (0.81+1.13+0.83+1.83+1.32+0.87+0.91+0.60)/8 = 1.038$,
$\bar{K}_{4F} = (0.66+1.01+1.04+1.58+1.39+0.67+1.12+1.01)/8 = 1.060$

（7）因素 G（综合坡比）的水平指标：

$\bar{K}_{1G} = (0.95+0.80+0.98+0.60+1.39+0.67+0.91+0.60)/8 = 0.863$,
$\bar{K}_{2G} = (1.19+0.88+0.85+0.66+1.32+0.87+1.12+1.01)/8 = 0.988$,
$\bar{K}_{3G} = (0.81+1.13+1.04+1.58+0.66+0.78+0.93+0.90)/8 = 0.979$,
$\bar{K}_{4G} = (0.66+1.01+0.83+1.83+0.72+1.17+0.98+1.63)/8 = 1.104$

（8）因素 H（地下水位）的水平指标：

$\bar{K}_{1H} = (0.95+0.88+0.83+1.58+0.72+0.78+0.91+1.01)/8 = 0.958,$
$\bar{K}_{2H} = (1.19+0.80+1.04+1.83+0.66+1.17+1.12+0.60)/8 = 1.051,$
$\bar{K}_{3H} = (0.81+1.01+0.85+0.60+1.32+0.67+0.93+1.63)/8 = 0.978,$
$\bar{K}_{4H} = (0.66+1.13+0.98+0.66+1.39+0.87+0.98+0.90)/8 = 0.946$

（9）因素 I（地震烈度）的水平指标：

$\bar{K}_{1I} = (0.95+0.88+1.04+1.83+1.39+0.78+0.93+1.63)/8 = 1.190,$
$\bar{K}_{2I} = (1.19+0.80+0.83+1.58+1.32+0.67+0.98+0.90)/8 = 1.034,$
$\bar{K}_{3I} = (0.81+1.01+0.98+0.66+0.66+1.17+0.91+1.01)/8 = 0.901,$
$\bar{K}_{4I} = (0.66+1.13+0.85+0.60+0.72+0.78+1.12+0.60)/8 = 0.808$

通过对不同因素的水平指标进行计算可得，因素 A 的 4 个水平指标中 K_{iA} 的最小值为 $\bar{K}_{2A}$；因素 B 的 4 个水平指标中 K_{iB} 的最小值为 $\bar{K}_{4B}$；因素 C 的 4 个水平指标中 K_{iC} 的最小值为 $\bar{K}_{4C}$；因素 D 的 4 个水平指标中 K_{iD} 的最小值为 $\bar{K}_{1D}$；因素 E 的 4 个水平指标中 K_{iE} 的最小值为 $\bar{K}_{1E}$；因素 F 的 4 个水平指标中 K_{iF} 的最小值为 $\bar{K}_{1F}$；因素 G 的 4 个水平指标中 K_{iG} 的最小值为 $\bar{K}_{1G}$；因素 H 的 4 个水平指标中 K_{iH} 的最小值为 $\bar{K}_{4H}$；因素 I 的 4 个水平指标中 K_{iI} 的最小值为 $\bar{K}_{4I}$。因此最不利组合为 $\bar{K}_{2A}\bar{K}_{4B}\bar{K}_{4C}\bar{K}_{1D}\bar{K}_{1E}\bar{K}_{1F}\bar{K}_{1G}\bar{K}_{4H}\bar{K}_{4I}$。

为了明确各个因素对超高填方稳定系数的影响程度，要计算各个影响因子对试验指标的影响大小，按照影响高低排序。因此通过极差 R 来分析不同影响因素对稳定系数的影响情况，计算方法如式（6.3）所示。

$$R = \bar{K}_{i\max} - \bar{K}_{i\min} \tag{6.3}$$

因此分别计算不同影响因素的极差为

$R_A = \bar{K}_{4A} - \bar{K}_{2A} = 1.101 - 0.914 = 0.188,$
$R_B = \bar{K}_{1B} - \bar{K}_{4B} = 1.010 - 0.935 = 0.075,$
$R_C = \bar{K}_{1C} - \bar{K}_{4C} = 1.235 - 0.736 = 0.499,$
$R_D = \bar{K}_{4D} - \bar{K}_{1D} = 1.179 - 0.868 = 0.3111,$
$R_E = \bar{K}_{2E} - \bar{K}_{1E} = 1.031 - 0.918 = 0.114,$
$R_F = \bar{K}_{4F} - \bar{K}_{1F} = 1.060 - 0.873 = 0.188,$
$R_G = \bar{K}_{4G} - \bar{K}_{1G} = 1.104 - 0.863 = 0.241,$
$R_H = \bar{K}_{2H} - \bar{K}_{4H} = 1.051 - 0.946 = 0.105,$
$R_I = \bar{K}_{1I} - \bar{K}_{4I} = 1.190 - 0.808 = 0.383$

通过数值分析求出各因素不同组合下的超高填方稳定系数，并对其进行极差分析，如图 6-11 所示。

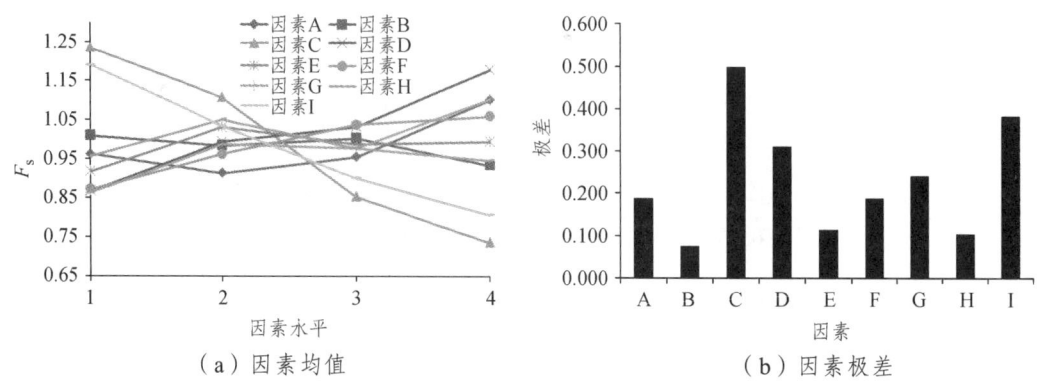

图 6-11　超高填方稳定性影响因素的均值和极差

图 6-11（a）中，横坐标为各因素水平分类，水平值按照所列的水平顺序排列；纵坐标反映了稳定系数 F_s 的统计值。对各因素的趋势进行分析发现：高填方的稳定系数随着填方高度 A、开挖台阶（b）D、压实度 F、综合坡比 G 的增大而表现出增大趋势，其中开挖台阶（b）D 对稳定系数的影响幅度最大（35.9%）；而随着地面横坡 B、覆土厚度 C、水位高度 H、地震烈度 I 的增大表现出减小趋势，其中覆土厚度 C 的影响幅度最大（67.7%）；另外开挖台阶（β）E 的影响趋势表现出较为平稳、有增有减，这是由于开挖台阶后填方滑面部分上移至填方内部而不沿台阶面滑移，导致其影响因素在稳定系数上体现不充分的现象。

由图 6-11（b）可知，极差分析中，在地震影响下各因素极差由大到小为：覆土厚度 C>地震烈度 I>开挖台阶（b）D>综合坡比 G>填方高度 A>压实度 F>开挖台阶（β）E>水位高度 H>地面横坡 B，可知在考虑超高填方稳定性的各因素中，覆土厚度对其稳定性影响最大，其次为地震烈度、开挖台阶、边坡坡比。覆土厚度由于土层本身的抗剪强度、力学性能低下，在厚度较大、填方填筑前不能完全清除的情况下，作为软弱不利岩土层的存在，对超高填方的整体稳定性造成最大程度的影响。实际工程中应重点关注填方基底覆盖层的发育情况，做好充足的清除、处置或支挡措施。

6.1.3　地震对超高填方路基沉降变形影响分析

6.1.3.1　地震对超高填方路基沉降变形机理分析

超高路堤沉降按产生的位置分为填方体自身沉降和地基沉降，而自身沉降按照产生的时段，分为工期沉降和工后沉降。

（1）填方自身沉降（见图 6-12）。

包含压缩变形（由自重和外荷载引起）与蠕变变形（由材料在时程内的蠕变引起）。考虑地震作用时，填方体荷载水平增大，故填方自身沉降增大。

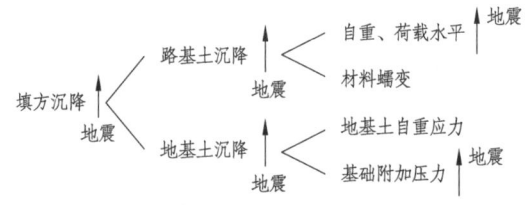

图 6-12　地震引起填方沉降原因分析

（2）工期沉降。

填料受到自身重力和机械设备的压实作用力共同作用，内部的结构受力变化明显。填料不同程度地发生位移、破碎、挤压嵌入、再次位移排列，此过程反复的同时伴随着填料自身的弹塑性变形，以上过程在短时间即可完成。

（3）工后沉降。

在路基施工完成后，填料不再受到施工期的压实作用，主要受到自重作用和行车动荷载。长期填料内部仍有少量的挤压错动、破碎、重新排列，应力重新分布。路堤内部应力改变，填料的结构发生蠕变变形，且逐渐减小不断趋于稳定，直至填料达到稳定平衡状态。

（4）地基土沉降。

由影响范围内地基土的自重应力和基础附加压力引起。考虑地震作用时，填方体底部的基底附加压力增大，故地基土沉降增大。在地震影响下，路基由于横向地震力、竖向地震力和重力的共同影响，路基本身和地基在竖向上都会有沉降变形。该沉降变形为永久变形，不可恢复。

目前求解高填方沉降的方法主要有：①解析法，包含弹性理论法、分层总合法等；②数值分析法，包含有限元法、差分法、应力路径法等。

6.1.3.2 地震对超高填方路基沉降变形影响因素分析

利用 Geostudio 软件采用动力法研究地震条件下不同因素对高填方沉降的影响，主要考虑超高填方路基位于水平场地和斜坡场地时，关注路基高度、路基坡率以及地震烈度三方面对超高填方路基的变形影响。

填料参数采用某高速公路的试验参数，如表 6-6 所示。

表 6-6 动载模拟参数设置

材料	重度 /(kN·m^{-3})	黏聚力/kPa	内摩擦角/(°)	泊松比	阻尼比	最大剪应力/kPa
填方	20	5	32	0.3	0.1	320
黏土	18	16	9	0.3	0.1	170
强风化	24	38	26	0.25	0.1	410
中风化	26	97	38	0.25	0.1	1 100

为了获取工程场地各土层的动力学特性，并为土层地震动反应分析提供土层动力学数据，对地基土样进行了动三轴试验工作，试验土样为原状土样，试验的成样、试验方法及试验资料整理均按 GB/T 50123—2019《土工试验方法标准》中的有关规定进行。试验方法：将试样置于三轴室内上下活塞之间，采取一定的固结比，通过气体压力对试样施加轴、侧向静压力，使其固结。待土样固结完成后，在不排水的条件下，对试样施加由小到大的轴向激振力进行动弹模试验。试验期间，测量系统将振动过程中的力、位移、孔隙水压力值记录

下来。微机系统对试验进行控制和对试验数据进行处理并输出成果报告,如图 6-13 ~ 图 6-15 所示。

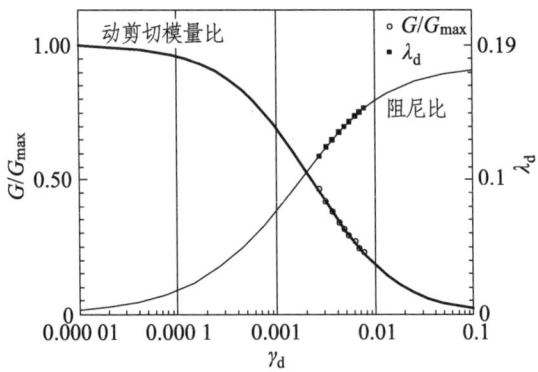

图 6-13　试件 1 卵石土动剪切模量比、阻尼比与剪应变关系曲线

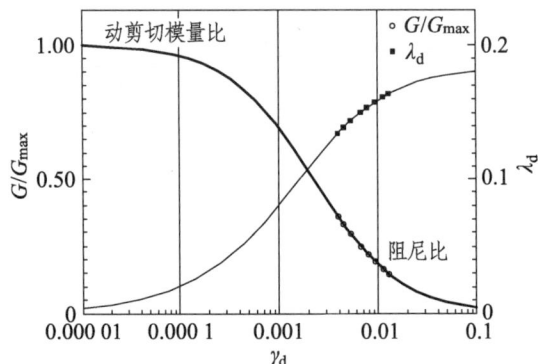

图 6-14　试件 4 粉质黏土参数与剪应变关系曲线

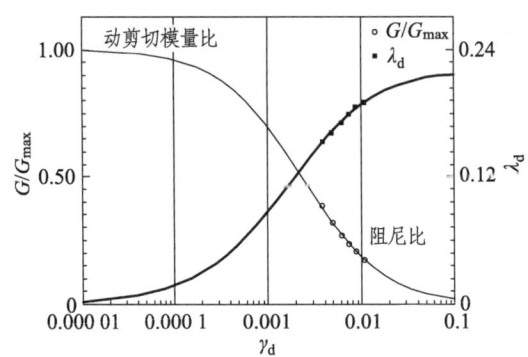

图 6-15　试件 9 泥岩参数与剪应变关系曲线

1. 水平场地情况下地震对超高填方路基沉降变形影响

1)地震作用下路堤高度对沉降变形影响

当仅考虑路堤高度时,其他变量保持不变。地震烈度考虑为 9 度地震,按 GB 50191—2012《构筑物抗震设计规范》中对加速度的取值,设计峰值加速度 $A_v = 0.25g$、$A_h = 0.4g$。另采用 GEO5 软件模拟生成地震波,时间周期 $T = 10$ s,时间步 400,水平设计加速度 $0.4g$,竖

直设计加速度 0.25g，生成地震波反应谱如图 6-16 ~ 图 6-17 所示。将加速度以时间点为自变量绘图，作加速度时程曲线如图 6-16 ~ 图 6-19 所示。

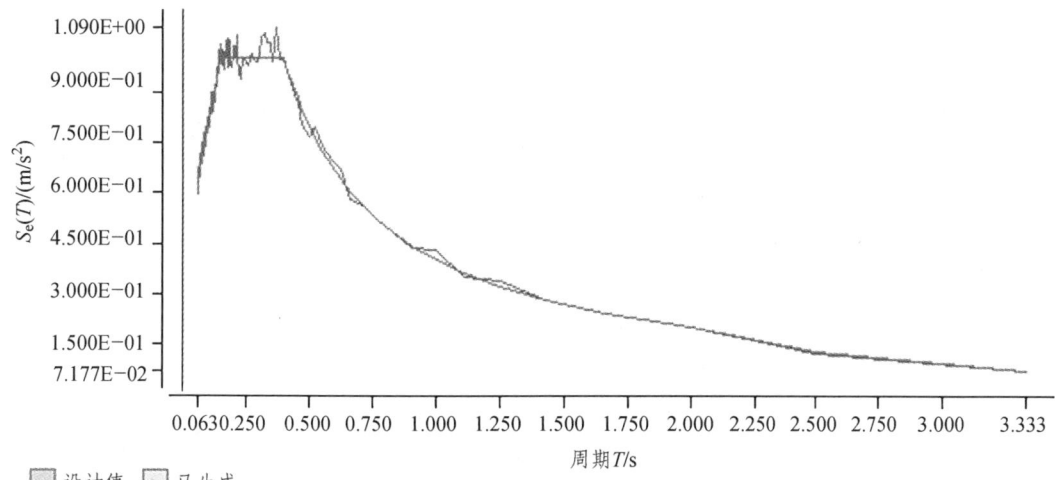

图 6-16 地震水平弹性反应谱

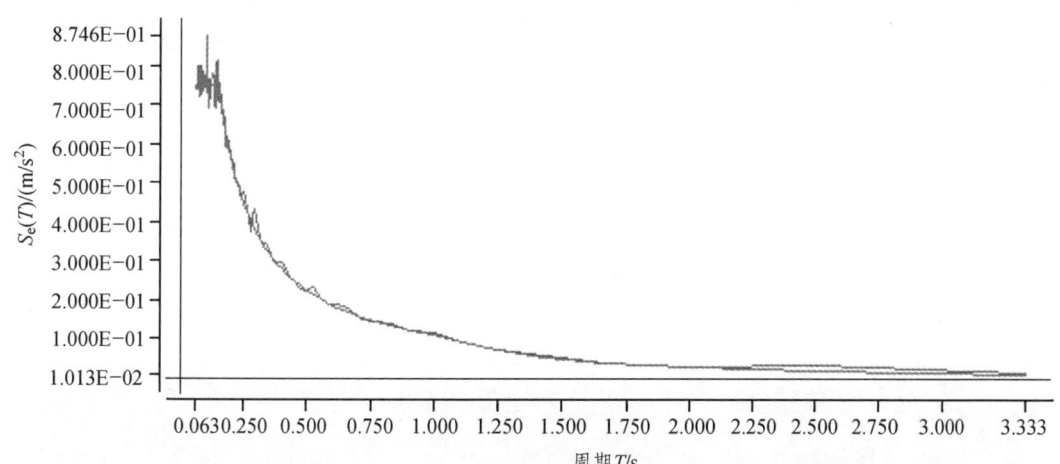

图 6-17 竖向地震弹性反应谱

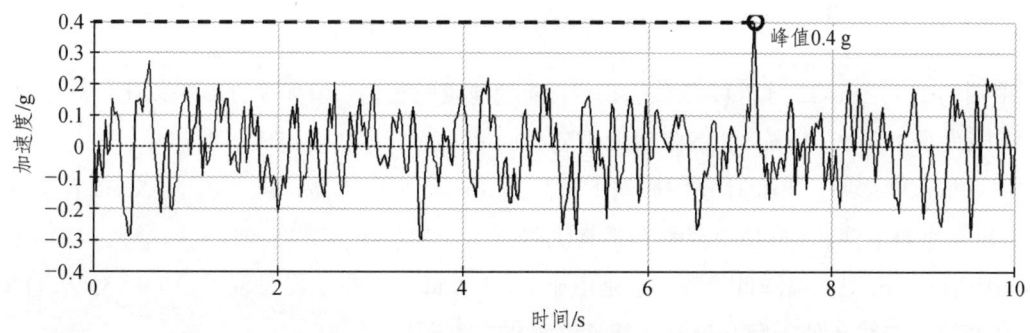

图 6-18 地震水平加速度时程曲线

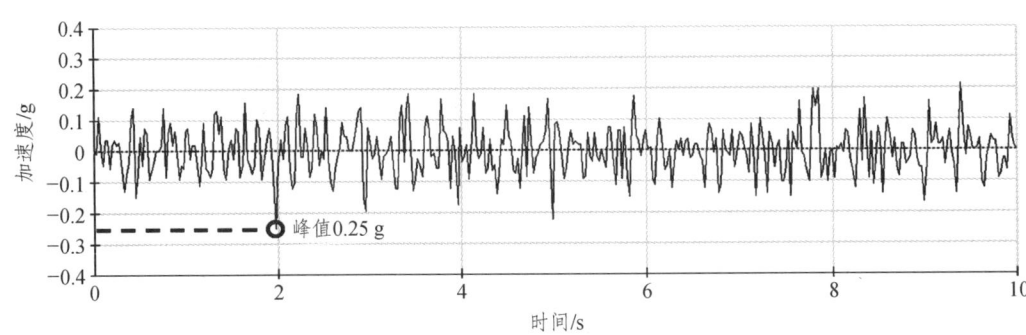

图 6-19 地震竖向加速度时程曲线

边坡模型采用左右对称的半理想形式，主要目的为单一研究沉降的竖向位移。高填方边坡坡率采用 1∶1.75，路基宽度 33.5 m，坐落于水平基底上。基底条件为厚度 8 m 的黏土层，下伏 6 m 厚强风化泥岩，下为中风化泥岩。起始填方高度 h_1=50 m，后以 10 m 为台阶递增，最大高度为 100 m。主要尺寸布置及网格划分见图 6-20。以初始静态模拟填方路堤的初始应力场，设置边界条件为两侧 x 向约束，底部 xy 向约束；随后的动力分析中由于两方向地震动载的加入，底部约束不变，将两侧 x 向约束改为 y 向约束。分别做 h = 50 m、60 m、70 m、80 m、90 m、100 m。取路基中线点为观测点，测量路基顶部沉降。

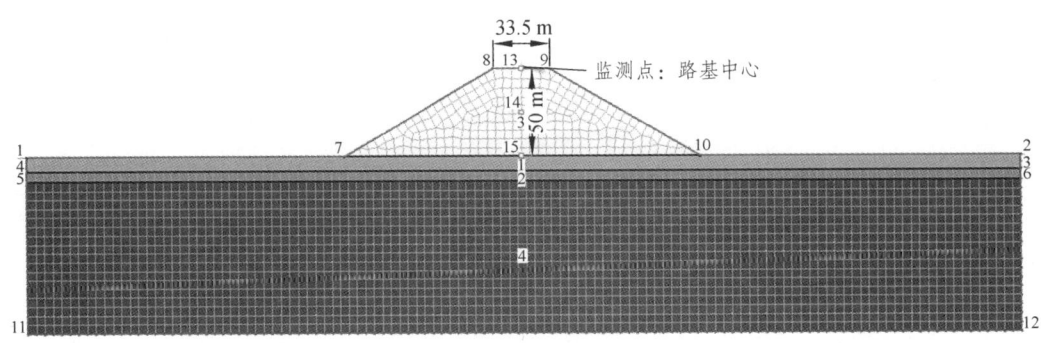

图 6-20 模型尺寸及网格划分图

由图 6-21 ~ 图 6-22 分析可得：①在一个 9 度地震时程内，超高填方路堤发生一定量的沉降，沉降大小小于 26.2 cm；②沉降量大小随着时间推移，存在一定大小的浮动，这是由于地震的往返加速度影响；③整体地震影响下沉降量先平稳小幅提高，再大幅增大，接着达到峰值，后出现小幅下降；④峰值沉降量和最终沉降量大小均随填方高度的增大而增大，特别地，在 h = 100 m 时出现小幅降低趋势，这是由于 h = 100 m 时，在地震时程 t = 10.0 s 处，沉降还未达到峰值，曲线还处于爬升阶段，路基沉降仍在不断增大。

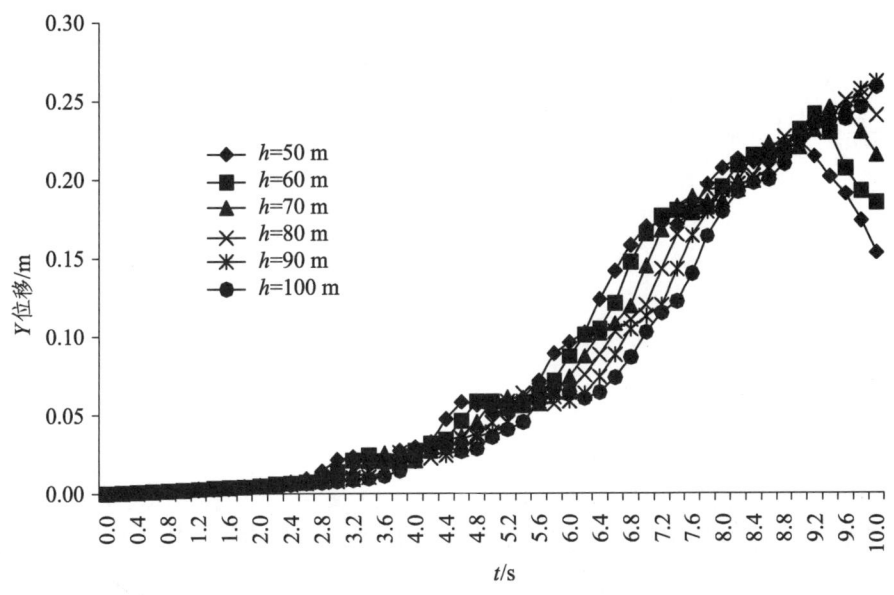

图 6-21 地震下路基中点处 y 向位移时程曲线

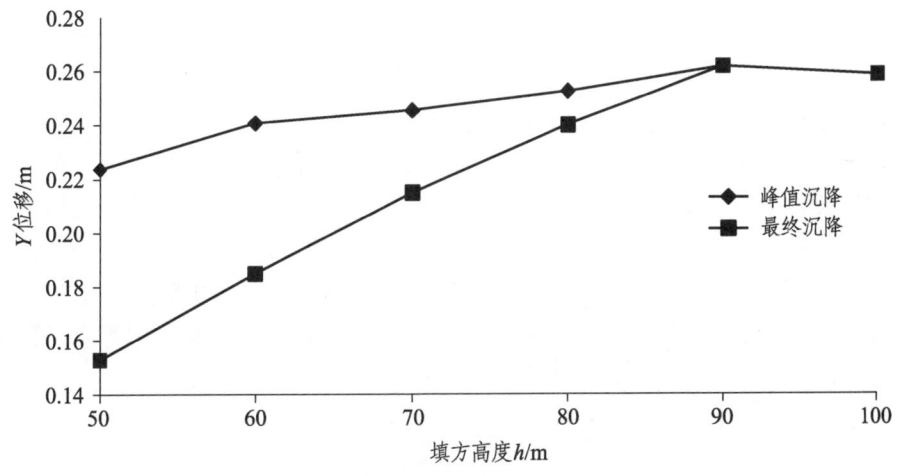

图 6-22 地震下 y 向位移受填方高度影响情况趋势

2）地震作用下路基坡率对沉降变形影响

当仅考虑路基坡率变化时，其他变量保持不变。地震烈度考虑为 9 度地震，按 GB 50191—2012《构筑物抗震设计规范》中对加速度的取值，设计峰值加速度 $A_v = 0.25g$、$A_h = 0.4g$。同样采用 GEO5 软件模拟生成地震波，时间周期 $T = 10$ s，时间步 400，水平设计加速度 $0.4g$，竖直设计加速度 $0.25g$，生成地震波反应谱如图 6-16 ~ 图 6-17 所示。将加速度以时间点为自变量绘图，作加速度时程曲线，如图 6-23 ~ 图 6-24 所示。

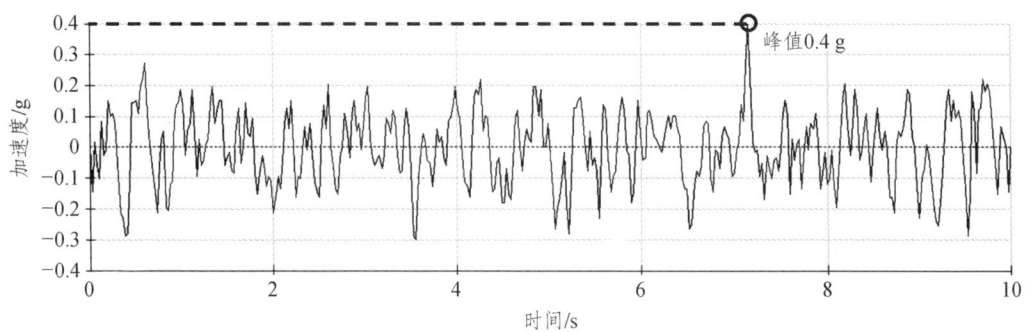

图 6-23　地震水平加速度时程曲线

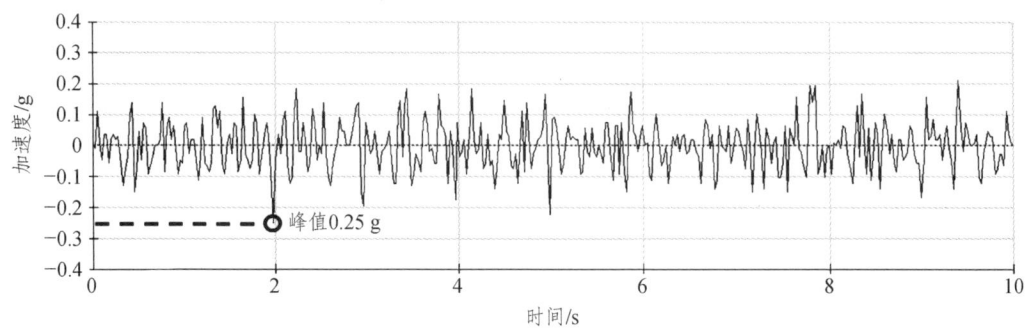

图 6-24　地震竖向加速度时程曲线

边坡模型采用左右对称的半理想形式，主要目的为单一研究沉降的竖向位移。高填方边坡高度采用 80 m，路基宽度 33.5 m，坐落于水平基底上。基底条件为厚度 8 m 的黏土层，下伏 6 m 厚强风化泥岩，下为中风化泥岩。以初始静态模拟填方路堤的初始应力场，设置边界条件为两侧 y 向约束，底部 xy 向约束；随后的动力分析中由于两方向地震动载的加入，底部约束不变，将两侧 x 向约束改为 y 向约束。分别做填方坡比 $n=1:1.5$、$1:1.75$、$1:2$、$1:2.25$、$1:2.5$。模型建立情况如图 6-25 ~ 图 6-29 所示。取路基中线点为观测点，测量路基顶部沉降。

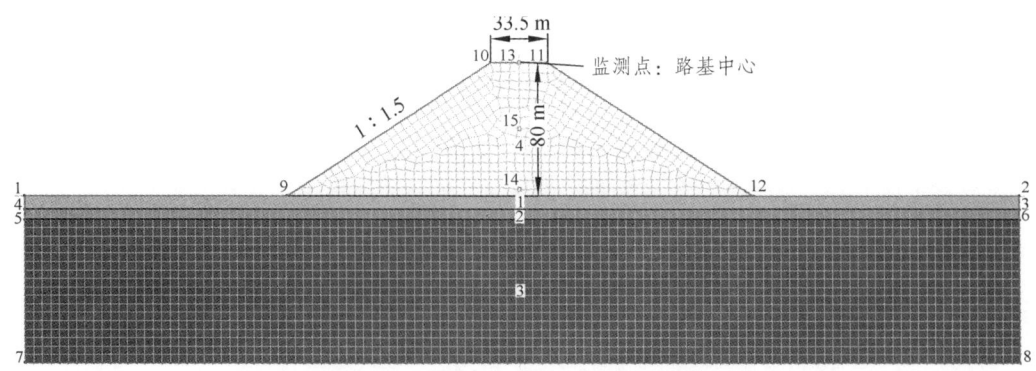

图 6-25　坡比 $n=1.5$ 时有限元模型

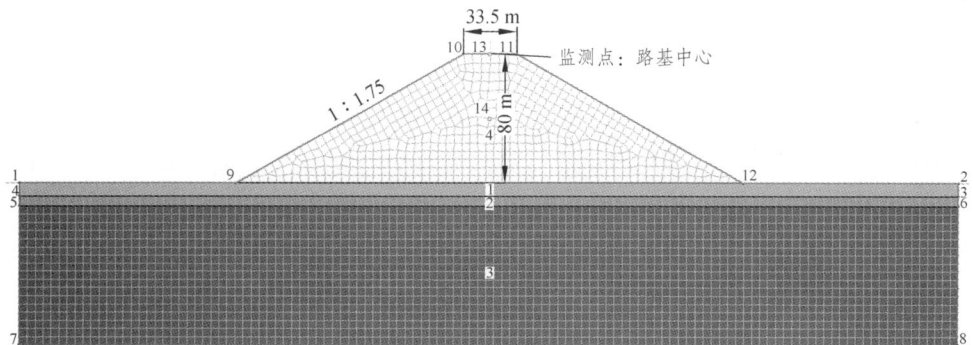

图 6-26　坡比 $n=1.75$ 时有限元模型

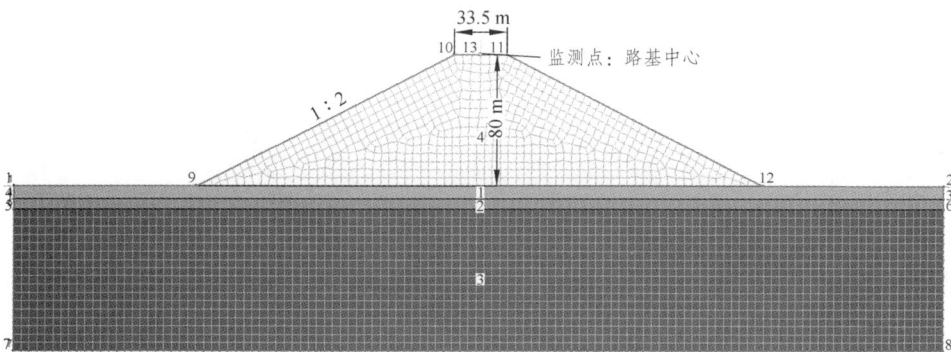

图 6-27　坡比 $n=2$ 时有限元模型

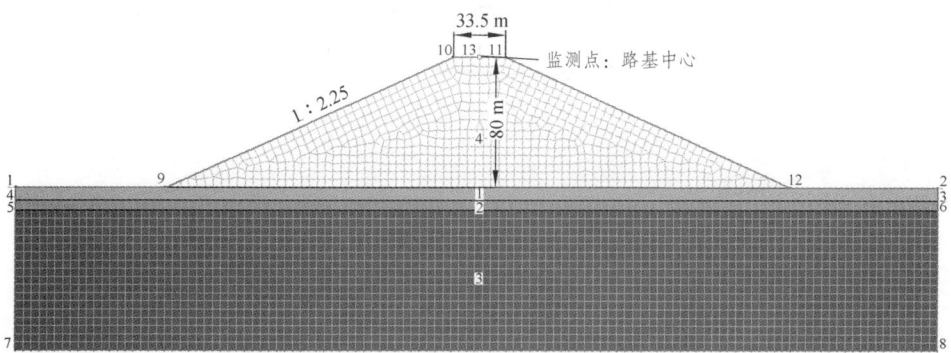

图 6-28　坡比 $n=2.25$ 时有限元模型

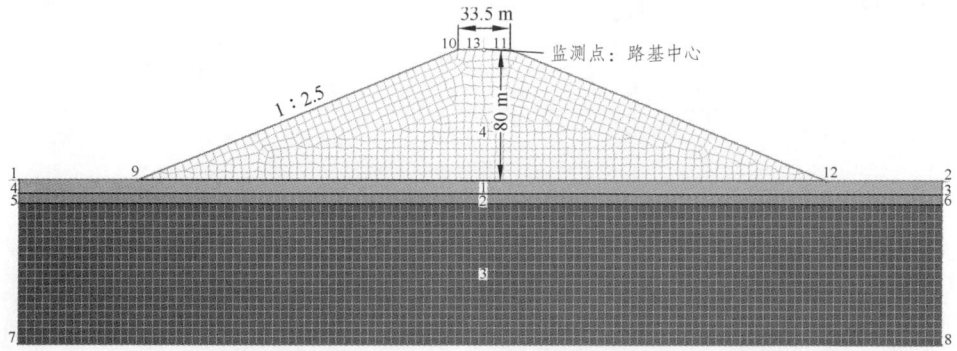

图 6-29　坡比 $n=2.5$ 时有限元模型

由图 6-30～图 6-31 分析可得：①在一个 9 度地震时程内，超高填方路堤发生一定量的沉降，沉降大小小于 25.7 cm；②沉降量大小随着时间推移，存在一定的大小浮动，这是由地震的往返加速度所致；③整体地震影响下沉降先平稳小幅提高，再大幅增大，接着达到峰值，后出现小幅下降；④不同填方坡比对沉降量的影响较小，偏差均在 1.42 cm 内。说明了若能保证填方填筑质量（填方体力学参数得以保证），放缓边坡最大意义在于对边坡整体侧向稳定性的提升，但对于沉降的作用则存在微小的负面效果，由于边坡过缓，占地增加，同时增加了填方自重，略微增加了填方体的整体沉降。

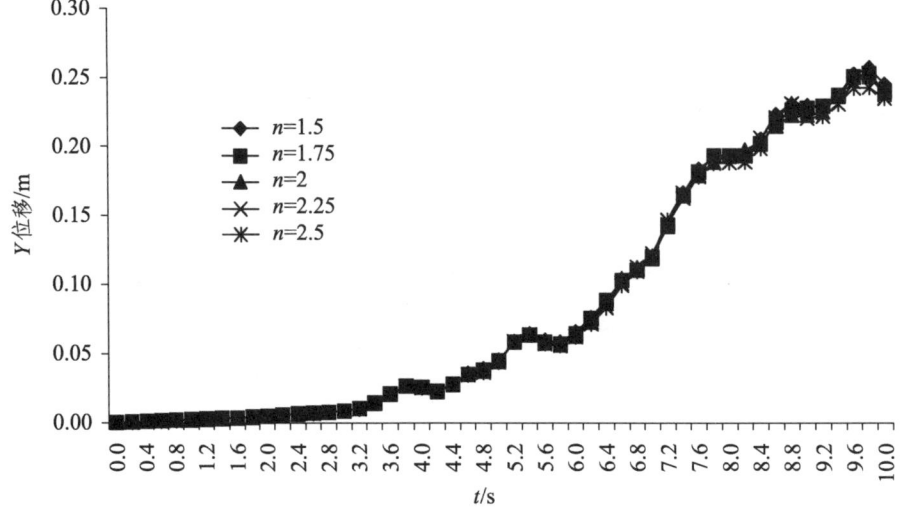

图 6-30　地震下路基中点处 y 向位移时程曲线

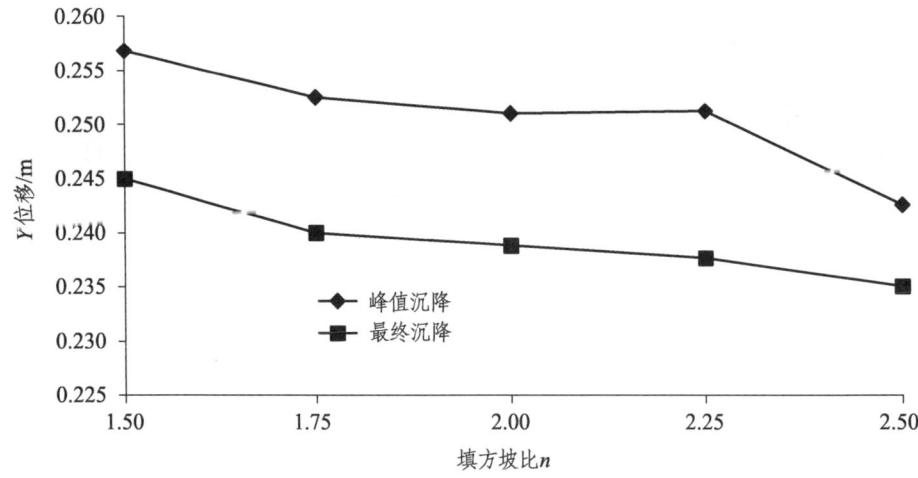

图 6-31　地震下 y 向位移受填方坡比影响情况趋势

3）地震烈度对超高填方沉降变形影响

当仅考虑地震烈度时，其他变量保持不变。地震烈度考虑为 7～9 度地震，按 JTG B02—2013《公路工程抗震规范》中对加速度的取值，设计峰值加速度见表 6-7。同样采用 GEO5 软件模拟生成地震波，时间周期 $T = 10$ s，时间步 400，水平、竖直设计加速度按表 6-7 取值。将加速度以时间点为自变量绘图，作加速度时程曲线，如图 6-32～图 6-36 所示。

表 6-7　地震设计加速度设置

组别	①	②	③	④	⑤
地震基本烈度	7 度	7 度	8 度	8 度	9 度
水平加速度 A_h	0.10g	0.15g	0.20g	0.30g	0.40g
竖向加速度 A_v	0	0	0.10g	0.17g	0.25g

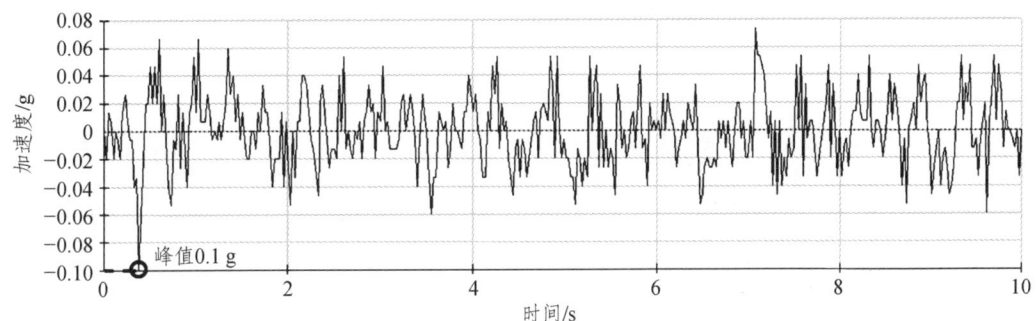

图 6-32　地震 7 度（0.1g）下水平向地震加速度时程曲线

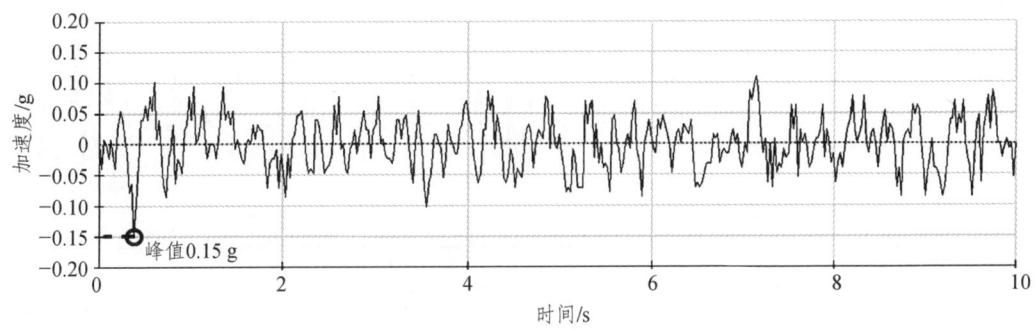

图 6-33　地震 7 度（0.15g）下水平向地震加速度时程曲线

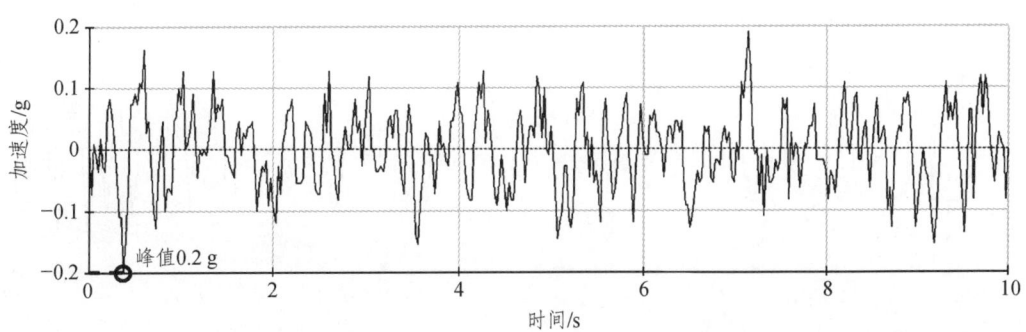

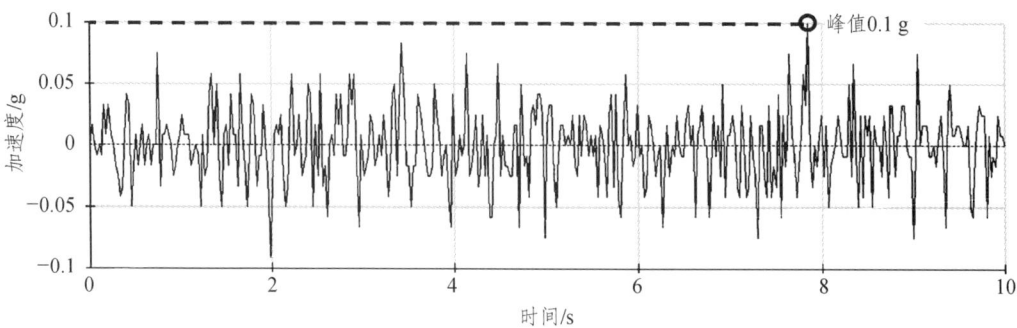

图 6-34　地震 8 度（$0.2g+0.1g$）下水平+竖直向地震加速度时程曲线

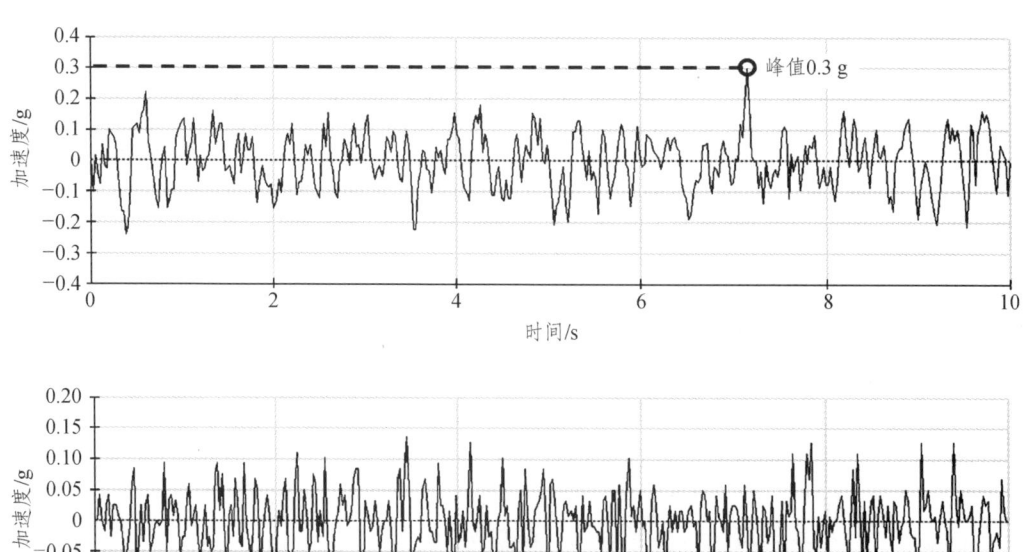

图 6-35　地震 8 度（$0.3g+0.17g$）下水平+竖直向地震加速度时程曲线

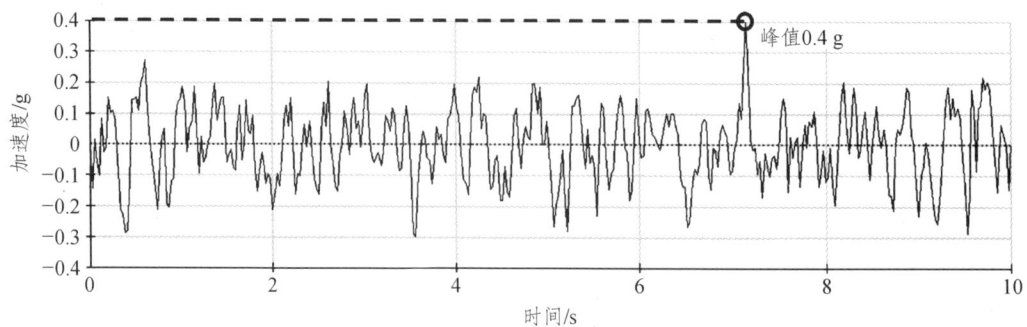

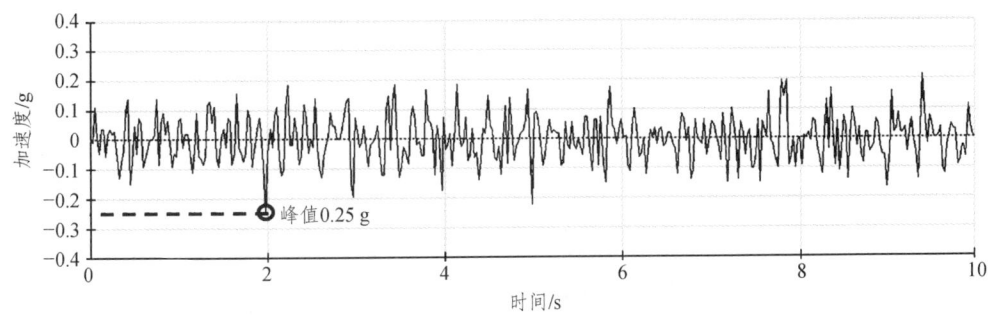

图 6-36　地震 9 度（$0.4g + 0.25g$）下水平 + 竖直向地震加速度时程曲线

由模拟结果图 6-37 ~ 图 6-39 可得：①当地震烈度较小（7 度）时，只考虑水平方向的地震作用，竖直向地震作用为零。此时填方体的竖向沉降数值很小（如图 6-38），处于 -1.28×10^{-4} ~ 7.46×10^{-5} m 范围；②沉降量大小随着时间推移，存在一定的大小浮动，这是因为地震的往返加速度影响。当地震烈度较小时，沉降量有正有负，表明观测点在原位上下皆有浮动。地震烈度较大时，沉降均为正值，路基整体表现出下沉趋势；③随着地震烈度增大，路基沉降量大幅提高。沉降量发展趋势相近，其大小主要受竖直方向地震作用的控制。整体趋势均由小幅波动到大幅震动，最后幅度有所削弱；④如图 6-39 所示，随着地震烈度增大，路基在整个 10 s 地震时程内的最终沉降呈类指数趋势增大，而峰值加速度在 8 度地震 $0.2g + 0.1g$ 至 $0.3g + 0.17g$ 两组模拟中出现略微下降趋势。此现象是由两竖向地震波峰值出现的时刻有别所致（如图 6-34 ~ 图 6-35 所示）。加速度 $0.3g + 0.17g$ 模拟中峰值加速度出现在前段，此时填方沉降还未大幅发展，而 $0.2g + 0.1g$ 模拟中峰值出现在后段，此时沉降已出现较大发展，且时刻与峰值沉降出现点吻合。

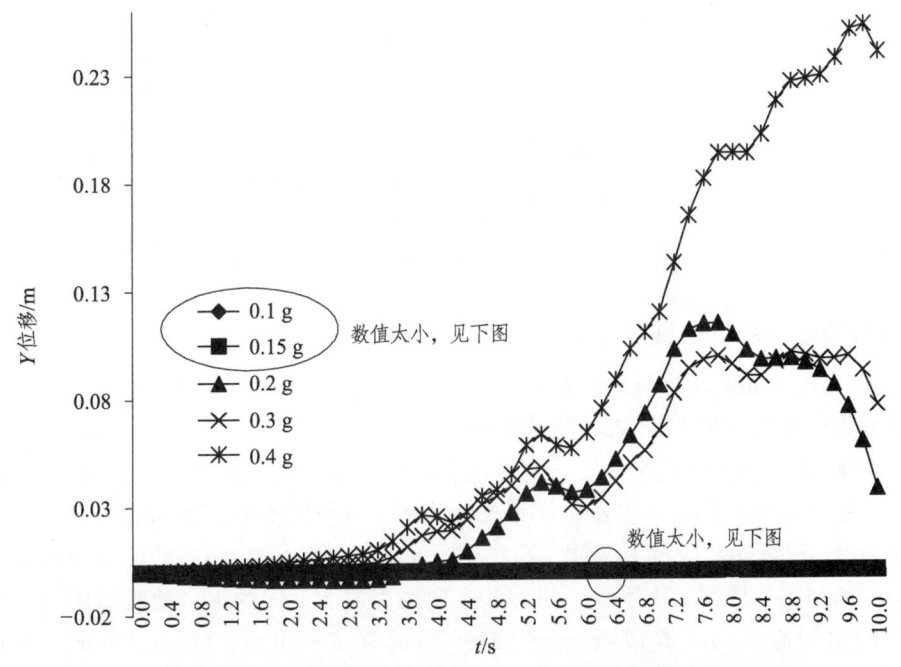

图 6-37　地震下路基中点处 y 向位移时程曲线

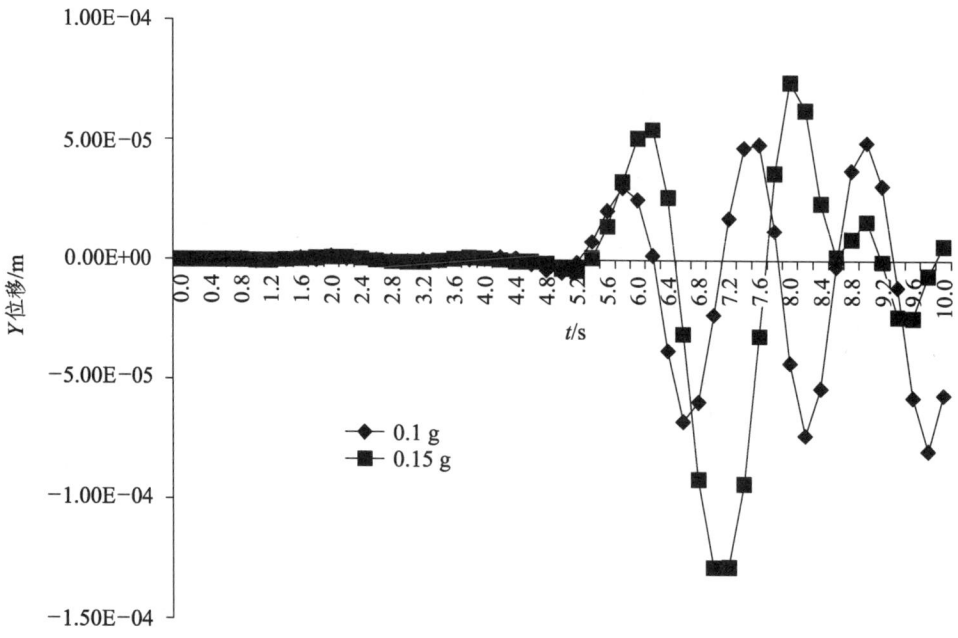

图 6-38 地震下路基中点处 y 向位移时程曲线（7 度大图）

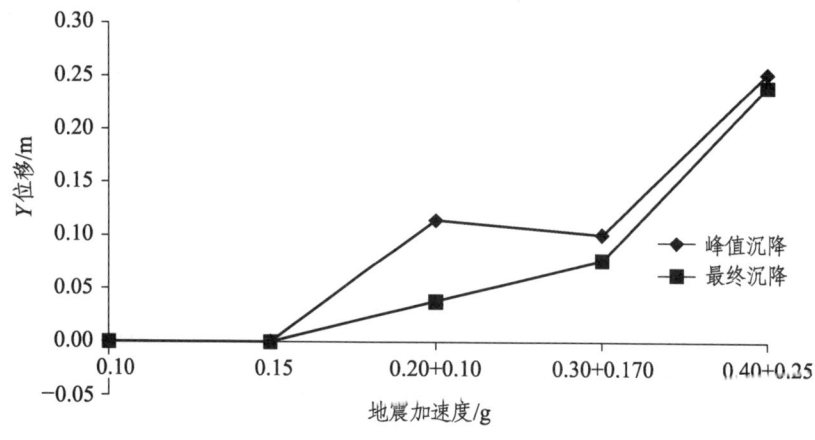

图 6-39 地震下 y 向位移受地震烈度影响情况趋势

2. 斜坡场地情况下地震对超高填方路基沉降变形影响

1）填方高度对超高填方沉降的影响

高填方边坡坡率采用 1：1.75，路基宽度 33.5 m，基底坡度 15°。基底条件为厚度 3 m 的黏土层，下覆 10 m 厚强风化泥岩，下为中风化泥岩。起始填方高度 $h_1 = 50$ m，后以 10 m 为台阶递增，最大高度为 90 m。主要尺寸布置及网格划分见图 6-40。以初始静态模拟填方路堤的初始应力场，设置边界条件为两侧 x 向约束，底部 xy 向约束；随后的动力分析中由于两方向地震动载的加入，底部约束不变，将两侧 x 向约束改为 y 向约束，地震烈度考虑为 8 度地震，设计峰值加速度 $A_v = 0.17g$、$A_h = 0.3g$。分别做 $h = 50$ m、60 m、70 m、80 m、90 m 5 组试验。取路基中心点为监测点，测量路基位移。

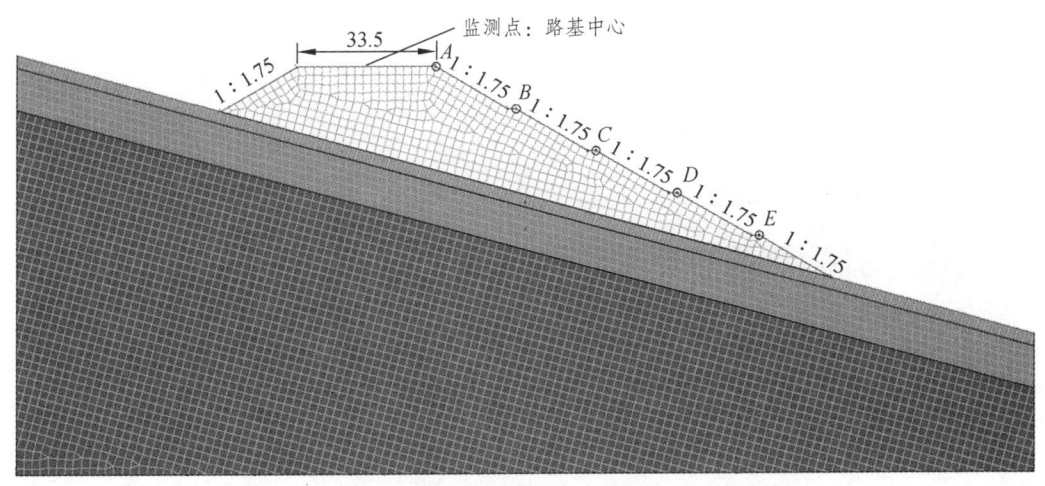

图 6-40　模型尺寸及网格划分图（填方高度倾斜基底）

由图 6-41 可得：8 度地震下，填方路基的峰值沉降（竖直方向位移）随填方高度的增大而增大，在边坡高度为 90 m 时达到沉降位移约 27 cm，与水平基底情况相近。高度与沉降之间呈一种近似的线性关系。但在斜坡地带，相比于竖向沉降，监测点的水平位移更为显著，表明在强地震的作用下，高填方路基发生了侧向滑移，水平位移峰值达到了约 97 cm。水平方向的位移情况，在本沉降章节中不作赘述。

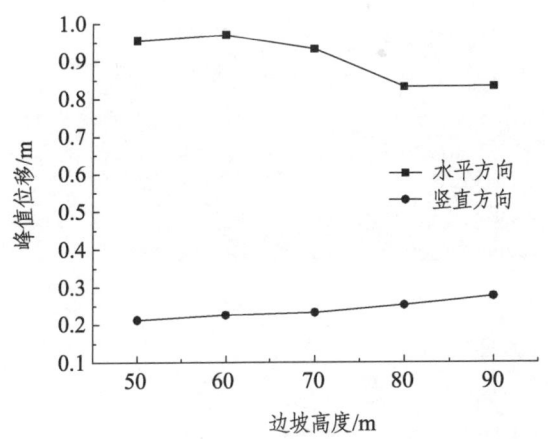

图 6-41　路基中心测点位移随边坡高度变化情况曲线

2）地震作用下路基坡率对超高填方沉降变形影响

高填方边坡中心填高采用 30 m，路基宽度 33.5 m，基底坡度 15°。基底条件为厚度 3 m 的黏土层，下覆 10 m 厚强风化泥岩，下为中风化泥岩。以初始静态模拟填方路堤的初始应力场，设置边界条件为两侧 x 向约束，底部 xy 向约束；随后的动力分析中由于两方向地震动载的加入，底部约束不变，将两侧 x 向约束改为 y 向约束，地震烈度考虑为 8 度地震，设计峰值加速度 $A_v = 0.17g$、$A_h = 0.3g$。分别考虑填方坡比 n = 1∶1.5、1∶1.75、1∶2、1∶2.25 四种工况。模型建立情况如图 6-42，取路基中心点为监测点，测量路基位移。

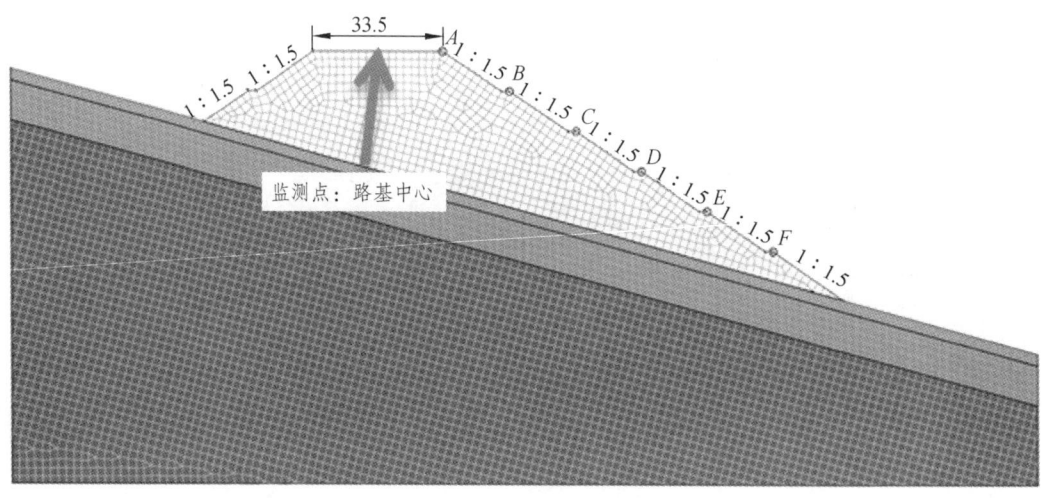

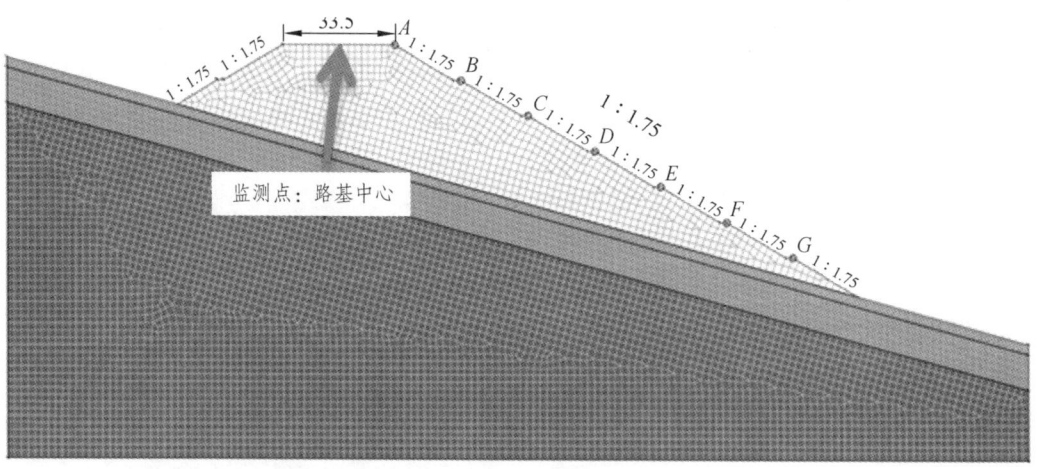

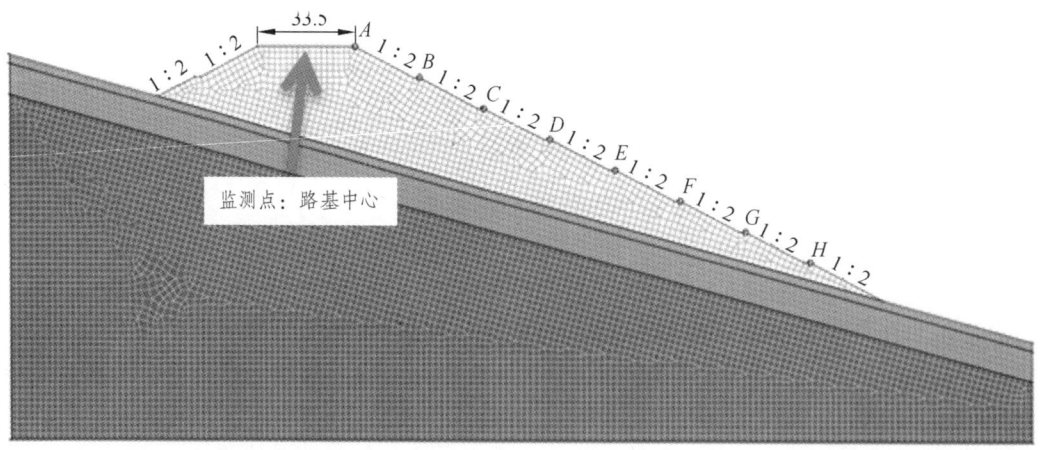

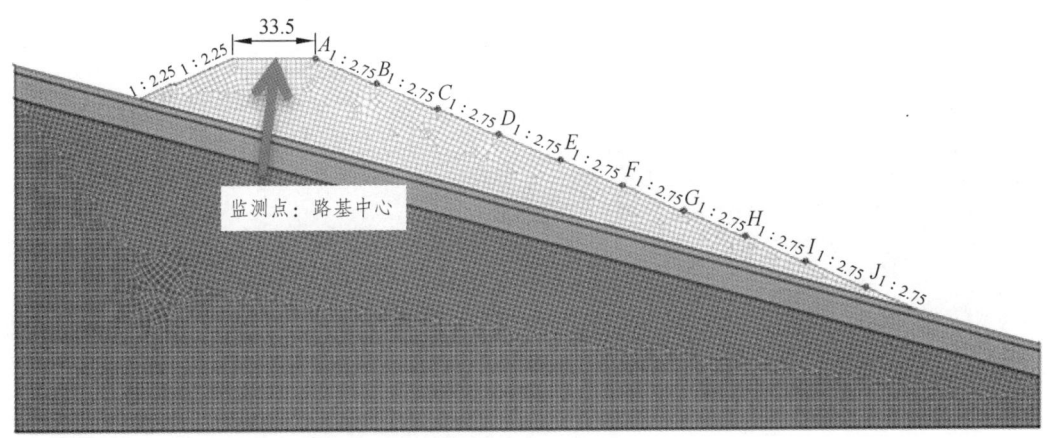

图 6-42 模型尺寸及网格划分图（填方坡度倾斜基底）

由模拟结果图 6-43 可知：当填方坡比在 1：1.5～1：2.25 之间发生变化时，路基中心点的竖向沉降量并没有发生太大的变化，峰值沉降量数值均在 25 cm 上下，与水平基底情况相似。表明在地震影响下，边坡坡比的改变不能明显地影响到填方的沉降大小，放缓边坡并不是一个降低沉降量的有效措施。类似地，路基中心观测点也因路基发生侧向滑移而见证了更大的水平位移，此处对水平方向不作赘述。

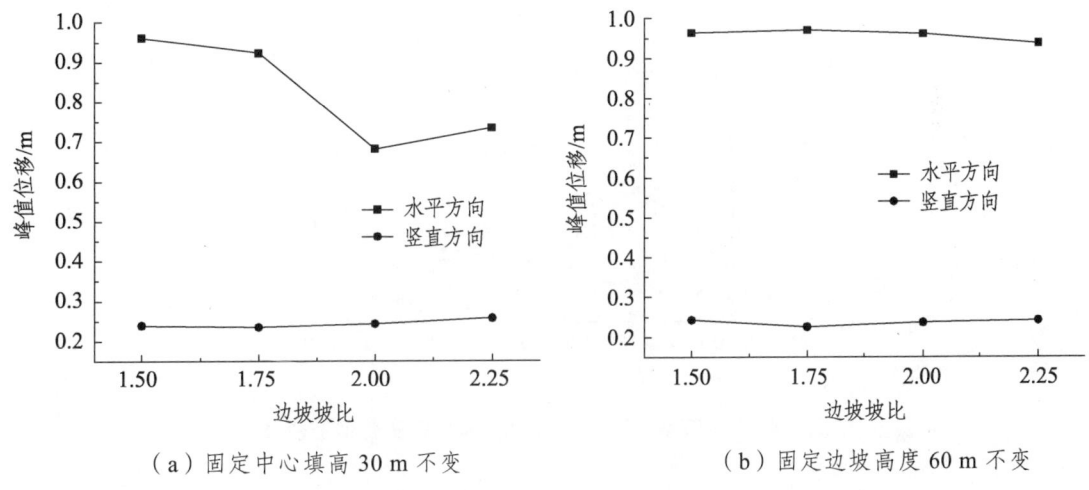

（a）固定中心填高 30 m 不变　　　　（b）固定边坡高度 60 m 不变

图 6-43 路基中心测点位移随边坡坡度变化情况曲线

3）地震烈度对超高填方沉降的影响

当仅考虑地震烈度时，以边坡高度 60 m 为基本模型，分析模型见图 6-44。地震烈度考虑为 7～9 度地震，按规范中对加速度的取值，设计峰值加速度见表 6-7，加速度时程曲线根据对应竖向、水平加速度生成。

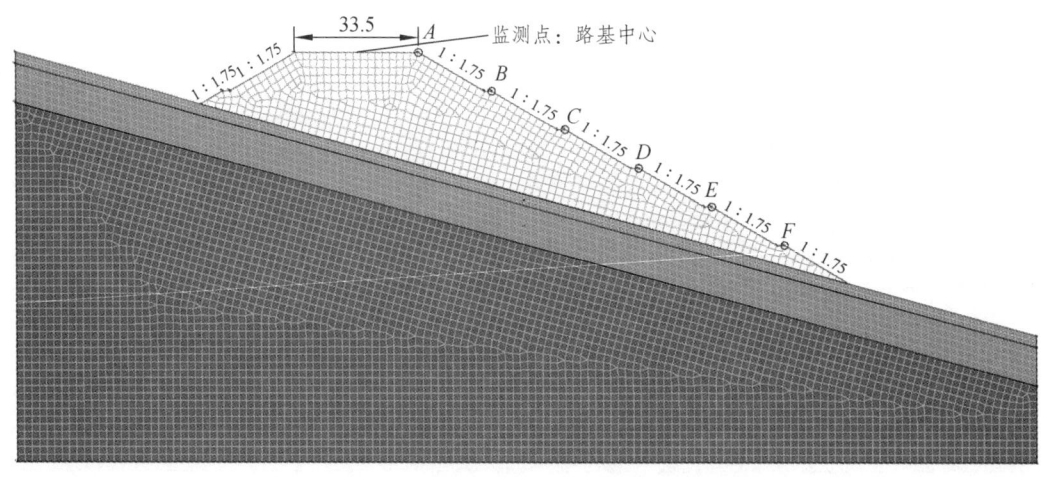

图 6-44　模型尺寸及网格划分图（地震烈度倾斜基底）

由模拟结果图 6-45 可知：地震烈度的增大对高填方竖向沉降的影响强烈，由 7 度时的 2 cm 增加至 9 度时的 31 cm，增幅超过 1 400%。强地震引起了填方体内部荷载水平陡增，内部的结构受力变化明显。填料不同程度地发生位移、破碎、挤压嵌入、再次位移排列，反复此过程的同时伴随着填料自身的弹塑性变形。斜坡基底条件下观测到的沉降大小随地震加速度的变化趋势近线性，与水平基底情况相似。

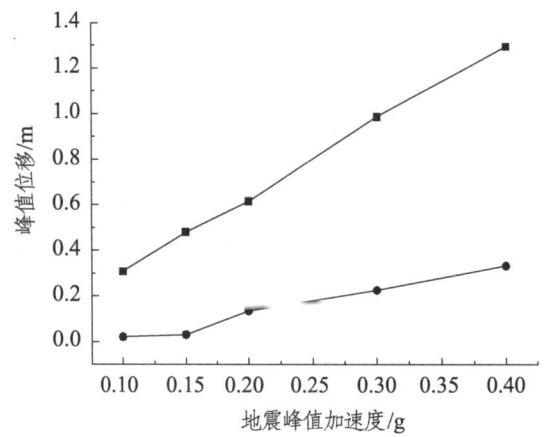

图 6-45　路基中心测点位移随地震烈度变化情况曲线

6.2　超高填方抗震对策

对于地震带来的超高填方稳定性降低、沉降变形增大、结构破坏等问题，实际工程中可针对性地采取工程措施。关键在于明确不良影响的诱导因素，再采取有效方案来破坏诱导因素，或是减小诱导因素的出现概率。

6.2.1 稳定性对策

超高填方受到地震这个惯性力的作用，荷载水平急剧增加，造成边坡在最不利情况下的剩余下滑力达到较高水平。由于惯性力无法通过工程方法削弱，无法"破坏其诱导因素"，故保证抗震条件下的稳定性方法只能从提高支挡结构的抗力水平或是增加路基本身的自稳和抗滑能力入手。如采用截面更大的抗滑桩、圬工量更大的挡土墙、更缓的放坡坡率、更加严格控制的填料质量、加筋土填筑等。

充分利用场区地形条件始终是考虑边坡稳定性方案的首选考虑对象。在地形条件允许的条件下，更缓的边坡坡率配置能有效提高填方边坡的自稳能力。填方稳定性系数随着填方坡比的放缓而提高，且效果显著（由常规坡率下 $F_s = 1.05$ 放缓提高至 $F_s = 1.29$）。拟用 1∶2 ~ 1∶2.5 坡比放坡，边坡的自稳性可基本满足加速度为 $0.4g$ 的抗震要求，可不另设支挡结构，同时此坡比也不至于过缓，对填方坡脚收坡和节省占地范围均有利[63]。

路基加筋后能较为显著地提高路基的稳定性系数（由不加筋下 $F_s = 1.04$ 提高至加筋条件 $F_s = 1.17$，如图 6-46、表 6-8 所示）。筋带铺设间距 2 ~ 5 m，配合常规支挡措施，可基本解决加速度为 $0.4g$ 下填方高度 40 余米的斜坡填方在高地震区的自身稳定问题。特别地，当路基加筋采用一种具有一定厚度（如 10 cm）的"土工格室"材料后，可将受格式层约束的土体整体以"复合土层"考虑，而非采用筋带横向抗拉模型来计算处置后的高填方工点。其机理为：由于格室给填料提供了一个强大的侧向约束力，促使该复合结构体在强度和刚度上高于地基土数倍（相当于一定程度上的半刚性结构层），使路上部应力得到均化，尤其对于高填方来说，填方体内等效为增加了若干层较高抗剪强度的复合结构层，可一定程度上提高路基的自稳能力。铺设土工格室后的复合结构层的内摩擦角视为不变，而黏聚力可较大提高，具体关系可由式（6.4）~ 式（6.7）计算所得：

$$c_R = 0.5\Delta\sigma_3 \tan\left(45° + \frac{\varphi}{2}\right) \tag{6.4}$$

$$\Delta\sigma_3 = \frac{2M}{d_0} \cdot \frac{1-\sqrt{1-\varepsilon_a}}{1-\varepsilon_a} \tag{6.5}$$

$$d_0 = d\sqrt{1-\varepsilon_a} \tag{6.6}$$

$$\varepsilon_c = \frac{1-\sqrt{1-\varepsilon_a}}{\sqrt{1-\varepsilon_a}} \tag{6.7}$$

式中，M——土工格室材料 1.5%伸长率的割线模量（kN/m）；

ε_a——格室允许的轴向应变，一般取 0.015；

d_0——格室初始直径（m）；

ε_c——格室允许的环向应变。

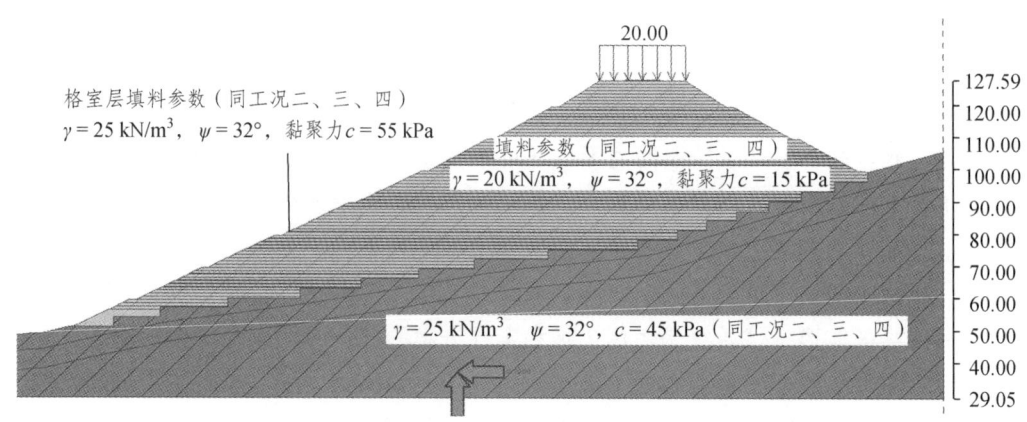

图 6-46 土工格室处理计算

表 6-8 不同土工格室配置下高填方稳定性系数计算

方案		地震工况（$A_h = 0.4g$，$A_v = 0.25g$）	
		剩余下滑力 F_n/（kN·m^{-1}）	稳定性系数 F_s
不加格室		889.80	1.10
格室厚 9 cm	格室间距 0.5 m	254.53	1.13
格室厚 9 cm	格室间距 1.0 m	616.15	1.12
格室厚 9 cm	格室间距 3.0 m	868.10	1.10
格室厚 15 cm	格室间距 0.5 m	0	1.16
格室厚 15 cm	格室间距 1.0 m	291.76	1.13
格室厚 15 cm	格室间距 3.0 m	701.07	1.11

除了增加填方自身自稳能力以外，也可通过更大更强的支挡防护使边坡的稳定系数达到可接受水平。较为常见的为抗滑挡墙、抗滑桩处置。支挡结构的部分设计思路详见 7.2 节内容。当考虑地震后，直观影响为考虑最不利的地震惯性力下的剩余下滑力大幅度增加，因此所需的抗滑力将明显提高。对于支挡结构而言，设计滑坡推力大幅提高，所需的截面尺寸、配筋等都将显著增加。当场区地质条件较差时，由于剩余下滑力数值达到一定规模，有时也采用"H 形抗滑桩"、双排抗滑桩、桩基抗滑挡土墙等造价较高的强支挡措施，具体使用需根据项目情况、场区条件特殊设计。

6.2.2 沉降对策

造成抗震下路基沉降的原因主要为地震力作用，使路基整体荷载水平增加，同样无法从源头上消除影响，只能采取措施来缓解沉降大小。

在设计上为减小填方自身沉降的措施可采取分层铺设土工材料。如 6.2.1 节所述的土工格室，可大幅提高复合结构层的承载能力。其机理为（见图 6-47）：土工格室给填料提供了一个强大的侧向约束力，促使该复合结构体在强度和刚度上高于地基土数倍（相当于一定程度上的半刚性结构层），使路堤上部应力得到均化，尤其对于高填方来说，不均匀沉降能够得到较大的改善；另外，格室在地基中时，当上部应力传递至格室结构层时，格室与填料构成复合结构体，下部产生应力扩散的作用，使上部应力在更宽的范围内向下传递，下部应力影响的深度较大程度地减小。土工材料使地基沉降得到了较大程度的改善。

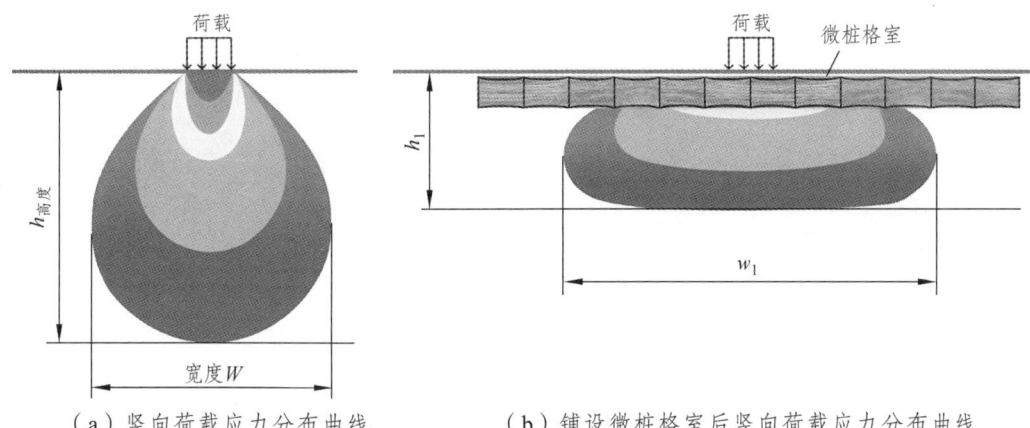

（a）竖向荷载应力分布曲线　　　　（b）铺设微桩格室后竖向荷载应力分布曲线

图 6-47　土工格栅通过减小应力水平改善承载力

当采用一般土工格栅时，也能显著提高路基的承载力、改善土体的应力环境、有效减少沉降量。其机理主要有格栅的被动阻抗作用、格栅的摩擦作用及格栅的锁定作用等三点。三种作用原理使土工格栅和土体成为一个功能互补的整体，既能增强土体功能，又能充分发挥土工格栅的功能。

（1）格栅的被动阻抗作用。

土工格栅本身具有较高的抗变形性能，且其抗变形能力远大于土体，土工格栅以抗拉构件形式弥补了土体抗拉性能的不足，同时使两者形成了一个各向异性的复合体，增强了土体间的黏聚力，使复合体强度增强。两者相互作用，既发挥了各自不同的优点，又弥补了填料抗拉性能的不足。

（2）格栅的摩擦作用。

土工格栅与土体间的相互摩擦作用对土体有侧向约束作用，可锚固土体，增强土体的抗剪强度，形成一个具有较大弯拉刚度与抗剪强度的复合体，充分发挥土体的抗压性与土工格栅的抗拉性，还可避免钢筋从土体中被拉出，增强土体整体性和土体内部强度，弥补土体整体性连续性差等不足。

（3）格栅的锁定作用。

土工格栅上的孔眼对填料具有锁定作用。土工格栅独特的网状结构对填料形成网兜效应，使土体很好地嵌入土工格栅孔眼，可阻碍填料下陷，提高土体整体的稳定性。

路基沉降除了填方自身沉降外，还有在自重应力和基础附加压力作用下的地基土沉降。改善地基土沉降的主要思路为地基处理，使处置后的地基承载力有效提高。可大体分为完全挖除置换和局部置换复合地基两种方案。用于改善软弱土地基的处置措施也适用于地震下的深厚覆盖层处理，如换填开山石渣、CFG 桩等。

6.2.3 结构对策

在抗震地带所采用的支挡结构,其本身应该遵循混凝土结构、钢混结构的抗震设计,包括一些地震作用沿结构本身的分布规律考虑,及部分抗震地带的结构构造要求。此节主要分析挡土墙和抗滑桩的抗震设计。

6.2.3.1 挡土墙

挡土墙的墙身材料有干砌片石、浆砌片石、片石混凝土 3 种形式。在抗震设防时,不同材料的挡墙有着不同的设计要求。

(1) 干砌片石挡墙。

设计基本地震动峰值加速度大于或等于 0.20g 时,干砌片(块)石挡土墙的高度不宜超过 5 m;大于或等于 0.40g 时,不宜超过 3 m。高速公路、一级公路不应使用干砌片石挡土墙。

(2) 浆砌片石挡墙。

在考虑抗震(地震加速度≥0.10g)时,浆砌挡墙的最低砂浆强度等级应按现行标准要求提高一级来采用,且挡墙高度不宜过大(表 6-9 为高度限值)。

(3) 片石混凝土挡墙。

采用片石混凝土墙身的挡土墙多为分层分模浇筑,但若在强震工况下,挡土墙的墙身应尽可能采取整体式浇筑,提高挡墙的整体抗力,尽量避免由于分模而产生的地震动载下应力在施工缝处集中,从而引起的墙身破坏。并且在抗震设计下,挡土墙应设置合理、有效的伸缩缝和沉降缝,纵向分段浇筑长度不宜超过 15 m,并设置完善的泄水孔、反滤层等排水系统。

表 6-9 浆砌片(块)石挡土墙抗震设计中的高度限值

高度/m		设计基本地震动峰值加速度	
		0.20g、0.30g	≥0.40g
公路等级	高速公路、一级公路	12	10
	二级公路、三级公路	14	12

混凝土挡土墙的施工缝(分段浇筑中因混凝土先后凝结而存在的结合面)和衡重式挡土墙的变截面处,应采用短钢筋加强、设置不少于占截面面积 20% 的样头等措施提高抗剪强度。

结构计算方面,对于挡墙自身稳定的结算,在抗震设计时可采用拟静力法考虑。根据静力法,将地震荷载等效为惯性力,挡土墙第 i 截面以上墙身重心处的水平地震作用按式(6.8)、式(6.9)计算。斜坡上的挡土墙,作用于其重心处的水平向总地震作用可按式(6.10)计算。

$$E_{ih} = C_i C_z A_h \psi_i G_i / g \tag{6.8}$$

$$\psi_i = \begin{cases} \dfrac{1}{3}\dfrac{h_i}{H} + 1.0 & (0 \leqslant h_i \leqslant 0.6H) \\ \dfrac{3}{2}\dfrac{h_i}{H} + 0.3 & (0.6H < h_i \leqslant H) \end{cases} \tag{6.9}$$

$$\begin{cases} \text{岩基:} & E_{\text{h}} = 0.30 C_i A_{\text{h}} W / g \\ \text{土基:} & E_{\text{h}} = 0.35 C_i A_{\text{h}} W / g \end{cases} \tag{6.10}$$

式中，E_{ih}——第 i 截面以上墙身重心处的水平地震作用（kN）；

E_{h}——作用于挡土墙重心处的水平向总地震作用（kN）；

C_i——抗震重要性修正系数；

C_z——综合影响系数，重力式挡墙取 0.25，轻型挡墙取 0.3；

A_{h}——水平地震峰值加速度；

G_i——第 i 截面以上墙身圬工的重力（kN）；

W——挡土墙的总重力（kN）；

ψ_i——水平地震作用沿墙高的分布系数；

h_i——挡土墙墙趾到第 i 截面的高度（m）；

H——挡墙高度（m）。

在地震土压力计算上，不同形式的挡土墙，考虑的地震主动土压力公式有所差别。具体公式的选取可见《公路工程抗震规范》中相关章节，此处不再赘述。同时挡土墙墙身截面偏心距和抗震滑移、倾覆稳定性也应满足该规范中的规定范围。

6.2.3.2 抗滑桩

抗滑桩作为钢筋混凝土抗弯构件，其结构设计应满足 GB/T 50010—2010《混凝土结构设计标准》[64]中"混凝土结构构件抗震设计"章节有关内容。

在考虑地震组合的验算混凝土结构构件的承载力时，均应按照承载力抗震调整系数 γ_{RE} 进行调整，承载力抗震调整系数 γ_{RE} 按照表 6-10 采用。抗滑桩属于受弯构件，主要进行正截面抗弯计算和斜截面抗剪计算，其调整系数取 0.75/0.85。

表 6-10 抗震承载力调整系数 γ_{RE}

结构构件类别	正截面承载力计算					斜截面承载力计算	受冲切承载力计算	局部受压承载力计算
	受弯构件	偏心受压柱		偏心受拉构件	剪力墙	各类构件及框架节点		
		轴压比 <0.15	轴压比 ≥0.15					
γ_{RE}	0.75	0.75	0.8	0.85	0.85	0.85	0.85	1.0

抗滑桩上的作用荷载属于由永久荷载效应控制的荷载组合，其承载能力极限状态按照式（6.11）计算，正常使用极限状态按式（6.12）计算。考虑地震时，地震作用应与地震荷载分项系数、结构重要性系数组合后，加至等号左边；同时将抗震调整系数 γ_{RE} 除以至等号右边。

$$\gamma_0 S = \gamma_0 \gamma_G S_{\text{GE}} + \gamma_0 \gamma_E S_{\text{EK}} \leqslant R / \gamma_{\text{RE}} \tag{6.11}$$

$$S = S_{\text{GE}} + S_{\mathit{Ehk}} \leqslant C / \gamma_{\text{RE}} \tag{6.12}$$

γ_{RE} 的取值小于等于 1.0，作为等号右边的除数，其作用为将极限状态的结构抗力和使用期限定值作一定程度的放大。此处理解为：地震作用属于偶然的短期作用，它在建筑的设计使用寿命内可能发生也可能不发生，因此，当地震发生时，结构的安全度可以低于非抗震时结构构件承载能力极限状态时的安全度。我国之所以定为 $\gamma_{RE} \leqslant 1.0$，主要是从经济的角度去考虑的，当 γ_{RE} 取值略有增加时，会导致钢筋配置和材料使用显著增多。鉴于地震作为随机荷载，建筑物在其使用寿命内可能根本不会遭遇，因此过度配置材料被视为一种浪费。为此，《混凝土结构设计标准》采取了折中策略，将 γ_{RE} 设定为小于 1.0，有很多学者对此表示担忧。我国现行建筑结构抗震设计方法遵循"小震不坏、中震可修、大震不倒"的设计原则，具体采用两阶段的设计方法——小震下进行强度验算，大震下进行变形验算，中震可修的目标被认为是构造措施可以保证。因此，对结构构件在罕遇地震作用下的抗震可靠度可以适当进行降低，以反映这种设计思想。

另一方面，钢筋混凝土对抗动荷载的抗力也更大。混凝土和钢筋在动荷载作用下的抗力高于静荷载下的抗力。比如混凝土加载试验，每 15 min 加载所得的抗力小于每 5 min 加载。而地震都是很快的加载，所以地震作用下对构件的受力是有利的。所以 γ_{RE} 小于 1.0，相当于提高了材料性能。此种理解成立的前提是荷载大小水平一致，在一些不以自重控制的结构（如锚索框架）中，由于自重影响可以忽略，故惯性力大小忽略不计，故在设计锚固力考虑不变的情况下，整体的荷载水平大小在考虑地震后并没有实质性的增加，此处考虑调整系数 γ_{RE} 后，所需配筋由于抗力的提升，反而更小。但在本抗滑桩的考虑中，桩身自重不可忽略，故对于 $\gamma_{RE} \leqslant 1.0$ 的理解仍应以降低可靠度方面为准。

在配筋计算方面，考虑地震时也有一些特别的限制条件：

1) 相对受压区高度限制

$$\xi = \frac{x}{h_0} = \frac{f_y A_s}{1.0 \times f_c b h_0} \begin{cases} \leqslant 0.25, & \text{一级抗震等级} \\ \leqslant 0.35, & \text{二、三级抗震等级} \end{cases} \tag{6.13}$$

式中，f_y——受拉纵筋的抗拉强度设计值（MPa）；

A_s——所配受拉纵筋截面积（mm²）；

f_c——混凝土抗压强度设计值（MPa）；

b——截面宽度（mm）；

h_0——截面有效高度（mm）。

2) 纵筋最小配筋率

在抗震设防的结构设计中，构件的最小配筋率应作适量提高。主要规定整理见表 6-11。

表 6-11 纵向受拉钢筋的最小配筋率 单位：%

抗震等级	梁中位置	
	支座	跨中
一级	max(0.40, 80f_t/f_y)	max(0.30, 65f_t/f_y)
二级	max(0.30, 65f_t/f_y)	max(0.25, 55f_t/f_y)
三、四级	max(0.25, 55f_t/f_y)	max(0.20, 45f_t/f_y)

3）钢筋锚固长度

在验算均通过后，纵筋的配置应依然采用正常工况的配筋。但在考虑抗震时，对钢筋的锚固存在特殊规定，锚固长度还应继续乘以抗震修正系数：

$$l_{aE} = \xi_{aE} l_a \tag{6.14}$$

式中，l_a——钢筋锚固长度（mm）；

ξ_{aE}——纵向受力钢筋抗震锚固修正系数，一、二级抗震等级取 1.15，三级抗震取 1.05，四级抗震取 1.00。

4）剪力筋

抗震设计时，箍筋宜采用：①焊接封闭箍筋；②连续螺旋钢筋；③连续复合螺旋钢筋。当采用非焊接封闭箍筋时，其末端应做成 135°弯钩，弯钩端头平直段长度不应小于箍筋直径的 10 倍，加上弯曲部分的 1.87 倍，共 11.87d（d 表示箍筋直径）。抗震设计时，需验算箍筋的配筋率。沿梁全长箍筋的面积配筋率 ρ_{sv} 应符合规定：

$$\rho_{sv} = \begin{cases} 0.30\dfrac{f_t}{f_{yv}}, & \text{一级抗震等级} \\ 0.28\dfrac{f_t}{f_{yv}}, & \text{二级抗震等级} \\ 0.26\dfrac{f_t}{f_{yv}}, & \text{三、四级抗震等级} \end{cases} \tag{6.15}$$

抗滑桩作为钢筋混凝土受弯构件，在考虑抗震时需要额外考虑的细节如上所述，主要为抗力的调整系数，以及配筋的针对性抗震措施。在实际设计中，配筋大样图需要核查上述所有规定的实施情况，使抗滑桩在地震下的抗滑力得以保证。

第 7 章　超高填方的防护支挡措施

填方路基的支挡防护,按照填方路基的稳定性情况,可分为整体稳定的坡面防护和存在稳定问题的支挡防护两种。本章主要分析现有各种高填方防护形式的设计要点、适用条件以及关键技术。

7.1　坡面防护

目前在公路建设中广泛使用的坡面防护主要有骨架护坡、喷播植草、生态护坡等,主要应用于整体稳定的填方边坡绿化。当填方高度较为常规或较矮时,坡面往往仅需做好绿化设计即可。当填方高度大,则有必要采用一定的圬工量以加固坡面受降雨下渗、冲刷的坡面,防止发生表层溜塌的现象。

7.1.1　衬砌拱骨架护坡

7.1.1.1　形　式

衬砌拱骨架护坡(图 7-1、图 7-2)适用于路基填方边坡高度 $H>4$ m 的路段,是一种采用 C20~C25 混凝土,以现浇或预制的方式,在填方边坡坡面铺设整齐的拱形骨架,在骨架结构的中间区域,采用向根植土中喷射草种(或堆码植生袋)的方式,实现防护与绿化相结合的填方边坡防护形式。拱圈的尺寸多采用 2.5~3.0 m,拱圈两侧混凝土骨架设置成槽形流水槽便于排水,一般槽宽 50 cm,槽深 10 cm,在强降雨时能及时导流坡面雨水,避免雨水过多在填方边坡上缓流、下渗,从而软化路基边坡。拱圈中的植物在绿化的同时,也起到了加固坡面松散土、减弱雨水对坡面的冲刷等作用。

图 7-1 衬砌拱护坡施工期

图 7-2 衬砌拱护坡成品效果

衬砌拱骨架护坡是目前使用的常规填方坡面防护方式，其自身重量较轻，一定程度节省了材料和成本。施工简便，不需要大量的人力物力，工期尚可。拱圈施工有两种成型方式：现场搭模浇筑成型法，整体性好，但受施工质量影响较大，拱圈边缘平整度、拱圈厚度等成品质量都略差于砼预制块现场拼接法；预制块拼接法，可严格控制预制块质量，拥有更好的平整度，成品效果更好，但造价也相对较高。拱圈内部的绿化方式也有两种：喷播植草育基质造价低廉、易于施工，但同样受施工质量影响较大；堆码植生袋则能起到"类预制块"的作用，严格控制施工质量。对质量要求较高，或填方坡率稍陡（1∶1.3～1∶1.5）的填方边坡可考虑植生袋堆码方案，其缺点为造价略高于喷植草灌。常用的衬砌拱防护大样图见图 7-3～图 7-4。

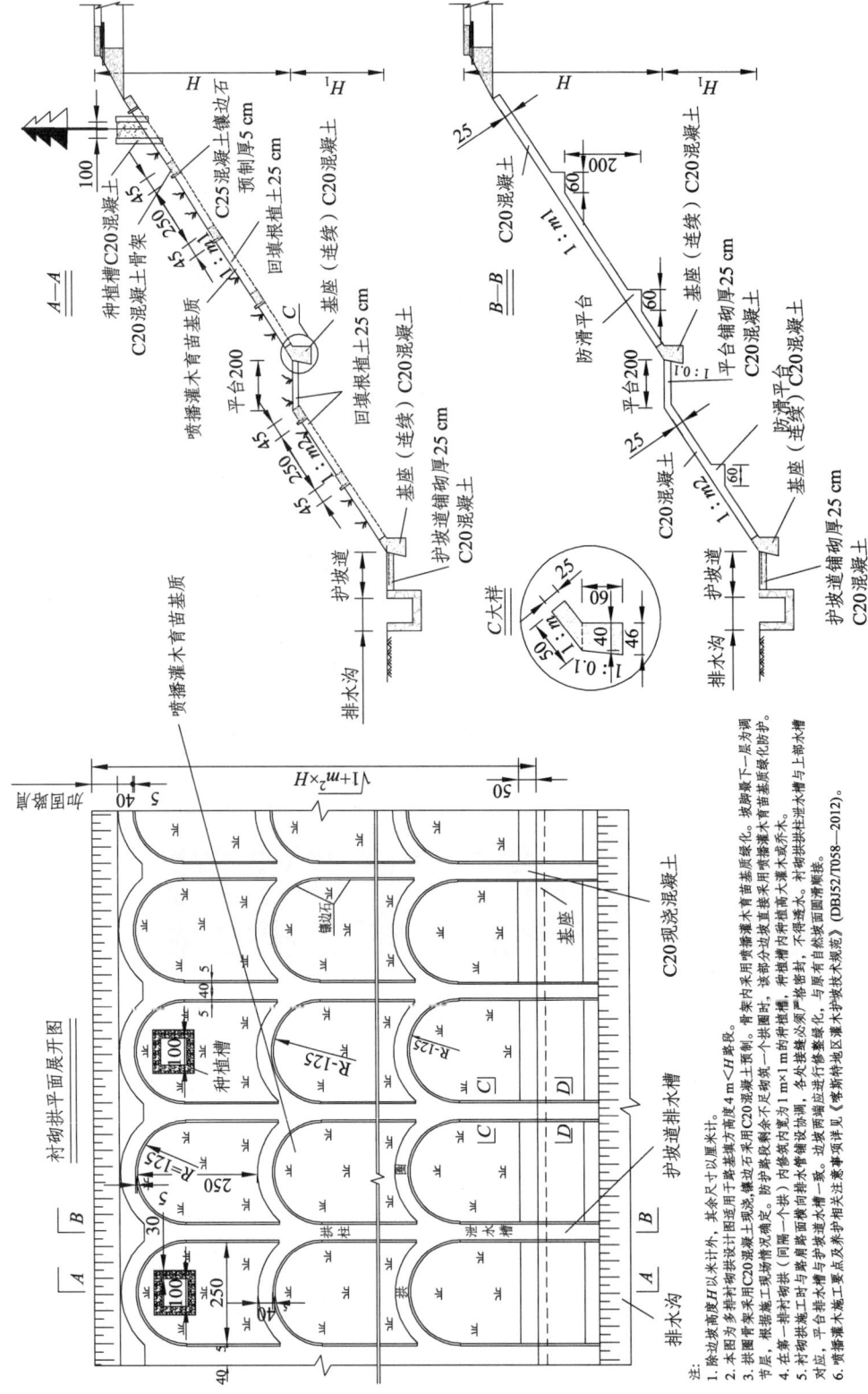

图 7-3 衬砌拱设计大样图（一）

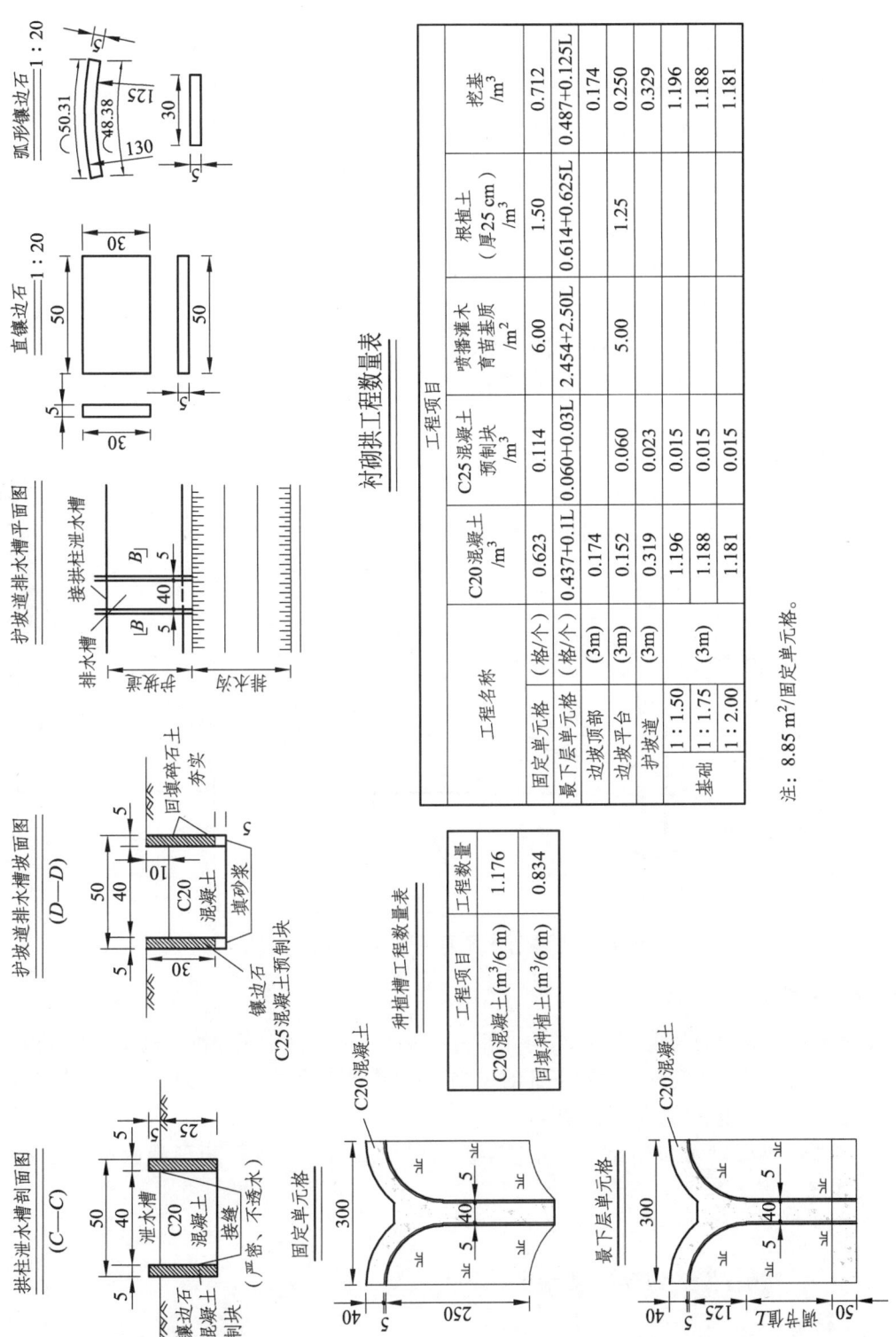

图 7-4 衬砌拱设计大样图（二）

对于圬工骨架的形式，存在的主要有拱形骨架、方形骨架、人字形骨架等。唐赛乾[65]进行了诸多数值模拟结合室内试验，通过各种组合方案表现出的应力条件及位移情况得出结论：①同一种骨架形状的最优材料组成为浆砌片石底基础；②同一种材料组成下的最优骨架形状为拱形；③同一种骨架形状、材料组成下的最优拼接方式为扣缝拼接。目前预制块拼接的衬砌拱成为高速公路填方路基坡面防护的首选方案，在实际工程中广泛使用。

7.1.1.2 拱圈尺寸

衬砌拱的拱圈尺寸大小有所差异，目前常见的为 2～3 m。作为坡面加固方案，其拱圈大小应与防护的填方边坡自身条件相匹配。在纯黏土填料的填方路基中因需要加固稳定性相对较差的坡面土而建议采用相对较小的拱圈，而在石质填料的填方路基中则可采用更大的拱圈，以节约圬工量、控制成本。对拱圈的尺寸选择的计算过程，本小节提供一套计算分析过程可作为参考。

以填方边坡倾斜坡面为计算平面，对拱圈做受力分析。现浇为整体的衬砌拱圈可视作一个两端固定的拱形结构，其受到的荷载为自重、两固定端的支撑力、圈内根植土或植生袋的剩余下滑力（下滑力与抗滑力之差乘以安全系数）。计算简图如图 7-5 所示。

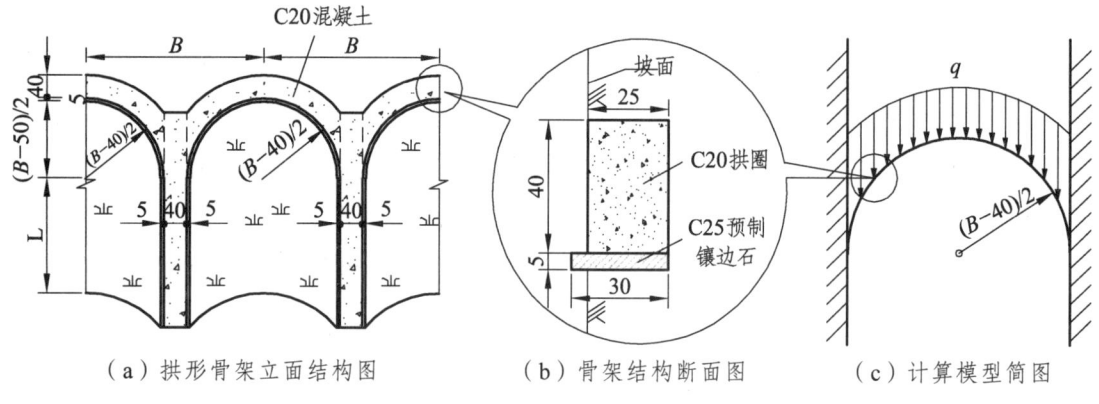

（a）拱形骨架立面结构图　　（b）骨架结构断面图　　（c）计算模型简图

图 7-5　拱形骨架立面（单位：cm）

1. 计算模型

拱圈为半圆，横截面为矩形，该结构计算为两段固定的超静定无铰拱结构受弯时的内力求解问题，为正截面抗弯问题。拱圈下部的 C25 预制垫块为预制拼接，其作用为挡水拦水，此处不考虑其受力作用。填方坡比采用 1∶1.5。

预设尺寸：拱圈单元 $B=3$ m，下部竖梁斜长 $L=1.25$ m。骨架的矩形截面尺寸 $b \times h = 0.25 \text{ m} \times 0.4 \text{ m}$。

拱的净跨为

$$l_0 = B - 2 \times 0.4/2 = B - 0.4 = 2.6 \text{ m}$$

拱的半径为

$$r = (B - 0.4)/2 = 0.5B - 0.2 = 1.3 \text{ m}$$

2. 荷载水平

根据拱圈的预设尺寸，骨架的自重不可忽略。该拱形所受的荷载为自重荷载的下滑分量和上部根植土或植生袋在倾斜平面上的剩余下滑力。取上部土荷载为均布荷载，取值 q 为拱圈内每延米剩余下滑力的最大值（最不利情况）。将根植土视作沿填方边坡坡面松铺的矩形范围土体，其潜在滑面为与路基压实土的交界面（直线滑面）。荷载分项系数取 1.20。

1）均布荷载 q

根植土斜面松铺长度为

$$l_s = 0.25 \text{ m}$$

根植土松铺厚度为

$$t_s = 0.25 \text{ m}$$

取根植土力学参数为

$$\gamma_s = 18 \text{ kN/m}^3, \quad c = 2 \text{ kPa}, \quad \varphi = 5°$$

根植土重力为

$$W_s = \gamma_s l_s t_s = 18 \times 2.5 \times 0.25 = 11.25 \text{ kN/m}$$

斜面倾角为

$$\theta = \arcsin \frac{1}{\sqrt{1+1.5^2}} = 33.7°$$

下滑力为

$$T = W_s \sin\theta = 11.25 \sin 33.7° = 6.24 \text{ kN/m}$$

抗滑力为

$$R = cl_s + W_s \cos\theta \tan\varphi = 2 \times 2.5 + 11.25 \cos 33.7° \tan 5° \text{ kN/m}$$

剩余下滑力为

$$q = T \cdot F_s - R = 6.24 \times 1.20 - 5.82 = 1.67 \text{ kN/m}$$

2）自重剩余下滑力 T_c

每延米自重为

$$W_c = \gamma_c bh = 25 \times 0.4 \times 0.25 = 2.5 \text{ kN/m}$$

下滑力为

$$T = W_c \sin\theta = 2.5 \sin 33.7° = 1.39 \text{ kN/m}$$

摩擦系数为

$$\mu = \tan\delta = \tan\frac{\varphi_0}{2} = \tan\frac{33°}{2} = 0.30$$

摩擦力为

$$R = \mu W_c \cos\theta = 0.30 \times 2.5 \cos 33.7° = 0.62 \text{ kN/m}$$

因此，自重剩余下滑力为

$$T_c = T \cdot F_s - R = 1.39 \times 1.20 - 0.62 = 1.05 \text{ kN/m}$$

3. 内力求解

对于混凝土结构而言，由于自身抗拉性能的短板，在结构验算中主要受拉应力控制。相同标号的混凝土，抗拉强度 f_t 多数仅为抗压强度 f_c 的 1/10。在本结构中，最大拉应力应出现在最大弯矩处。内力计算可采用 Midas Civil 对结构进行求解，也可采用常规拱结构进行解析计算。本结构采用 Midas Civil 软件进行内力计算，结构内力情况如图 7-6 所示，最大弯矩值出现在拱座处，$M_{cri} = 0.33 \text{ kN} \cdot \text{m}$。

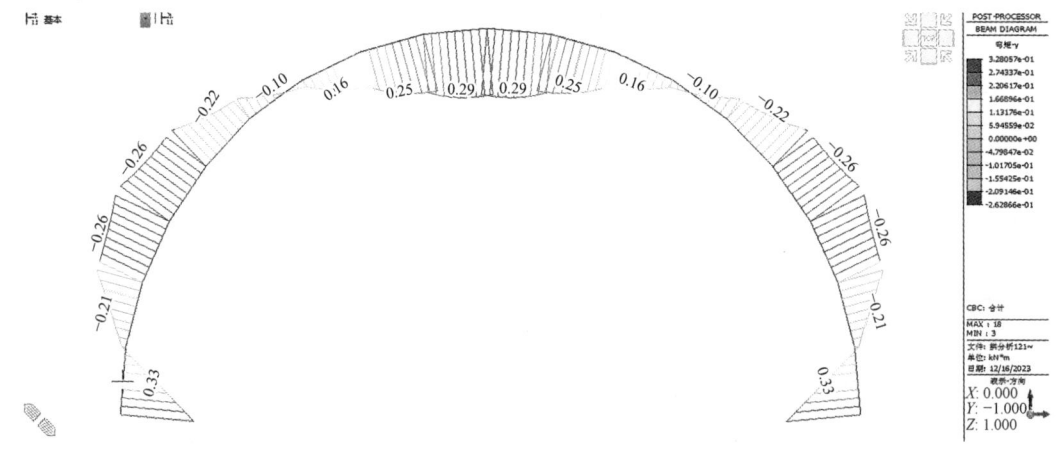

图 7-6 拱圈内力计算弯矩（单位：kN·m）

4. 容许拉应力校核（竖梁间距）

按照矩形截面正截面受弯考虑，取最不利弯矩处验算：

最不利 y 为

$$y_{max} = \frac{h}{2} = \frac{0.4}{2} = 0.2 \text{ m}$$

惯性矩为

$$I_z = \frac{bh^3}{12} = \frac{0.25 \times 0.4^3}{12} = 0.00133 \text{ m}^4$$

最大拉应力为

$$\sigma_{t\max} = \frac{M_{\text{cri}} y_{\max}}{I_Z} = \frac{0.33 \times 0.2}{0.00133} = 49.5 \text{ kPa}$$

容许拉应力为

$$\sigma_{t\max} = 49.5 \text{ kPa} < 1010 \text{ kPa} = f_t$$

最大拉应力根据 GB/T 50010—2010《混凝土结构设计标准》小于 C20 混凝土轴心抗拉强度设计值。结构预设尺寸合理，满足要求。

5. 坡面冲刷因素（横拱间距）

由温晓鹏[66]的研究成果，拱骨架沿垂直坡面方向的最大间距（即拱圈竖向间距）宜取边坡的临界冲刷高度。该临界高度受诸多因素影响，国内外学者通过室内试验、野外观测等方式，利用水力学、泥沙运动力学等理论结算，取得了大量成果。研究假设坡面表土逐层被坡面水流剥蚀挟带输送。研究表明水流冲刷力 F 关于边坡倾角 α 的一阶导数如式（7.10）[67]所示，计算如图 7-7 所示。

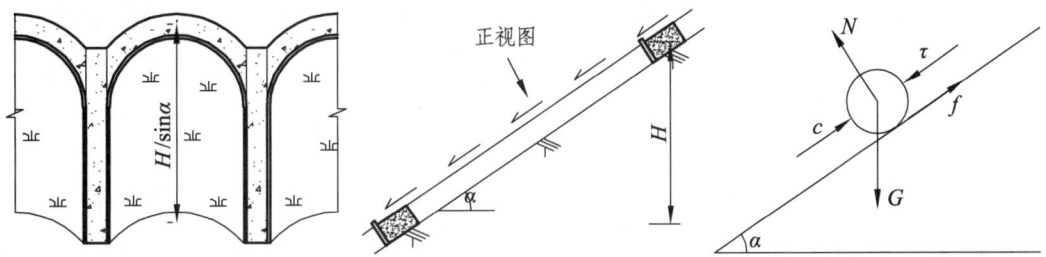

图 7-7 衬砌拱骨架护坡坡面冲刷力

通过断面 1 的单宽流量为 q，通过断面 2 的单宽流量为

$$q + \frac{\partial q}{\partial x} \mathrm{d}x$$

假设一定时间段内，降雨强度 I 和入渗率 λ 基本不变，则沿冲刷方向 $\mathrm{d}x$ 段增加的径流量为

$$\frac{\partial q}{\partial x} \mathrm{d}x = (I - \lambda) \cos \alpha \mathrm{d}x$$

距离坡顶 L 单宽流量：

$$q = \int_0^L \frac{\partial q}{\partial x} \mathrm{d}x = \int_0^L (I - \lambda) \cos \alpha \mathrm{d}x = (I - \lambda) L \cos \alpha \tag{7.1}$$

根据曼宁公式，坡面流速：

$$v = C\sqrt{RJ} = \frac{1}{n} h^{5/3} \tan^{0.5} \alpha \tag{7.2}$$

将单宽流量定义为

$$q = vS = vh$$

水流深度：

$$h = \frac{q}{v} = \frac{n(I-\lambda)L\cos\alpha}{h^{5/3}\tan^{0.5}\alpha}$$

推导可得

$$h = \left(\frac{n(I-\lambda)L\cos\alpha}{\tan^{0.5}\alpha}\right)^{0.375} \tag{7.3}$$

对单个土颗粒进行受力分析，颗粒下滑力：

$$G_T = \gamma'V\sin\alpha = \frac{1}{6}\pi d^3(\gamma_s - \gamma)\sin\alpha \tag{7.4}$$

水流推力：

$$\tau_1 = ps = \frac{1}{2}\gamma h^2 d \tag{7.5}$$

土粒启动力：

$$F_{启} = \tau_1 + G_T = \frac{1}{2}\gamma h^2 d + \frac{1}{6}\pi d^3(\gamma_s - \gamma)\sin\alpha \tag{7.6}$$

土粒阻力：

$$F_{阻} = c + nG_N = c + \frac{1}{6}n\pi d^3(\gamma_s - \gamma)\cos\alpha$$

考虑非黏性土：

$$F_{阻} = \frac{1}{6}n\pi d^3(\gamma_s - \gamma)\cos\alpha \tag{7.7}$$

水流冲刷力：

$$F = F_{启} - F_{阻} = \frac{1}{2}\gamma h^2 d + \frac{1}{6}\pi d^3(\gamma_s - \gamma)\sin\alpha - \frac{1}{6}n\pi d^3(\gamma_s - \gamma)\cos\alpha \tag{7.8}$$

将式（7.3）代入（7.8），且忽略入渗作用（$\lambda = 0$），化简可得冲刷力公式：

$$F = \frac{1}{2}\gamma d\frac{(nIH\cot\alpha)^{0.75}}{(\tan\alpha)^{1.125}} + \frac{1}{6}\pi d^3(\gamma_s - \gamma)(\sin\alpha - n\cos\alpha) \tag{7.9}$$

求一阶导

$$\frac{dF}{d\alpha} = \frac{1}{6}\pi d^3(\gamma_s - \gamma)(\cos\alpha + n\sin\alpha) - \frac{9}{16}\gamma d(nIH)^{0.75}\frac{1}{\cos^2\alpha \tan^{2.125}\alpha} \quad (7.10)$$

式中，F——水流冲刷力（kN）；

α——边坡坡面与水平面的夹角（°）；

γ——水的重度（kN/m³）；

γ_s——土颗粒的重度（kN/m³）；

d——土体平均粒径（m）；

n——坡面粗糙系数；

I——单宽降雨强度（m/s）；

H——路堤高度（m）。

取式（7.10）结果为零，即冲刷力 F 取最小值，此时求得的 H 即为临界冲刷高度。边坡倾角取填方边坡中最不利的 1:1.5 对应倾角 $\alpha=34°$。$\gamma=10$ kN/m³，$\gamma_s=27$ kN/m³。粗糙系数 n 参照相关经验参数和研究成果。土颗粒平均粒径按照土石混填路堤取 $d=20$ mm$=0.02$ m。李勉等[68]对黄土裸露坡面进行调查，认为其粗糙系数取 0.022，JTG/T D33—2012《公路排水设计规范》[69]中为 0.1，此处由于填方坡面为压实路基土，按照《公路排水设计规范》"光滑的压实土地面"取 $n=0.1$。降雨强度取暴雨 $I=120$ mm/h$=3.3\times10^{-5}$ m/s。代入式（7.10）且令其值为 0 可求解的临界冲刷路堤高度：

$$\frac{1}{6}\pi d^3(\gamma_s - \gamma)(\cos\alpha + n\sin\alpha) = \frac{9}{16}\gamma d(nIH)^{0.75}\frac{1}{\cos^2\alpha \tan^{2.125}\alpha}$$

$$\frac{1}{6}\pi 0.02^3(27-10)(\cos 34° + 0.1\sin 34°) = \frac{9}{16}\times 10\times 0.2\frac{(0.1\times 3.3\times 10^{-5}H)^{0.75}}{(\cos 34°)^2 \tan(34°)^{2.125}}$$

解得 $H=2.78$ m。

因此沿坡面正投影下的衬砌拱横拱间距，即横拱间距为 $L=\dfrac{H}{\sin\alpha}=4.97$ m。可见预设尺寸 3 m<4.97 m，横拱间距满足冲刷要求。

7.1.2 浆砌片石护坡

浆砌片石是采用毛石料码砌，加之砂浆填缝而形成的较为统一的坡面防护形式。石料形状往往不规则。也可使用块石，具体根据石料的尺寸来区分片石与块石，没有明确的界限。一般来说接近长方体的为片石，接近正方体的为块石。采用浆砌片石在填方坡面铺设一定厚度的圬工体，形成较为封闭的坡面防护结构。

浆砌片石护坡（图 7-8、图 7-9）为常规的坡面防护，主要目的为以一定的混凝土圬工量，加固较为松散的边坡坡面，防止坡面土在降雨作用下的浅层溜塌、滑塌。一定程度上隔绝坡面水，大幅减小水对坡面的冲刷作用，因此也常用于浸水路堤、水位变动区的防冲刷设计中。

图 7-8 浆砌片石护坡施工期

图 7-9 浆砌片石护坡成品效果

浆砌片石护坡对土质填方路基边坡的加固能力相对更强,圬工量更大从而加固效果更好,同时也能起到防水作用。浆砌片石护坡采用的是天然石材,其未使用任何化学品和人造材料,具有很强的耐久性和抗老化性能,其使用寿命比常规护坡更长。相比较其他材料,浆砌片石护坡对环境的影响较小,是一种相对环保的施工方式。

另一方面,浆砌片石也存在缺点:因需要人工砌筑,需要大量符合指标条件的石料,且受施工人员的施工效果影响大,质量难以很好地统一控制,同时工期较长,效率低下。在大量的实际工程中,不乏有将"浆砌片石"施工为"干砌片石"的实例存在,使此种防护类型的加固和封水效果大打折扣。同时因为本身更大的混凝土圬工量,其造价也相较于绿化防护更高。护坡本身为石料的灰至灰白色,景观效果差,难以配合植物实现绿化,也成为了浆砌片石护坡在公路中尽量少使用的原因。一种浆砌片石护坡大样图见图 7-10。

第 7 章 超高填方的防护支挡措施

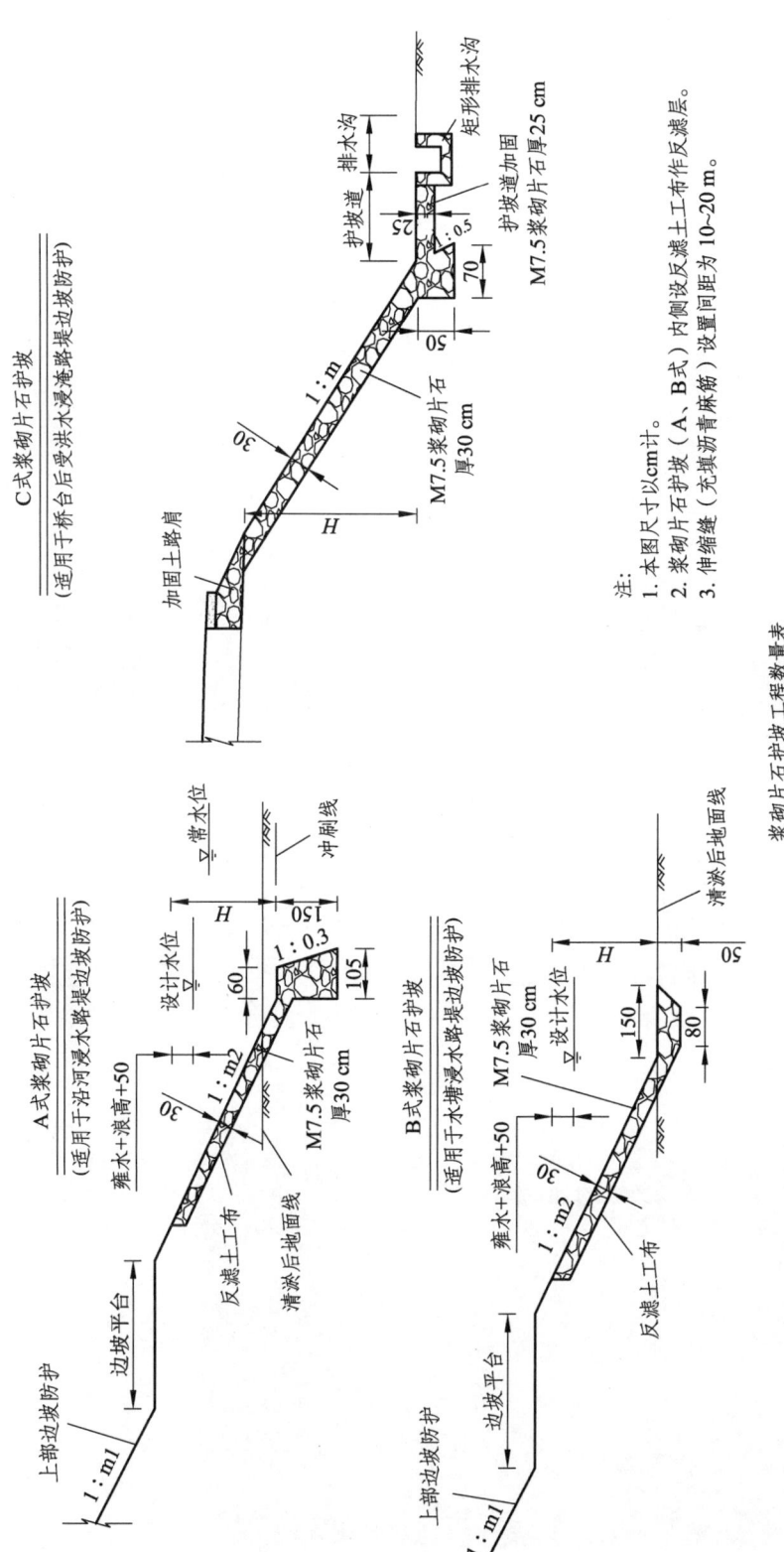

图 7-10 浆砌片石护坡设计大样图

7.1.3 植草护坡

植草护坡适用于填方边坡高度 $H \leqslant 4 \text{ m}$ 的路段，当 $H \leqslant 2 \text{ m}$ 时，不设置三维网。简单挂网后，采用喷播植草的方式，绿化已成型的稳定填方坡面。此种方案不含混凝土圬工量，只用于高度矮、无溜塌风险、稳定的填方坡面。对填方边坡的坡率要求不陡于 1∶1.5，自身稳定。当填料条件不足以培育草种（如石料占比较高或填石路堤）时，在挂网后回填一定厚度的根植土，用于绿化植被生根（如图 7-11～图 7-12 所示）。

图 7-11　三维网植草护坡工期　　　　图 7-12　三维网植草护坡成品

类似地，工程中也不乏通过改良植被基材、优选植被育种、优化挂网选材及配置等，将植被护坡进阶改良为诸如"生态护坡"一类的新型绿化方式。改良后的生态护坡以独家研发的草种配比和基材配置，加以喷射育种等方式，使植草护坡的绿化更加高效、质量控制更严格、成品效果更优良。改良后的护坡能在很短的时段内使边坡覆满草木，并在随后一定时间内完成灌木植被的生长，整体达到很好的绿化效果（如图 7-13～图 7-15 所示）。该生态护坡有时也取代衬砌拱，用于整个（自身稳定的）高填方的坡面绿化，具有成型迅速、效果优良、易于施工、造价低廉的优点。

图 7-13　生态护坡效果（短期）

第 7 章 超高填方的防护支挡措施

图 7-14 生态护坡效果（长期）

新型边坡生态防护在边坡修复过程中主要优点有：

（1）边坡新型生态防护可以在短期内快速构建以多年生灌木为主的自然生态防护循环系统。工业标准化的作业方式使得种子分布均匀，植被成坪整齐，景观效果更好。优秀的保水保土保肥能力，使植被全生命周期的持续性养分自循环形成，从而降低后期养护需求。

（2）相对于传统的坡表混凝土骨架防护，新型生态防护边坡无肉眼可见的大量混凝土格构，绿化效果更接近自然面貌。有着科学的标准化施工作业的规范模式，现场管理更高效，减少了劳务损耗，至少缩短边坡防护工期50%，对建设过程中缩短边坡防护施工周期能起到显著效果，综合造价性价比更高。

（3）减少了施工现场钢筋混凝土用量、石料开采、加工量，从而降低了采石场、石料加工厂对周边环境的生态影响，节能减排，符合绿水青山就是金山银山、碳达峰、碳中和的生态发展理念。

（4）添加了多种促进种子萌发、植物生长的各类添加物（含微生物结构修复剂、群落生成促进剂、生态抗侵蚀加强剂、生物循环调节剂等）的土壤活化与抗侵蚀生态复合基材，除能实现高质量的植物快速建植外，更具备高强度的抗侵蚀作用，整体施工完成 24 h 后即可抵御大到暴雨的冲刷，水土保持效果非常优秀，能更好地预防多雨、强降雨地区工程建设过程中边坡初期的水蚀风蚀等问题。其工业化生产方式确保了生态复合基材质量及用量的稳定，避免了施工现场配置喷播材料带来的性能和效果的不确定性，进而确保了边坡生态防护建植的可靠性和稳定性。

在各类工程创面短期内复绿困难的情况下，新型生态防护在有着减少工程对周边环境污染、缩短工期以及更好的综合造价性价比的优势下，更是实现了植被快速恢复和可持续建植，形成良好的生态循环、养分循环、自然循环，真正意义上将植物的生长繁殖交还给大自然，从而恢复最佳的自然生态景观效果，实现对"绿水青山就是金山银山"理念的践行及达到绿色公路品质建设的高标准要求。

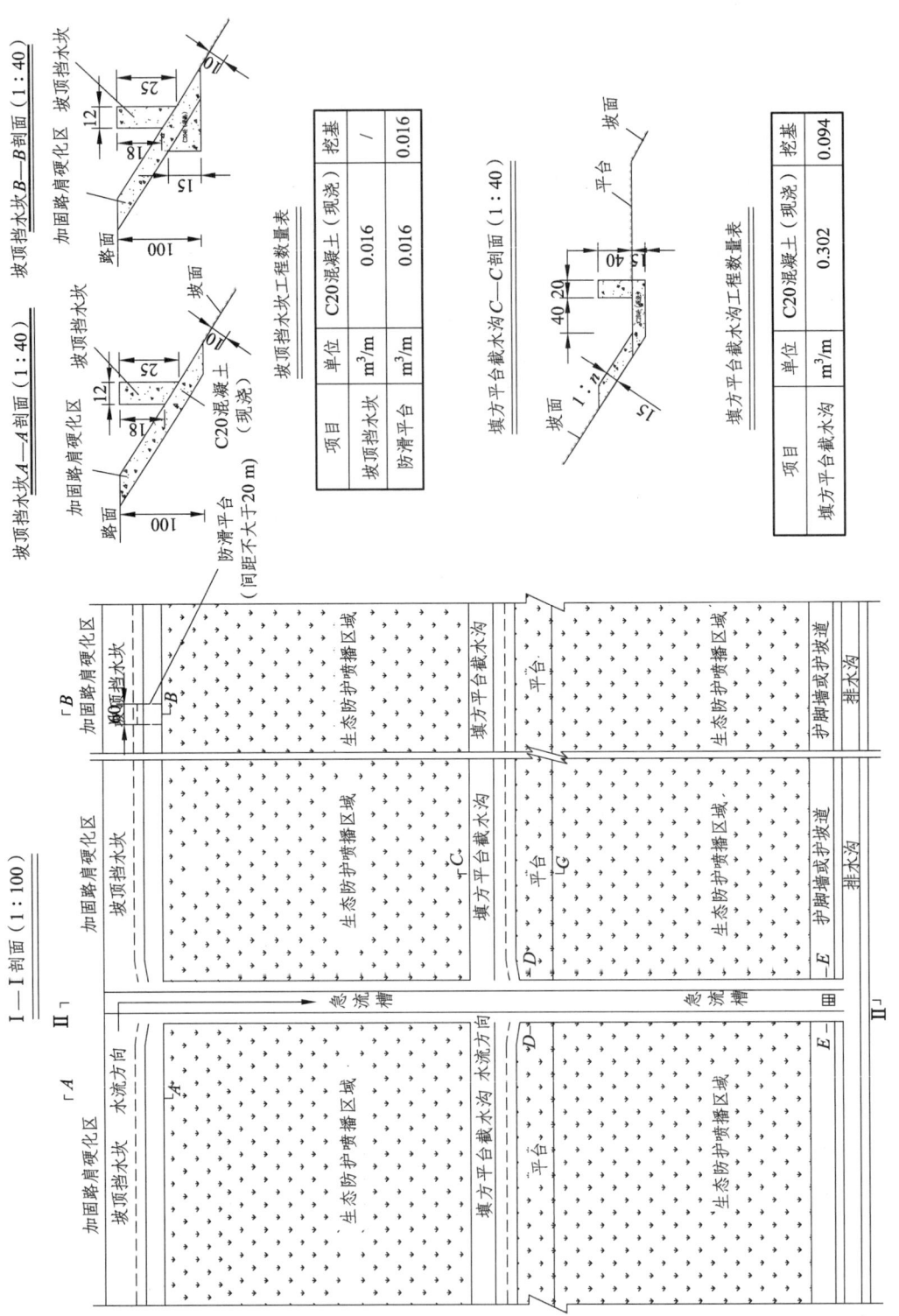

图 7-15 生态护坡设计大样图

7.2 支挡防护

高填方边坡在坡脚处往往需要设置一定的结构措施,来满足收坡、固脚的效果,防止坡脚段填土因外侧没有土体反压、地面坡度陡,而产生局部溜滑后引起整个高填方的牵引式滑移,抑或是作为整个高填方的刚性支挡结构对路基进行加固。高填方的固脚设计尤为重要,主要根据填方基底的自然条件,如地形线走势、坡度大小、覆盖层情况、是否存在有利地形条件等来综合考虑设计。总体上填方的坡脚防护分为无整体稳定性问题的常规防护和存在整体稳定性问题的特殊支挡防护。本小节将各种防护方式按照从弱到强的顺序依次介绍说明。

7.2.1 普通支挡防护

在填方自身稳定、坡脚没有剩余下滑力的情况下,填方坡脚需要设置一类不参与受力或受力很小的常规结构。该类结构的存在为满足局部的支承要求,防止由坡脚产生的小规模溜滑以及引起的牵引式失稳。该类防护往往以标准图的形式使用。

7.2.1.1 衬砌拱基座(图7-16)

在平坦或反坡地形中,填方稳定,坡脚没有下滑趋势,或坡脚已经顶在反坡地形上。此种情况将不设置固脚结构,仅采用衬砌拱中的坡脚处 C20 基座即可。基座不考虑受力作用,仅为支持第一排衬砌拱圈而设。基座采用混凝土现浇。

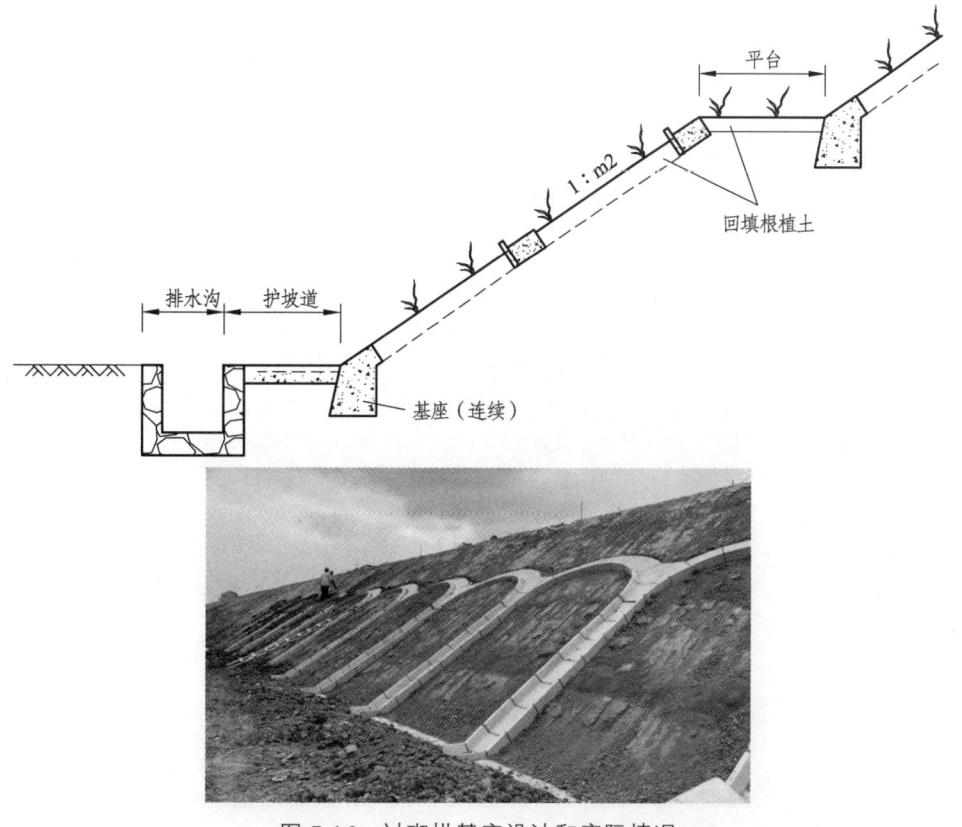

图 7-16 衬砌拱基座设计和实际情况

7.2.1.2 护脚墙（图 7-17）

护脚墙为位于高填方坡脚处的一种面坡仰斜、背坡俯斜的挡土墙。整体结构上小下大，断面形式呈近梯形。在略有外倾的地面，或有较浅覆盖层，填方路基整体稳定性满足要求，无剩余下滑力的情况下，填筑高填方多采用护脚墙来对坡脚进行加固。护脚墙原则上考虑将基底落在稳定基岩上，若无法埋置基岩也需保证护脚墙基本的地基承载力要求，不足时可采用夯击补强等基底处理方案。设计中应根据覆盖层厚度和地形条件来选择合适的护脚墙高度，护脚墙高度一般为 2～5 m。选择合适的护脚墙有利于控制合理的工程造价，过大的护脚墙造价亦不能小觑。

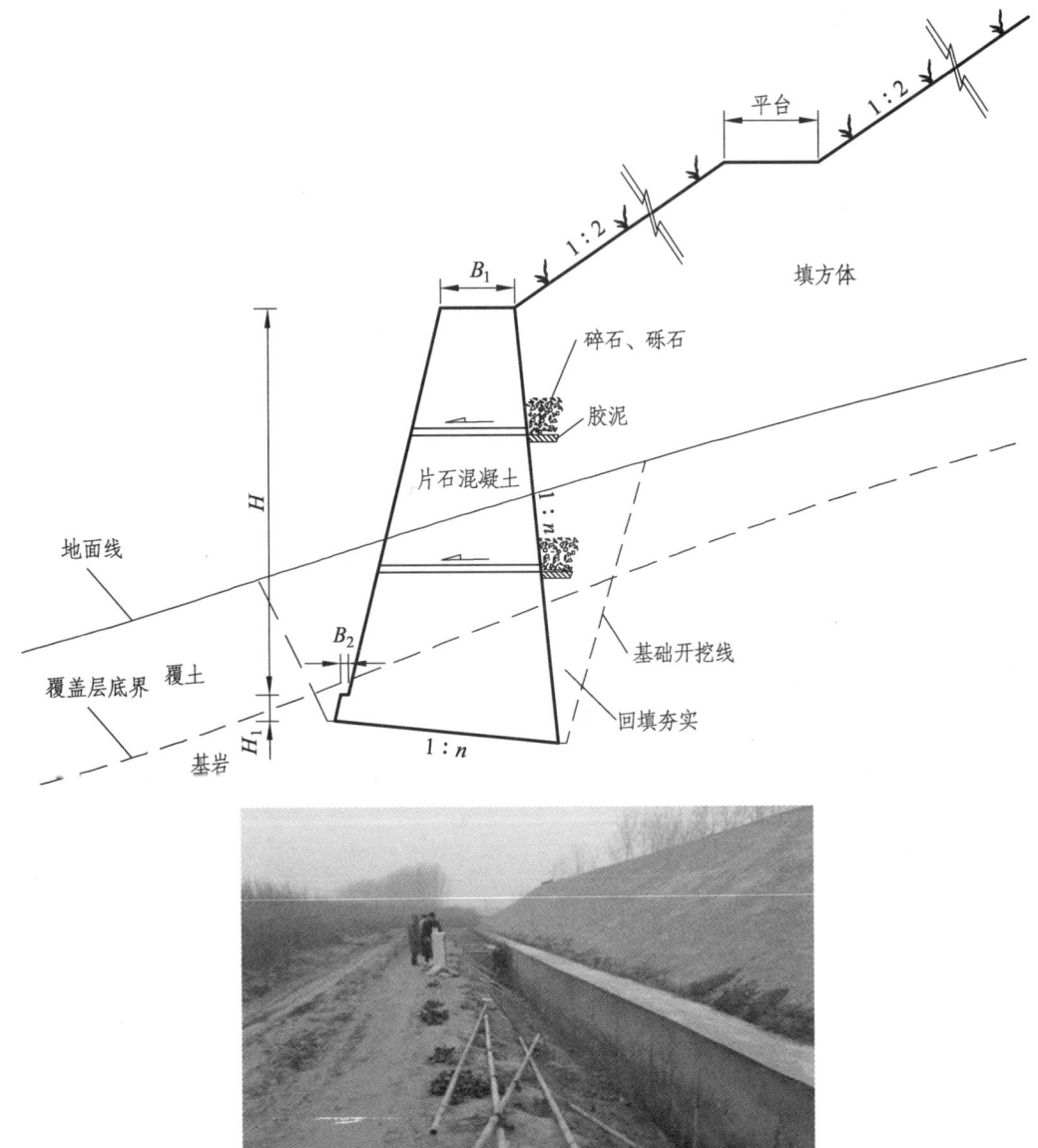

图 7-17　护脚墙设置和施工期护脚墙

7.2.1.3 路堤墙

当填方具有一定高度，无法在路肩处很理想地收坡，而坡脚处又有收坡、避让需求时，可考虑采用路堤墙支挡。常规路堤墙只用于稳定的高填方边坡中，通常以标准尺寸设计，如图 7-18 所示。在确保填方稳定、无前缘剩余推力的情况下，路堤墙仅考虑承受墙后土体破裂面以上的土压力。此种常规路堤墙的墙身圬工量可在标准设计中取较经济的值，尽量减小尺寸、节约材料。挡墙设计须满足《公路挡土墙设计与施工技术细则》中相关步骤及要求，主要考虑抗滑移、抗倾覆、墙身截面破坏及地基验算。可根据不同的地基承载力标准将路堤墙分为在不同地基条件下使用的若干套尺寸，便于设计中批量使用。挡墙基底的埋置务必要满足承载力要求，不足处需降低承载力标准或采用常规如换填等的基底处理措施。对于斜坡路段，下滑推力可能大于主动土压力，还应加强路堤墙的整体稳定性验算分析。

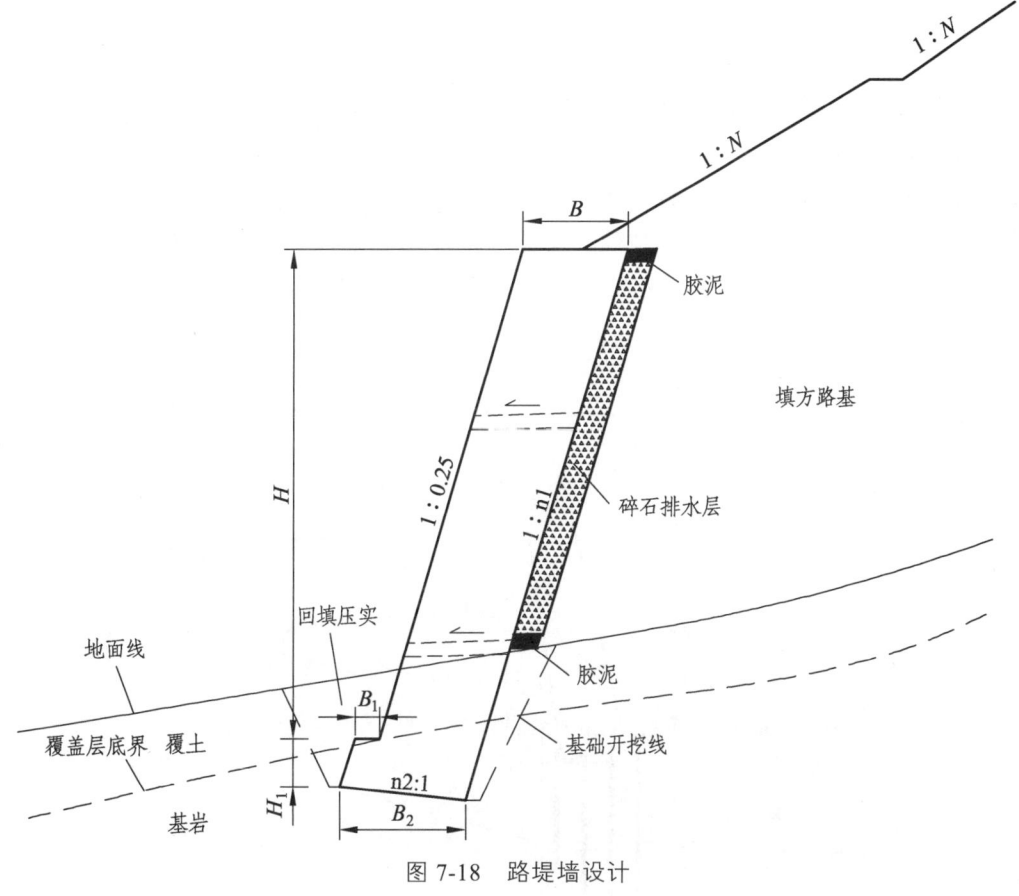

图 7-18　路堤墙设计

7.2.2　特殊支挡防护

当路基坡脚处存在剩余下滑力，高填方边坡在填筑后存在侧向稳定问题、稳定系数小于规范要求值时，为了保证路基稳定，需在坡脚处设置与剩余下滑力对应的支挡措施。该类支挡措施需要在本身站立稳定的基础上，承受后方填土施加的滑坡推力。通常此时的支挡结构都具有较大的混凝土圬工，或是特殊的加筋构造，或是特殊的形状、结构、布置方式。该类特殊防护无法以通用图的形式使用，而是具体工点特殊设计，针对性地根据实际的受力情况而制定适宜的尺寸、配置。

7.2.2.1 抗滑挡墙

剩余下滑力小时（一般只用于滑坡推力小的路段，建议滑坡推力小于 300 kN/m），可结合地形条件，考虑在坡脚处设置抗滑挡墙来支挡路基。抗滑挡墙即为挡土墙，可用于规模相对较小、厚度较薄、滑坡推力较小的滑坡治理工程，且挡墙基坑开挖后不会引起滑坡复活或产生新的滑动。依靠挡墙的自重，在滑体前缘的阻滑段增加一块具有相当自重的混凝土圬工，增加滑体的抗滑力，起到稳定滑体的效果。区别在于常规（标准尺寸）挡土墙只考虑承受土压力，而抗滑挡墙的计算中往往是受较大的滑坡推力控制。

当斜坡填方体推力规模稍大（可参考 300~600 kN/m）时，推力作用将使挡墙的尺寸、圬工量更大，使挡墙有更高的抗滑移、抗倾覆要求。在滑坡推力的作用下，对地基的承载力要求往往越大，直至超过该地段的基岩能提供的地基承载力上限。故抗滑挡墙常也配合基础处理使用，如基底换填、台阶式扩大基础、微型桩注浆基础，甚至是抗滑桩基础。

抗滑挡墙配合桩基（微型桩、抗滑桩）使用，为较多使用的刚性支挡结构（见图 7-19）。计算中可分开考虑挡墙与桩基，将挡墙计算后的作用力、力矩施加于桩顶，从而先后完成两种结构的计算。也可采用有限元模拟的方法整体计算墙桩结构。重力式抗滑挡墙的高度不宜超过 10 m，当超过 10 m 时，宜采用抗滑桩板墙或其他工程措施。

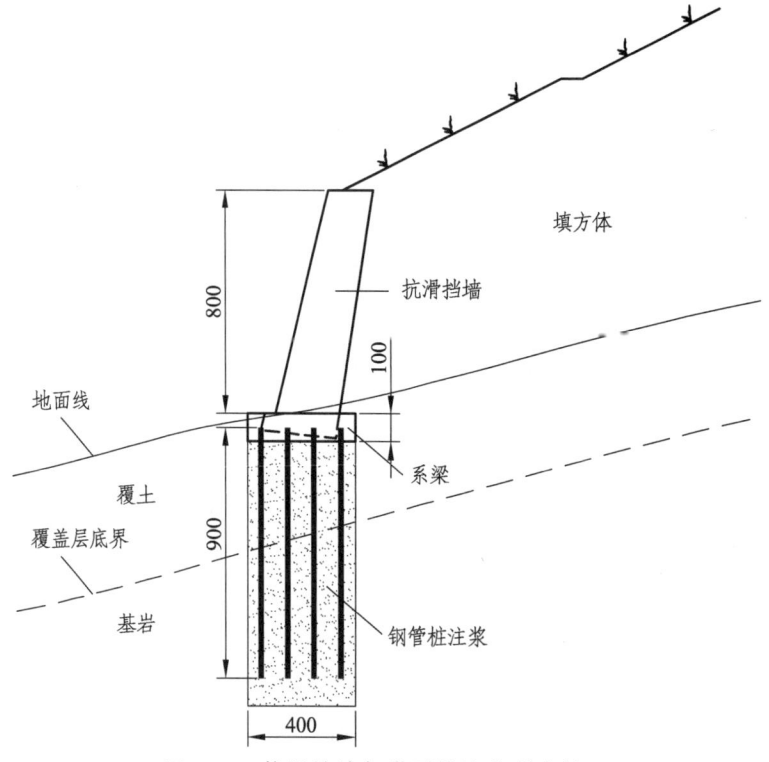

图 7-19　抗滑挡墙与微型桩注浆联合使用

对于钢管桩伸入墙身内部的抗滑挡墙结构，其地基承载力、抗滑稳定性、抗倾覆稳定性和整体结构抗剪计算分析如下：

1）地基承载力

桩基挡墙的整体承载力，考虑由桩基础完全提供，即为群桩基础理论。需要注意的是，此考虑仅适用于钢管柱插入挡墙内部的结构。对于不插入挡墙，而在挡墙和桩基之间设置垫层或系梁的桩基挡墙，计算模式则存在区别，此处不予赘述。

根据群桩基础理论，由于采用钢管桩基础的地基多为软质风化岩地基或甚至为土质地基（否则也不需要进行钢管桩基础设计），故将钢管桩考虑为摩擦桩。分别计算每一根钢管桩通过与地层的黏结效果所提供的单桩承载力（钢管侧面积×黏结强度=单桩承载力），求和之后即可得到整个群桩的承载能力。其中较为关键的参数为地层与钢管桩之间的黏结强度，可通过现场试验或经验值获得。在计算求得群桩承载力之后，与结构的自重相比，即可得到承载能力的计算结果。

地基承载力的计算，主要目的为求得满足承载力要求所需要的钢管桩长度。在求得最小桩长后，根据实际钢管桩标准件 9 m/根进行取整。钢管桩可采取裁切或焊接处理，以获得满足设计要求长度的钢管。

$$L = \frac{K(G+E_y)}{nT} \quad (7.11)$$
$$T = \zeta \pi D \tau$$

式中，L——钢管桩最小长度（m）；

K——安全系数，永久取 2.0~2.2，临时取 1.8~2.0；

G——挡墙自重（kN）；

E_y——墙背推力的竖向分力（kN）；

T——单根钢管桩的承载力（kN/m）；

n——钢管桩排数；

ζ——钢管桩与地层的黏结系数，永久取 1.0，临时取 1.33；

D——钢管桩钻孔直径（m）；

τ——钢管桩与地层的粘结强度（kPa）；

2）抗滑稳定性

钢管桩抗滑挡墙作为挡土墙，需要验算抗滑移稳定性。抗滑移稳定系数为抗滑力与滑动力的比值，其中滑动力为墙背所受力，应取土压力和边坡剩余下滑力的最大值（作为抗滑挡墙，往往所受下滑力更大，以下滑力控制）。抗滑力由两部分组成：①挡墙基地与地基土的摩擦；②钢管桩基础作为排桩所提供的抗剪力。分别求得两部分抗力求和，即为组合结构的抗滑力，也即可求得结构的抗滑稳定系数。

在求钢管桩作为排桩所提供的抗剪力时，需要考虑：①钢管本身抗剪；②注浆体抗剪；③钢管桩内部加强钢筋（若有）抗剪。抗剪力为抗剪强度与受力界面的乘积，求解较为常规，分别确定之后求和即可。其中钢管的抗剪强度可通过标准差得；钢筋的抗剪强度一般取 $\frac{1}{\sqrt{3}} f_y$，可取 $(0.4 \sim 0.57) f_y$；注浆体的抗剪强度可取砂浆强度的 0.5 倍，如 M30 砂浆则取 15 MPa。

$$K_c = \frac{(G+E_y)\mu + P_g + P_t}{E_x}$$

$$P_g = n\left[\tau_{管}\pi\left(\frac{R-r}{2}\right)^2 + n_0\tau_{筋}\pi\left(\frac{d}{2}\right)^2\right] \quad (7.12)$$

$$P_t = n\left\{\tau_{浆}\left[\pi\left(\frac{D}{2}\right)^2 - \pi\left(\frac{R-r}{2}\right)^2\right]\right\}$$

式中，K_c——抗滑移稳定系数；

E_y——墙背推力的水平分力（kN）；

μ——挡墙基底摩擦系数；

P_g——钢管+管内钢筋的抗剪力（kN）；

P_t——注浆体的抗剪力（kN）；

n_0——单根钢管内的钢筋数量；

D——钻孔直径（m）；

d——管内钢筋直径（m）；

R——钢管外直径（m）；

r——钢管内直径（m）；

其余符号同前。

3）抗倾覆稳定性

钢管桩抗滑挡墙作为挡土墙，需要验算抗倾覆稳定性。计算中需要对墙趾点求矩，抗滑稳定系数等于抗倾力矩除以倾覆力矩。倾覆力矩主要为墙背作用力（下滑力）的水平分量；抗倾力矩主要为墙背作用力（下滑力）的竖直分量、挡墙自重、钢管桩与地层摩擦所提供的抗拔力组成。各组成计算较为常规，其中抗拔力计算与单桩承载力计算相似，区别在于长度取实际伸入地层的钢管桩长度。

$$K_0 = \frac{GZ_g + E_y Z_x + \sum Nb_n}{E_x h} \quad (7.13)$$

式中，K_0——抗倾覆稳定系数；

Z_g——挡墙重心到墙趾的距离（m）；

Z_x——墙背力竖向分力作于墙背的作用力距墙趾距离（m）；

h——墙背力水平分力作于墙背的作用力距墙趾距离（m）；

b_n——第 n 排钢管桩到墙趾的距离（m）；

N——单根抗滑桩的抗拔力（kN），即 $N = L\zeta\pi D\tau$；

其余符号同前。

4）整体结构抗剪

墙身结构抗剪计算同普通重力式挡墙的计算公式，但钢管桩伸入挡墙时应补充计算钢管桩的抗剪力,即本身挡墙的墙身界面抗剪加钢管抗剪验算。从经验上来看,情况整体的墙身抗剪不作为桩基抗滑挡墙的控制因素(基本都能满足)。

7.2.2.2 格宾挡墙

在具有一定量良好石料的地段,格宾挡墙可作为一种可承受下滑力的坡脚支挡措施。格宾挡墙的主体是由机械编织六边形钢丝网,将其弯折组合为若干钢筋石笼,再堆叠在一起并配合一定长度的钢丝拉筋网面伸入填方体中,而与填方土体形成的统一的"加筋土+石笼墙"复合支挡结构,如图7-20所示。

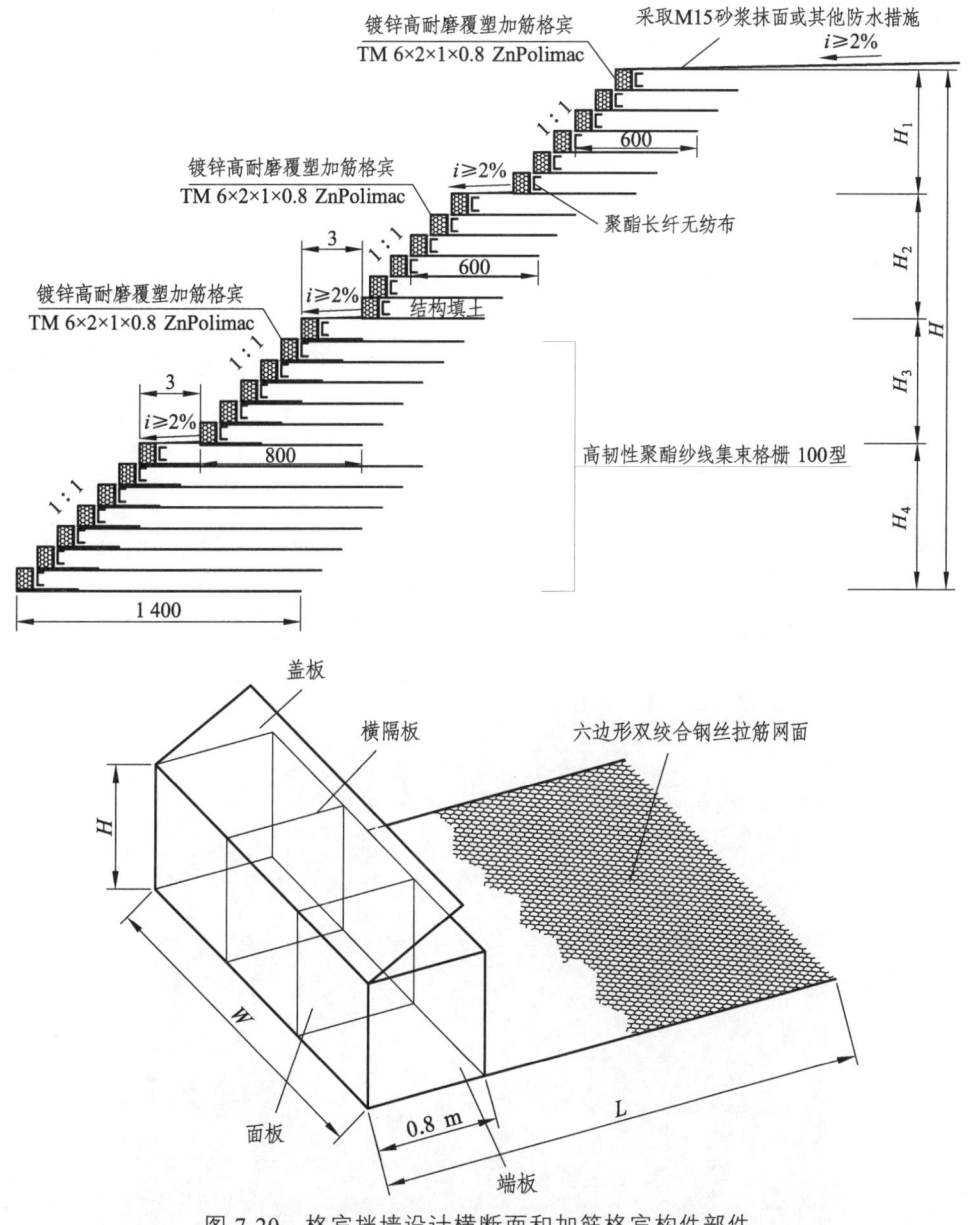

图 7-20　格宾挡墙设计横断面和加筋格宾构件部件

格宾挡墙为一种复合型式的支挡方案，其对于下滑力的加固主要依靠所加固土体自身的自重抗滑。加筋和土颗粒间的作用使得复合体的抗剪强度提高，从而具有更好的抗滑能力。所以格宾挡墙加固潜在的不稳定高填方往往配合着坡脚反压使用。格宾挡墙的坡面可根据具体工点的抗滑需求设计成各种坡度，与墙后的加筋土一齐配合生效，成为一个统一且特别的填方反压体。

加筋土原理为路基填土在自重或外力（道路荷载等）作用下易产生的严重的变形或倒塌，若在土中沿应变方向埋置筋材（双绞合金属网或土工合成材料），则与土与筋材产生摩擦，使加筋土犹如具有了某种程度的黏着性，从而改良了土的力学特性。其力学原理类似于钢筋混凝土。通过常规三轴试验，发现加筋材料通过摩擦作用给土体施加了一个围压，使土体的抗剪强度提高。工程案例断面图和完工照片见图 7-21~图 7-22。

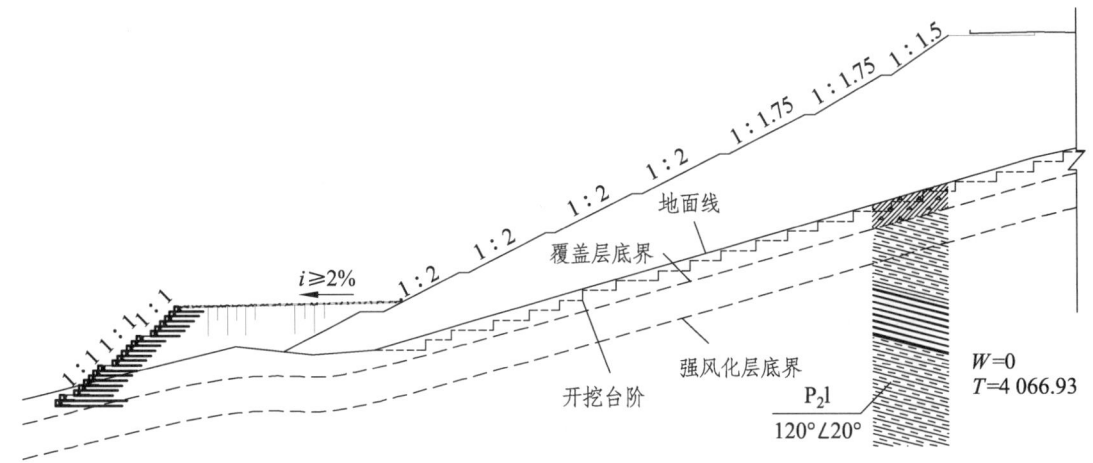

图 7-21　某市政大道中采用加紧格宾挡墙所加固的煤系地层 9 级超高填方

图 7-22 实际工程中的格宾挡墙

格宾挡墙的抗滑性主要来源于反压体,而格宾挡墙最大的优点为可以按很低的地基承载力标准做出很高的挡墙高度。例如某工程中 23 m 高的格宾挡墙,其承载力要求仅为 210 kPa。同时由于抗滑性来源于反压体,加筋土和石笼施工质量的高低也成为了格宾挡墙是否失稳的关键。实际工程中亦存在偷工减料、未按照设计筋带网长度实施,或钢筋网编制质量差,而引起的格宾挡墙中下部变形隆起、破坏。格宾挡墙关键点为保证实际施工质量。在工程中若有产品厂家专派现场施工指导,且网格材料采用厂家严格把控(而非施工单位自行现场编制),则成品的格宾挡墙可谓软弱地基斜坡地段的优质防护方案。另外,由于与反压体的配合,格宾挡墙支挡潜在失稳高填方需要相当的坡脚外部征地条件,也成为该方案在抗滑支挡使用中的局限所在。

由于加筋格宾挡墙的柔性特性,在承受地震动载时的抗力不足,易产生隆起变形等不利变形破坏。故《公路工程抗震规范》也提及,在设计基本地震动峰值加速度大于或等于 0.20g 的地区不宜采用加筋土挡土墙。加筋格宾挡墙在强震区的适用情况有待充分论证,或可另采取针对强震的专项设计方案。

7.2.2.3 抗滑桩支挡

当高填方的剩余下滑力达到一定规模(下滑力大于 700 kN/m)时,需要采用更为有效的抗滑措施——抗滑桩。抗滑桩是以圆形或方形为截面,穿过滑坡体(潜在滑体的潜在滑面)而深入滑床的柱形桩,如图 7-23 所示,用于支挡滑体的剩余下滑力,适用于浅层至中厚层的滑坡或潜在失稳边坡。抗滑桩的支挡能力强、圬工量较小,能充分利用土拱效应而间距布置。但同时也有施工需配套机械设备、方桩人工成孔存在工期劣势、造价较高等缺点。

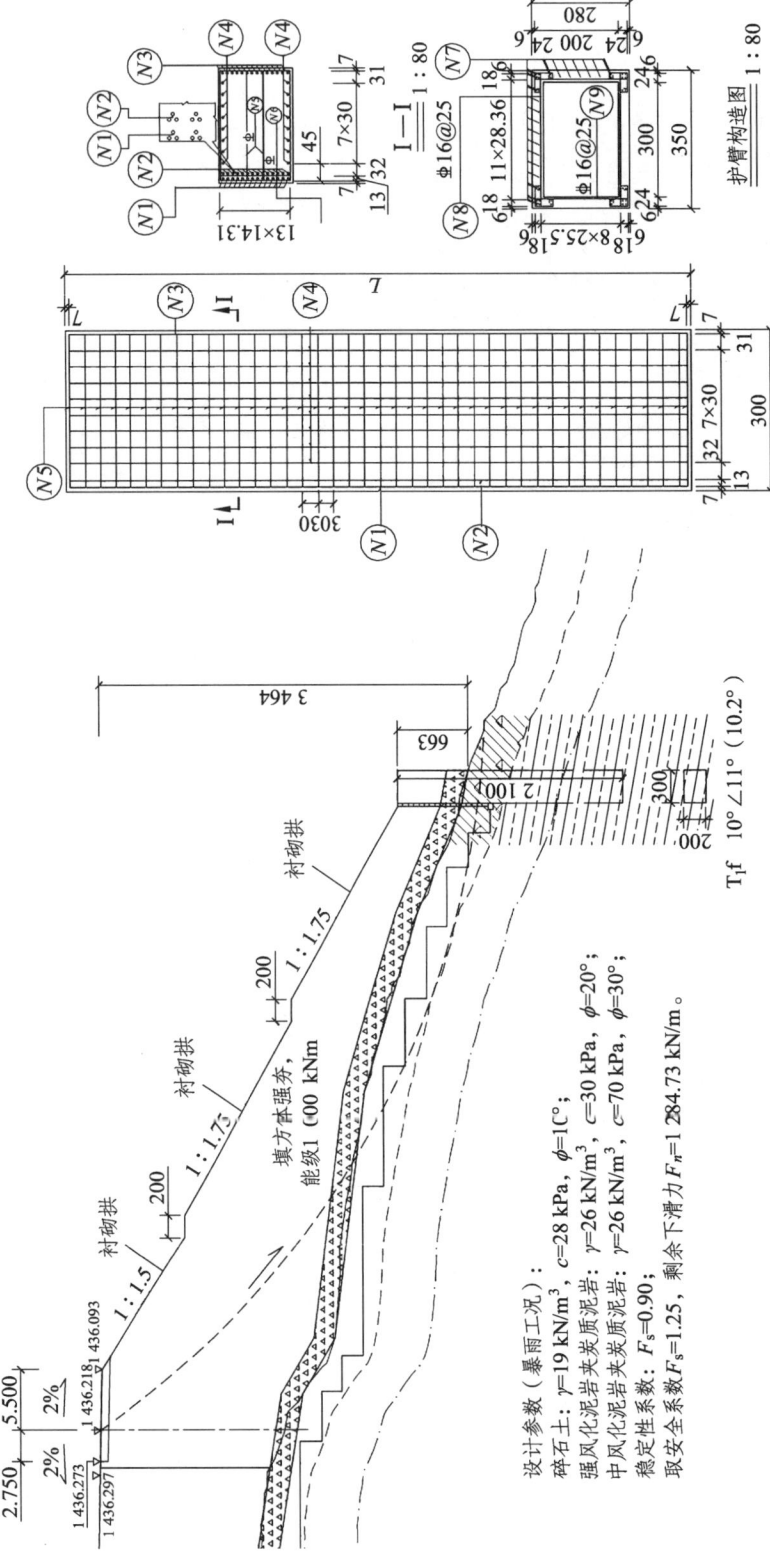

图 7-23 抗滑桩支挡填方和桩细部构造

1. 桩身截面形式的选择

目前使用的抗滑桩截面主要有方桩和圆桩：圆桩施工方便、机械成孔，最大的优势为工期短，很适合于抢险工程。而从受力上来说，圆形截面的受力条件远不如方形截面。抗滑桩作为受弯构件，方形截面的抗弯刚度 EI 要优于圆形截面，故从抗滑效果上来说，方桩具有明显优势。圆桩若要达到同样的抗滑能力，需采用更小的桩间距及更大的桩直径，综合来看，圆桩的桩根数需求更多、桩身用材更大，造价上存在劣势。

以下为一个简单的算例：取截面积相同，易得 $\dfrac{b}{D}=\sqrt{\dfrac{\pi}{6}}$；取方桩 $h=1.5b$，则方桩与圆桩的抗弯刚度比计算如式（7.14）~式（7.15）所示。

$$\text{圆桩：} EI=\dfrac{\pi D^4}{64}E;\quad \text{方桩：} EI=\dfrac{bh^3}{12}E \tag{7.14}$$

$$\dfrac{(EI)_{\text{方}}}{(EI)_{\text{圆}}}=\dfrac{\dfrac{b(1.5b)^3}{12}E}{\dfrac{\pi D^4}{64}E}=5.73\times\left(\sqrt{\dfrac{\pi}{6}}\right)^4=1.57 \tag{7.15}$$

故截面积相同时，方桩的抗弯刚度为圆桩的 157%。

除了抗弯刚度的优势外，方桩以平面的形式与桩后土接触，能作为更稳定的"拱脚"，产生更好的土拱效应，可减少桩间土对挡土板的推力，更好地将所有的桩后土侧向力施加在抗滑桩本身上。实际计算中抗滑桩中线范围内的推力均被考虑由该根抗滑桩完全支挡，挡土板不考虑承受滑坡推力作用，仅存在桩间土破裂面范围内的土压力作用。更好的土拱效应能使挡土板有更好的受力条件。

再以一个算例来反映方桩与圆桩的选择：以石灰岩地区工点为例，设高填方剩余下滑力为某特定值，分别考虑方桩与圆桩的配置，求支挡相同规模的下滑力所需的方桩和圆桩分别的尺寸（见图 7-24 ~ 图 7-25）。经过抗滑桩计算，在桩后推力 $T=1\,600$ kN/m 时，若为方桩需要 $b\times h@a=2\times3@6$ m，平均纵向每延米需要 $\dfrac{2\text{ m}\times3\text{ m}}{6\text{ m}}=1$ m 的桩身圬工；若为圆桩需要 $d@a=3@4$ m，平均纵向每延米需要 $\dfrac{\pi(3\text{ m}/2)^2}{4\text{ m}}=1.767$ m 的桩身圬工。由此可直观地发现：在实现相同支挡效果的需求下，圆桩要比方桩的路段平均每延米圬工量大 76.7%。混凝土圬工量很大程度上控制抗滑桩的造价，故相同效果下，圆桩造价更高。

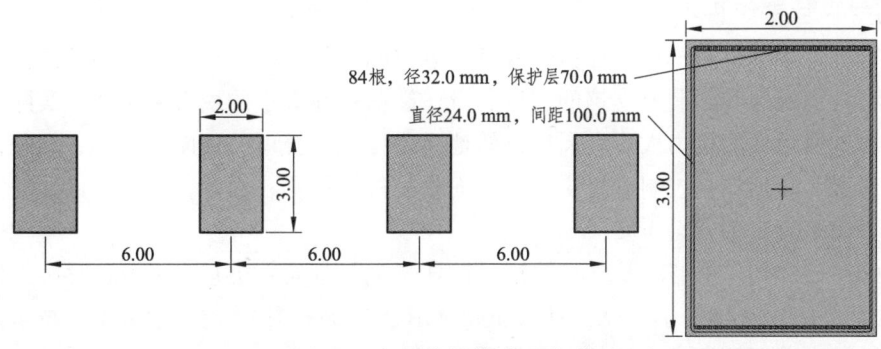

图 7-24 方形抗滑桩布置与截面

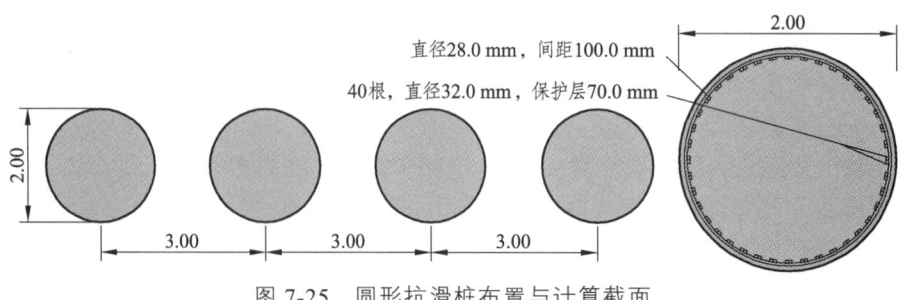

图 7-25 圆形抗滑桩布置与计算截面

圆桩在受力条件和经济性上确实不如方桩，但圆桩也有自身的优势：圆形截面方便机械成孔，可大幅缩短桩的开挖工期（特别是硬质岩地段，方桩人工成孔难度大、进度过慢），同时也避免了人工挖孔的风险。在部分工期要求极高的抢险工程，或是不以造价为第一考虑因素的社会影响敏感区域，或是地质条件极差、在短期的开挖临空后极易立刻产生滑移破坏、人工挖孔风险极高的地段，圆形抗滑桩仍然为一种很好的选择。机械成孔的圆形抗滑桩在该处具有一定地质条件后，还可节省下护壁的工程量，可总体上一定程度上减少因受力劣势所产生的造价上浮。

如今方形桩也有采用较新型的方形成孔机械施工的案例，且不乏有专利技术发表（如图 7-26 所示），只是目前的普及度不够。在设备逐步更新、普及的将来，方桩将逐步克服人工成孔需求的缺点，成为抗滑桩的首选截面。

 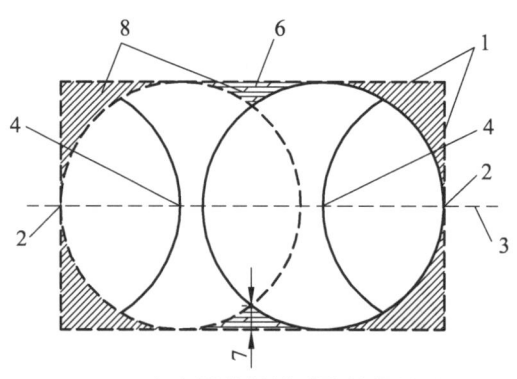 

图 7-26 已有方形桩机械成孔的新技术

2. 桩身位移的限定

抗滑桩设计中，桩身位移往往控制着桩对滑体的支挡效果。有效地控制桩体位移，是确保抗滑桩自身稳定性和限制所支挡的边坡、滑体卸荷松弛大小的最直接指标。实际工程中需要根据抗滑桩所设计的抗力大小和周边自然地质条件拟定合理的截面、桩长、间距，必要时配合桩顶锚索，从而严格控制全桩身各个截面处的桩体位移，因此，抗滑桩设计时需核查桩体位移是否满足特定的安全需要。

TB 10025—2019《铁路路基支挡结构设计规范》[70]规定：桩顶水平总位移限定值可采用悬臂端长度的 1/100 控制，且不大于 100 mm。GB 50330—2013《建筑边坡工程技术规范》[71]中规定：桩基嵌固段顶端地面处的水平位移不宜大于 10 mm，特别对位于中段的嵌固端顶部

（即滑面处）的位移做出了限制。JTG/T 3334—2018《公路滑坡防治设计规范》[72]中规定：桩板墙顶位移应小于桩悬臂端长度的 1/100，且不大于 100 mm。

桩顶 100 mm 的位移限制在多本规范中提及，而《建筑边坡工程技术规范》对滑面处的位移进行了更特殊的限定，设计更为保守。实际抗滑桩设计中建议以桩顶 100 mm 的位移限制作为设计指导，对于防护桥梁等对变形要求严的结构物，建议按结构物的变形要求控制。

3. 锚固端襟边宽度

为了保证抗滑桩有足够的锚固段长度，在设置抗滑桩时，应充分考虑抗滑桩前部斜坡坡度的影响。当地面横坡过陡，填方采用抗滑桩提前收坡，或是桩外有诸如溶洞塌陷等方向向下的不良地质时，抗滑桩的锚固端长度将受到影响。此为桩前滑动面以下的三角形岩土体由于不能形成半无限体锚固，而导致抗滑桩的有效锚固深度不足的问题，避免因水平抗力不足、桩前岩土体变形过大或失稳，而导致抗滑桩倾倒、失效。此"半无限体锚固宽度"可近似理解为各结构的"襟边宽度"，在桥梁墩台、挡墙设计中均需考虑，抗滑桩襟边宽度如图 7-27 所示。作为基于经验的推荐，JTG/T 3334—2018《公路滑坡防治设计规范》中提及：桩前滑床宽度达到 3~5 倍桩径才能作为半无限体锚固条件。当桩前斜坡存在面向临空面的不利结构面组合，或桩的锚固深度太大时，需在桩前边坡上用预应力锚索或长锚杆加固边坡，以改善桩的锚固条件。具体 3~5 倍区间中的取值可以岩性为依据，硬岩取小值，软岩取大值。

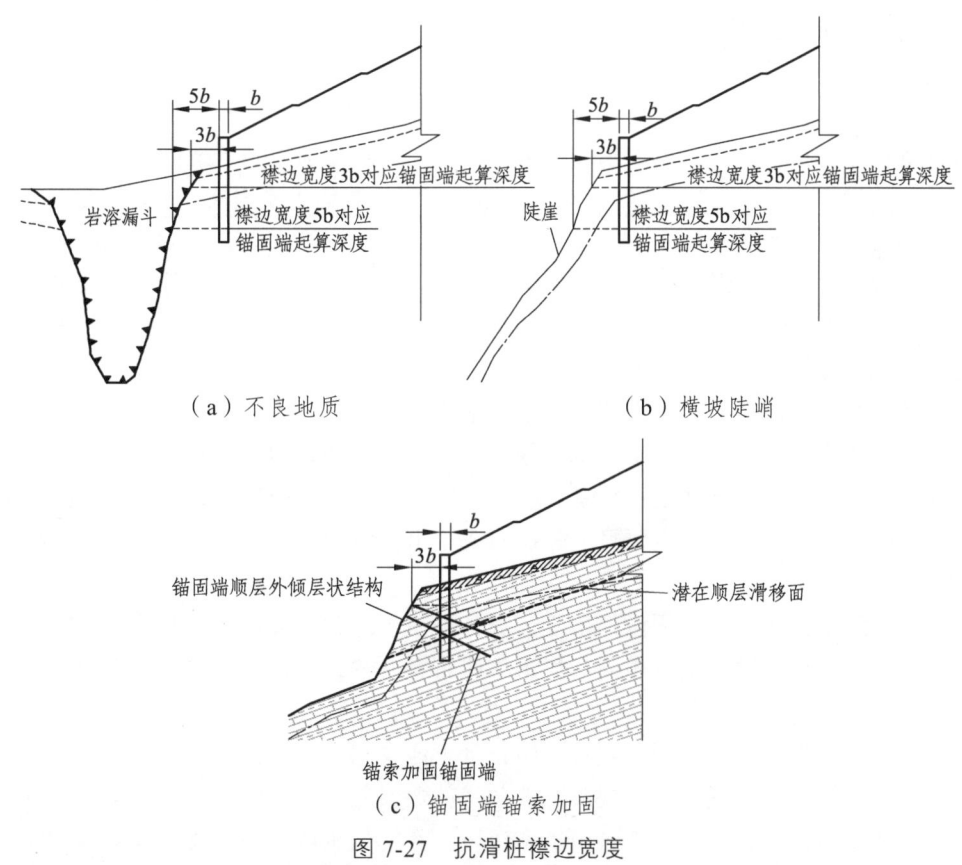

图 7-27 抗滑桩襟边宽度

第 8 章　超高填方排水技术及典型病害特征

填方路基处理不当所造成的路基损坏，已成为我国各级道路运营中所存在的普遍问题，其后续处理需耗费大量的人力物力，并对运行中的道路交通带来严重影响，同时也会破坏环境景观和生态平衡，从而给国家和人民经济造成巨大损失。而造成边坡变形破坏的元凶就是路基范围内的水。原有自然排水系统的改变、局部地下水位的上升，均会造成工程区域内排水不畅，从而引发填方边坡失稳、软化下沉、不均匀沉降等问题。因此，对于填方，尤其是高填方边坡而言，系统的排水方案就显得尤为重要。

8.1　填方路基排水设计的目的

填方路基排水设计的目的是通过设置相应的排水设施，采取拦截、隔断疏干等措施，把影响填方路基强度和稳定性的地表水和地下水排放到路基范围以外合适的地点，确保填方路基处于干燥、坚实和稳定状态。水是影响填方路基工程质量的主要因素，也是引起填方路基病害的主要因素之一。根据影响填方路基路面的水源不同，排水工程分为地表排水和地下排水。

地表水包括大气降水形成的地表径流及海、河、湖、水渠及水库水等。地表水对填方路基的主要危害是冲刷和渗透，冲刷会导致路基整体稳定性下降，渗透会导致路基土含水率增大而强度降低。因此，地表排水的主要目的是排出填方路基范围内的地表径流、地表积水、边坡雨水及公路邻近地带影响填方路基稳定的地表水。

地下水包括上层滞水、层间水及潜水等，它们对填方路基的危害程度因条件不同而异，轻者使路基湿软，降低路基强度；重者会引起冻胀、翻浆或边坡坍塌，甚至整个路基沿倾斜基底滑动。因此，地下排水的主要目的是截断或排出流向填方路基的地下水，以及降低影响路基稳定的地下水位。

对于填方路基排水设计，须做好事先调查，查明水源和有关现状，测绘现场图纸，进行必要的水力水文计算，做出总体规划，提出总体布置方案，逐段逐项进行细部设计计算，并进行效益分析和经济核算。

填方路基排水设计应注重环境效益，防止水土流失和水源污染。充分利用有利地形和自然水系，排水沟渠宜短不宜长，做到及时疏散，就近引流；各种路基排水沟渠的设置和连接应尽量不占或少占良田，并与当地农田水利建设及环境相协调；临时排水设施尽可能与永久排水设施相结合。

8.2 现有填方路基排水设计理论

填方路基一般位于山体坡脚、沟谷洼地、U 形槽地等地，属于易汇水路段。其场区水文条件受气候因素、地理条件、流域特征和人类活动等多种因素影响，情况非常复杂。对于公路超高填方路基，汇水区域面积较小，一般面积为小于 100 km² 的小流域范围。小流域的最大洪水多数由暴雨形成，而且流域面积小，坡度陡，加之人类活动破坏植被，汇流时间短，洪水暴涨暴落，历时短暂，容易对填方路基侵蚀、冲刷，影响路基稳定。小流域一般没有水文站观测资料，实际工作中多采用推理公式或经验公式计算。小流域流量多为暴雨洪水形成，多以暴雨资料推算洪水流量。目前小流域流量计算中常用的 5 种推理公式如下。

8.2.1 推理公式一

JTG/T D33—2012《公路排水设计规范》对公路边沟、截水沟、管沟的水文计算推荐了如式（8.1）所示的推理公式：

$$Q = 16.67 \times \psi \times q_{p,t} \times F \tag{8.1}$$

式中，Q——设计径流量（m³/s）；

ψ——径流系数，当汇水区域内有多种类型的地表时，应分别取每种类型的径流系数按相应面积大小进行加权平均取值，具体见表 8-1；

q——设计重现期和降雨历时内的平均降雨强度（mm/min）；

F——流域（汇水）面积（km²）。

表 8-1 不同地表的径流系数

地表种类	径流系数 ψ	地表种类	径流系数 ψ
沥青混凝土路面	0.95	陡峻山地	0.75 ~ 0.90
水泥混凝土路面	0.9	起伏山地	0.60 ~ 0.80
透水沥青路面	0.60 ~ 0.80	起伏草地	0.40 ~ 0.65
粒料路面	0.40 ~ 0.60	平坦耕地	0.40 ~ 0.65
粗粒土坡面和路肩	0.10 ~ 0.30	落叶林地	0.35 ~ 0.60
细粒土坡面和路肩	0.40 ~ 0.65	针叶林地	0.25 ~ 0.50
硬质岩石坡面	0.70 ~ 0.85	水田、水面	0.70 ~ 0.80
软质岩石坡面	0.50 ~ 0.75		

1. 降雨历时

降雨历时一般应取设计控制点的汇流时间，其值为由汇水区最远点到排水设施处的坡面汇流历时与在沟或管内的沟管汇流历时之和。在考虑路面表面排水时，可不计及沟管内汇流历时。

坡面汇流历时可按式（8.2）计算确定：

$$t_1 = 1.445\left(\frac{m_1 L_S}{\sqrt{i_S}}\right)^{0.467} \tag{8.2}$$

式中，t_1——坡面汇流历时（min）；

L_S——坡面流的长度（m）；

i_S——坡面流的坡度；

m_1——地表粗度系数，取值可见表8-2。

表8-2 地表粗度系数 m_1

地表情况	粗度系数 m_1	地表情况	粗度系数 m_1
沥青路面、水泥混凝土路面	0.013	牧草地、草地	0.40
光滑的不透水地面	0.02	落叶树林	0.60
光滑的压实土地面	0.10	针叶树林	0.80
稀疏草地、耕地	0.20		

计算沟管汇流历时，先在断面尺寸、坡度变化点或者有支沟（支管）汇入处分段，分别计算各段的汇流历时后叠加，即

$$t_2 = \sum_{i=1}^{n}\left(\frac{l_i}{60 v_i}\right) \tag{8.3}$$

式中，t_2——沟管内汇流历时（min）；

n, i——分段数和分段序号；

l_i——第 i 段的长度（m）；

v_i——第 i 段的流速（m/s）。

其中，沟管的平均速度 v 可按式（8.4）计算：

$$v = \frac{1}{n} R^{2/3} I^{1/2} \tag{8.4}$$

式中，n——沟壁或管壁的粗糙系数；

R——水力半径（m），$R = A/\rho$，可根据不同断面形式沟管水力半径查阅计算式确定；

ρ——过水断面湿周（m）；

I——水力坡度，可采取沟或管的底坡。

沟管的平均速度也可按式（8.5）近似估算：

$$v = 20 i_g^{0.6} \tag{8.5}$$

式中，i_g——该段排水沟管的平均坡度。

2. 设计降雨强度分析

1）JTG/T D33—2012《公路排水设计规范》关于降雨强度的计算

①当地气象站有10年以上降雨监测资料时，可利用记录资料按式（8.6）分析整理得到设计降雨重现期的降雨强度：

$$q = \frac{a}{t+b} \tag{8.6}$$

式中，t——降雨历时（min）；

a，b——地区性参数。

②当缺乏自记雨量资料时，可按式（8.7）计算：

$$q = c_q c_t q_{5,10} \tag{8.7}$$

式中，$q_{5,10}$——5 年降雨重现期和 10 min 降雨历时的标准降雨强度（mm/min），公路所在地区的 60 min 转换系数（c_{60}）根据 JTG/T D33—2012《公路排水设计规范》确定；

c_q——重现期转换系数，设计降雨重现期强度 q_p 与标准重现期降雨强度 q_5 的比值（q_p/q_5）；

c_t——降雨历时转换系数，降雨历时 t 的降雨强度 q_t 与 10 min 降雨历时的降雨强度 q_{10} 的比值（q_t/q_{10}）；公路所在地区的 60 min 转换系数（c_{60}）根据 JTG/T D33—2012《公路排水设计规范》确定。

2）GB 50014—2021《室外排水设计标准》[73]关于降雨强度的计算

关于降雨强度按式（8.8）计算：

$$q = \frac{167 A_1 (1 + C \times \lg p)}{(t+b)^n} \tag{8.8}$$

式中，q——设计暴雨强度（mm/min）；

t——降雨历时（min）；

p——设计重现期（a）；

A_1，C，n，b——参数，根据地区 10 年以上自动雨量记录统计计算确定。

3. 设计径流量计算

综上，设计径流量计算过程如下：

①确定汇水区域，计算坡面长度、坡度，及计算汇水面积，确定径流系数；

②查询地表粗糙度系数计算坡面汇流历时，及沟管汇流历时，为查取降雨历时转换系数作准备；

③确定设计重现期、降雨强度 $q_{5,10}$；

④结合降雨历时转换系数、重现期转换系数等，计算得出降雨强度；

⑤计算设计径流量。

8.2.2 推理公式二

交通运输部公路科学研究院对流域面积在 100 km² 以下的区域小桥、涵洞的汇水计算推荐的流量计算公式为

$$Q_m = 0.278 \left(\frac{S_p}{\tau n} - \mu \right) F \tag{8.9}$$

式中，Q_m——最大洪峰流量（m³/s）；

τ——汇流时间（h）；

S_p——某频率的雨力（mm/h），可从地区水文手册或暴雨分区图查用；

n——暴雨递减指数，根据各地区暴雨指数n值分区表查取；

μ——损失参数（mm/h）；

F——流域（汇水）面积（km²）。

在北方：

$$\mu = K_1 S_p^{\beta_1}, \quad \tau = K_3 \left(L/\sqrt{J}\right)^{\partial_1}$$

在南方：

$$\mu = K_2 S_p^{\beta_2} F^{\lambda}, \quad \tau = K_4 \left(L/\sqrt{J}\right)^{\partial_2} S_p^{-\beta_3}$$

式中，K_1，K_2，β_1，β_2，λ——系数、指数，根据损失参数$\mu\mu$的分区和系数指数值表查取；

K_3，K_4，∂_1，∂_1，β_3——系数、指数，根据汇流时间t的分区和系数指数值表查取；

L——主沟长度（km）；

J——主沟底纵坡（‰）。

8.2.3 径流简化公式

我国公路桥涵水文计算中，小流域的流量计算，多采用式（8.10）：

$$Q = \phi_0 (h-z)^{3/2} F^{4/5} \beta \gamma \delta \tag{8.10}$$

式中，Q——频率为p的洪峰流量（m³/s）；

h——径流厚度（mm），根据暴雨分区、土壤类别、汇流时间等因素综合查表取值，其中，汇流时间t（min）按流域面积F（km²）大小而定：$F<10$时，$t=30$；$10<F<20$时，$t=45$；$20<F<30$时，$t=80$；

z——被植物或洼地滞留的径流厚度（mm），其值可查表获取；

F——流域（汇水）面积（km²）；

β——洪水传播影响洪峰流量的折减系数，其值可查表获取；

γ——流域内降雨不均匀影响洪峰流量的折减系数，其值可查表获取；

ϕ_0——地貌系数，其值可查表获取；

δ——湖泊或小水库作用影响洪峰流量的折减系数，其值可查表获取。

8.2.4 经验公式一

$$Q = CF^n$$

式中，Q——设计径流流量（m³/s）；

F——流域（汇水）面积（km²）；

C，n——参数，见表 8-3。

表 8-3　参数 C、n 经验值

区域	参数	频率 p/%					适用范围
		0.5	1.0	2.0	5.0	10.0	
山地	C	28.6	22.0	17.0	10.7	6.58	3～2 000
	n	0.601	0.621	0.635	0.672	0.707	
平原沟壑	C	70.1	49.9	32.5	13.5	3.2	5～200
	n	0.244	0.258	0.281	0.344	0.506	

8.2.5　经验公式二

$$Q_m = \phi(S_p - \mu)^m F^{\lambda_2}$$

式中，S_p——某频率的雨力（mm/h），可从地区水文手册或暴雨分区图查用；

μ——损失参数（mm/h）；

F——流域（汇水）面积（km²）；

ϕ，m，λ_2——系数、指数，查表得出。

$$Q_m = C S_p^{\beta} F^{\lambda_3}$$

式中，S_p——某频率的雨力（mm/h），可从地区水文手册或暴雨分区图查用；

F——流域（汇水）面积（km²）；

C，β，λ_3——系数、指数，查表得出。

现有公路构造物水文计算，基本都是结合以上 5 种公式进行综合计算，并结合既有冲沟、河道宽度进行相互验证，取大值用于设计。

8.3　填方路基排水设施

根据所排水源的不同，填方路基地表排水设施可分为地面排水设施和地下排水设施。填方路基地面排水设施可采用边沟、排水沟、截水沟、拦水带等设施，其作用是将可能停滞在填方路基范围内的地表面水迅速排除，防止填方路基范围内的地面水流入路基内。地下排水设施可采用暗沟（管）、渗沟、渗井与隔离层等，其作用是将填方路基范围内的地下水位降低或拦截地下水并将其排除到填方路基范围以外。各类排水设施的使用应因地制宜、合理完善、经济实用，使全线的沟渠、管道、桥涵组合成完整的排水系统。临时排水设施应尽量与永久排水设施相结合。

1. 地面排水设施类型及适用条件

1）边沟

填方路基排水主要通过护坡道外侧的路堤边沟来进行，用于汇集和排除路面、路肩及边坡的水，然后排入河沟或排水涵洞中，引离路基。从形式上看，边沟分为明沟和加盖板的暗

沟等多种形式,其断面形式有 L 形、梯形、浅碟形、三角形、矩形或 U 形等。在边沟形式的选择上应综合考虑地质条件、地区降雨量、边坡高度、汇水面积及出水口等因素,突出排水功能设计,兼顾路侧行车安全与环境保护。

2)截水沟

路堤截水沟用来拦截填方路基上方流向路基范围的地表水,保护填方坡脚不受水流冲刷。填方路基上侧的路堤截水沟距填方坡脚的距离不应小于 2 m,并宜结合地形进行布设,其断面形式一般为梯形或矩形。

3)排水沟

排水沟是将边沟、截水沟和路基附近低洼处汇集的水引向桥涵或路基范围以外的水沟,其断面形状有梯形、矩形、复合形、U 形等,其大小应根据上游流量确定。排水沟的线形要求平顺,尽可能采用直线形,转弯处宜做成弧线,其半径不宜小于 10 m,排水沟长度根据实际需要而定,通常不宜超过 500 m。排水沟沿路线布设时,应离路基尽可能远一些,距路基坡脚不宜小于 3~4 m。大于沟底、沟壁土的容许冲刷流速时,应采取边沟表面加固措施。

4)拦水带

为避免高路堤边坡被路面水冲毁,可在路肩上设拦水缘石,将水流拦截至挖方边沟或在适当地点设急流槽引离路基。拦水带与高路堤急流槽连接处应设喇叭口。设拦水带路段的路肩宜适当加固。

2. 地下排水设施类型及适用条件

1)暗沟

暗沟是用于引导地面以下水流的沟(管),无渗水和汇水功能。当地下水位较高,潜水层埋藏不深时,可采用排水沟或者暗沟截流地下水及降低地下水位,沟底宜埋入不透水层。沟壁最下一排渗水孔宜高出沟底不小于 0.2 m,沟壁外侧应填以粗粒透水材料或土工合成材料作反滤层。

暗沟设置在路基旁侧时,宜沿路线方向布置。设在低洼地带或天然沟谷处,宜顺山坡的走向布置。暗沟沟底的纵坡宜大于 1%,条件困难时,沟底纵坡宜大于 0.5%,出水口宜加大纵坡,并高出地表排水沟常水位 20 cm。

暗沟采用混凝土或者浆砌片石时,在沟壁与含水层以上的高度处布设一排或者多排向沟中倾斜的渗水孔,沟壁外侧应填以粗粒透水材料或土工合成材料作反滤层。沿沟槽每隔 10~15 m 或者在软硬岩层分界处设置沉降缝或者伸缩缝。暗沟顶面必须设置混凝土盖板,板顶覆土厚度不小于 50 cm。

2)渗沟

渗沟常用于汇集流向路基的地下水,以疏干潮湿的土质路堤边坡,其构造由排水层(石缝、管、洞)、反滤层和封闭层组成。反滤层的作用是汇集水流,防止水流中的土粒堵塞排水层,通常由大小均匀的砂石材料分层填埋构成。封闭层的作用是防止地面水的下渗和土粒落入反滤层石料的空隙。

渗沟有填石渗沟、管式渗沟和洞式渗沟三种形式。填石渗沟又称盲沟,其流量一般不大,渗沟不长,纵坡一般采用 5%;管式渗沟适用地下引水较长的地段,纵坡一般不大于 1%;洞式渗沟通常流量较大,在有条件时宜采用较大纵坡。

8.4 超高填方排水设计典型案例

某高速公路 ZK8+125～ZK8+720 段路线以超高填方路基形式通过三面环山 U 形沟谷，如图 8-1 所示。沟谷长度 3.14 km，填方路基后缘冲沟长度 2.63 km，冲沟与路线中线以 41°斜交后汇入河流，场区集雨面积总共 3.269 km²，而路线后缘冲沟集雨面积共 2.8 km²，沟中常年有成股状溪流，测时流量 2 L/s。

(a) 线位左侧冲沟

(b) 路线右侧冲沟

图 8-1 原始自然冲沟地形地貌

该段超高填方路基中心填高 43.4 m，左侧填方边坡最大填筑高度 82.7 m，8 级高边坡，坡率 1∶1.5～1∶2 放坡，第 1 级边坡高 8 m，采用坡率 1∶1.5；第 2～4 级边坡坡率 1∶1.75，第 5～8 级边坡坡率 1∶2，单级边坡高度 10 m，第 8 级边坡高 5 m，平面图见图 8-2，断面设计图见图 8-3。路基填筑方量 288 万 m²，主要有路堑边坡挖土石方和隧道洞渣。由于该填方路基填筑方量大、外侧边坡高且施工周期长，且下游有一成品油输油管道，因此，填方路基的排水设计尤为关键。填方与冲沟的总体关系见图 8-4。

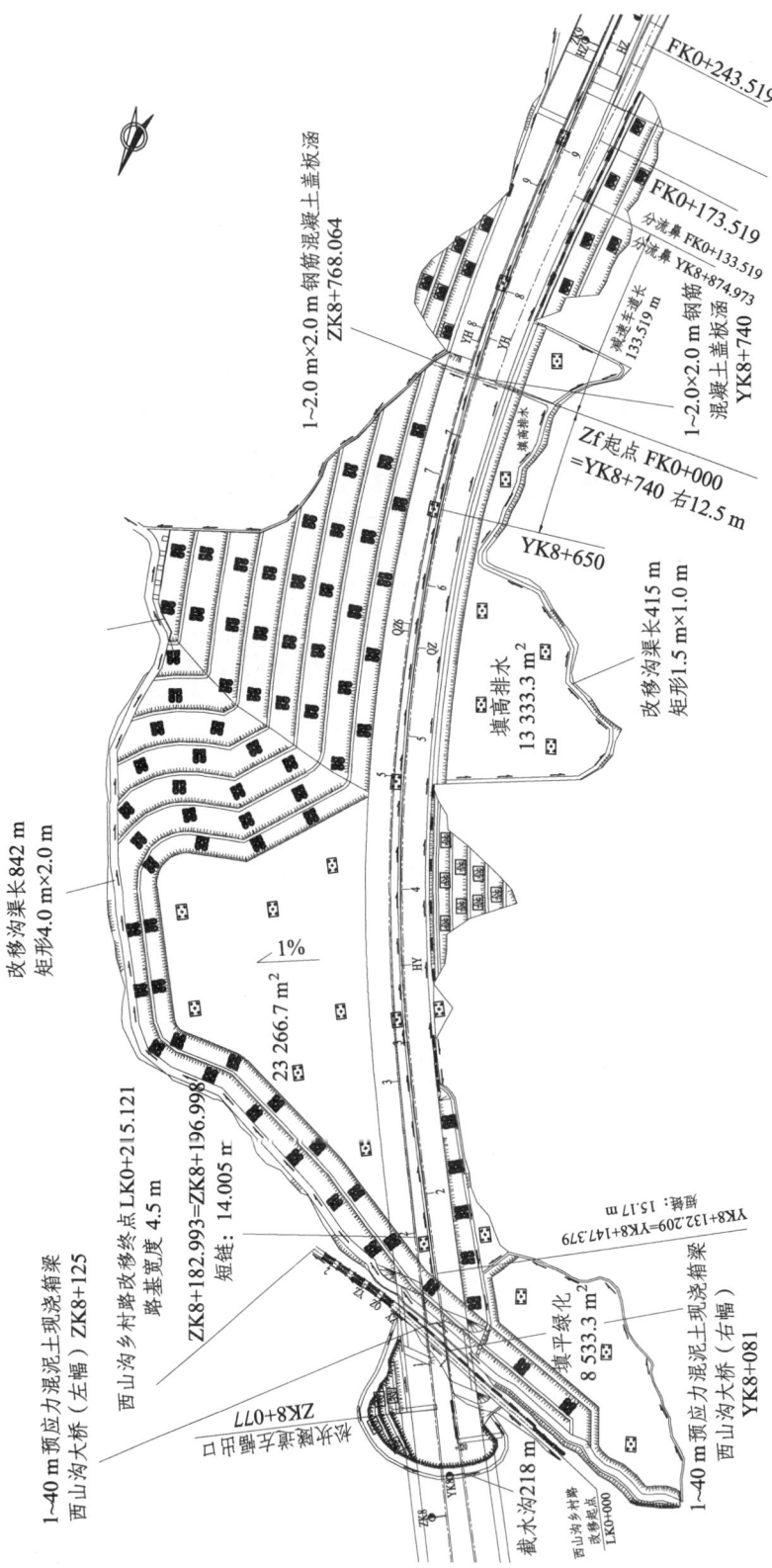

图 8-2 超高填方路基平面设计图

第8章 超高填方排水技术及典型病害特征

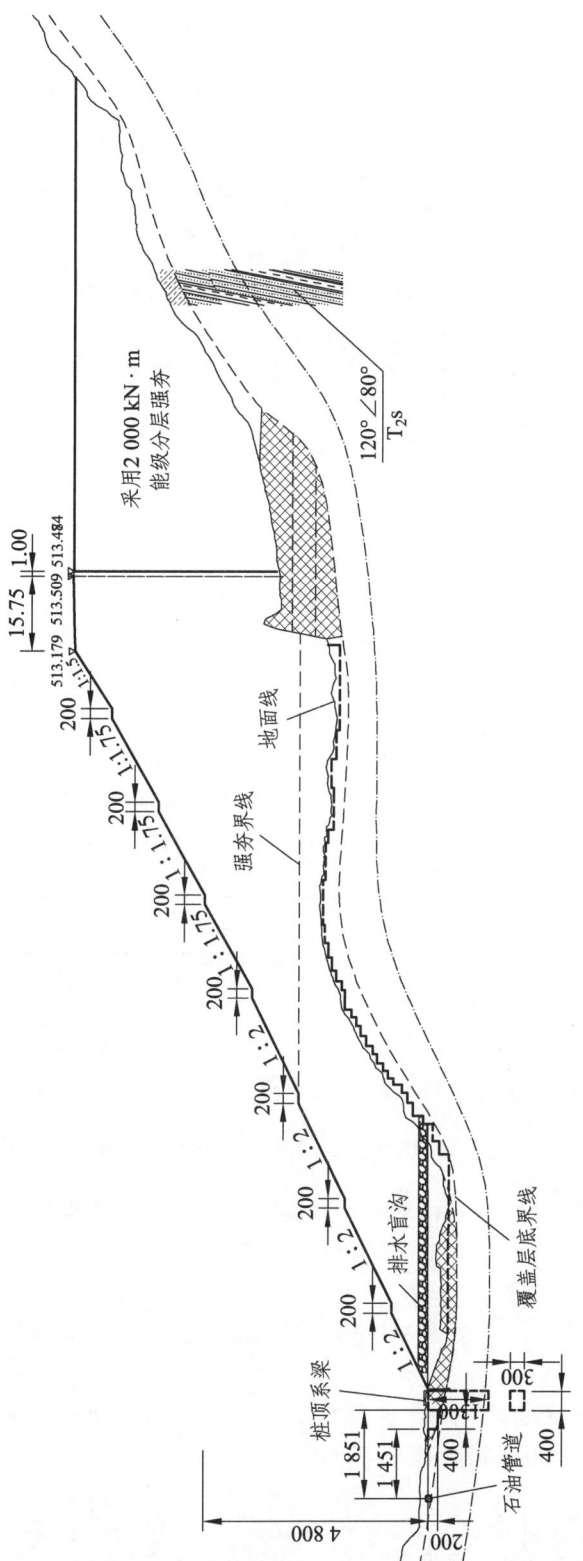

图 8-3 超高填方路基断面设计图

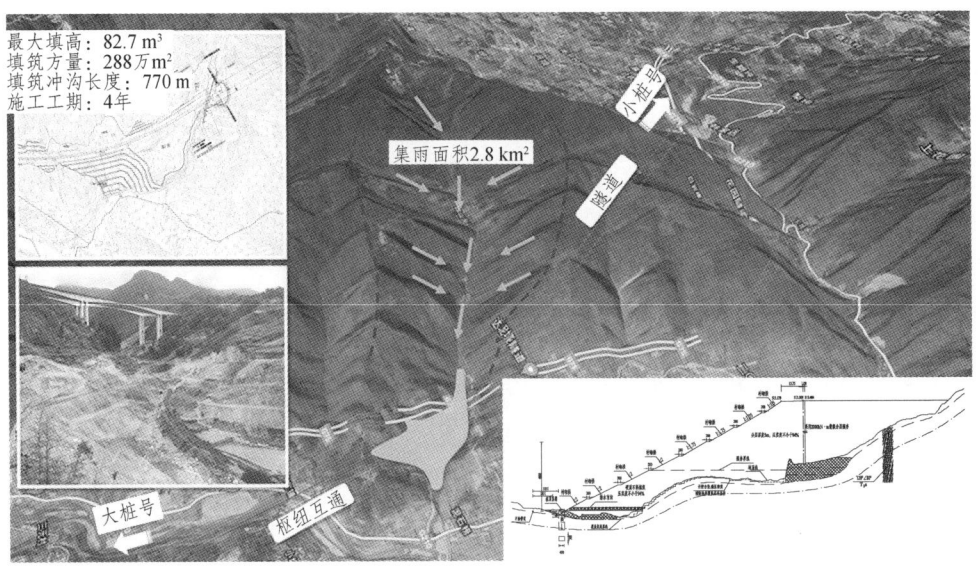

图 8-4 该冲沟与路线关系

8.4.1 设计流量计算

1. 暴雨推理法设计流量计算

暴雨推理法是通过损失参数和汇流时间，体现地区差异性。根据暴雨推理公式，计算规定频率为 $p\%$ 的设计流量，该项目为高速公路，设计洪水频率 1/100，由 JTG/T 3365-02—2020《公路涵洞设计规范》附录 B 查得相关参数如表 8-4 所列。

表 8-4 暴雨推理法计算参与选取

系数/指数	雨力 S_p/（mm·h^{-1}）	K_4	K_2	α_2	β_2	β_3	λ_1
取值	90	3.29	0.51	0.536	1.099	0.239	0.437

根据 JTG/T 3365-02—2020《公路涵洞设计规范》中公式，可得损失参数

$$\mu = K_2 S_p^{\beta_2} F^{-\lambda_1} = 0.51 \times 90^{1.099} \times 2.8^{-0.477} = 45.695 \text{ mm/h}$$

通过现场测绘，冲沟长度 $L = 3.14$ km，平均坡度 $I_z = 63.1‰$，根据 JTG/T 3365-02—2020《公路涵洞设计规范》中公式，可得汇流时间

$$\tau = K_4 \left(\frac{L}{\sqrt{I_z}}\right)^{\alpha_2} S_p^{-\beta_2} = 3.29 \times \left(\frac{3.14}{\sqrt{63.1}}\right)^{0.536} \times 90^{-0.239} = 0.682 \text{ h}$$

根据《公路涵洞设计规范》中附录 B 表 B-2，取小于 1 h 的暴雨递减指数 $n = 0.47$，利用公式计算出规定频率为 1/100 的设计流量 Q_p 为

$$Q_p = 0.278 \left(\frac{S_p}{\tau^n} - \mu\right) F = 0.278 \times \left(\frac{90}{0.682^{0.47}} - 45.695\right) \times 2.8 = 48.259 \text{ m}^3/\text{s}$$

2. 径流形成法设计流量计算

对于汇水面积 $F \leq 30 \text{ km}^2$ 的小流域，公路部门普遍使用径流形成法。

计算规定频率为 $p\%$ 的设计流量，该项目为高速公路，设计洪水频率 1/100，由 JTG/T 3365-02—2020《公路涵洞设计规范》附录 B，根据附录 B-5 查得山岭区地貌系数 ψ；根据附录 B-6 查得工点暴雨分区为 12 区，根据附录 B-7，土的吸水类属为Ⅲ类，根据附录 B-8，汇流时间为 30 min，因此，根据附录 B-9 查得常用径流厚度 h；根据附录 B-10 查得植被或坑洼滞留的径流厚度 z；根据附录 B-11 查得洪峰传播的流量折减系数 β；根据附录 B-12 查得降雨不均匀的折减系数 γ；根据附录 B-13 查得小水库调节作用影响洪峰流量折减系数 δ。相关参数如表 8-5 所列。

表 8-5 暴雨推理法计算参与选取

参数	地貌系数 ψ	径流厚度 h/mm	被植被或坑洼滞留的径流厚度 z/mm	流量折减系数 β	不均匀折减系数 γ	小水库调节作用影响洪峰流量折减系数 δ
取值	0.16	46	5	1.0	1.0	0.99

根据 JTG/T 3365-02—2020《公路涵洞设计规范》中式（6.3.2），可得规定频率为 1/100 的设计流量 Q_p：

$$Q_p = \psi(h-z)^{3/2} F^{4/5} \beta \gamma \delta = 0.16 \times (46-5)^{3/2} \times 2.8^{4/5} \times 1.0 \times 1.0 \times 0.99 = 51.09 \text{ m}^3/\text{s}$$

8.4.2 改沟尺寸确定

选取暴雨推理法与径流形成法设计流量计算值中的较大值作为设计流量，$Q_p = 51.09 \text{ m}^3/\text{s}$。拟设排水沟尺寸为矩形，宽度 $B = 4.0$ m，高 $h = 2.0$ m，可得过水断面面积 $A = Bh = 8 \text{ m}^2$，湿周长度 $x = B + 2h = 8$ m，水力半径 $R = A/x = 1$ m，改沟材料拟采用 C20 片石砼，取管壁粗糙系数为 0.015，根据坡脚改沟路线标高得出改沟水力坡度 $I = 1.1\%$。

因此，矩形沟内平均流速：

$$v = \frac{1}{n} R^{2/3} I^{1/2} = \frac{1}{0.015} \times 1^{2/3} \times 0.011^{1/2} = 6.99 \text{ m/s}$$

$$Q_c = vA = 6.99 \times 8 = 55.9 \text{ m}^3/\text{s} > Q_p$$

因此，可确定排水沟形式为矩形，尺寸为 4 m×2 m，如图 8-5 ~ 图 8-6 所示。

图 8-5 改沟平面布置

图 8-6　改沟施工期

8.5　填方路基典型水毁病害特征分析

山区公路高填方路基与临河路基不一样，其具有填筑方量大、施工周期长及峡谷冲沟地形等典型特点，场区汇水面积较大，雨季水流集中后冲刷力强，而填方路基填料多为附近路堑边坡或两端隧道洞渣，隧道开挖速度有限，填方路基摊铺压实的施工周期较长，在永久排水设施施工前，路基填筑施工可能要经历 2~4 个雨季。在路基施工过程中或施工完成后，永临排水措施设置不当或降雨量很大，排水系统不能迅速排出冲沟水流和边坡坡面水时，水流下渗或急速冲刷坡面，均会对填方路堤产生病害，不同程度地威胁填方路基安全稳定性。排水问题导致的山区超高填方路基病害特征如下。

8.5.1　路堤底部冲刷滑塌

路堤底部冲刷滑塌是指路基后缘冲沟水流下渗入填方体内，填方体浸水饱和，内部逐渐形成渗流路径，冲蚀携带出细粒料，掏空填方体底部，上缘已填筑坡体失去支撑后坍塌，破坏路基的整体性。

形成路堤底部冲刷坍塌的主要有三个条件，一是降雨量大，冲沟水流集中；二是施工过程中临时措施失效，水流多下渗入填方体内，冲蚀作用下坡体逐渐被掏空；三是路基填料以透水性填料为主，水流下渗后在坡体内形成渗流路径，由下至上逐步坍塌。

以某典型路段为例，某高速公路 K6+375~K6+610 段高填方路基，路基以高填方路基跨越典型 U 形冲沟，中心填筑高度 45 m，填筑边坡最高 68.44 m，8 级高边坡，填料主要为路基段前后的隧道洞渣，填方路基底部设排水盲沟，顶部设 5 m×3 m 矩形排水沟，如图 8-7 所示。

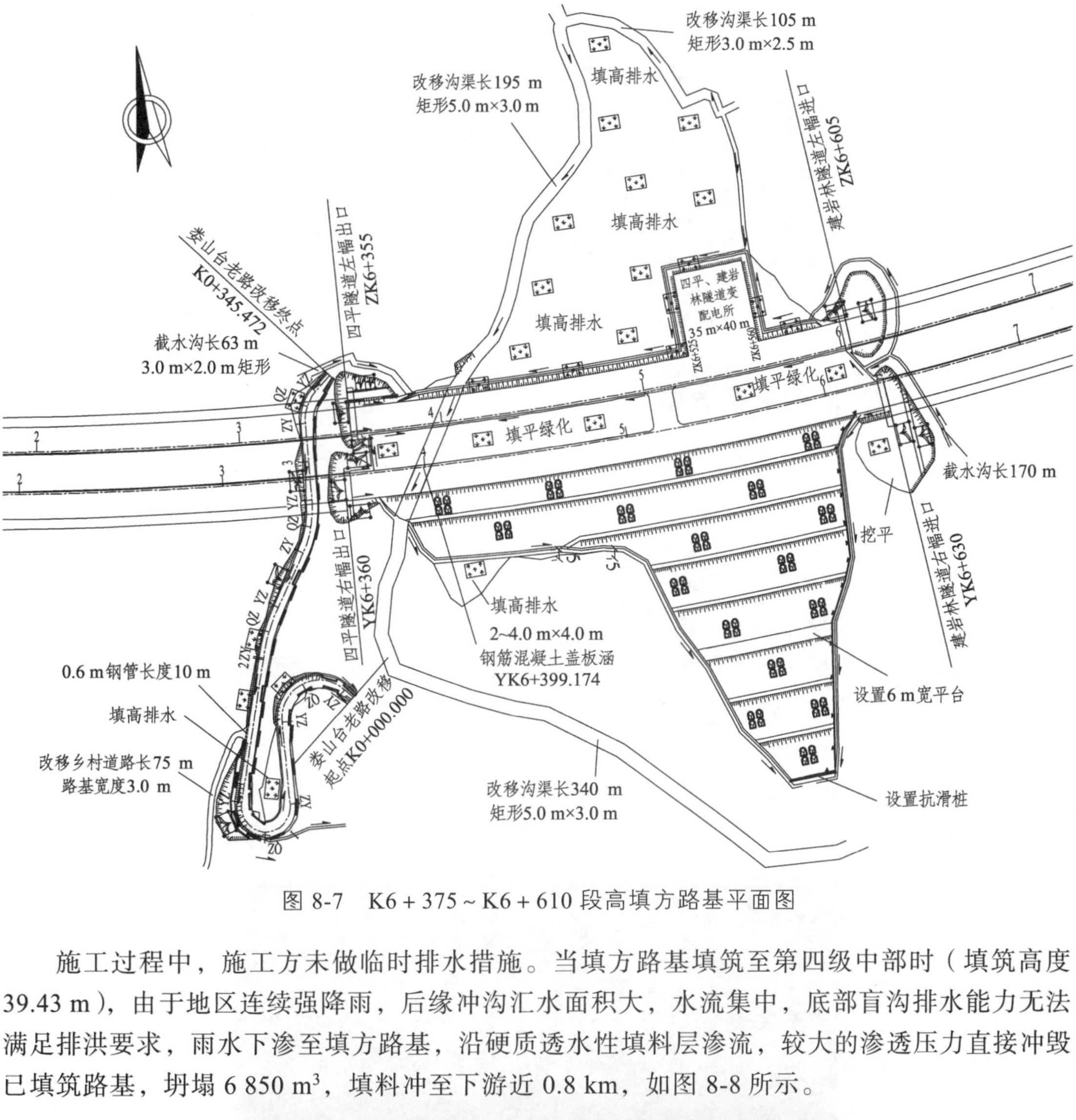

图 8-7　K6+375~K6+610 段高填方路基平面图

施工过程中，施工方未做临时排水措施。当填方路基填筑至第四级中部时（填筑高度 39.43 m），由于地区连续强降雨，后缘冲沟汇水面积大，水流集中，底部盲沟排水能力无法满足排洪要求，雨水下渗至填方路基，沿硬质透水性填料层渗流，较大的渗透压力直接冲毁已填筑路基，坍塌 6 850 m³，填料冲至下游近 0.8 km，如图 8-8 所示。

图 8-8 填方路堤底部受冲刷坍塌

8.5.2 坡面浅层冲刷滑塌

坡面冲刷滑塌包括路基坡面防护设施水毁和坡面冲刷浅层滑塌，前者主要包括衬砌拱护坡、护脚墙或坡脚排水沟等，坡面浅层滑塌也是山区高填方路基段最为常见的损毁之一。

衬砌拱预制块受雨水冲刷破损的主要原因有：

（1）水泥砂浆标号不足，预制块间拼接施工粗糙，各混凝土块间缝隙过大，尤其是各级平台的导流块与坡面导流块衔接位置。

（2）路基边坡表层未压实，填筑过程或施工完成后存在不均匀沉降，导致护坡块体间出现沉降缝，水流沿缝隙下渗冲刷坡面，直至护坡损毁。

坡脚墙基础受雨水冲刷破坏（见图8-9）的主要原因有：

（1）浆砌片石排水沟铺砌厚度不足，水流逐渐冲刷破坏，掏蚀沟底岩土体后排水沟垮塌。

（2）排水沟尺寸不满足水文排泄条件，汇水漫流后冲毁水沟，冲刷挡墙墙前岩土体。

图 8-9 坡脚墙基础受雨水冲刷破坏

填筑坡面浅层冲刷坍塌损毁易发生在路基填筑施工期间，坡面衬砌拱护坡和永久排水措施还未施作，遇到降雨量大且集中时，冲沟水流较大，部分水流下渗，其余沿填筑路基表面漫流，冲刷坡面成槽，表层逐渐坍塌破坏。

以某典型路段为例，某高速公路 K2+130～K2+521 段以高填方路基跨越典型 U 形冲沟，中心填筑高度 39.2 m，填筑边坡最高 59.46 m，6 级高边坡，主要填筑路基段前后隧道洞渣，填方路基底部设排水盲沟，顶部设 4 m×3 m 矩形排水沟，如图 8-10 所示。

第8章 超高填方排水技术及典型病害特征

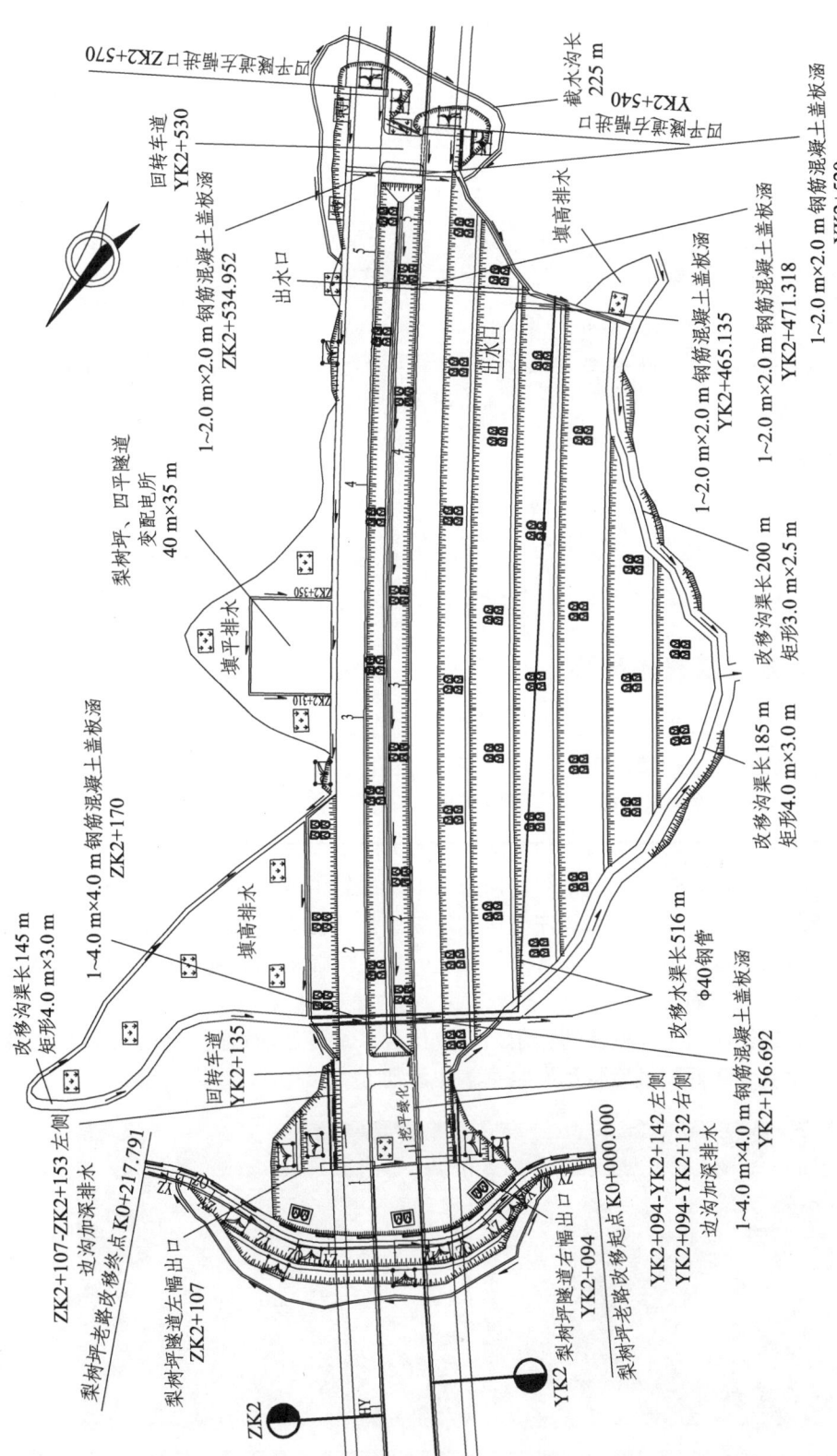

图 8-10 K2+130～K2+521 段高填方路基

2021年汛期期间，该段6级高填方路基已施作至第一级平台，左侧涵洞进口、右侧涵洞出口段改移沟渠均未实施，且施工方未施作临时截排水措施，冲沟水流汇集至左侧填平区形成"堰塞湖"，部分水下渗填方体内，从填方路基护脚墙墙顶溢出，掏蚀填方体内细粒填料，其余漫流至填方路基顶部，冲刷已填筑刷坡完成的路基边坡坡面，形成树枝状沟槽。汛期积水、漫流情况见图8-11。

图 8-11 填方路堤后缘冲沟积水（左）；填筑路基顶部漫流（右）

8.5.3 填方路基整体滑移

路基整体滑移是一种严重的路基水毁灾害。由于路基地质环境和地形地貌复杂，若填方基底存在软弱层或易受水侵蚀软化的风化岩层时，一旦遇水，填方路基基地极易软化发生路基整体滑移。发生路基整体滑移除了与地质环境有关外，还与排水、支挡措施设置或施工质量有关，设置在填方体上的排水沟，路基的不均匀沉降也会导致排水沟裂缝，尤其是浆砌片石材料水沟，施工质量管控不好时会导致沟底铺砌厚度较薄或水泥砂浆强度不足等问题，均会成为水沟损毁的诱因，如图8-12（左）所示。坡脚挡墙抗力不足时，尤其是填方体饱水后水压力增大，挡墙在水压力和土压力共同作用下，发生整体坍塌破坏，进而引发路基的整体滑移破坏，见图8-12（右）。

填方路基受到长期雨水冲刷渗透作用，填方体含水量将逐渐增高，路基土体的内摩擦系数和黏聚力均大幅度降低，最后将诱发路基整体滑动。

图 8-12 浆砌片石水沟冲毁（左）；坡脚挡墙整体破坏（右）

路基整体滑移破坏后，填料中的细粒砂石、块石岩体随洪水下泄至冲沟下游，渣体淤积堵塞冲沟，覆盖冲沟两侧土地，甚至冲毁居民房屋或下游结构物，危害较大，在超高填方路基设计中应避免填方体出现该类破坏。

以某典型路段为例，某弃渣场占地约 16 667 m²，弃渣高度 28 m，弃渣 20 万 m³，主要为隧道洞渣，全部为石渣，弃渣坡率 1∶2，弃渣场坡脚设有 C20 片石砼挡渣墙，拦渣墙长度 29.8 m，高度 8 m；渣场顶部设 M7.5 浆砌片石 60 cm×60 cm 矩形排水沟，长度 405 m，如图 8-13 所示。

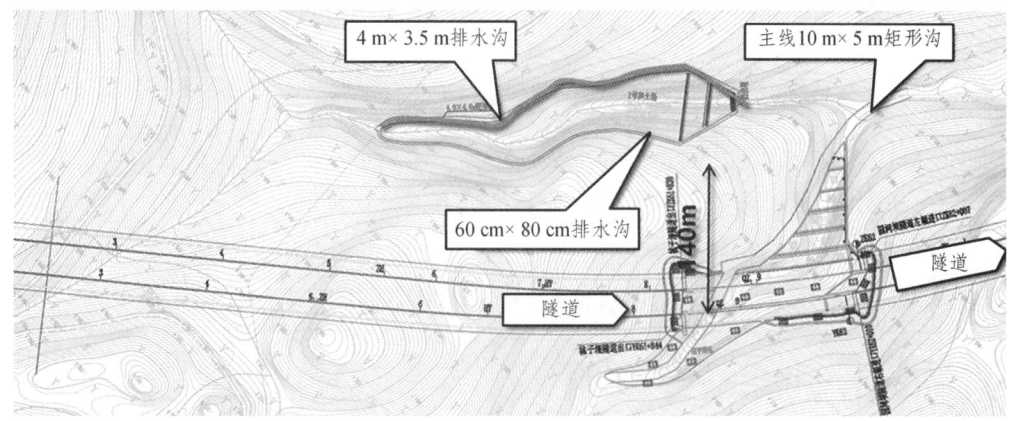

图 8-13 弃渣场

在汛期期间，由于短时降雨量大，大暴雨水汇集后突袭渣场，场区所处地势相对低洼，周边地表径流和上游 V 形自然冲沟内洪水迅速汇集至渣场边界内侧排水沟，山洪突袭破坏性强，致使浆砌片石排水沟沟底基础冲刷出现开裂、两侧沟帮被冲落石块撞击破坏，排水沟遭截断性破坏，大量雨水下渗入弃渣体，整体排水系统遭遇摧毁。

上游水流持续冲刷施工便道处拦渣墙，致使挡墙基础底部掏空，大量水流裹挟石渣将挡墙冲垮，部分弃渣冲刷至坡脚处拦渣墙，并将坡脚拦渣墙覆盖，另一部分弃渣被冲刷至下游天然冲沟内。大量水流携带弃渣撞击拦渣墙，拦渣墙受损破坏后，水流携带大部分弃渣冲向下游沟谷，冲至中下游约 17.9 万 m³，覆盖范围面积约 86 667 m²，见图 8-14。

图 8-14 路基整体滑移破坏后冲刷至下游

第9章 复杂地质条件下典型超高填方案例分析

基于实际工程中存在复杂的自然地形地质条件,本章以山区高速公路典型工点为例,提供若干勘察、设计实例,加以案例分析,为超高填方的设计提供参考。

9.1 某高速煤系地层堆积体55 m高填方边坡

9.1.1 工程概况

1. 工点概况

拟建工程为双向六车道高速公路,路基宽度33.5m,设计速度100km/h。ZK22+645~ZK22+800段(左侧)边坡工程为煤系地层高陡填方路堤,全长135 m,路堤边坡最高为55.35 m(ZK22+655处),中心填高21.9 m(ZK22+670处)。该段填方路基填筑方量近4.15万m^3,采用填石路基填筑,为典型的斜坡地带高填石路堤。

2. 必要性

该高填方工点前后均为隧道,隧道开挖后存在大量废方。路线通过区域基本农田密集分布,弃方困难,若要将该洞渣作为弃土处置,则将产生巨大的远运费用。在该场区采用填方路基方案的主要目的为消耗前后超过40万 m^3 的隧道洞渣。

3. 难 点

斜坡煤系地层、深覆盖层、堆积体,下滑力大。

9.1.2 场区工程地质勘察

9.1.2.1 地质调绘

该段填方路堤横跨斜坡沟槽地带,地貌特征为侵蚀至剥蚀型中山地貌,地形起伏变化较大,填方路堤填筑的海拔在895.0~950.0 m,相对高差约55 m。地表主要为耕地,基岩零星出露。因卸荷作用,在靠隧道陡崖分布两处危岩体,陡崖坡脚处分布岩体崩塌形成的堆积体。覆盖层主要为褐色、褐黄色黏土、粉质黏土,厚度大,难见基岩,局部含有杂色人工堆积体。

下伏基岩主要为灰黄色薄至中厚层状泥质粉砂岩夹碳质泥岩、煤层，岩体破碎，岩质极软，节理裂隙发育，岩层产状：272°∠48°，在夹煤层处发现9处小型浅层窑采空区，埋深在10~20m，地表未形成塌陷坑等。

经地质调绘，场区不良地质为小煤窑采空煤窑及堆积体。

1. 小煤窑采空煤窑

填方体路段下伏基岩为二叠系上统龙潭组（P_2l）薄至中厚层状粉砂质泥岩夹炭质泥岩及煤层、偶夹硅质泥岩，场区共计有6层煤，可采煤层3层，开采深度为10~40m，均为当地村民私采浅层煤洞，此段采空煤窑于2004年全部停采。

2. 堆积体

位于ZK21+468~ZK21+815右侧66m~左侧370m（详见图9-1），由山体岩石崩塌堆积而成，成分为灰岩、泥质灰岩，横向长600m，纵向宽约18~56m，块径为40~100cm，最大块径约为2m，位于路基填筑范围内，对路基建设有影响。

9.1.2.2 水文地质

场区属长江流域赤水河水系及其支流，场区在线位桩号YK22+705~YK22+745右侧约29m处有一水塘，测时水深为3m，为当地居民灌溉用水；桩号ZK22+720左侧约104m处有一泉点S1，勘察期间流量为$Q=0.5~1.0$ L/s，为当地约10户人家饮用水源。桩号YK22+545右侧26m处有一泉点S2，勘察期间流量为$Q=0.5~1.0$ L/s，为当地约3户人家饮用水源。

1. 地下水类型及埋藏条件

地下水类型为第四系松散孔隙水、基岩裂隙水、岩溶裂隙水。松散孔隙水位于第四系松散土层内，以上层滞水形式赋存。基岩裂隙水赋存于碳质泥岩基岩裂隙中，为隔水层。岩溶裂隙水赋存于碳酸盐岩节理裂隙及溶蚀裂隙中，为含水层。通过钻孔孔内水位测试，场区地下水埋藏浅。

2. 地下水的补给、径流、排泄

场区地下水主要以大气降水为主要补给源。降水经地表渗入基岩裂隙、溶蚀裂隙后从高向低径流，在低洼处的溪沟或沟谷部位排泄。场地地下水因受到侵蚀及构造影响，降水多以坡面流形式向路基右侧地势较低处的沟谷内径流、排泄。

3. 水质分析

根据区域水文地质资料及邻近工点水样资料，场区水质类型为硫酸盐钙质水；据JTG C20—2011《公路工程地质勘察规范》，场区水体对钢筋混凝土结构具有硫酸盐、镁盐、氯盐和侵蚀性CO_2的弱腐蚀性。

9.1.2.3 钻孔布置

根据场区岩土层情况及不良地质分布情况，结合工点规模，以及填方的风险和失事后的社会影响，拟定布孔方案，设置"5横3纵1顺沟"共计9条勘察断面。在各个断面交点上和支挡结构布置处布置勘察钻孔，形成5条横断面、2条路基基线纵断面、1条支挡结构处纵向断面及1条最不利的沿冲沟底部勘察断面，如图9-2所示。

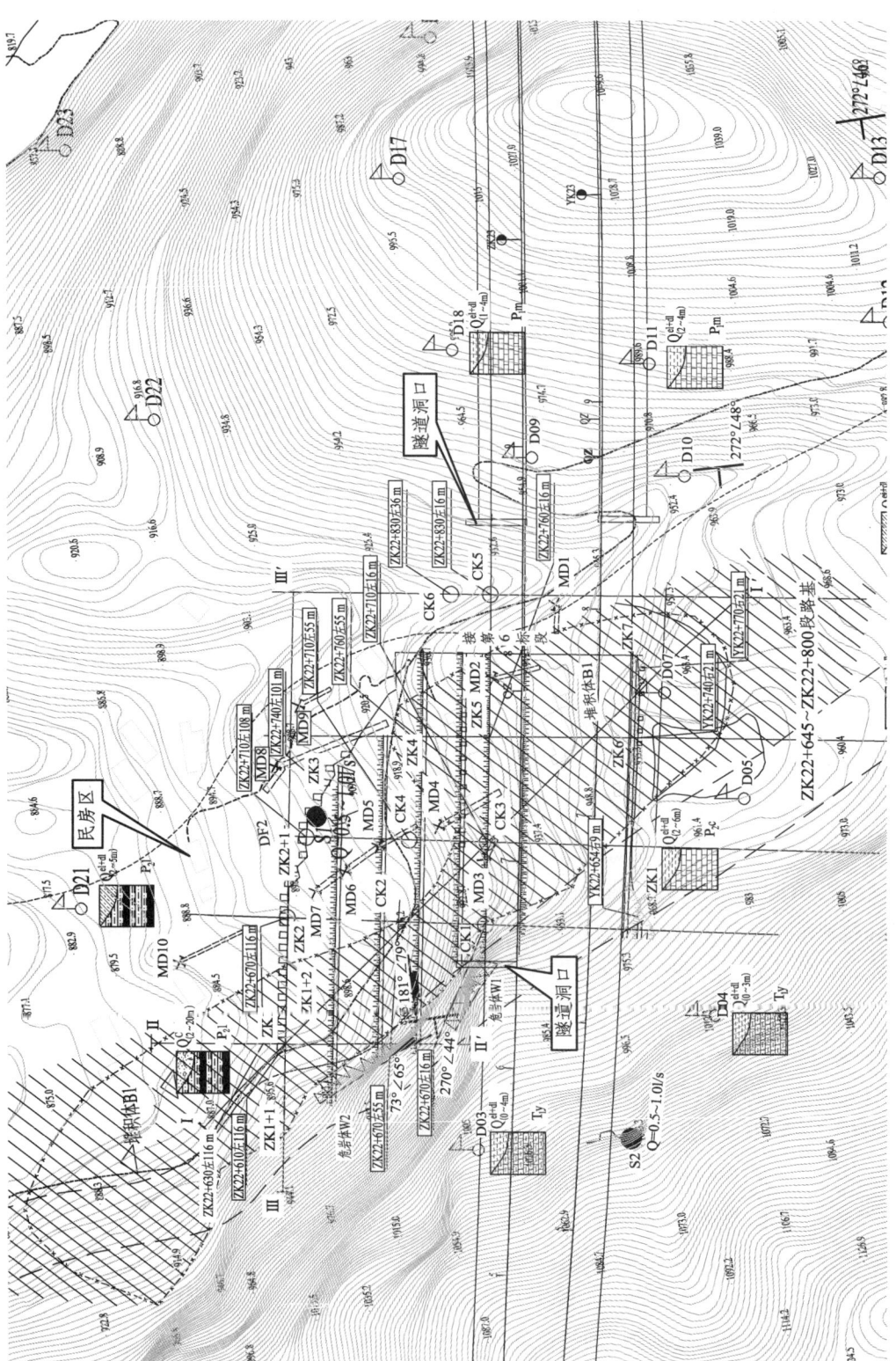

图 9-1 地质调绘平面图

第 9 章 复杂地质条件下典型超高填方案例分析

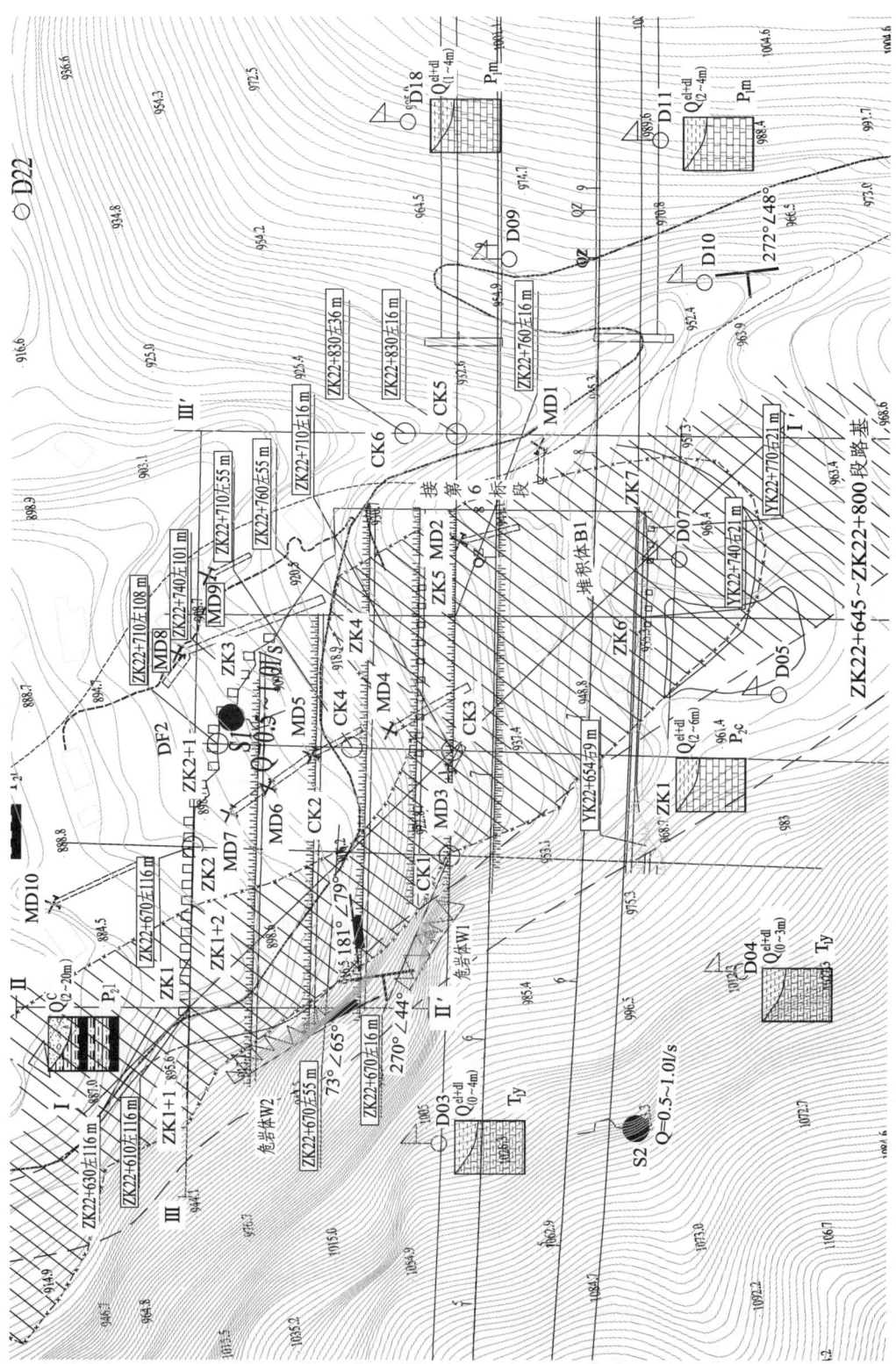

图 9-2 勘察布孔平面图

9.1.2.4 勘察成果

根据钻孔实施结果，岩芯情况显示，残坡积层（Q^{el+dl}）粉质黏土：褐色、褐黄色，可塑状，厚 2.4~6.0 m，分布于小桩号岸；残坡积层（Q^{el+dl}）黏土：褐色、褐黄色，可塑状，厚 2.3~3.0 m，主要分布于大桩号岸；残坡积层（Q^{el+dl}）碎石土：褐色、褐黄色，含 60%~70% 的碎石，碎石成分主要为灰岩，最大粒径 20 mm，其余为黏土充填，厚 2.4~9.4 m，稍密，主要分布于大桩号岸；人工堆积体（Q^{me}）：杂色，含 50%~60%的块石，块石成分主要为灰岩，厚 0.0~8.3 m，松散至稍密，主要分布于场区中部。

根据场区岩体的节理、裂隙发育特征、硬度与完整性，结合钻探、物探基岩划分为强、中风化两层。

1. 强风化层

强风化层灰岩（P_1m）：灰黄色，中厚层状，节理裂隙极发育，岩体较破碎。岩芯呈块状、碎块状。钻孔揭露厚度为 2.6~5.6 m。

强风化层灰岩（P_2c）：灰黄色，中厚层状，节理裂隙极发育，岩体破碎。

强风化硅质泥岩（P_2l）：灰黄色，中厚层状，节理裂隙极发育，岩体破碎。

强风化粉砂质泥岩夹碳质泥岩、煤层：灰黄色，薄至中厚层状，节理裂隙发育，岩体破碎，岩质软，岩芯呈块状、碎块状。钻孔揭露厚度为 2.7~7.2 m。

强风化层泥质灰岩（T_1y）：灰黄色，薄至中厚层状，节理裂隙极发育，岩体较破碎。

2. 中风化层

中至微风化层灰岩（P_1m）：灰色、浅灰色，中厚层状，节理不发育，岩体较完整。岩芯呈柱状、短柱状。

中至微风化层灰岩（P_2c）：灰色、深灰色，中厚层状，节理不发育，岩体较完整。

中风化粉砂质泥岩夹炭质泥岩、煤层（P_2l）：灰色，黑色，薄至中厚层状，节理裂隙发育，岩体较破碎，岩质软，岩芯呈块状、碎块状。

中至微风化层泥质灰岩（T_1y）：主要为灰色，薄至中厚层状，节理裂隙极发育，岩体较完整。

勘察共取岩样 18 件并结合附近工点试验资料，试验指标统计见表 9-1。

勘察共取土样 6 件，土样物理力学指标统计计算结果如表 9-2 所列。

将钻孔资料作图于路基横断面上，可得到反映钻孔情况的工程地质横断面，如图 9-3~图 9-6 所示。

表 9-1 岩体物理力学试验指标统计表

样品名称	统计参数	最大值	最小值	平均值	标准差	修正系数	变异系数	标准值	样本	备注
中至微风化灰岩	重度 γ/(kN·m^{-3})	2.70	2.67	2.69	0.01	1.00	0.01		6	
	单轴饱和抗压强度/MPa	36.70	30.10	33.05	2.44	0.94	0.07	31.04		
	岩石弹性纵波波速/(m·s^{-1})	5 030	4 470	4 796	195	0.97	0.04	4 635		
	内摩擦角/(°)	43.75							6	
	内聚力/MPa	0.275								
中风化炭质泥岩	重度 γ/(kN·m^{-3})	2.63	2.54	2.58	0.03	1	0.01		6	利用附近工点资料
	单轴饱和抗压强度/MPa	16.70	12.60	14.52	1.44	0.92	0.1	13.33		
	内摩擦角/(°)	31.3							6	
	内聚力/MPa	0.175								

表 9-2 土样物理力学性质试验结果

序号	项目		区间值	平均值	标准值	样本	备注
1	天然状态	天然含水量/%	31.4~34.1	32.98		6	粉质黏土
2		密度/(g·cm^{-3})	1.81~1.84	1.82			
3		孔隙比	0.96~0.99	0.98			
4	界限	液限/%	36.1~41.4	39.3			
5		塑限/%	22.6~24.9	23.93			
6		塑性指数	13.5~16.5	15.33			
7		液性指数	0.52~0.66	0.59			
8	直剪	内摩擦角/(°)	15.70~16.30	16.00			
9		内聚力/kPa	17.5~18.3	18.02			
10	压缩	压缩系数/MPa^{-1}	0.99~1.09	1.05			
11		压缩模量/MPa	5.90~6.50	6.10			

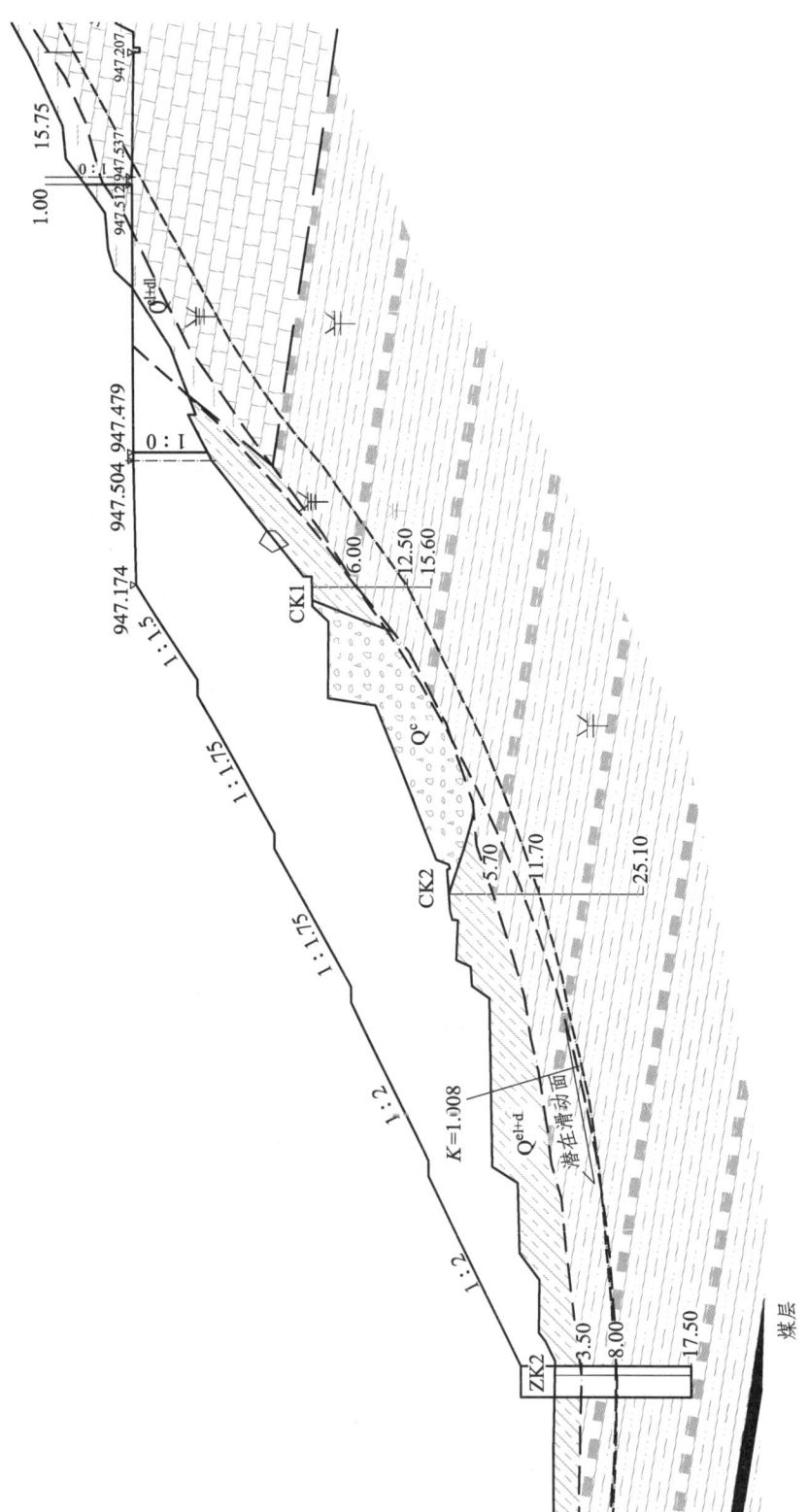

图 9-3 ZK22+670 工程地质横断面图

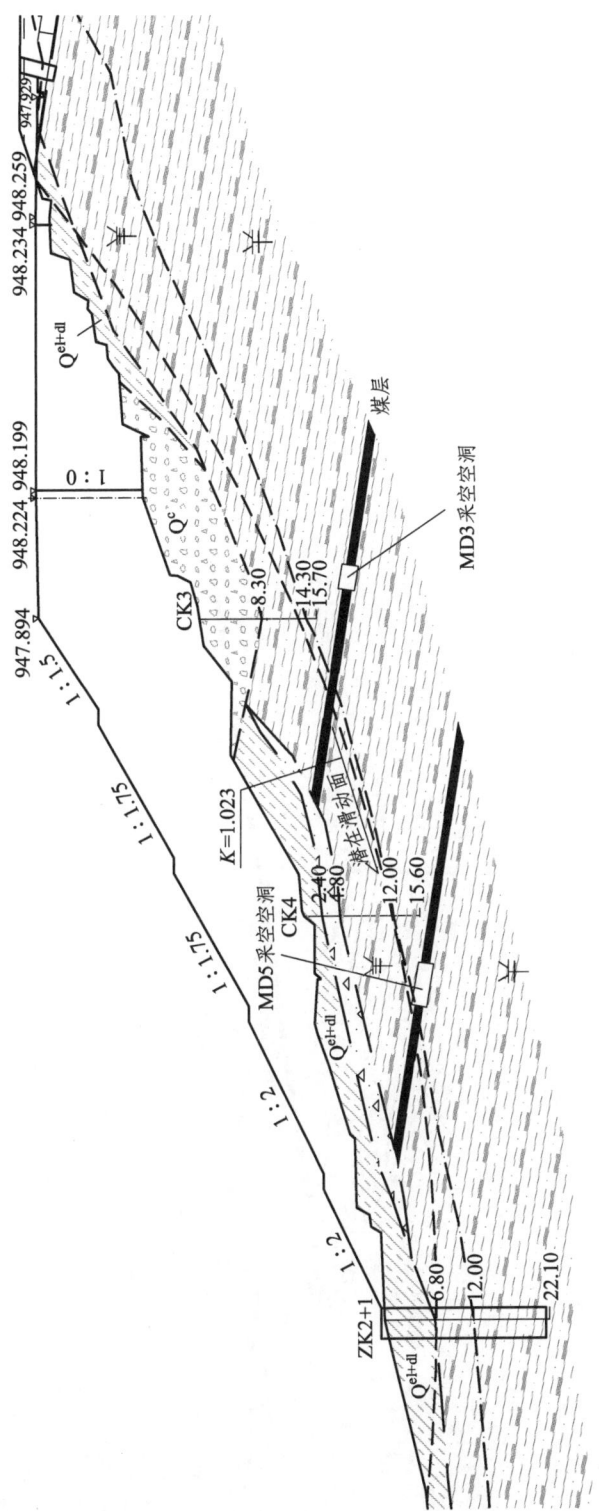

图 9-4 ZK22+710 工程地质横断面图

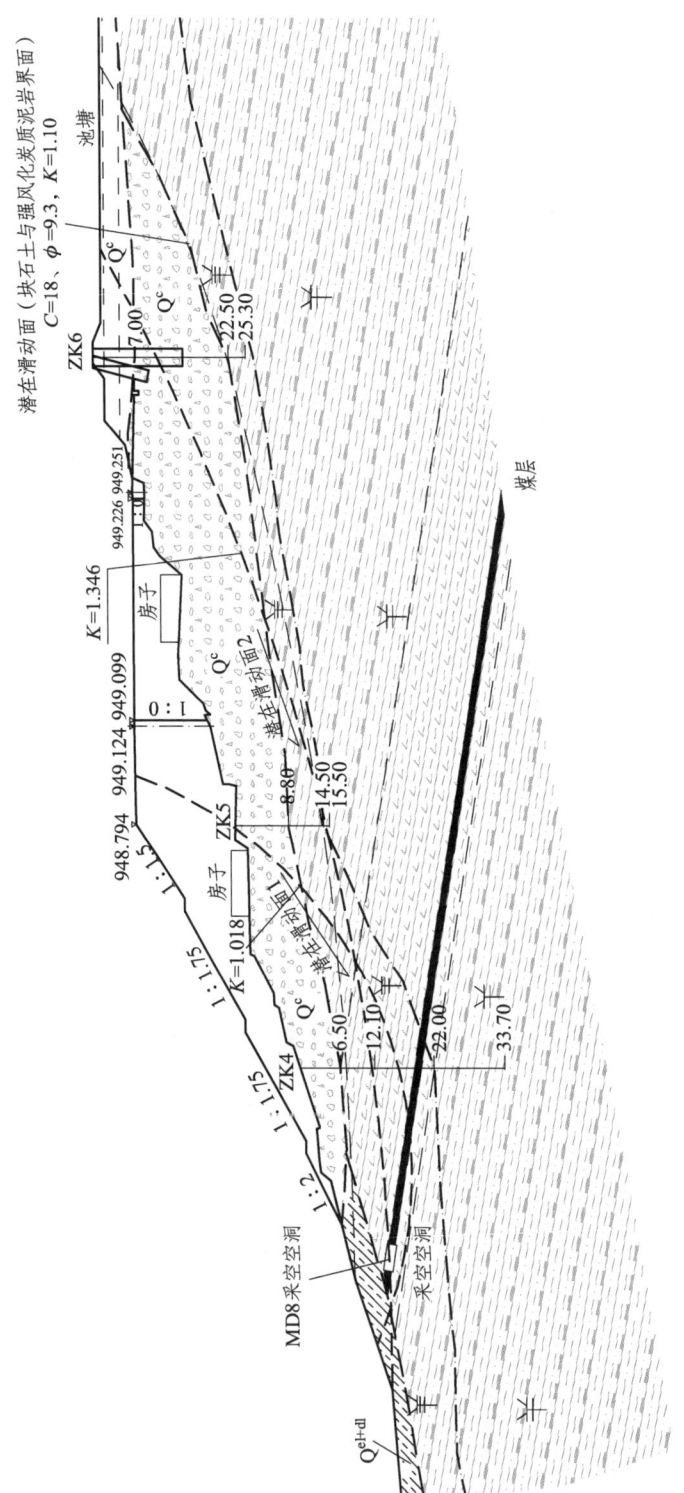

图 9-5 ZK22+760 工程地质横断面图

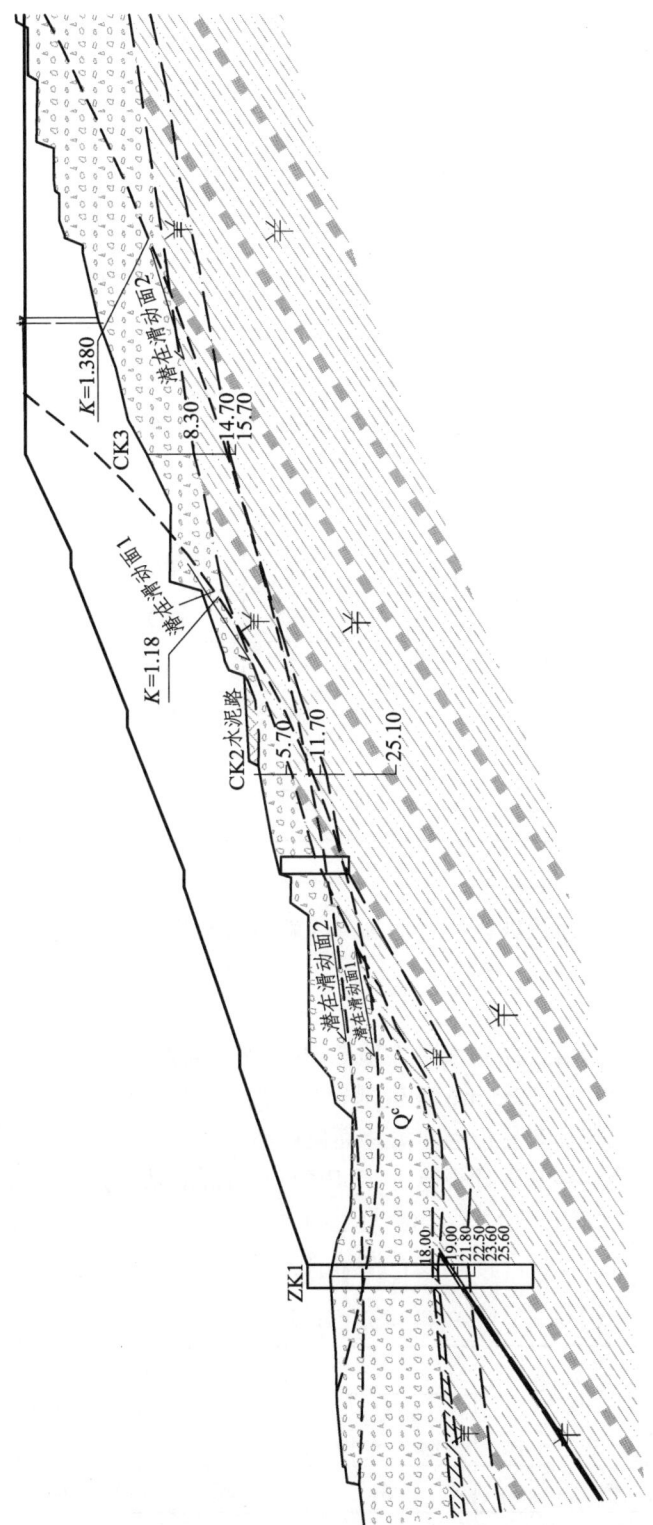

图 9-6 1-1'工程地质断面图

9.1.2.5 评价结果

1）推荐岩土力学指标

根据原位测试、岩土室内试验，结合工程类比及相关规范，推荐各岩土层的相关物理力学参数如表 9-3 所示。

表 9-3　推荐岩土体物理力学指标

岩土名称	重度 γ /(kN·m^{-3})	黏聚力 c/kPa	内摩擦角 φ/(°)	地基承载力特征值 f_{a0}/kPa	单轴饱和抗压强度 f_{rk}/MPa	备注
黏土（可塑）	18	18	16	120	—	
粉质黏土（可塑）	18	18	16	120	—	
碎石土（松散至稍密）	19	22	20	180		
块石土（松散至稍密）	20	0	26	220		
人工填筑土（松散）	18	0	18	80	—	
强风化灰岩	24	45	35	400	—	
中至微风化灰岩	27	90	55	3 500	35	
强风化炭质泥岩	24	25	17	300	—	自然工况
	24	24	16	300	—	暴雨工况
中风化炭质泥岩	23	31	19	800	8	自然工况
	25	30	18	800	8	暴雨工况

2）场地稳定性评价

场区不良地质较发育，原始坡体无变形迹象，斜坡自然状态下稳定，不良地质经工程处治后，方可建设。

3）填方稳定性评价

场区坡体自然状态下稳定，路轴线最大填高 14.1 m、覆盖层为可塑状黏土、粉质黏土、块石土，钻探揭露厚度为 0.5~22.5 m，下伏基岩为灰岩、粉砂质泥岩夹炭质泥岩、煤层、偶夹硅质泥岩。路基直接填筑加载易沿潜在滑移面侧向滑移。

定量评价：根据《公路路基设计规范》，采用简化 Bishop 法对路基和地基的整体稳定性进行分析计算。根据典型断面 ZK22+670、ZK22+710 进行计算（见表 9-4 和图 9-7），计算过程是按地基未经过处理，路堤在原地表直接填筑考虑。

表 9-4　稳定性计算结果

| 计算断面 | 工况 | 强风化炭质泥岩 | | | 稳定系数 F_s |
		重度 γ /(kN·m^{-3})	黏聚力 c /kPa	内摩擦角 φ /(°)	
ZK22+670	暴雨工况	24	24	16	1.01
ZK22+710	暴雨工况	24	24	16	1.11

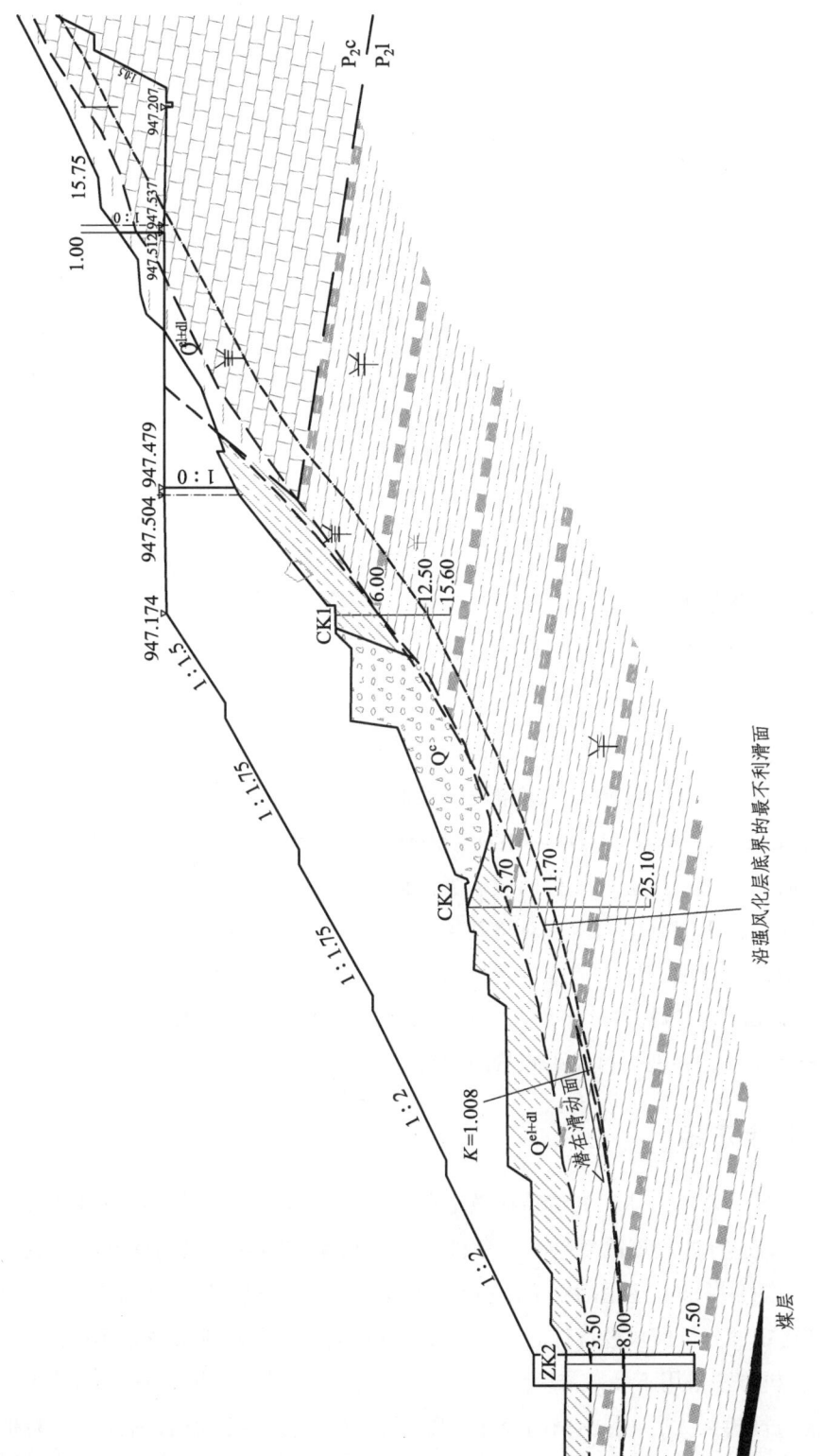

图 9-7 ZK22+670 计算横断面图

通过对路堤和地基的整体稳定性计算，其最小稳定性系数不满足《公路路基设计规范》中稳定安全系数的相关要求，路基直接填筑极易产生滑移，须对地基进行处理。

9.1.2.6 结论及建议

1. 结　论

①路段区不良地质较发育，不良地质为煤层采空区、危岩体及堆积体，不良地质均对路基有一定的影响，须对不良地质进行工程处治。

②填方处于斜坡上，地表水及地下水发育，覆盖层厚度大，土体性质差，抗剪强度低，路基直接填筑加载加之排水不畅，易产生侧向滑移失稳。经稳定性计算分析，路基填筑后自然工况下为欠稳定，须进行工程处治。

③场区岩性为不透水的软质岩，排水不畅基底将长期处于饱水状态，导致岩土体力学指标降低，应对整个路段设置完善的地表水、地下水防排水措施，防止水体下渗至路基及下伏基岩内，确保路基整体稳定。

④场区地震基本烈度小于Ⅵ度。

⑤地表水、地下水对混凝土具微腐蚀性。

2. 建　议

①本工程应按有关规范要求采用动态设计和信息化施工。

②路基填筑材料应严格按照相关规范要求控制。

③采空巷道 MD1、MD2、MD3、MD4、MD5、MD7 均对路基填筑有影响，建议对位于路基填筑范围内的采空段落进行开挖回填、强夯或注浆处治。

④堆积体 B1 位于路基范围内，对路基填筑有影响，建议对路基填筑范围内的松散堆积体进行清除处治，并在填方体左边缘设置抗滑支挡，地基处理及支挡形式由设计计算确定。

⑤泉点 S1、S2 为当地村民饮用水源，施工中应严格按照设计要求做好防排水，保证排水通畅，避免坡体积水，并做好村民引水管道设计。

9.1.3 设计方案

根据勘察资料，采用大体积的清除松散堆积层+采空巷道开挖回填和注浆+坡脚抗滑支挡+分层强夯的方案进行处理该段复杂地质条件下的超高填方路基。以勘察资料选取能综合反映岩土层厚度的勘察断面，运用勘察工作中推荐的岩土参数，建立计算断面模型。采用 GEO5 软件土质边坡稳定性分析模块进行计算分析。根据软质岩斜坡与填土边坡破坏特点，滑动面应为圆弧滑面，分析方法采用不平衡推理法隐式解。不利断面的计算结果如图 9-8～图 9-9 所示。

因为下滑力规模巨大，且各断面间存在差距，故采用分段设计，分段考虑支挡防护方案。在此以最不利断面 ZK22+670 为例。

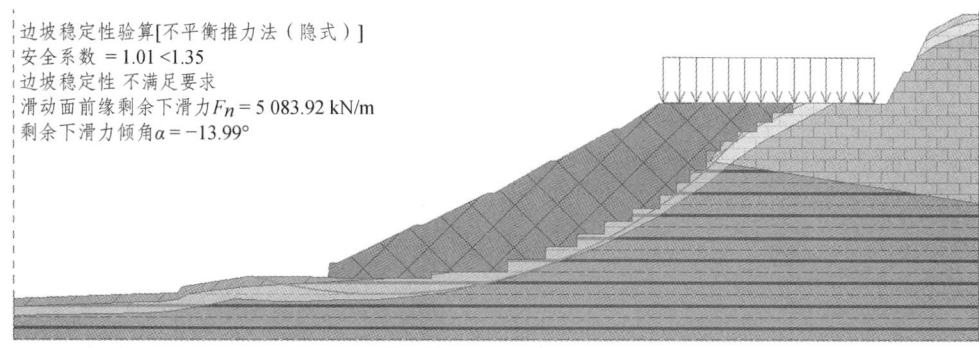

图 9-8　ZK22+670 左侧高填方计算断面模型

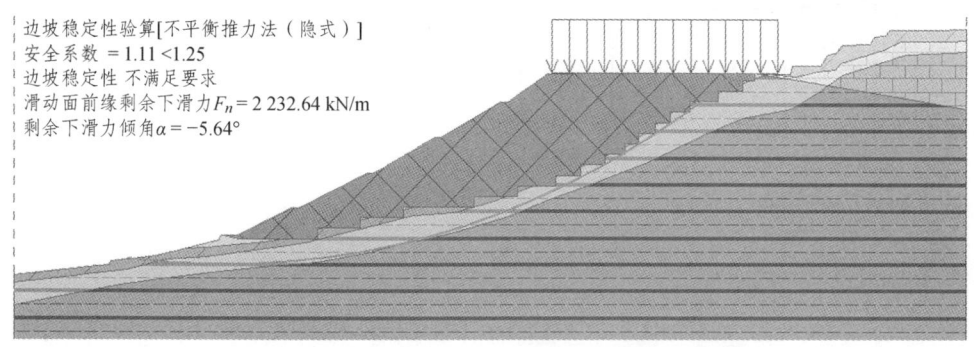

图 9-9　ZK22+710 左侧高填方计算断面模型

根据计算分析，此煤系地层的斜坡高填方，剩余下滑力已达到了 508.3 t/m，为常规支挡结构甚至常规抗滑桩都无法承受的吨位。且此处为沿软岩风化层地面的滑移，而非软土层，则诸如采用复合地基来提升软基抗剪强度的方案也难以在基岩上实现。故此处可考虑双排抗滑桩，并采用横系梁将其连接，以提高整体刚度，整体表现为"H 形抗滑桩"，设置在坡脚的阻滑段。

由于巨大的下滑力，另考虑在填方中部、下滑段与阻滑段的交界处（由陡入缓处）设置一排规模较小的全埋式抗滑桩，将下滑力进行部分削弱。首先设置中部的全埋式抗滑桩，如图 9-10。可见抗滑桩的加入使得下滑力削弱了 101.5 t/m。将桩后推力和桩前抗力求差值，以确定桩承受的下滑力大小，并进行抗滑桩结构计算。

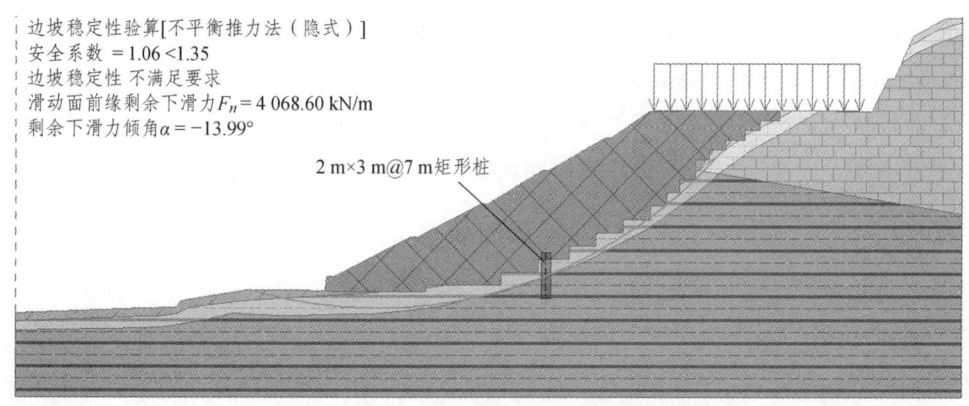

图 9-10　全埋式抗滑桩设计计算断面图

由于中部全埋式抗滑桩的设置，边坡剩余下滑力减少了 101.5 t/m。采用 2 m×3 m 截面抗滑桩，中对中间距 7 m 布置。所剩余的 406.8 t/m 下滑力由填方坡脚阻滑段的 H 形抗滑桩支挡，间距取中对中 7 m。经过 GEO5 软件计算，桩身采用 C30 砼，纵筋采用 HRB500，剪力筋、构造筋采用 HRB400。对 H 形抗滑桩进行结构计算，内力图如图 9-11 所示。

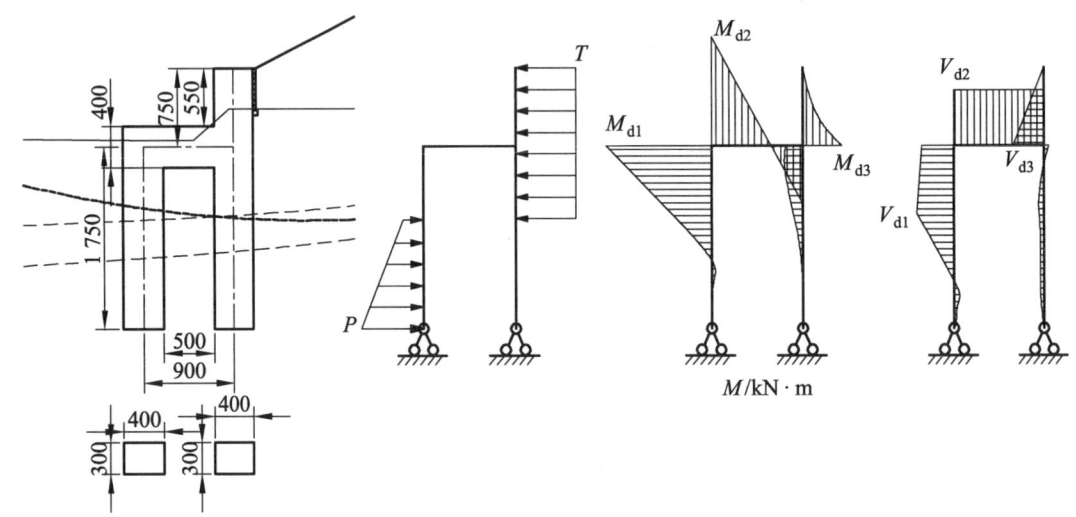

图 9-11　H 形抗滑桩计算图示和内力图

由内力计算结果，可分别对桩和梁进行配筋。在此仅示意最不利处配筋情况进行通配，实际设计中应根据内力大小分段情况进行分段配筋。

分别验算其他工程断面的稳定性情况，可分段给出支挡方案，此处不再赘述。故可得该煤系地层高填方工点的处置方案，如图 9-12 ~ 图 9-14 所示。

（1）坡率设计。

坡率 1∶1.5 ~ 1∶2 放坡。第 1 级边坡高 8 m，采用坡率 1∶1.5；第 2 ~ 3 级边坡坡率 1∶1.75，单级边坡高度 10 m，第 4 级边坡坡率 1∶2，单级边坡高度 10 m，第 5 级边坡坡率 1∶2，单级边坡高 12 m，最大边坡高 54.27 m。

（2）填筑方案。

为减少路基工后沉降，第 5 级采用压实机械振动压实，不能采用强夯；第 1 ~ 4 级路堤采用 2 000 kN·m 能级强夯分层强夯，分层厚度为 5 m。填方基底压实度应不小于 90%；采用分层填筑，分层压实，分层松铺厚度按 30 cm 控制。下路堤压实度不小于 93%，上路堤压实度不小于 94%。施工中需采用冲击压实机对路面标高以下 20 m 处、8 m 处以及路基顶部进行一次压实，提高路基的压实效果。

（3）坡面防护。

边坡坡面采用衬砌拱植草护坡。

（4）排水工程。

在冲沟底部设置 1 m×1 m 排水盲沟，排泄地表渗水和后缘山体地下渗水，以改善填方体内部环境。

第 9 章 复杂地质条件下典型超高填方案例分析

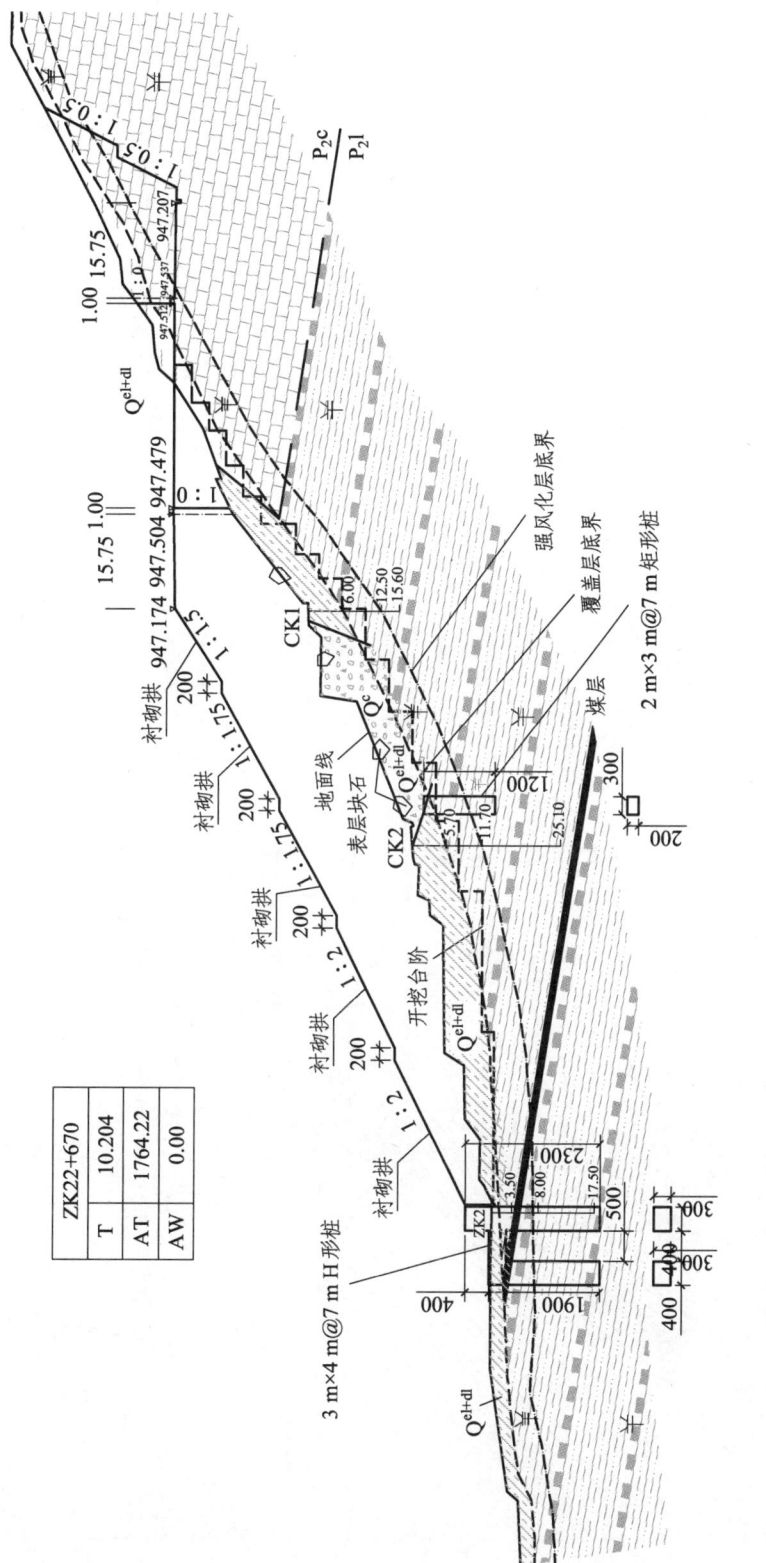

图 9-12 ZK22+670 处置横断面图

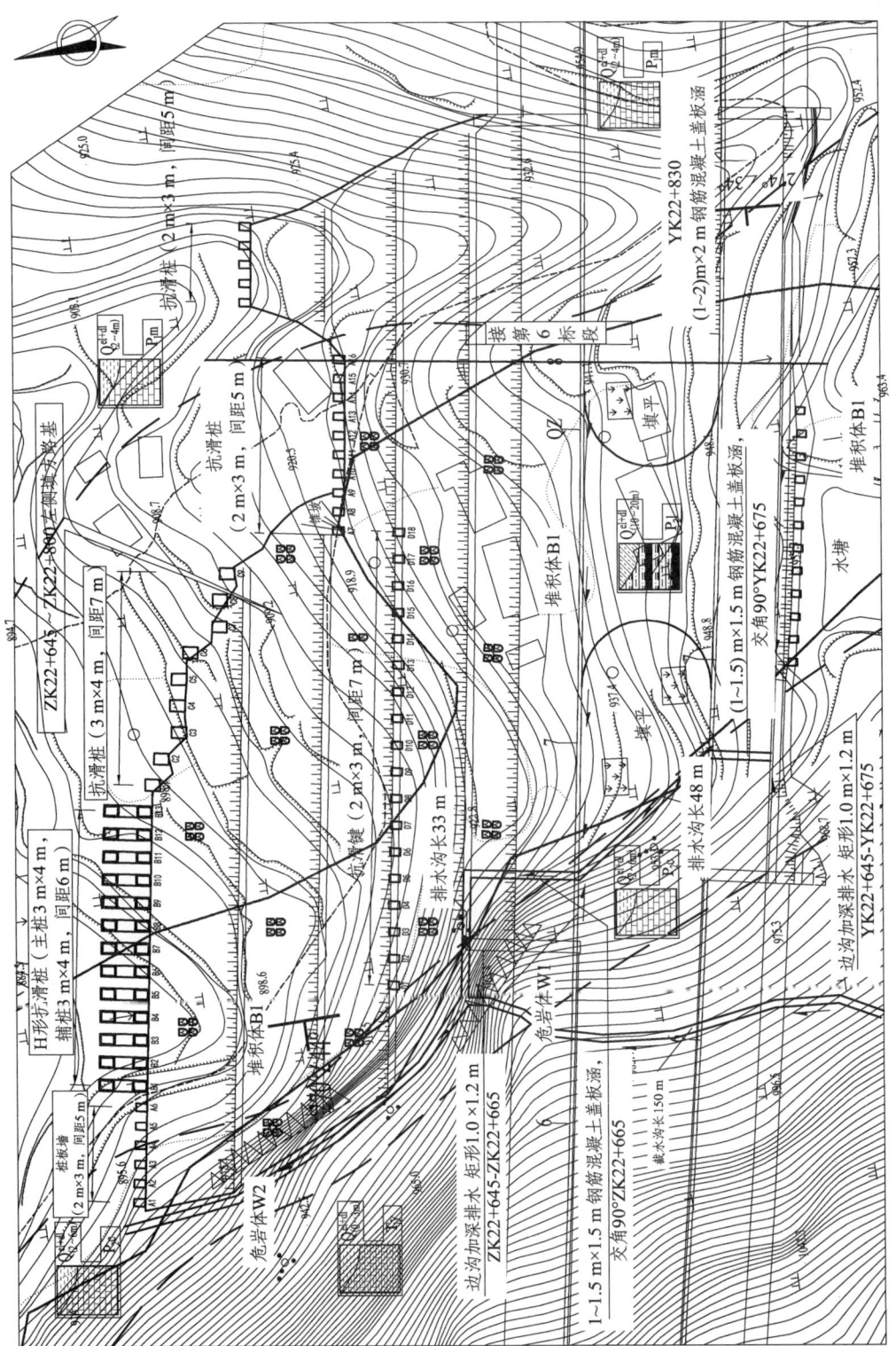

图 9-13 ZK22+670 处置平面图

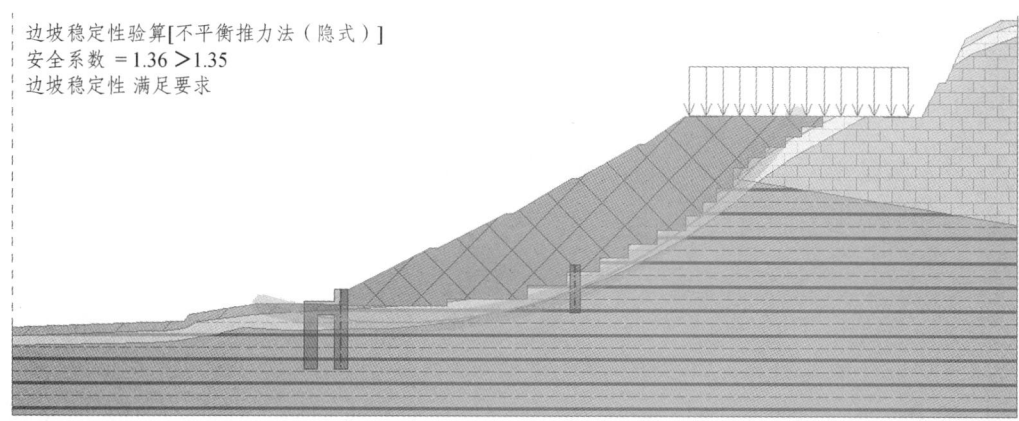

图 9-14　ZK22+670 计算横断面图、处置后安全系数情况

对路基下伏的煤窑采空区,以小煤窑巷道埋深为主要设计考虑。埋深小于 6 m 的,采用开挖揭露并回填片块石处理;埋深大于 6 m 的,采用钻孔注浆处理。由于煤窑发育不规则、杂乱无章,具体工程量由现场据实计量。通过对该工点基底的小煤窑巷道采用开挖揭露回填片块石和钻孔注浆进行处理,填方体采用分层碾压、分层夯实,最终使整个场区满足沉降稳定要求。

该段复杂地质条件下的超高填方路基所在高速公路于 2023 年通车运营至今,边坡监测数据稳定,至今效果良好(见图 9-15)。

图 9-15　边坡施工成品

9.2 某高速83 m超高填方路基边坡

9.2.1 工程概况

某高速公路路基宽度33.5 m,双向六车道,设计速度100 km/h,其中,ZK8+125～ZK8+770段路基位于两座连续隧道出口与全桥枢纽之间,属基底为软质砂岩夹泥岩的V形冲沟超高填方。

该段填方路基长度645 m,段落前为分别大于5 km和3 km的两座连续特长隧道,隧道弃渣量达155万m³;段落后为一以桥和路堑为主的"高接高"枢纽互通,弃方量多达92万m³,且枢纽又顺接一座大于5 km的特长隧道,进口端弃方量约64万m³,前后段共计弃渣约316万m³。由于该段路线经过一狭长台地地形,地质条件差,以溶塌角砾岩、角砾状白云岩为主,狭长走廊带内有既有高速、在建高速、铁路、国道及输油管道等控制因素,加之路线方向与河道一致,弃土场选址则尤为困难,而外运距离将超过50 km,远运成本较高。从经济性和可实施性两方面考虑,设计确定在V形冲沟中设置高填方路基,中心最大填高43.4 m,左侧填筑形成83 m高边坡,8级高边坡,填筑方量达288万m³,如图9-16所示,最终使该段实现"零"弃方。

该段地形虽以V形冲沟为主,坡脚平缓,有高填方路基填筑的地形条件,但沟底有2处既有高速弃土场,弃渣厚度4～21 m,距中心线177 m处有一成品油输油管道,管道外侧为加油站。因此,该高填方的设计需面临如何处理基底既有的厚层松散弃渣,以及如何有效消化土石方的同时,确保路基边坡的安全稳定,且不干扰坡脚的输油管道。

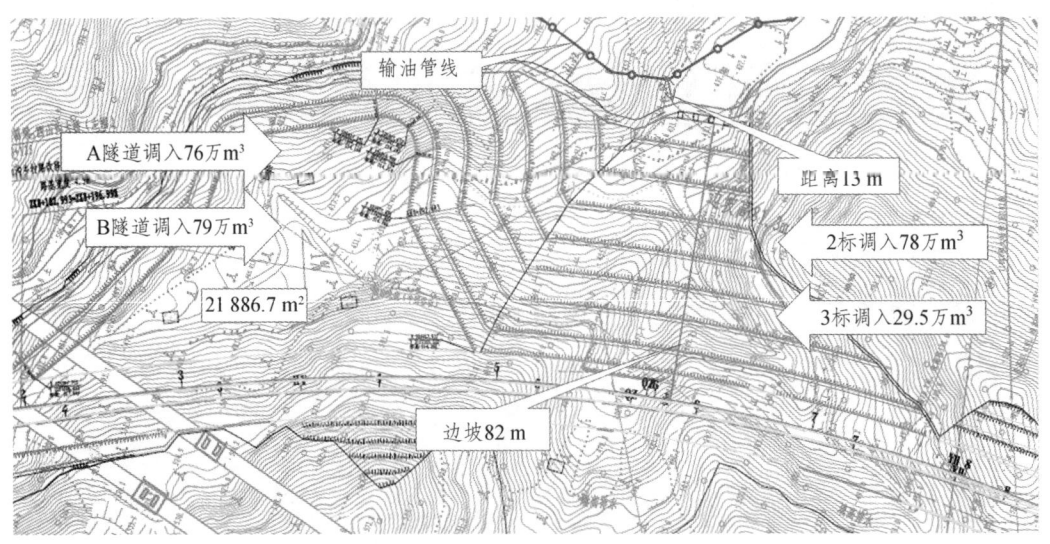

图9-16 超高填方及控制因素、信息平面图

9.2.2 场区工程地质勘察

9.2.2.1 地质调绘

路段区位于一沟谷内，植被不发育，基岩零星出露，附近海拔 425.0～616.0 m，相对高差 191.0 m；路基从坡体中部通过，线路轴线通过地段海拔 469.0～512.0 m，相对高差 43.0 m，地貌类型为侵蚀至剥蚀型低中山地貌。场区属长江流域綦江水系松坎河支流，在轴线 ZK8+213（YK8+155）为一山间溪沟，勘察期间测试流量约 2 L/s，调访最大洪水量达 3 m³/s。

场区上覆土层为第四系坡残积层（Q^{el+dl}）粉质黏土、人工堆积层（Q^{me}）填筑土；下伏基岩为三叠系上统须家河组（T_3xj）砂岩夹泥岩、中统松子坎组（T_2s）白云岩夹泥岩。受向斜构造影响，岩层局部扭曲。主要节理产状有：290°∠70°，40°∠60°两组，节理间距 200～300 mm。

场区发育的不良地质主要为人工弃渣：弃土场Ⅰ#位于 ZK8+125～ZK8+218 左右两侧冲沟内，长约 750 m，宽约 50 m；弃土场Ⅱ#位于 ZK8+555～ZK8+596 左 56～右 36 m 处。两处为既有高速弃渣，未经碾压及夯实，结构松散，性质差，路基直接填筑易发生不均匀沉降和侧向滑移，施工扰动易发生垮塌。

9.2.2.2 水文地质

场区地下水类型为第四系松散土层孔隙裂隙水、基岩风化层裂隙水。地下水靠大气降水补给，降水大部分以坡面散流方式汇入边坡区左下侧冲沟排出场区，一部分下渗形成地下水，沿岩体节理裂隙及岩层层面运移赋存。地下水受季节影响大，雨季基岩裂隙水较丰富，水量较大；枯水期补给差，水量相对较小。根据钻孔水位测量，孔内未见稳定地下水位，地下水埋藏较深。

9.2.2.3 钻孔布置

根据场区岩土层情况及不良地质分布情况，结合工点规模，拟定布孔方案，设置共 4 条勘察断面。在各个断面交点上和支挡结构处布置勘察钻孔，形成 2 条横断面、1 条路基斜交断面及 1 条最不利的沿冲沟底部勘察断面。

9.2.2.4 勘察成果

根据钻孔结果，明确了勘察断面岩土层情况，如图 9-17～图 9-19 所示。

1. 覆盖层

（1）粉质黏土（Q^{el+dl}）：褐黄色，可塑状，厚 2～5 m，场区均有分布。

（2）人工堆积（Q^{me}）填筑土：杂色，块石成分为白云岩、泥岩，粒径 200～400 mm，块石含量约 70%，未经碾压及夯实处理，结构松散，稍湿，大多黏土充填，上部且有松坎煤矿冲沟长年冲积形成的煤渣，钻探揭露厚度多在 15 m，最大厚度为 21 m，为既有高速施工弃渣。该人工堆积填筑土呈带状分布，主要位于 ZK8+125～ZK8+218 左右两侧冲沟内。

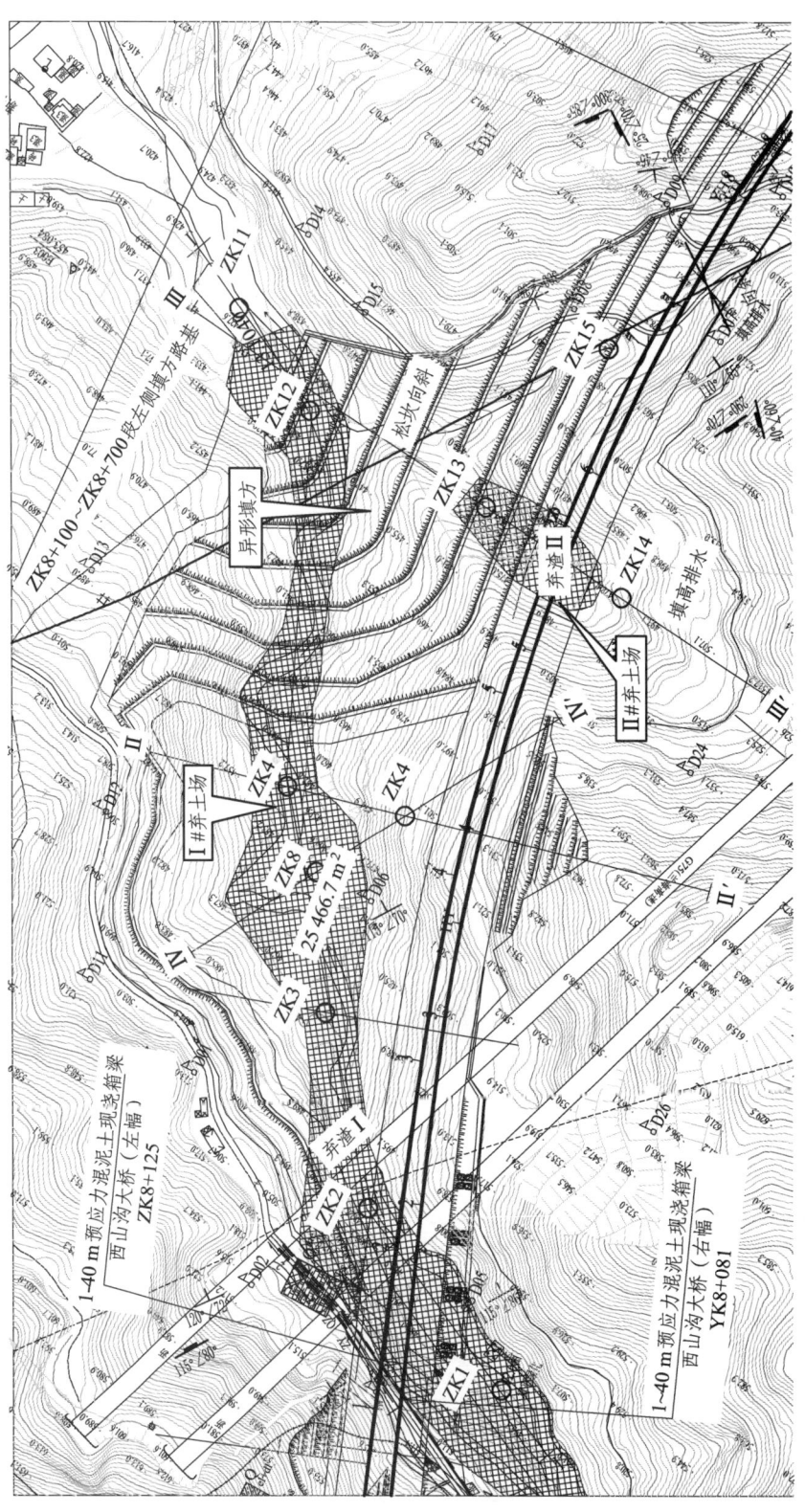

图 9-17 工点勘察平面图

2. 基 岩

1）三叠系上统须家河组（T_3xj）砂岩夹泥岩

①强风化砂岩夹泥岩：灰黄色，薄至厚层状，节理裂隙发育，岩体破碎，岩芯呈块状，厚 5.0~30.2 m。

②中风化砂岩夹泥岩：灰、灰白色，薄至厚层状，节理发育，岩体较破碎，钻探取芯多呈块状、次为短柱状，其物理力学试验指标详见表 9-5。

2）中统松子坎组（T_2s）白云岩夹泥岩

①强风化层：灰黄色，薄至中厚层状，节理裂隙发育，岩体破碎，岩芯呈块状、碎块状、局部砂状，厚 3.0~6.3 m。

②中风化层：灰色，薄至中厚层状，节理发育，岩体较破碎，岩芯呈块状柱状、短柱状，其物理力学试验指标详见表 9-5。

表 9-5 岩石物理力学试验指标

样品名称	统计参数	最大值	最小值	平均值	标准差	变异系数	标准值	样本	备注
中风化砂岩	饱和重度/（kN·m^{-3}）	25.28	24.72	25.01	0.19	0.01	24.86	6	利用 A 大桥试验资料
	单轴饱和抗压强度/MPa	29.3	20.5	24.92	3.52	0.14	22.01	6	
中风化白云岩	饱和重度/（kN/m^3）	26.98	26.29	26.57	0.24	0.01	26.37	6	利用 B 大桥试验资料
	单轴饱和抗压强度/MPa	43.3	30.2	36.98	4.73	0.13	33.08	6	

场区的人工弃渣钻孔情况如下：弃土场 I# 位于 ZK8+125~ZK8+218 左右两侧冲沟内，长约 750 m，宽约 50 m，厚 0~21 m，为既有高速弃渣，未经碾压及夯实，结构松散，性质差，路基直接填筑易发生不均匀沉降和侧向滑移，施工扰动易发生垮塌。

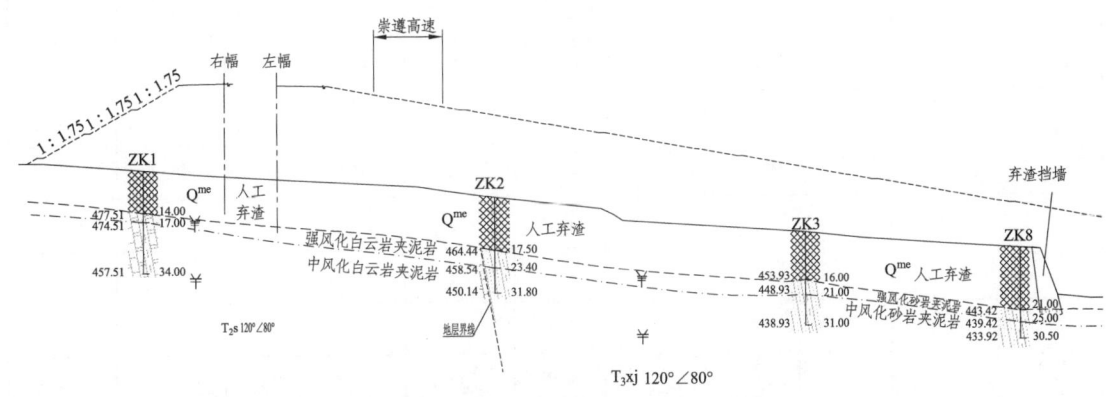

图 9-18 顺沟 I-I' 剖面弃土场钻孔情况

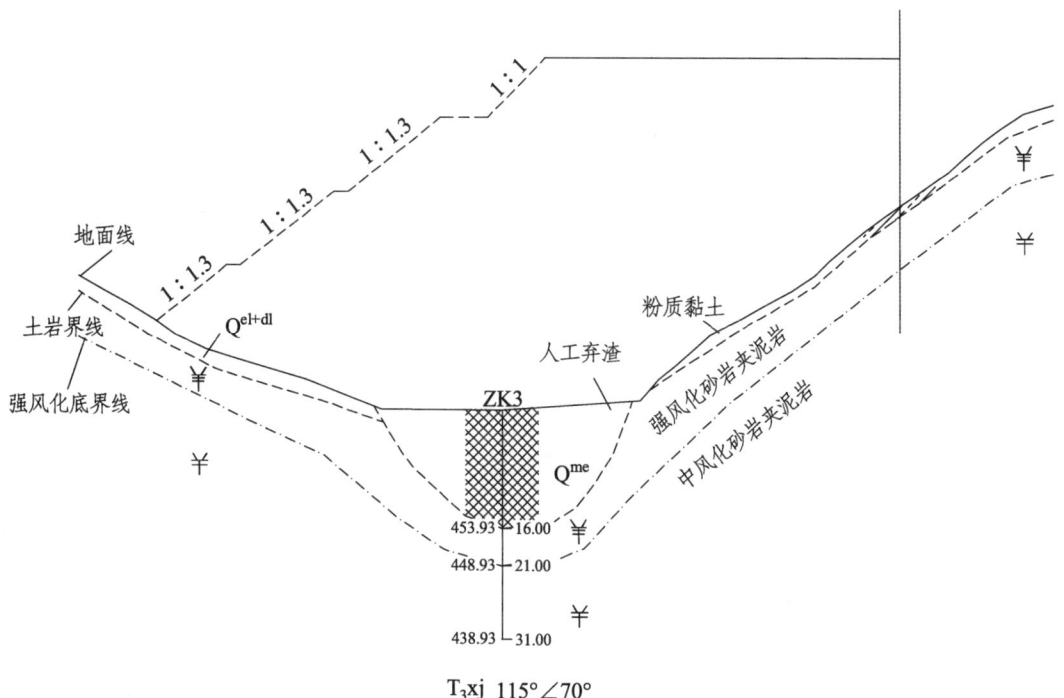

图 9-19 ZK8+317 工程地质横断面图

9.2.2.5 评价结果

1. 推荐岩土力学指标

各岩土层的相关物理力学参数，如表 9-6 所示。

表 9-6 推荐岩土体物理力学指标参数表

岩土名称	试验值				规范值/经验值					
	重度 γ/ (kN·m^{-3})	黏聚力 c/kPa	内摩擦角 φ/ (°)	单轴饱和抗压强度 f_{rk}/MPa	工况	重度 γ/ (kN·m^{-3})	黏聚力 c/kPa	内摩擦角 φ/ (°)	地基承载力特征值 f_{a0}/kPa	单轴饱和抗压强度 f_{rk}/MPa
粉质黏土 (Q^{el+dl})（可塑）	—	—	—	—	正常	18	12	6	160	
					暴雨	19	11	5	—	
强风化砂岩夹泥岩	—	—	—	—	正常	23	70	27	300	
					暴雨	24	65	24	—	
中风化砂岩夹泥岩	—	—	—	—	正常	25	100	32	1 000	
					暴雨	26	90	30	—	
人工弃渣	—	—	—	—	正常	19	10	26		
					暴雨	20	8	24		

注：岩体抗剪强度参数 c、φ 按 JTG D30—2015《公路路基设计规范》条文说明第 3.7.3 条折减。

2. 场地稳定性评价

场地不存在滑坡、泥石流等不良地质问题，区域场地稳定。填方处于冲沟及斜坡上，覆盖层为粉质黏土、填筑土，土体性质差，其中填筑土结构松散，对填方路基影响较大，经工程处理后可以填筑。

3. 填方稳定性评价

1）定性评价

填方路段横跨单斜坡，坡体地表水、地下水发育，斜坡覆盖层由可塑状粉质黏土及人工填土组成，土体性质差，土体抗剪强度低，路基直接填筑加载加之排水不畅极易发生侧向滑移，填方体易沿下部土体和岩土界面产生剪切滑移破坏。

2）定量评价

根据 JTG D30—2015《公路路基设计规范》，路堤沿斜坡地基的稳定性分析采用不平衡推力法，计算简图见图 9-20。路堤沿斜坡地基的稳定性验算考虑了正常工况和非正常工况Ⅰ，计算过程是按地基未经过处理，路堤在原地表直接填筑考虑，以Ⅲ-Ⅲ`典型横断面计算分析。

（1）潜在滑动面①（路基沿填方坡脚局部滑动）：正常工况下稳定性系数 $F_s = 0.62$，处于不稳定状态。

（2）潜在滑动面②（路基覆盖层面整体滑动）：正常工况下最小 $F_s = 0.92$，处于不稳定状态。

通过路堤和地基的整体稳定以及路堤沿斜坡地基的稳定性计算，其稳定性系数均不满足 JTG D30—2015《公路路基设计规范》中稳定安全系数的相关要求，路基直接填筑极易产生滑移，须对地基进行处理。

9.2.2.6 结论及建议

1. 结 论

①场地整体稳定，人工填筑土经工程处治后可以填筑。
②场区地震基本烈度为Ⅵ度。
③地表水、地下水对混凝土具微腐蚀性。

2. 建 议

①建议填方路基下的覆盖层应完全清除，并开挖大台阶，再对路基分层压实填筑；弃渣Ⅰ、弃渣Ⅱ结构松散，路基直接填筑易发生不均匀沉降和侧向滑移，建议清除处理；加强防排水措施。

②填方坡脚有输油管道，建议设抗滑桩收坡，或采用涵洞等形式跨越管道，以避开对管道的影响。

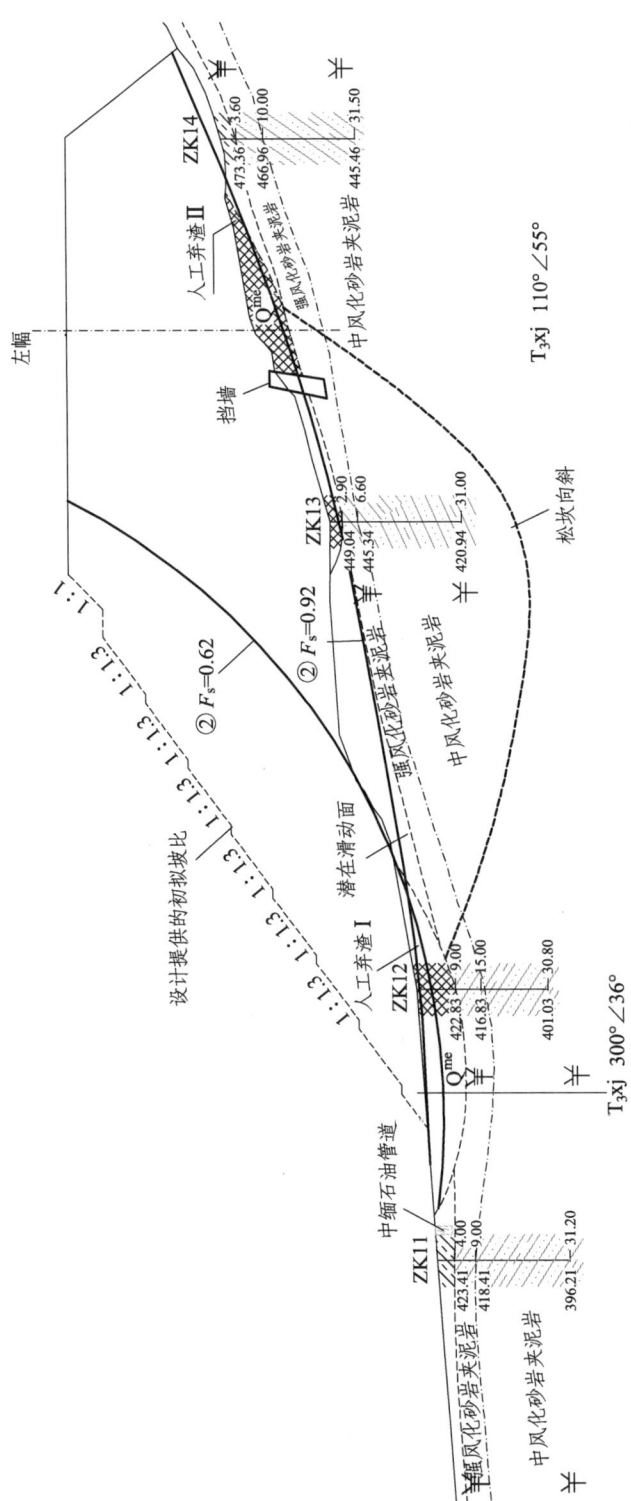

图 9-20 Ⅲ-Ⅲ'工程地质断面图

9.2.3 设计方案

针对该工点的不利条件：基底松散人工弃渣和坡脚外石油管道，设计采用开挖-回填-压实松散弃渣、强夯补强及坡脚抗滑桩收坡的支挡方案。

考虑某成品油管道位于填方路基坡脚，且埋置较浅，变形控制要求较高，填方路基失稳危害极严重，石油管道评审专家要求安全系数控制标准不低于 1.35。采用 GEO5 软件进行计算，断面及计算结果如图 9-21 所示。

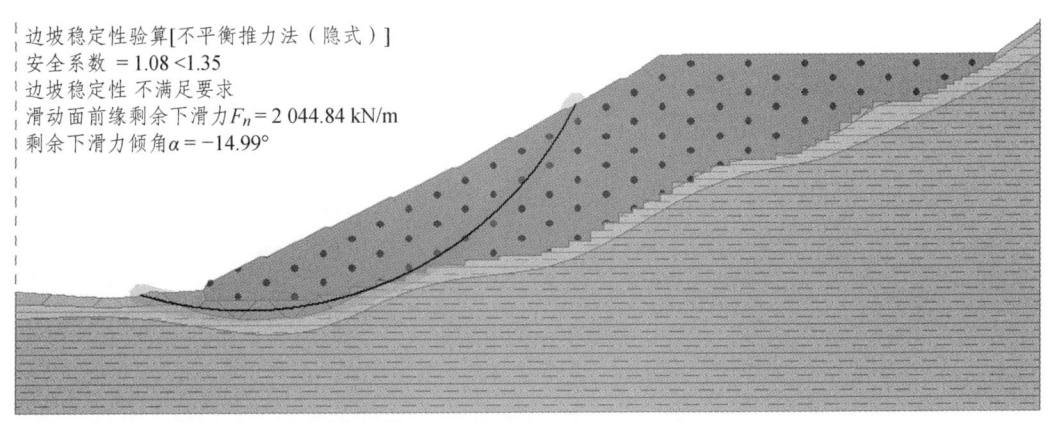

图 9-21　ZK8+600 典型横断面计算情况

支挡方案：经计算，坡脚处剩余下滑力为 204.4 t/m，主要沿基底松散弃渣体与砂岩界面滑移。填方路基坡脚距离成品油管道最近距离为 13.26 m，综合剩余下滑力和安全性考虑，采用 3×4 m@7 m 抗滑桩支挡。抗滑桩结构设计根据弯矩、剪力情况常规配筋。结果如图 9-22～图 9-23 所示。抗滑桩支挡采用桩板式挡土结构，在净距 4 m 范围采用挡土板限制桩间土滑移，将荷载传递至抗滑桩上。

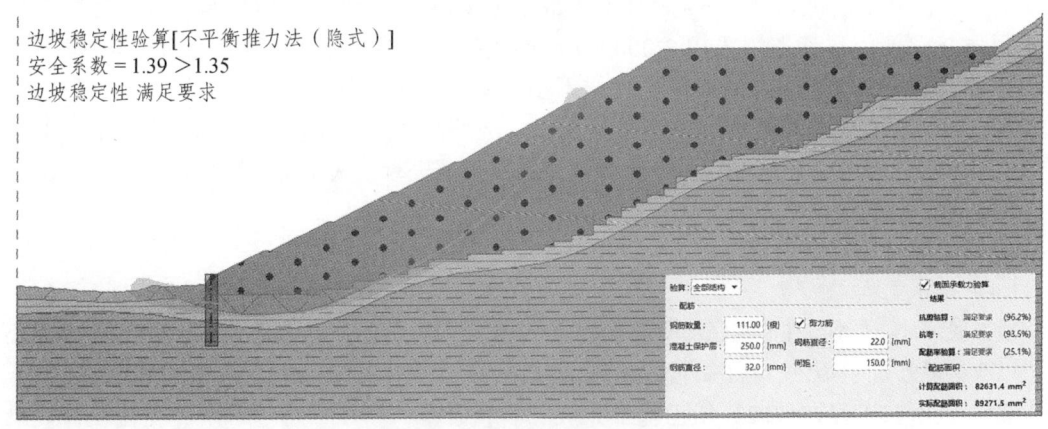

图 9-22　增加抗滑桩后的边坡稳定系数

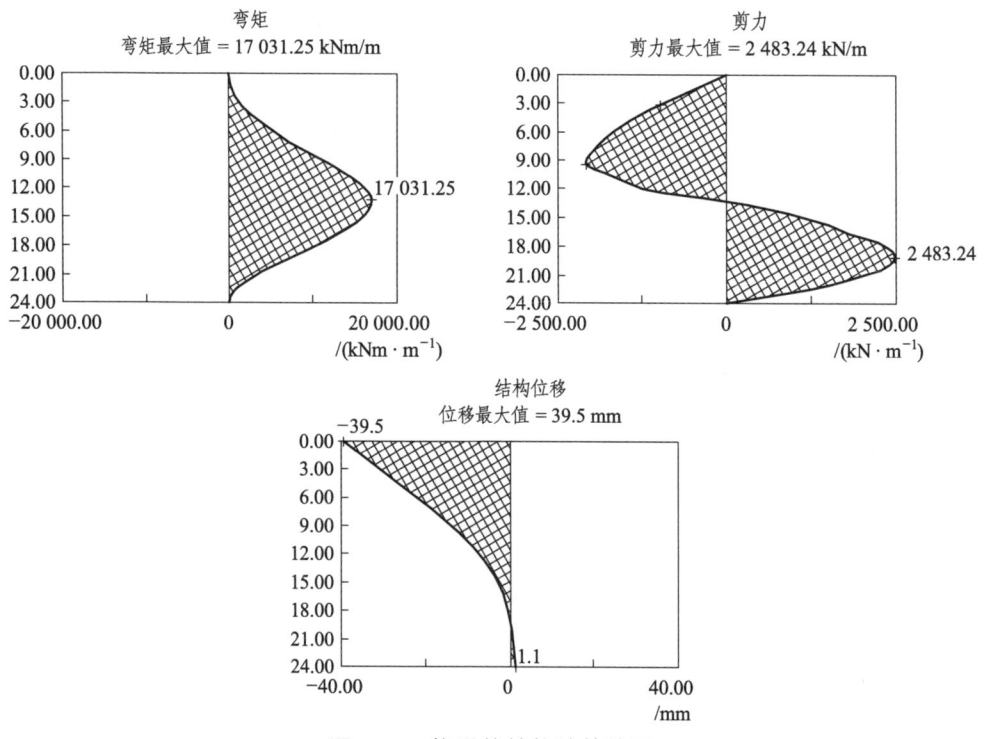

图 9-23 抗滑桩结构计算结果

输油管道埋深 1.04～1.85 m,埋深较浅,输油管道为刚性管,施工期间工程机械、施工振动或爆破等均易对输油管道产生干扰、破坏,因此,需要结合施工条件考虑抗滑桩和桩后填方的施工工艺,避免扰动输油管道。

(1) 坡面设计。

坡率 1∶1.5～1∶2 放坡:第 1 级边坡高 8 m,采用坡率 1∶1.5;第 2～4 级边坡坡率 1∶1.75,单级边坡高度 10 m,第 5～8 级边坡坡率 1∶2,单级边坡高度 10 m,第 8 级边坡高 5 m,最大边坡高 83 m。

(2) 填筑方案。

为减少路基工后沉降,第 6～8 级(从路面往坡脚 1～8 级)采用压实机械振动压实,不能采用强夯;第 1～5 级路堤采用 2 000 kN·m 能级强夯分层强夯,分层厚度为 5 m,强夯底界线距输油管道 86.4 m。填方基底压实度应不小于 90%;采用分层填筑,分层压实,分层松铺厚度按 30 cm 控制。下路堤压实度不小于 93%,上路堤压实度不小于 94%。施工中需采用冲击压实机对路面标高以下 20 m 处、8 m 处以及路基顶部进行一次压实,提高路基的压实效果。

(3) 坡面防护。

边坡坡面采用衬砌拱植草护坡。

(4) 排水工程。

填方底部冲沟平缓,在冲沟底部设置 2 m×1 m 树枝状排水盲沟,排泄地表渗水和后缘山体地下渗水,以改善填方体内部环境;后缘冲沟及坡面汇水则通过填方体坡脚 4 m×2 m 矩形排水沟引排。

此工点所在工程在 2023 年已施工完成、顺利通车,高填方路基填筑、支挡设计效果较好,现场照片见图 9-24～图 9-27。

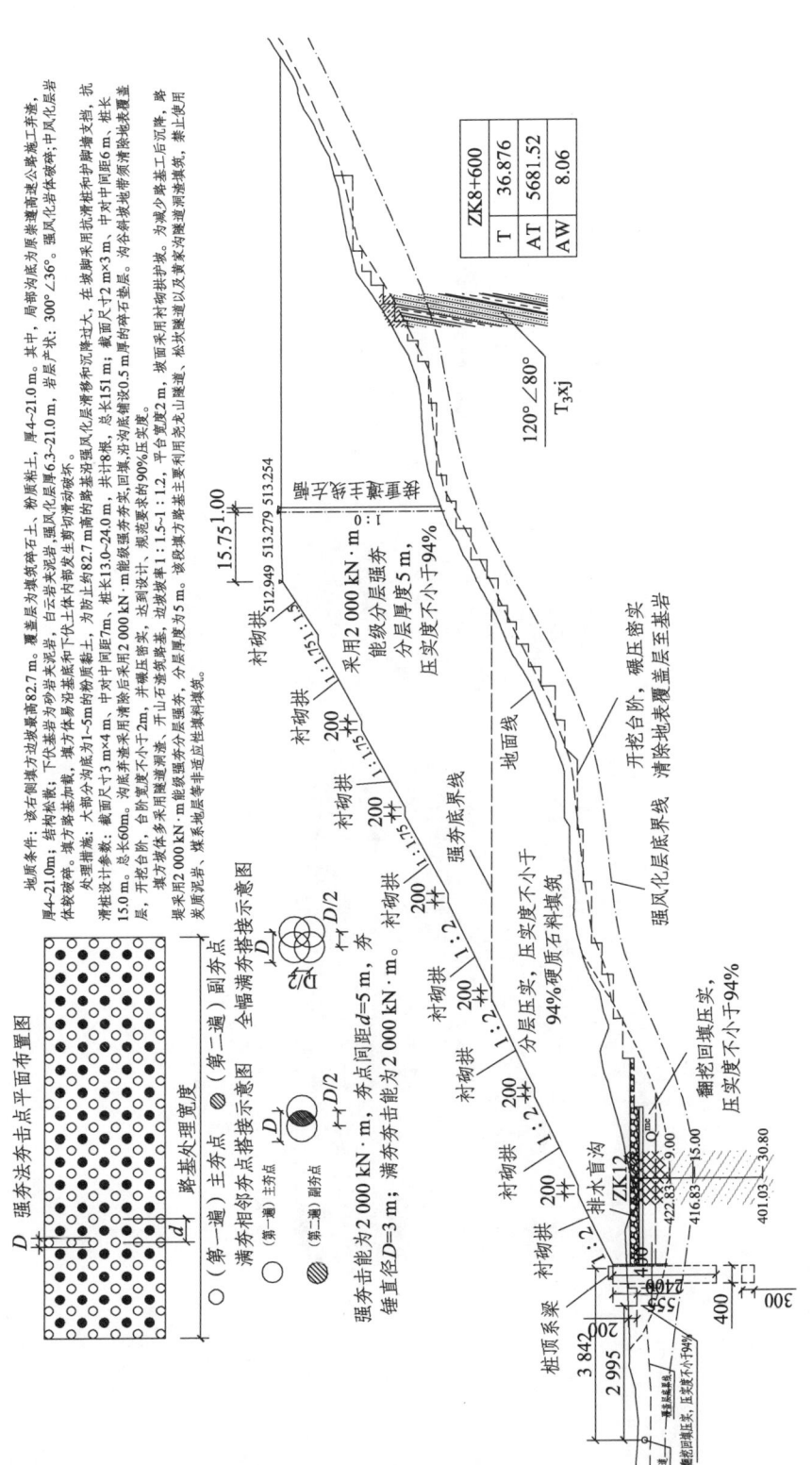

图 9-24 边坡设计横断面图

图 9-25 坡脚抗滑桩和外沿排水沟（左），填方边坡坡面绿化（右）

第 9 章 复杂地质条件下典型超高填方案例分析

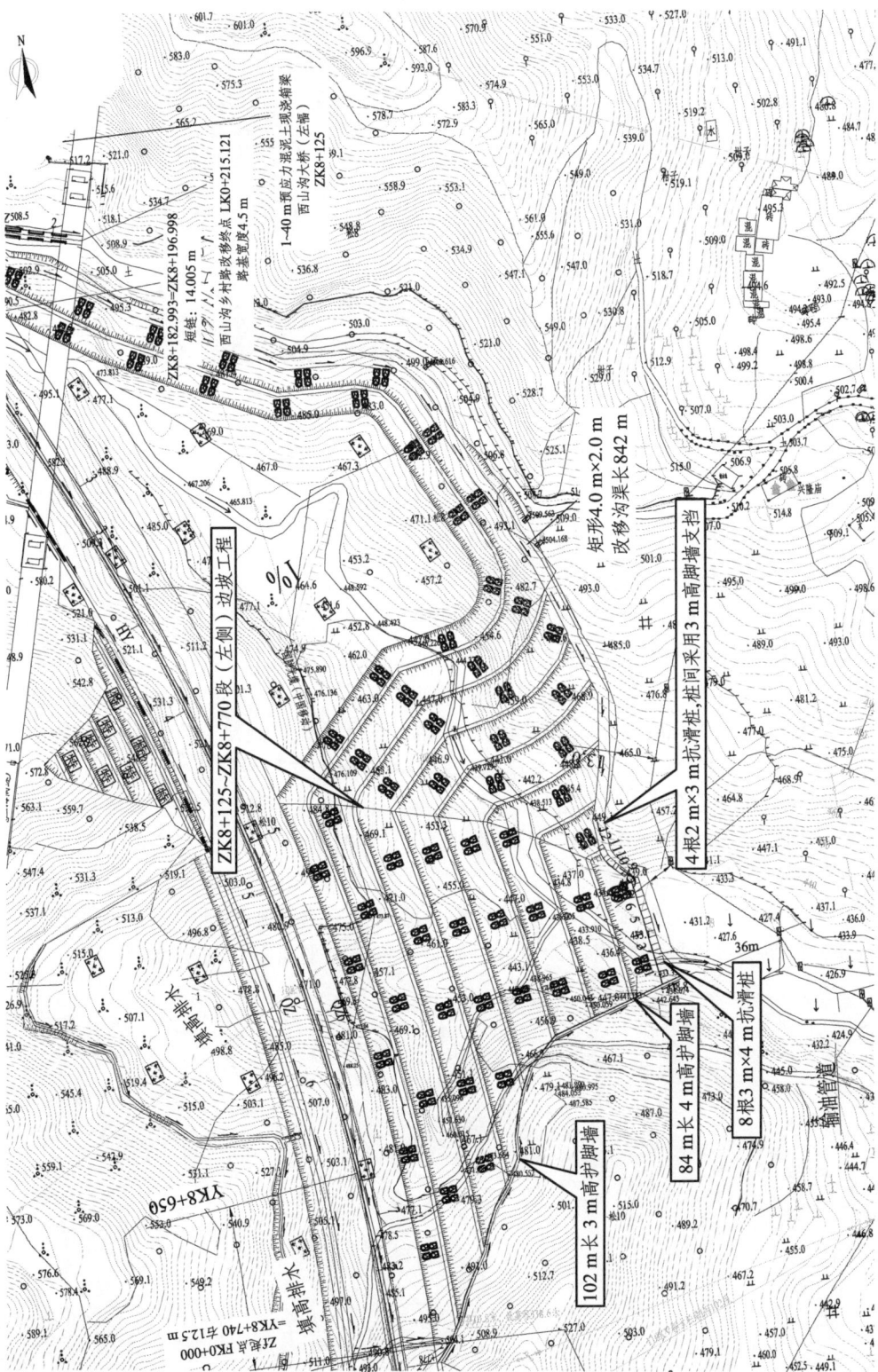

图 9-26 高填方边坡设计平面图

图 9-27　填方工点完工全景

9.3　某高速 76 m 超高填方路基

9.3.1　工程概况

某高速公路路基宽度 33.5 m，双向六车道，设计速度 100 km/h，其中，K18+315～K18+415 段以路基形式通过一深 V 形狭长冲沟，段落长度 100 m，该 V 形冲沟狭长，汇水面积为 11.8 km^2，冲沟底部存在常流水，属于山区典型隧道-路基-隧道的通过方式。

该段填方路基段落前为一大于 5 km 的特长隧道，后段为大于 2.5 km 的长隧道，两座隧道于该冲沟端出渣 118 万 m^3。由于沟两侧地形陡峭，仅可修筑单侧便道跨越市级管理河道到达隧道口。设计以桥梁和高填方路基方案比选，采用桥梁跨越方案增加造价约 3 100 万元，且弃渣需跨越重要河道后，经过密集城镇外运 25 km 至弃土场。从经济性、施工难度和生态环境保护等多方面考虑，设计确定采用高填方路基形式通过，同时消化弃方。该填方路基中心最大填高 49.8 m，左侧填高排水，右侧填筑形成 76 m 高边坡，8 级坡高边坡，填筑方量 118 万 m^3。

由于后缘冲沟狭长，汇水面积大，雨季冲沟水流量大，隧道施工周期长，因此施工期的临时排水和运营期的永久排水措施设计尤为关键。工点概况平面图如图 9-28 所示。

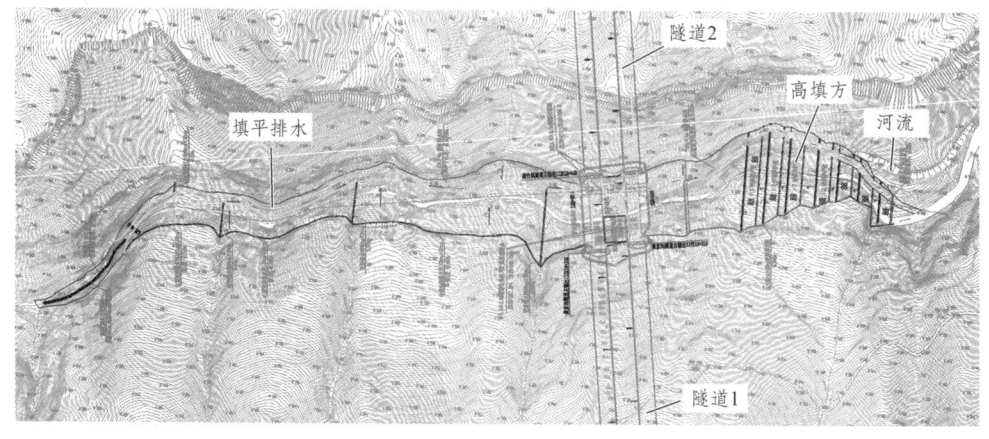

图 9-28　工点概况平面图

9.3.2 场区工程地质勘察

9.3.2.1 地质调绘

场区横跨一狭窄的 V 字形冲沟，地形起伏变化大，两岸地势陡峻，海拔 534.4 ~ 851.5 m，相对高差 317.1 m，线路轴线通过地段相对高差 83.8 m。沿线地貌类型为溶蚀-构造中低山地貌，填方路基段上覆第四系残坡积层（Q^{el+dl}）含碎石黏土及第四系冲洪积层（Q^{al+pl}）卵石土，下伏基岩为薄至中厚层状灰岩及白云岩夹角砾状白云，岩层单斜，产状 160 ~ 203°∠17 ~ 28°，主要节理产状有：160°∠65°，290°∠63°二组，节理间距 200 ~ 300 mm。如图 9-29 所示。

图 9-29 场区地调岩层

9.3.2.2 水文地质

场区地下水类型为第四系松散土层孔隙裂隙水及基岩岩溶裂隙水。地表水靠大气降水及河流侧向补给，降水大部分以坡面流形式汇入场区中部河流排出场区，一部分下渗形成地下水沿岩体节理裂隙及岩层层面向地势低洼处排泄。地下水受季节影响大，雨季岩溶裂隙水较丰富，水量较大；枯水期补给差，水量相对较小。

9.3.2.3 工点勘察

沟谷底部为深 V 形冲沟，沟底大部分岩层出露，局部有覆盖层但厚度小。在该工点前后隧道进出口处设置地勘钻孔共 4 个。

9.3.2.4 勘察结果（见图 9-30）

1. 覆盖层

（1）含碎石黏土（Q^{el+dl}）：褐黄色，可塑状，含 10% ~ 20% 强风化白云岩碎石及角砾，主要分布于两岸斜坡区，厚度多数为 0 ~ 2 m，最大厚度 5 m。

（2）卵石土（Q^{al+pl}）：杂色，卵石成分由灰岩、白云岩等组成，直径 40 ~ 80 mm，最大直径达 1 m，其间充填砂，结构松散，湿至饱和。分布于河床内，厚 0 ~ 3 m。

2. 基岩

1）三叠系下统毛草铺组一段（T_1m^1）薄至中厚层状灰岩
①强风化层：灰、灰黄色，薄至中厚层状，节理裂隙发育，岩体破碎。
②中风化层：灰色，薄至中厚层状，节理发育至不发育，岩体较破碎至较完整。

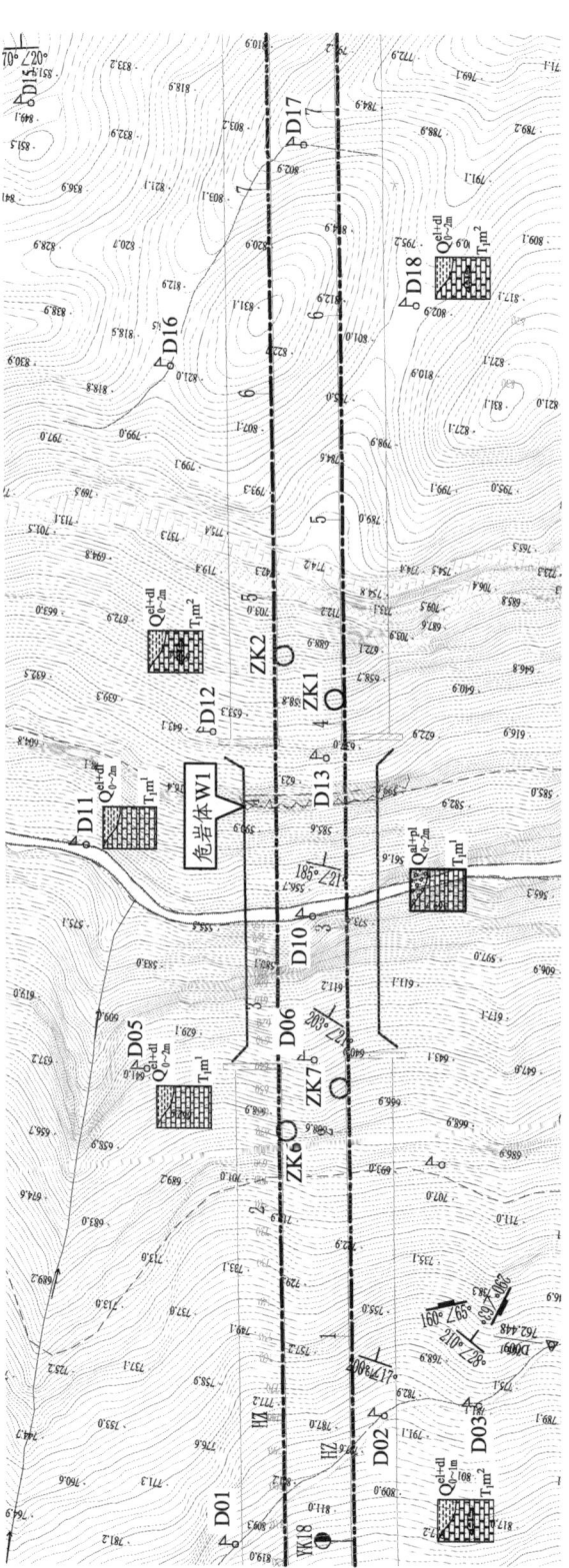

图 9-30 勘察地质平面图

2）毛草铺组二段（T_1m^2）薄至中厚层状白云岩夹角砾状白云岩

①强风化层：灰黄色，薄至中厚层状，节理裂隙极发育至发育，岩体极破碎至破碎，岩体被节理裂隙切割为碎块状、碎石桩，厚 5~10 m。

②中风化层：灰色，薄至中厚层状，节理发育至不发育，岩体较破碎至较完整。其物理力学试验指标详见表 9-7。

表 9-7 岩石物理力学试验指标

样品名称	统计参数	最大值	最小值	平均值	标准差	变异系数	标准值	样本	备注
中风化灰岩	单轴饱和抗压强度/MPa	75.2	59.4	66.8	6.01	0.09	61.8	6	
中风化白云岩	单轴饱和抗压强度/MPa	30.2	23.5	26.8	2.695	0.101	24.8	6	

9.3.2.5 评价结果

1. 推荐岩土力学指标

推荐各岩土层的相关物理力学参数如表 9-8 所示。

表 9-8 推荐岩土体物理力学指标参数

岩土名称	试验值				规范值/经验值					
	重度 γ/(kN·m^{-3})	黏聚力 c/kPa	内摩擦角 φ/(°)	单轴饱和抗压强度 f_{rk}/MPa	工况	重度 γ/(kN·m^{-3})	黏聚力 c/kPa	内摩擦角 φ/(°)	地基承载力特征值 f_{a0}/kPa	单轴饱和抗压强度 f_{rk}/MPa
粉质黏土（Q^{el+dl}）（可塑）	—	—	—	—	正常	18	12	6	160	—
					暴雨	19	11	5	—	—
块石土					正常	18	0	24	200	—
					暴雨	19	0	22	—	—
强风化灰岩					正常	24	50	22	500	—
					暴雨	25	48	21	—	—
中风化灰岩					正常	26	100	28	3 200	45
					暴雨	26	100	28	—	—
强风化白云岩					正常	24	40	22	450	—
					暴雨	25	36	21	—	—
中风化白云岩					正常	26	80	26	2 700	30
					暴雨	26	80	26	—	—

注：岩体抗剪强度参数 c、φ 按 JTG D30—2015《公路路基设计规范》条文说明第 3.7.3 条折减。

2. 场地稳定性评价

拟建场区无活动性断层通过，无大型不良地质体，场地稳定，隧道进出口存在部分危岩体，采取工程处治措施后可以建设。

3. 填方稳定性评价

1）定性评价

场区基岩出露，岩层稳定强度高，覆盖层厚度小，仅于沟底分布冲洪积卵石，但厚度小，易于处置。填方基底沿冲沟方向平缓，条件适宜。

2）定量评价

根据 JTG D30—2015《公路路基设计规范》，路堤沿斜坡地基的稳定性分析采用不平衡推力法。路堤沿斜坡地基的稳定性验算考虑了正常工况和非正常工况 I，计算模型选取地基未经过处理、路堤在原地表直接填筑的最高断面。见图 9-31。

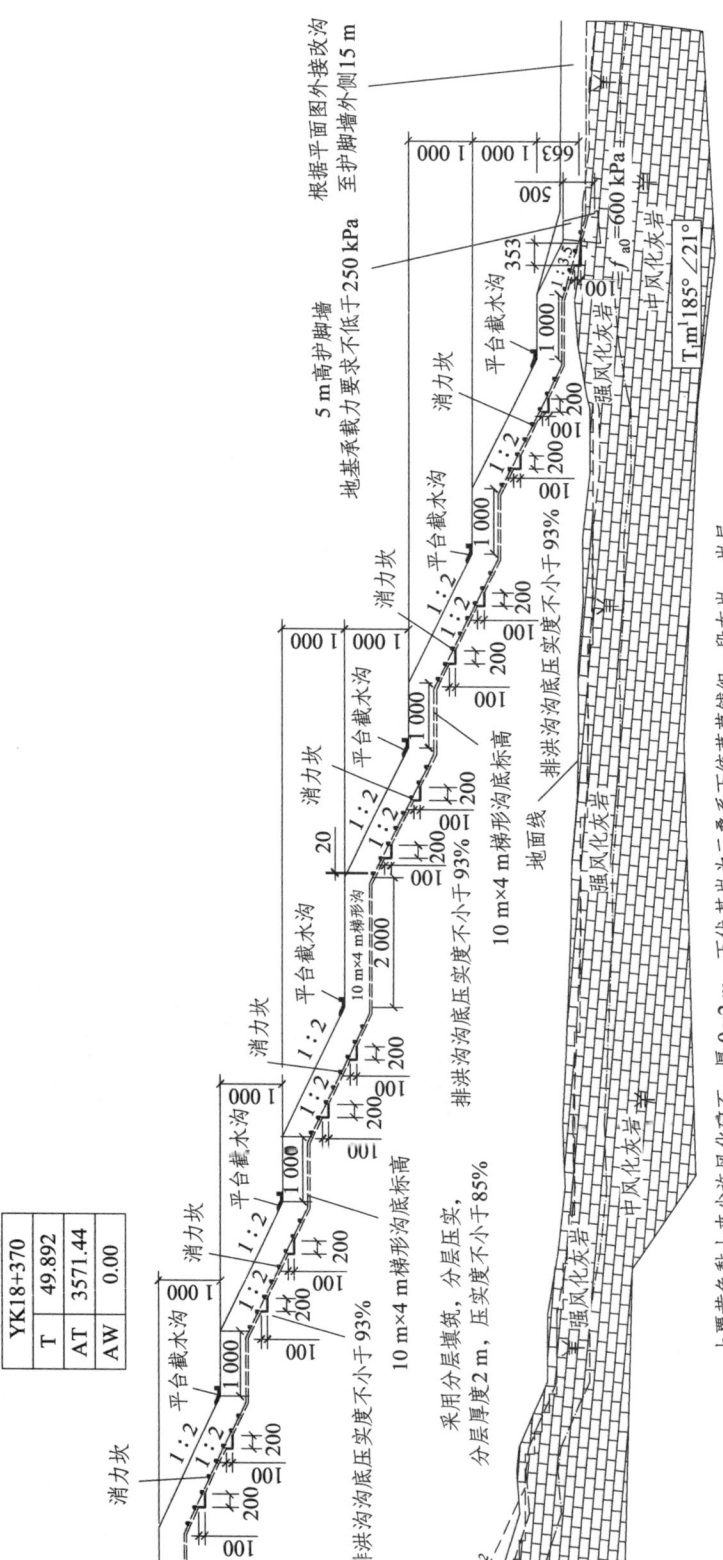

图 9-31 地质断面图

潜在滑动面（路基沿填方坡脚局部滑动）：正常工况下稳定性系数 $F_s = 1.67$，处于稳定状态。

通过路堤和地基的整体稳定以及路堤沿斜坡地基的稳定性计算，其稳定性系数满足 JTG D30—2015《公路路基设计规范》中安全系数控制标准。

9.3.2.6 结论及建议

1. 结　论

①场区无影响方案的不良地质分布，填方基底平缓，基岩出露，适宜建设。

②地表水、地下水对混凝土具微腐蚀性。

③场区冲沟坡面汇水量大，对工程排水能力要求较高。

2. 建　议

①建议放缓边坡，利用沟底平缓地形优势，增加填方稳定性。

②建议填方左侧采取填高排水方案，抬高地表水排泄路径，设置坡面泄洪通道等。

9.3.3 设计方案

本工点由于沟底地形平缓，基底以中至厚层灰岩和白云岩为主，地形地质条件均适宜填筑，填方路基的填筑方案则需要考虑施工顺序、弃方消化和纵横向截排水。

（1）支挡方案。

坡脚平缓，地质条件较好，填方路基放坡后于坡脚设置 5 m 高护脚墙支挡。

（2）坡面设计。

一是主线路基边坡范围，采用第 1 级坡率 1∶1.5，第 2 至 3 级边坡坡率 1∶1.75，第 4～6 级边坡坡率 1∶2；二是主线路基范围左右侧，左侧为填高排水区，右侧采用加宽平台后放坡处理，平台宽度 10～20 m，顶部设置 123 m 宽平台，填筑高度 76 m，单级填高 10 m。

（3）填筑方案。

填方正常放坡范围内，采用 5 m 间距分层强夯补强，压实度不低于 93%；外部加宽填筑范围则采用常规分层碾压，分层厚度 2 m，压实度设计 85%。由于压实度存在差异，设计计算中考虑不同的填方体力学指标值，暴雨工况下填方体物理力学参数分别取 $\gamma=20$ kN/m³，$c=8$ kPa，$\varphi=33°$ 和 $\gamma=20$ kN/m³，$c=0$ kPa，$\varphi=28°$。计算结果如图 9-32 所示，边坡方案安全稳定，满足规范要求。

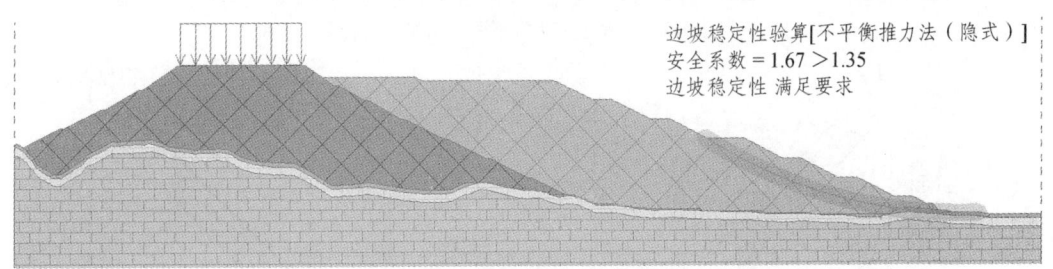

图 9-32　设计断面计算结果

（4）坡面防护。

边坡坡面采用衬砌拱植草护坡。

(5)排水工程。

由于距本工点约 14.5 km 处有集中居住区,填方路基失事危害程度较严重,参照 SL 575—2012《水利水电工程水土保持技术规范》、GB 51018—2014《水土保持工程设计规范》及 GB 50201—2014《防洪标准》综合确定,高填方级别为 1 级,挡土墙为 2 级,排洪工程为 1 级,设计洪水标准为 100 年一遇,校核洪水标准为 200 年一遇。

YK18+315~YK18+415 及 ZK18+335~ZK18+445 段路基,路面高程 608.2~608.5 m。路基横穿 V 形沟,跨沟时下设 2 个 5 m×6 m 的钢筋混凝土箱型涵洞,进口底板高程 598.18 m,进口涵顶高程 604.18 m,涵洞长约 90 m,设计比降 9.2‰,出口底板高程 597.44 m。排洪箱涵进口断面设计 100 年一遇洪峰流量 247 m³/s,设计洪水位 602.60 m;校核 200 年一遇洪峰流量 287 m³/s,校核洪水位 602.92 m。两种工况下水位均低于进口涵顶高程 604.18 m,并满足 50 cm 超高,故箱涵过水能力满足排洪要求。

(1)排洪沟。

设计 10 m×4 m 梯形排洪沟,沟身采用 C20 砼浇筑,底板厚度 40 cm,沟帮厚度 80 cm,左侧填平区排洪沟长度 700 m,在排洪沟沟底板上部设置钢筋网片,右侧填方反压区域排洪沟长度 430 m,上下布置防裂钢筋网片。

基础底部应碾压夯实,压实度不小于 93%,底部采用砂砾垫层铺砌平整后,再浇筑沟底,要求沟底地基承载力达到 150 kPa,沟底布置两层 8#防裂钢筋网片,布置间距 30 cm。其平面布置、大样图和断面图见图 9-33~图 9-35。

(2)截排水沟。

左侧填平区右岸需设置截水沟,且有自然冲沟位置设置纵向排水沟,引入 10 m×4 m 梯形排洪沟中,因此,左侧填平区共设置 985 m 长的 0.6 m×0.6 m 截水沟,右侧填方边坡坡脚设置 395 m 的长 0.6 m×0.6 m 截水沟,左侧填平区设置 5 道 0.8 m×0.8 m 排水沟,长 232 m。

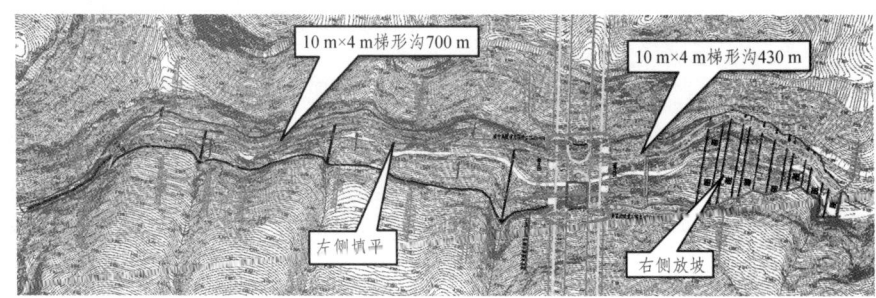

图 9-33 排水工程排洪沟布置平面图

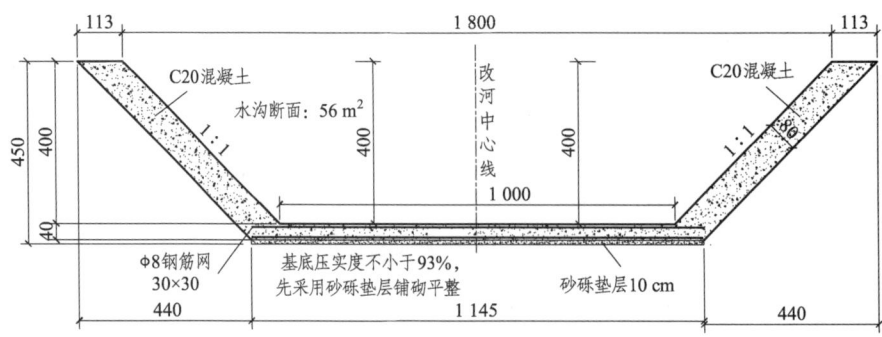

图 9-34 梯形排洪沟设计大样图

第9章 复杂地质条件下典型超高填方案例分析

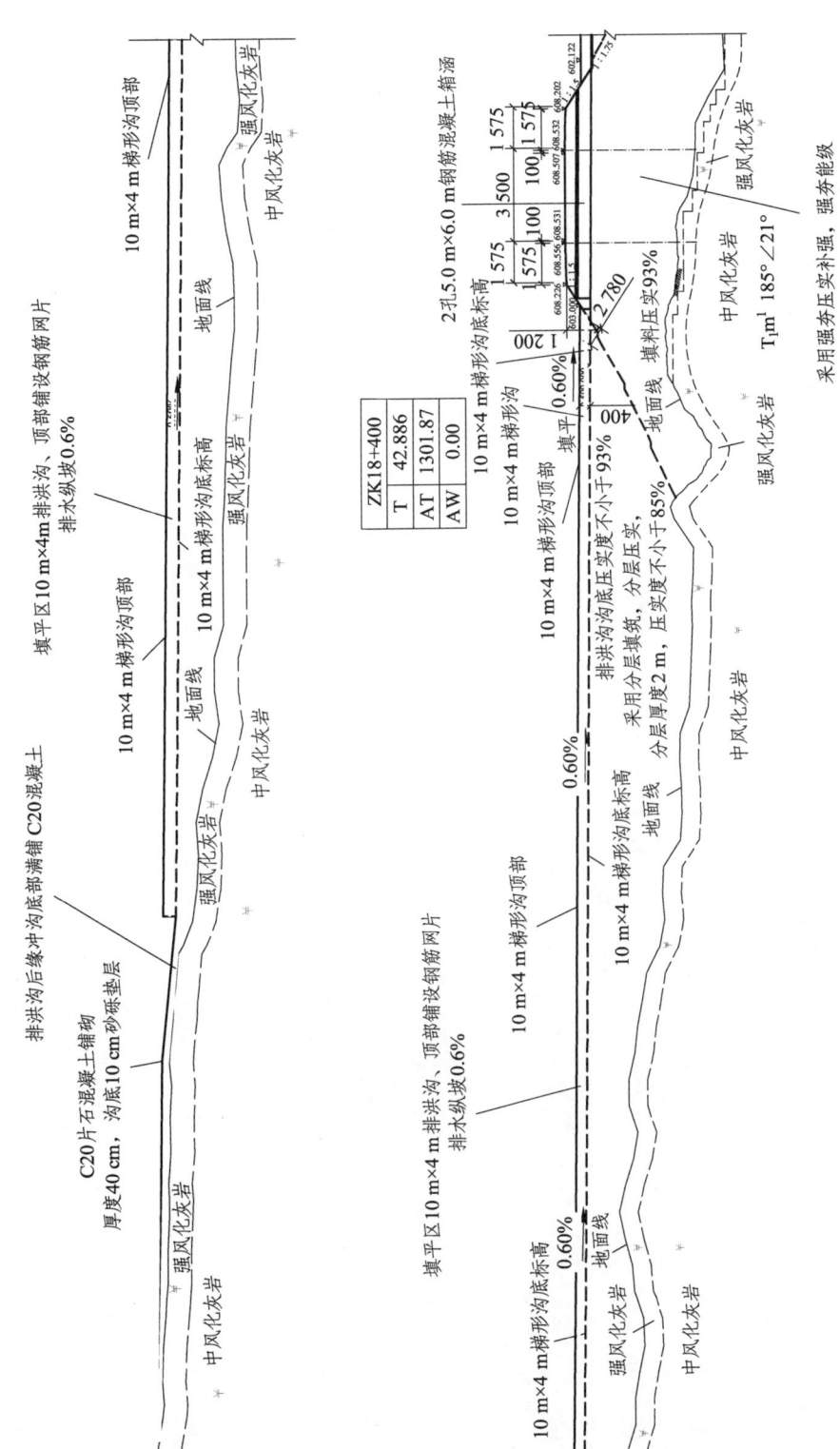

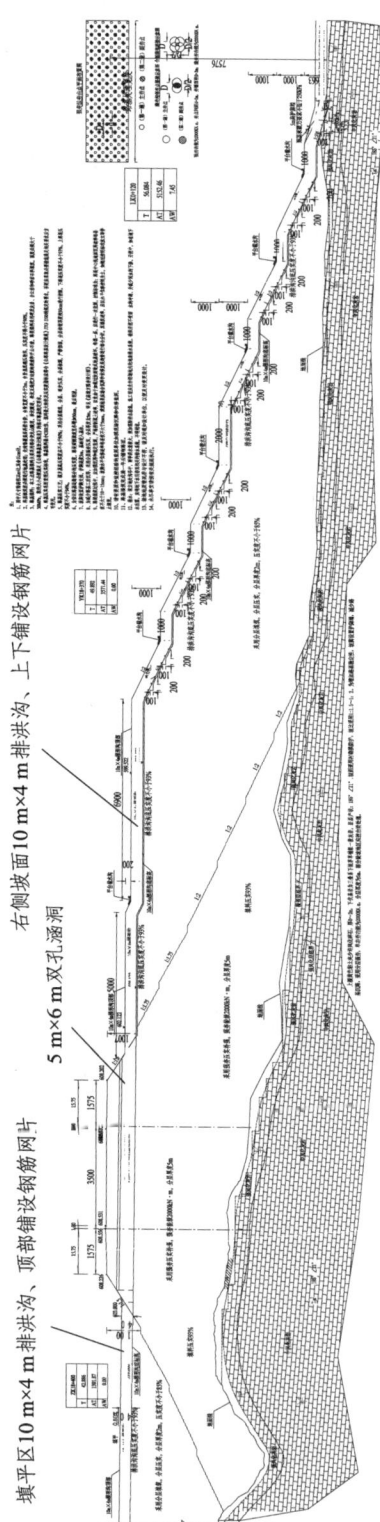

图 9-35 排水工程排洪沟设计顺沟断面图

（3）填方平台截水沟。

于右侧每级填方路基边坡平台设置一道截水沟，将坡面及平台水引入 10 m×4 m 梯形排洪沟，总长 568 m。平面布置、设计大样图分别如图 9-36、图 9-37 所示。

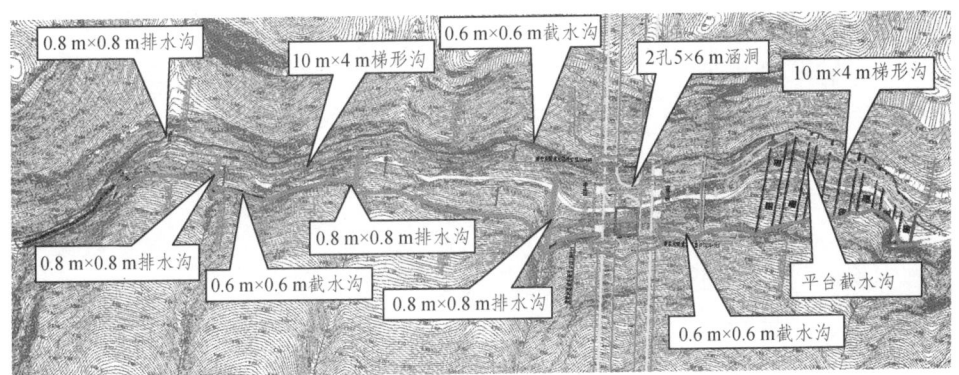

图 9-36　排水工程排洪沟布置平面图

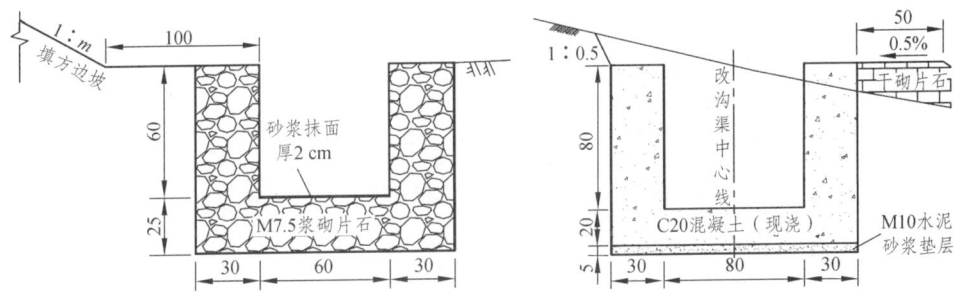

图 9-37　60 cm×60 cm（左）、80 cm×80 cm（右）截排水沟设计大样图

（4）右侧涵管及片块石盲沟。

由于右侧填方及护脚墙位置往外侧改移，片块石盲沟对应接长，长度 65 m。

（5）左侧填平区后缘。

由于左侧填平区后缘冲沟底板 40 cm 厚 C20 砼进行浇筑，底部片块石盲沟对应接长。

此工点所在工程在 2023 年已施工完成、顺利通车，高填方路基填筑、支挡设计效果较好，排水设计效果显著，现场照片、设计平面图见图 9-38～图 9-40。

图 9-38　梯形排洪沟（左）、路基与涵洞入口（右）

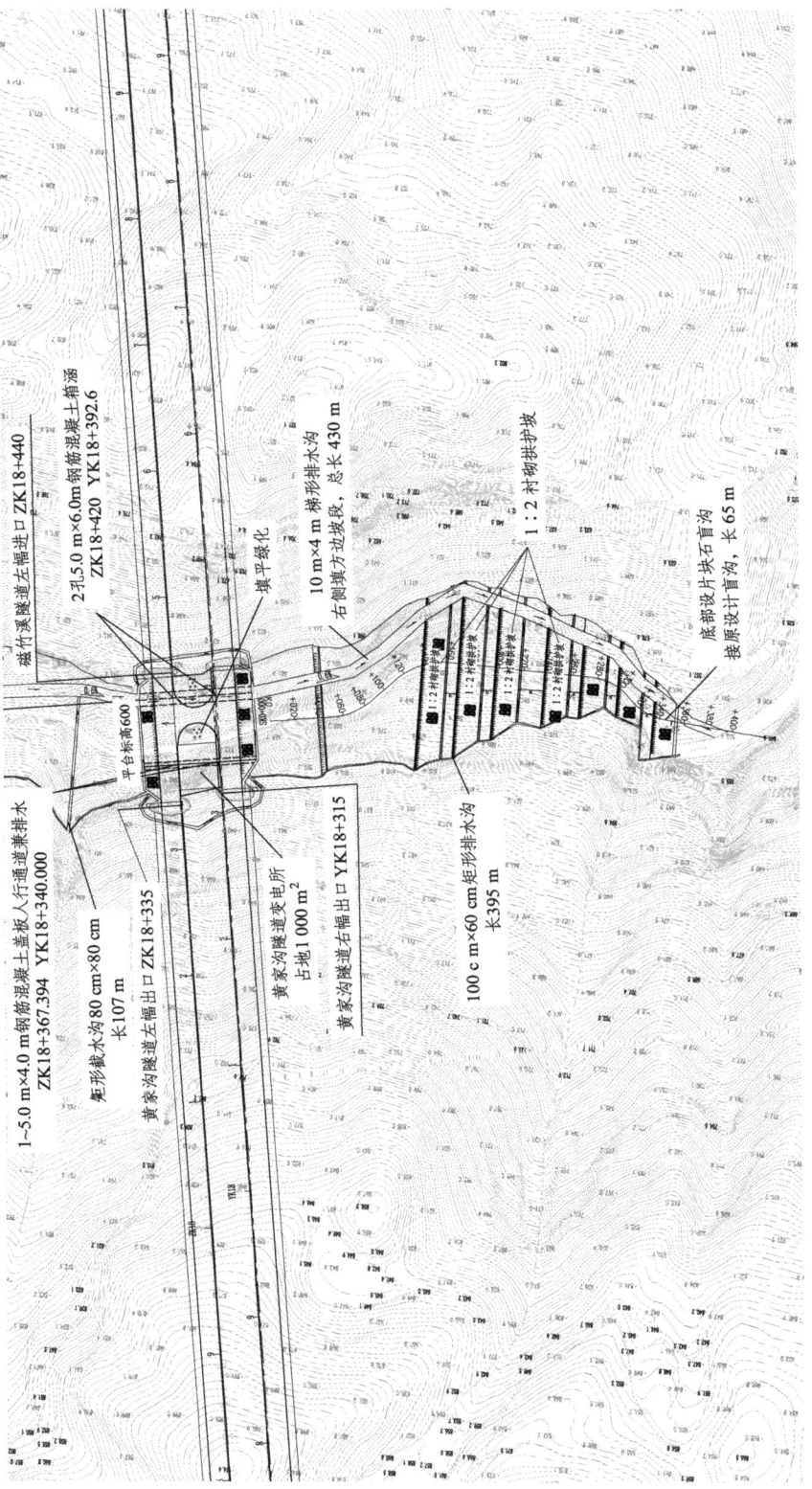

图 9-39 工点设计平面图

图 9-40 填方平面

9.4 某既有超高弃土场对下游拟建高速公路桥梁的影响及支挡设计

9.4.1 工程概况

1. 工点概况

拟建工程为路基宽度 39.5 m 的双向八车道高速公路,设计速度 80 km/h,匝道宽度 10.5 m,设计速度 60 km/h。场区位于拟建工程的枢纽互通区域,拟建互通位于某既有的大型弃土场下游。枢纽 B 匝道以桥梁方式跨越弃渣场的前缘,C 匝道及主线采用桥梁形式跨越冲沟,位于该大型弃渣场下游。弃渣场前缘距离主线桥 31 m,距离 C 匝道桥 51 m。该弃土场为近 5 年内新建弃土场,一旦失事将对拟建道路的主线桥和匝道桥桥墩产生冲击,产生安全风险。

2. 必要性

拟建项目与既有市政道路在该位置采用双 T 形枢纽相接来实现交通转换。互通的布设主要受被交城市主干路的沿线情况、城镇片区规划、地形等制约,使互通选址方案唯一,不得不在既有弃渣场下游设置。

3. 难 点

拟建工程位于弃渣场下游,弃渣场滑移对拟建工程造成巨大影响,桥墩抵抗冲击荷载的能力难以量化。

9.4.2 厂区工程地质勘察

9.4.2.1 地质调绘

项目区地处云贵高原东北部,场地为沟谷地形,坡度普遍在 5°~40°。场区地面高程介于 1 085.5~1 185.4 m,相对高差约 99.9 m。场地有道路通至桥位,交通条件便利。

场区出露的地层主要有：第四系残坡积（Q_4^{el+dl}）褐黄色，可塑状含碎石粉质黏土、第四系（Q_4^{me}）杂色，主要由砖块、混凝土、碎块石等组成的人工堆积层填筑土、泥盆系上统高坡场组（D_3g）灰至紫红色薄至中厚层状白云岩夹泥岩、泥盆系下统乌当组（D_1w）灰至紫红色薄至中厚层状砂岩夹泥岩、志留系中统上高寨田群（S_2gz）灰黄至灰绿色薄至中厚层状泥岩夹砂岩。

场区位于扬子准地台黔北台隆贵阳构造变形区。场区无断层通过，岩层单斜，岩层产状 155~180°∠34~75°。根据地质调查，场区节理主要发育有 2 组，即 J1：87°∠78°泥质充填，结合度差；J2：310°∠58°泥质充填，结合度差。

场区主要不良地质为人工填土，即该大型弃渣场。弃渣场滑移将对拟建工程造成巨大影响。场区关系平面图如图 9-41、图 9-42 所示。

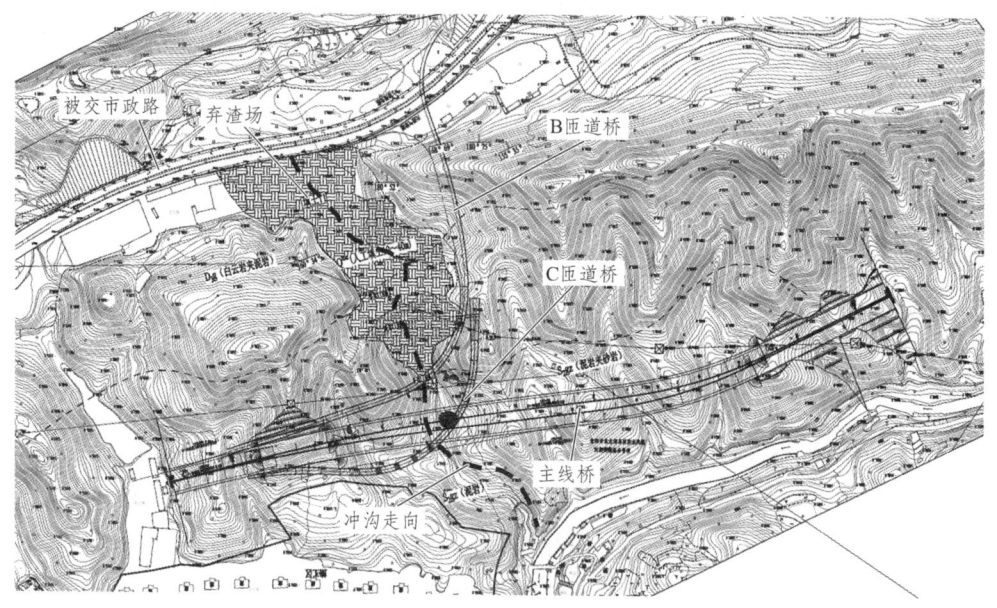

图 9-41 场区关系平面图（一）

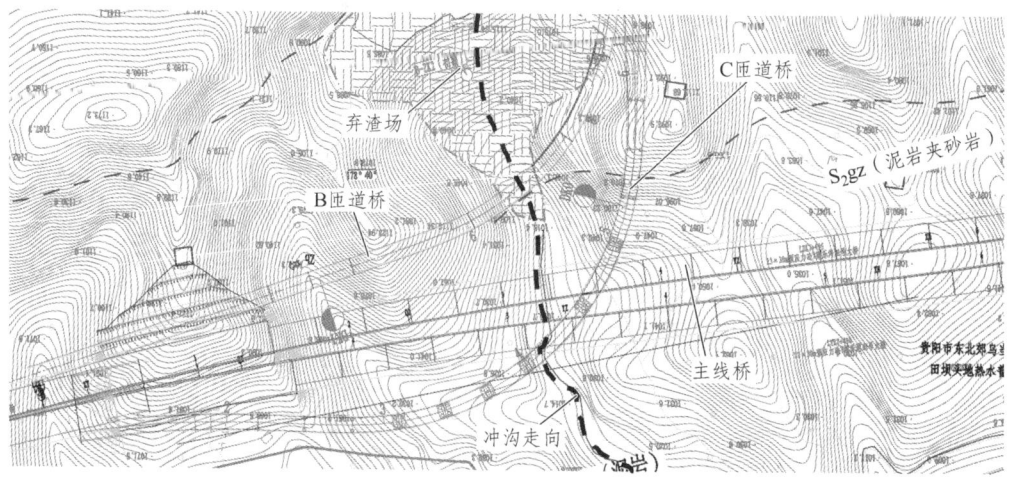

图 9-42 场区关系平面图（二）

9.4.2.2 水文地质

场区地下水类型为第四系松散土层孔隙水、基岩裂隙水、碳酸盐岩岩溶水。地下水靠大气降水补给，降水大部分以坡面流形式汇入桥位中部侧沟谷中排出场区，一部分下渗形成地下水沿岩体节理裂隙、岩层层面、溶蚀孔洞向地势低洼处排泄。地下水受季节影响大，雨季基岩裂隙水、岩溶水较丰富，水量较大；枯水期补给差，水量相对较小。根据区域水文地质资料及大桥水样测试分析，场区水质类型为碳酸盐钙质水，地下水对混凝土结构具有微腐蚀性。

9.4.2.3 工点勘察（图9-43）

场区勘察工作除了对互通桥梁进行墩台钻孔之外，另对既有弃渣场进行了钻孔勘探，以查明其深度和密实情况等。弃渣场布置3个勘察钻孔，勘察断面主要沿沟底方向布设，另进行125.5 m原位测试；取岩样22件、水样1件进行室内试验；槽探24 m^3。

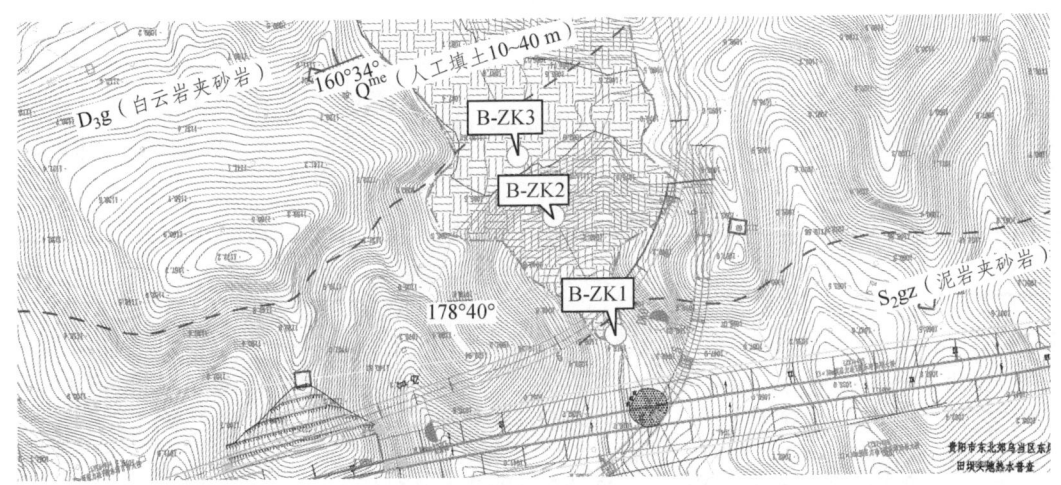

图9-43 勘察布孔工程地质平面图

9.4.2.4 勘察结果

1. 覆盖层

根据钻孔和取样试验结果，查明场区的岩土层如表9-9～表9-11所示。

表9-9 覆盖层描述

编号	地层	土类	描述	备注
①-2-1	Q_4^{el+dl}	含碎石粉质黏土	褐黄色，可塑，厚1～7.3 m，场区均有分布	
①-9-1	Q^{me}	人工填土	杂色，主要由砖块、混凝土、碎块石等组成，厚10～40 m。据重型动力触探（$N_{63.5}$）成果显示，锤击数在4～8击之间，结构松散至稍密，厚0～43.5 m	分布于弃土场及被交路路基下部

2. 基岩

表 9-10 岩体分类描述

岩土单元编号	地层	岩性	风化程度	颜色	层厚	节理发育程度	完整程度	岩芯形状	风化层最厚/m
⑦-1-1	D₃g	白云岩夹泥岩	强风化层	灰黄、紫红色	薄至中厚层状	发育	破碎	砂状、碎块状	20.5
⑦-1-2			中风化层	灰色、紫红色		发育	较破碎	块状、砂状，少量短柱状及柱状	—
⑧-1-1	D₁w	砂岩夹泥岩	强风化层	灰黄、灰色	薄至中厚层状	发育	破碎	碎块、块状、砂状	34
⑧-1-2			中风化层	灰色、紫红色		发育	较破碎	块状、碎块状、砂状	—
⑨-1-1	S₂gz	泥岩夹砂岩	强风化层	灰黄色	薄至中厚层状	发育	破碎	碎块、块状	10.5
⑨-1-2			中风化层	灰色、灰绿		发育至不发育	较破碎至较完整	柱状、短柱状	—

表 9-11 岩石物理力学试验指标

样品名称	统计参数	最大值	最小值	平均值	标准差	变异系数	标准值	样本	备注
中风化白云岩	重度/(kN·m⁻³)	25.90	25.51	25.74	0.16	0.01	25.60	6	
	单轴饱和抗压强度/MPa	38.10	16.20	26.94	—	—		5	
中风化砂岩	重度/(kN·m⁻³)	26.59	24.23	25.55	0.63	0.02	25.18	10	
	单轴饱和抗压强度/MPa	62.10	16.10	33.44	17.45	0.52	22.53	9	
中风化泥岩	重度/(kN·m⁻³)	26.88	25.02	25.65	0.66	0.03	25.11	6	
	单轴天然抗压强度/MPa	20.30	6.50	14.37	5.34	0.37	9.96	6	

3. 不良地质

场区的不良地质即为该既有弃土场，弃土场位于一山间洼地，三面环山，呈长方形分布，长 520 m，宽 100~150 m，主要由黏土、碎石、块石、砖块、混凝土等组成，结构松散至稍密，厚度一般在 10~40 m，弃土方量约 200 万 m³，弃土场边坡最高 65 m，坡率 1∶1.4~1∶4，见图 9-44~图 9-45。根据地勘分析，正常工况下填土稳定性系数 F_s=1.12，处于基本稳定状态，暴雨工况下填土稳定性系数 F_s=1.05，处于欠稳定状态，见表 9-12。该弃土场目前处于稳定状态，在暴雨、扰动等作用下易发生垮塌。

第9章 复杂地质条件下典型超高填方案例分析

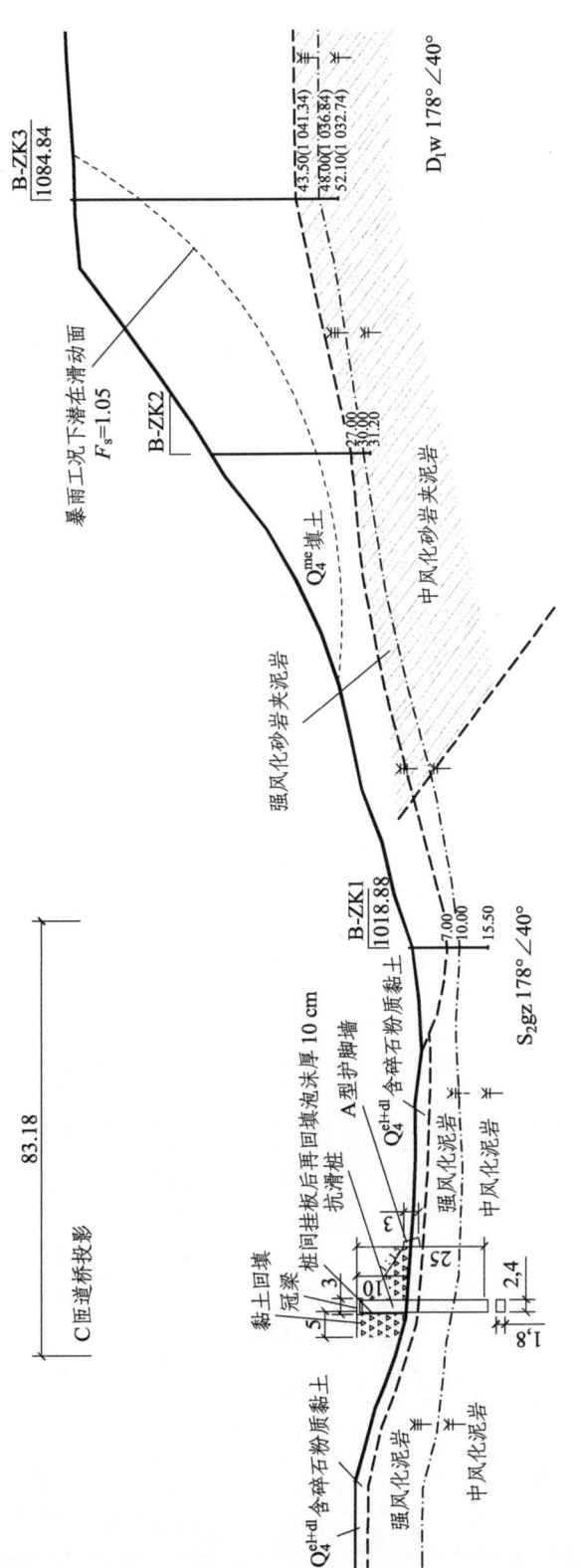

图 9-44 弃土场形态特征图

图 9-45 弃土场现场

表 9-12 杂填土物理力学指标参数

岩土名称	工况	重度 γ/(kN·m^{-3})	黏聚力 c/kPa	内摩擦角 φ/(°)	稳定性系数 F_s
杂填土	正常工况	19	0	28.5	1.12
	暴雨工况	20	0	27	1.05

9.4.2.5 评价结果

1. 推荐岩土力学指标

根据原位测试、岩土室内试验，结合工程类比及相关规范，推荐各岩土层的相关物理力学参数如表 9-13 所示。

表 9-13 岩土推荐力学指标

岩土名称	工况	重度 γ/(kN·m^{-3})	黏聚力 c/kPa	内摩擦角 φ/(°)
杂填土	正常工况	19	0	28.5
	暴雨工况	20	0	27
强风化砂岩夹泥岩	正常工况	23	34	27
	暴雨工况	24	32	26
中风化砂岩夹泥岩	正常工况	26	65	31
	暴雨工况	27	60	30
强风化白云岩夹泥岩	正常工况	23	46	32
	暴雨工况	24	44	31
中风化白云岩夹泥岩	正常工况	26	90	37
	暴雨工况	27	85	36
强风化泥岩夹砂岩	正常工况	23	30	23
	暴雨工况	24	28	22
中风化泥岩夹砂岩	正常工况	26	54	29
	暴雨工况	27	50	28

注：岩体抗剪强度参数 c、φ 按 JTG D30—2015《公路路基设计规范》条文说明第 3.7.3 条折减。

2. 场地稳定性评价

场区分布有填土，对桥梁建设存在不良影响，须对其工程处治后方可建桥，建桥适宜性一般。

9.4.2.6 结论及建议

1. 结　论

①通过勘察，场区分布有岩溶、填土，对桥梁建设有影响，须对其进行工程处治后方可建桥，建设适宜性一般。

②桥区部分钻孔未能施工，场区强风化层厚度大，施工阶段具备钻探条件后进行钎探补钻。

③场区地表水、地下水对混凝土呈微腐蚀性。

2. 建　议

①场区分布有大型弃土场，施工扰动及暴雨等作用下易发生垮塌，对桥梁有影响，建议于弃土场下方的沟谷两侧靠近桥墩附近设置导流防冲刷设施，确保桥梁安全。

②填土范围内的桩基，施工前应进行强夯或注浆处治。

③加强场区截排水措施，尤其是大型弃土场附近的引排水措施，避免排水不畅引发弃土场失稳。

④施工中应避免对环境的影响，施工产生的弃渣应及时清运出场，堆放在不会产生次生灾害及对环境存在影响的位置，严禁随意堆弃。施工便道严禁乱挖乱填，避免产生如滑坡、坍塌等次生灾害。

9.4.3 设计方案

该弃土场因产权归属问题，无法对弃土场进行加固处理，高速公路拟采用不扰动弃土场，加固高速公路结构的形式进行处理。根据弃土场的评价结果，采用模拟计算弃土场的失事影响范围，计算出滑塌弃土对拟建工程的冲击力。设计方案主要为主线桥、匝道桥对于既有大型弃渣场失事后渣体滑移、滚落的撞击影响防治。

9.4.3.1 弃土场失稳对拟建桥梁的影响

1. 计算原理与假定

为了获得弃土场失事后，松散滑落土的滑移、堆积范围，采用 PFC 软件进行模拟计算。PFC 是基于离散元法的颗粒流程序软件，通过颗粒的位移和接触构成整个系统的计算单元。模型中主要包括颗粒单元（ball 或 rblock）和墙单元（wall），以及颗粒与颗粒接触和颗粒与墙接触。在 PFC 中，作了如下假设：

（1）颗粒被视为刚体，不可变形，即颗粒为刚性球或刚性块体。

（2）颗粒之间的接触是点接触，范围小。

（3）颗粒接触为柔性接触，允许一定的重叠，但重叠量相对于单元尺寸足够小。

（4）颗粒间可以存在黏结，且遵循力-位移定律。

软件采用显式中心差分法迭代计算颗粒的速度和加速度。每个计算步长内颗粒只与接触的颗粒相互作用，所有的颗粒遵循牛顿第二定律，墙不遵循牛顿第二定律。每次计算后更新球的位置，通过运动定律和力-位移定律反复迭代计算，且2种定律的计算同时进行。

2. 数值模型的建立

在 PFC3D 中建立了乐湾互通区域的三维模型，如图 9-46～图 9-48 所示，考虑平面范围为 900 m×400 m，考虑的高程范围为 EL 1 000～1 170 m，其中，弃土场的顶部平面高程约为 EL 1 085～1 090 m。在建立的三维地形模型上，根据平面地质图，考虑了相应范围的滑塌体，考虑的滑塌体名义体积为 $20 \times 10^4 \text{ m}^3$，去除颗粒间隙后骨架体积为 $16.7 \times 10^4 \text{ m}^3$。

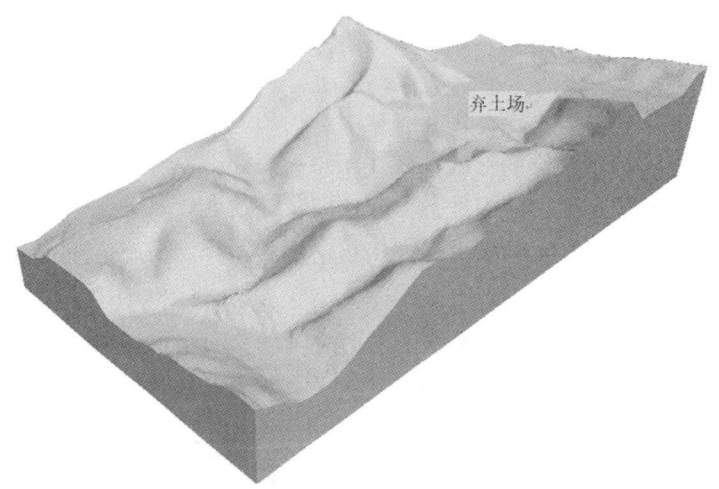

图 9-46 建立的枢纽区域三维模型

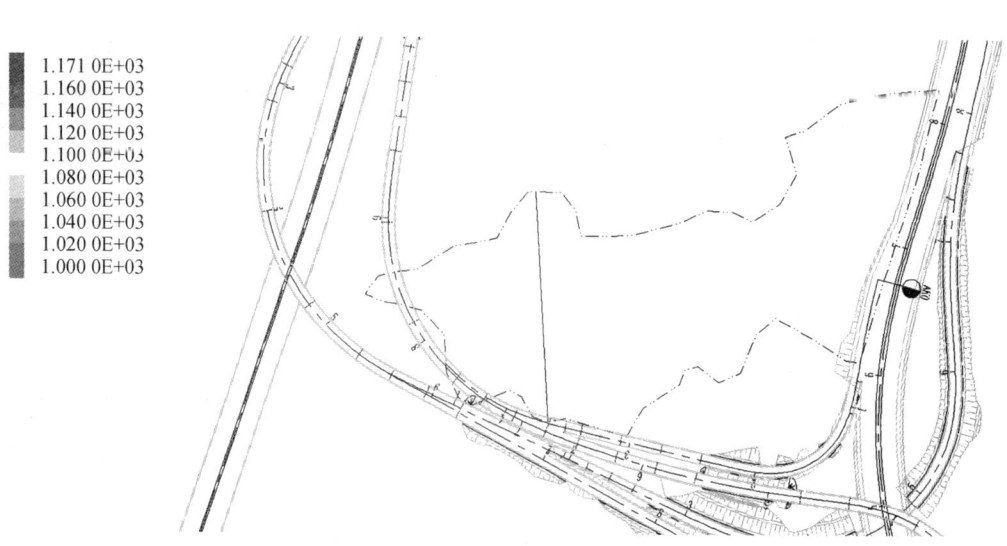

图 9-47 三维模型的地形等高线（间距 10 m）

图 9-48　三维模型中的不稳定区域分区

传统上在 PFC 中考虑滑坡体崩解、垮塌、滑动时，采用三维球的假定，如图 9-49 所示。这样带来了两个问题：①三维球堆砌的滑坡体在未崩解时具有不应该出现的孔隙；②三维球体不能模拟滑坡体崩解后的棱角，这将对滑坡物质的运动计算带来误差。

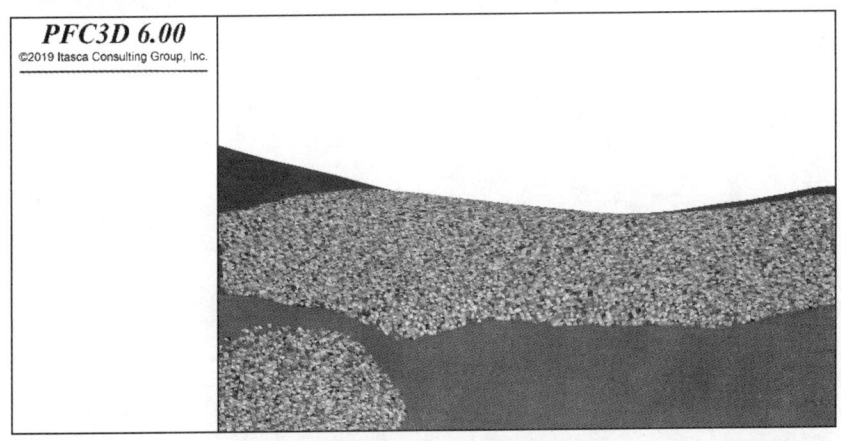

（a）滑坡体未崩解时紧密嵌合

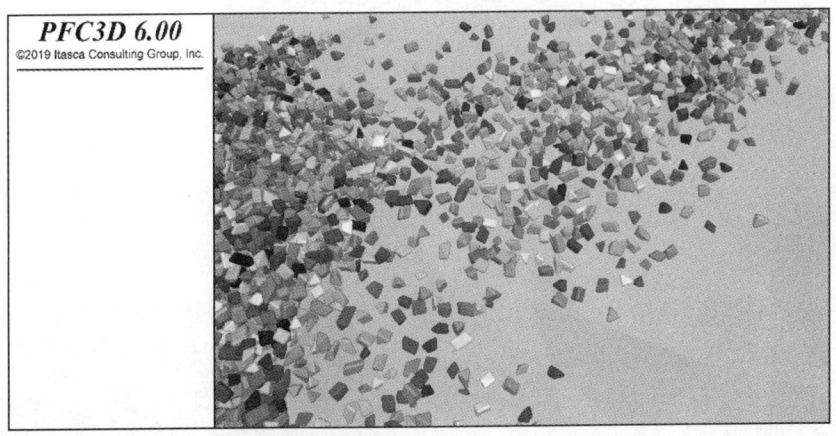

（b）滑坡体崩解后的多面体颗粒

图 9-49　本书中采用的随机多面体颗粒

3. 分析结果

弃土场的失稳过程模拟结果见图 9-50，垮塌后的范围见图 9-51。根据模拟出的垮塌后松散土堆积情况，垮塌最远运动距离约为 150 m。垮塌之后的堆积体各个方向的视角的运动情况，如图 9-52～图 9-54 所示。

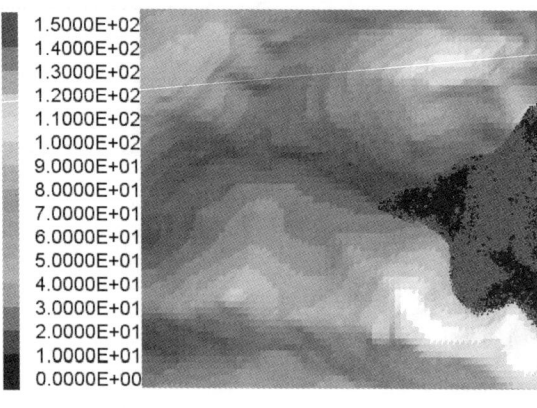
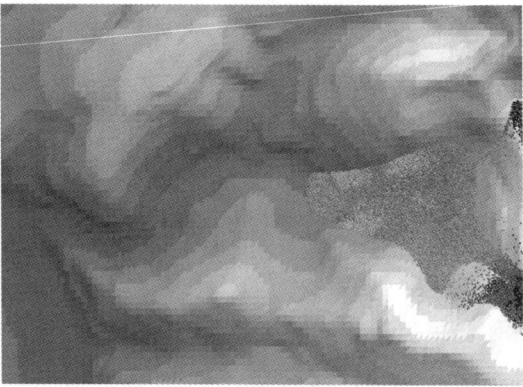
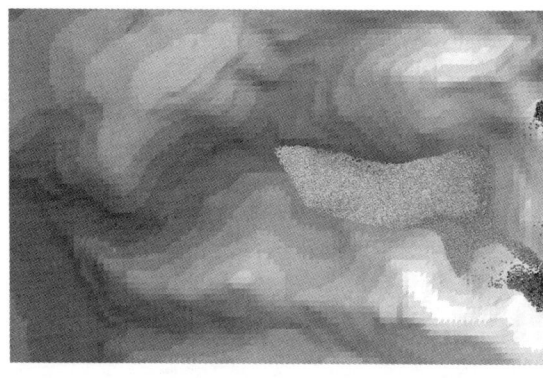
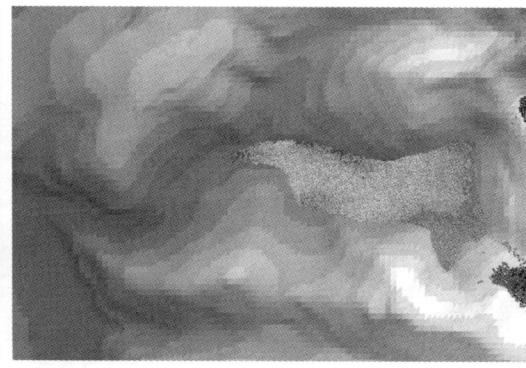

图 9-50 弃土场垮塌过程

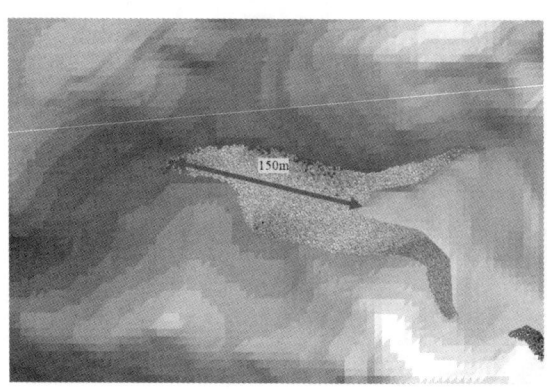
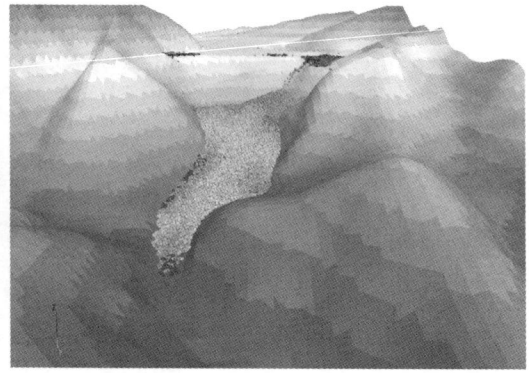

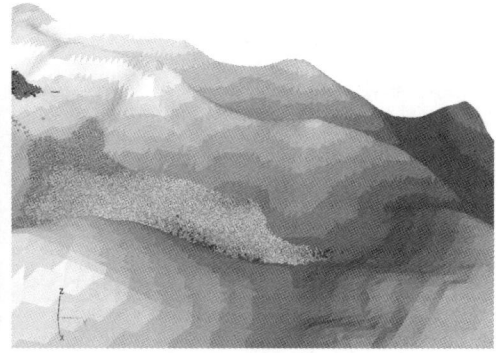

图 9-51 不同视角下垮塌体最终堆积情况

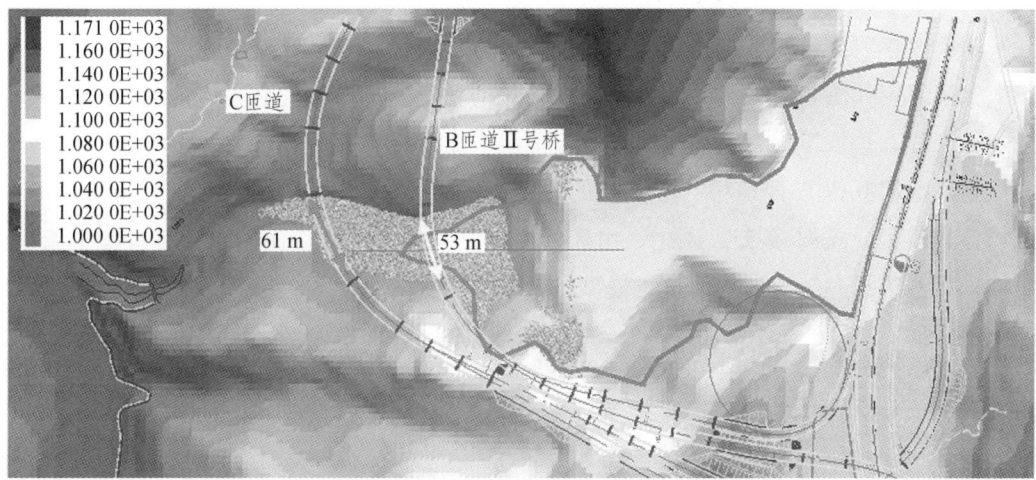

图 9-52 堆积体垮塌宽度信息

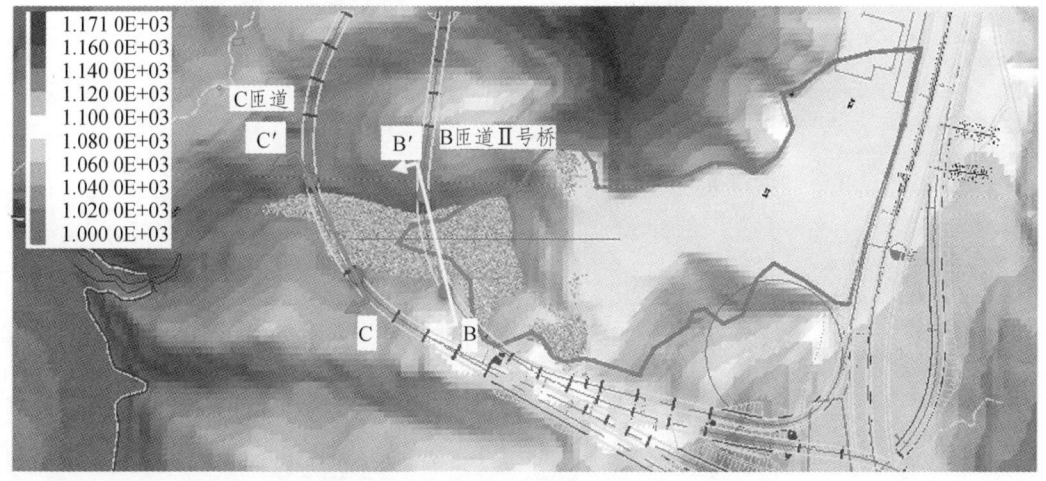

图 9-53 堆积体与桥墩的相对关系

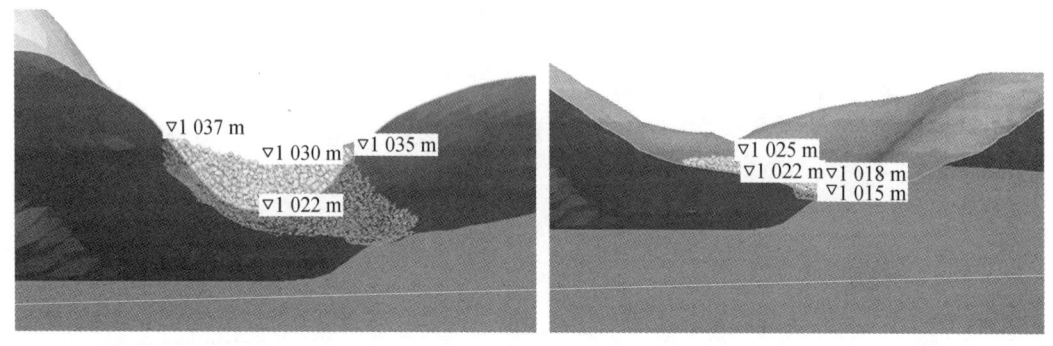

(a) B-B'断面　　　　　　　　　(b) C-C'断面

图 9-54　堆积体高度信息

4. 弃土场对桥墩的冲击力计算

采用离散单元法进行冲击力计算。离散单元法是由 P. A. Cundall 于 1971 年提出来的一种基于牛顿第二定律的岩石力学计算分析方法。该方法适合于节理比较发育的岩体，在采矿工程、隧道工程、边坡工程以及探矿力学等方面具有重要的作用。

根据该枢纽互通 C 匝道桥与弃土场的关系，采用 UDEC 离散元建立了 C 匝道抗滑桩与弃土场计算模型，见图 9-55。图中，滑床及支挡结构均为刚性块体，在计算过程中无变形；滑塌体采用四边形和三角形块体进行模型，依靠自身重力发生滑动变形。模型左右边界及底边界固定不动。

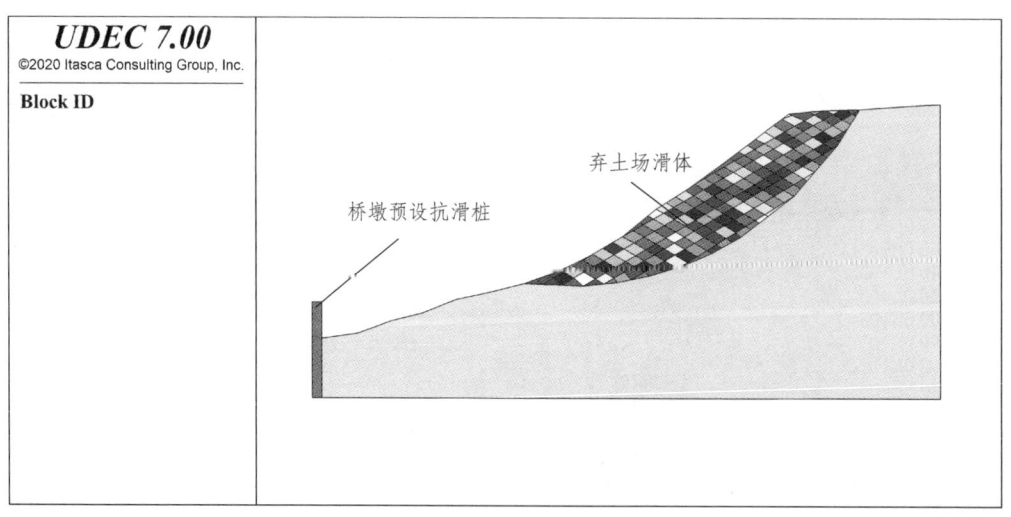

图 9-55　计算模型

在计算过程中，直到块体运动停止为止，并监测了抗滑桩块体水平作用力。根据计算结果，得到了弃土场滑塌体最终的稳定状态，见图 9-56；同时得到了抗滑桩块体水平作用力随着计算时步的历程曲线，见图 9-57。

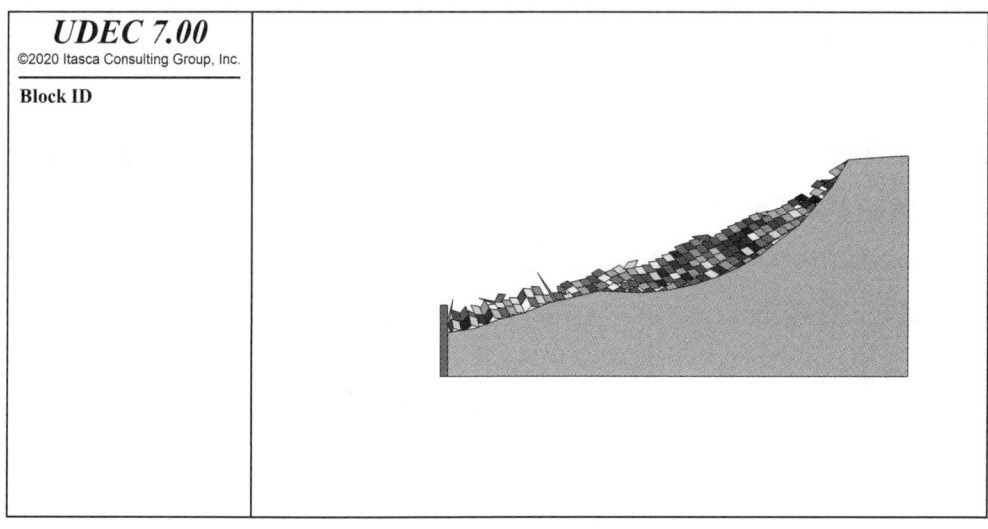

图 9-56 弃土场滑塌最终堆积形态

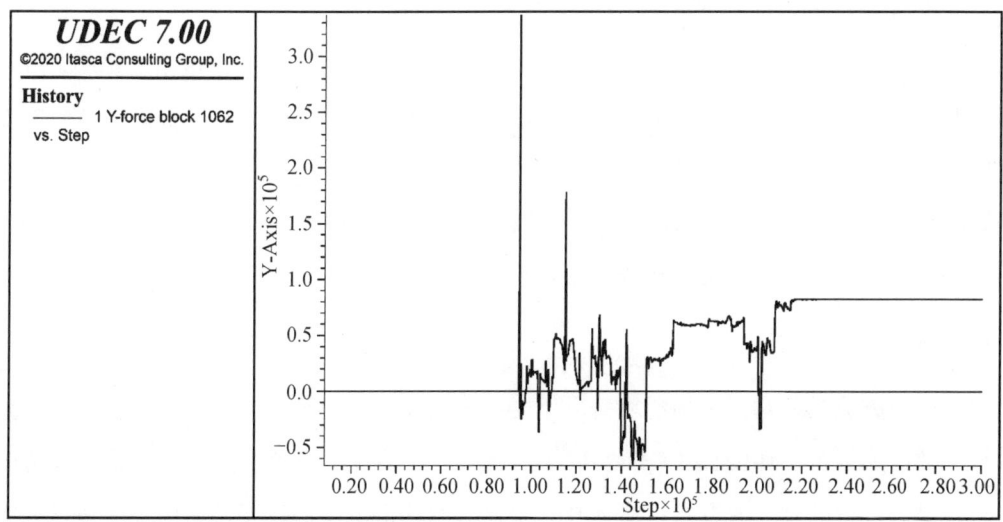

图 9-57 抗滑桩水平力历程曲线

根据抗滑桩块体水平作用力历程曲线，可以看到，弃土场滑塌块体未达到抗滑桩时，其水平作用力为零，当滑塌块体接触到抗滑桩块体时，其水平作用力增长很快，并达到峰值，约为 3.4×10^5 N，随后块体处于调整过程中，水平作用下减小较多，待后面的块体随后相撞时，水平作用力稍有增大，最后维持 0.8×10^5 N。由此可见，抗滑桩所受的最大水平冲击作用为 3.4×10^5 N。

5. 模拟评价结论

采用非球体颗粒离散元方法,模拟了弃土场在可能垮塌范围(体积约为 $20×10^4 m^3$)内滑移运动情况,以此评价弃土场滑塌对拟建桥梁匝道的影响程度,得到如下结论:

(1)垮塌体中物质最大运动距离约为 155 m,垮塌体前缘运动距离约为 150 m。

(2)垮塌体将穿过 B、C 匝道轴线,再跨越 C 匝道运动约 80 m 后停止;最终堆积体在 C 匝道部位的平面宽度约为 61 m,堆积厚度小于 3 m,堆积体高度约 EL 1 025 m;最终堆积体在 B 匝道部位的平面宽度为约 53 m,堆积最大厚度约 8 m,堆积体中部高度约 EL 1 030 m,在 BZK17 钻孔一侧高程约 1 037 m,在 BZK19 钻孔一侧高程约 1 035 m。

(3)垮塌体对 C 匝道桥墩外设的抗滑桩将产生大小为 $3.4×10^5 N$ 的冲击力。

(4)根据模拟结果,以上堆积体高程均小于拟定的桥墩高程,对拟建桥梁匝道的影响很小,B、C 匝道跨越弃土场桥墩位置的设置符合安全要求,可以避免弃土场失稳对桥梁的安全影响。

9.4.3.2 桥墩防护方案设计

根据模拟分析得到的弃土场垮塌路径及高程,原施工图方案 B、C 匝道桥采用大跨径(45 + 80 + 45)m 连续钢箱梁特殊结构桥完全跨越弃渣场垮塌范围,使桥墩不受影响。但在实际施工期间,由于项目建设方对工程规模的控制,力求采用小跨径的常规桥梁来节约工程造价,故在原本的大跨径桥梁方案上作出调整:距离弃渣场更近的匝道桥维持原设计方案,距离更远的 C 匝道桥由于更远的消能距离,需要补充研究在中间增设桥墩改为常规结构桥方案,并评估弃土场垮塌的冲击力规模和桥墩在防护下的抗力大小。

1. 抗冲击结构计算

通过采用离散元法对弃土场滑塌后采用支挡结构冲击力计算,考虑安全系数 F_s = 1.35,最大水平冲击力为 $3.4×10^5×1.35$ = 44.2 t/m,弃土场滑塌堆积高度 8.15 m,该冲击力及范围可采用工程措施进行处置,故方案可研究在弃土场坍塌冲击范围内设置桥墩的小跨桥梁方案。桥墩的防护方案考虑桩板式挡土墙。

预设采用抗滑桩(1.8 m×2.4 m 方桩,桩间距 5 m)预加固,悬臂端 10 m。桩后挂挡土板,后回填泡沫厚 10 cm;桩和桥墩之间回填黏土,填土高度高程与新增桥墩的顶高程齐平;侧向按坡率 1∶1.5 放坡,抗滑桩顶设置冠梁增加结构的整体性。如图 9-58~图 9-59 所示。抗滑桩的计算结果见图 9-60,按照内力大小常规单筋配置即可,桩顶位移 2.40 cm。

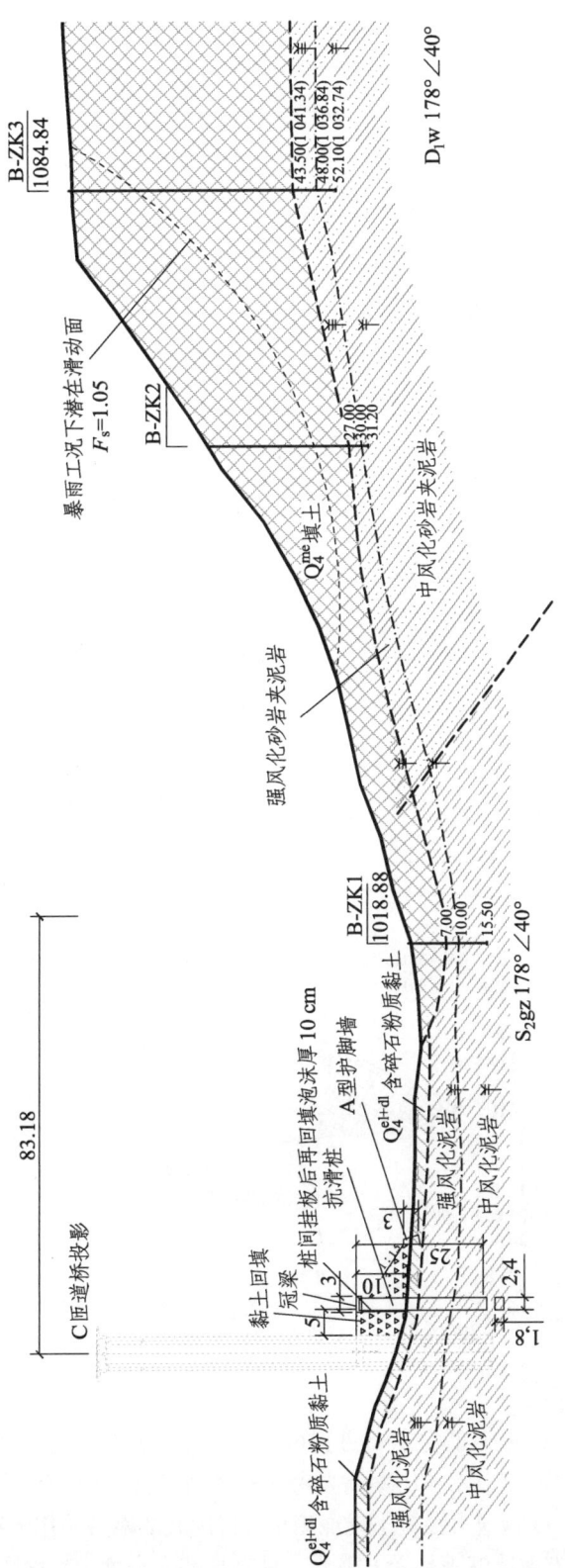

图 9-58 预设抗滑桩设计断面图（弃土场暂未垮塌）

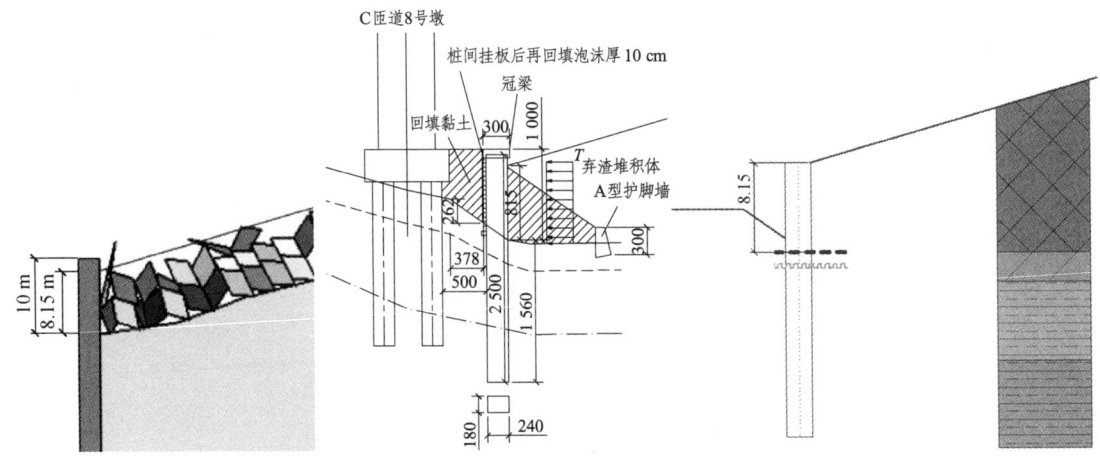

图 9-59 抗滑桩布置断面图及计算模型

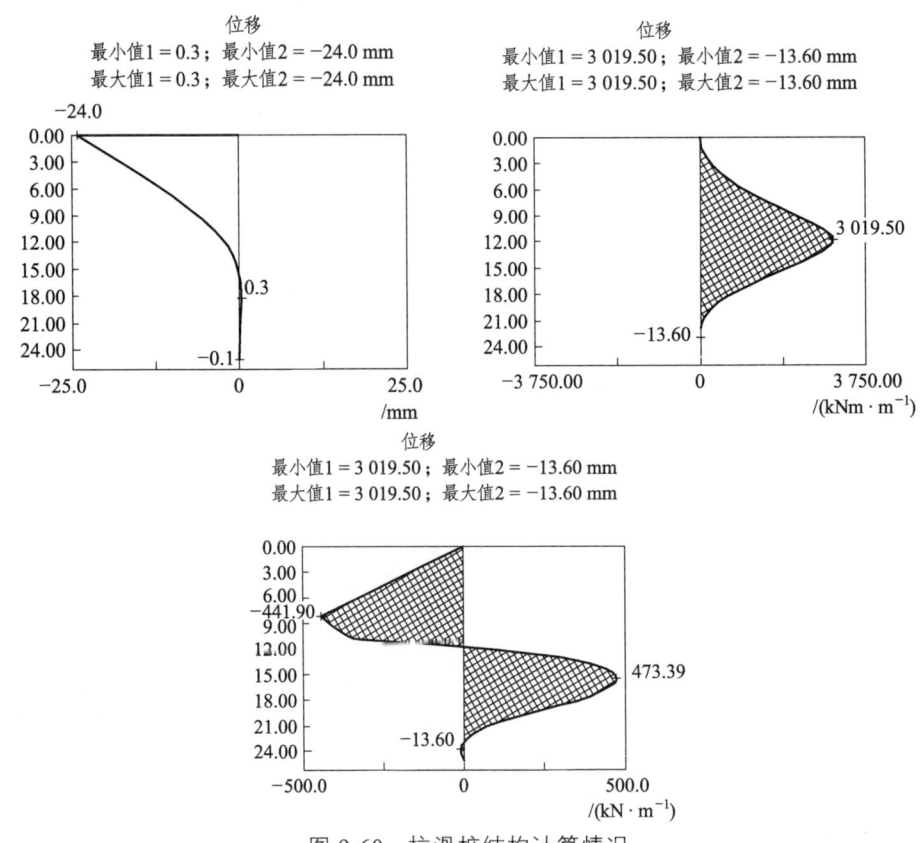

图 9-60 抗滑桩结构计算情况

2. 桥墩防护方案布置

经过冲击力计算和抗冲结构计算分析,方案可行。考虑在被跨越的规划道路中分带上落墩,该墩位于乐湾弃土场垮塌影响范围,本方案需要考虑对该墩进行防护;将原设计主桥(45+80+45)m 钢箱梁改为(2×47)m 预应力混凝土现浇箱梁。将沟底的墩台采用上述结构设计中的抗滑桩支挡。采取此防护支挡方案能够满足受力需要,具有足够安全度。平面图见图 9-61。

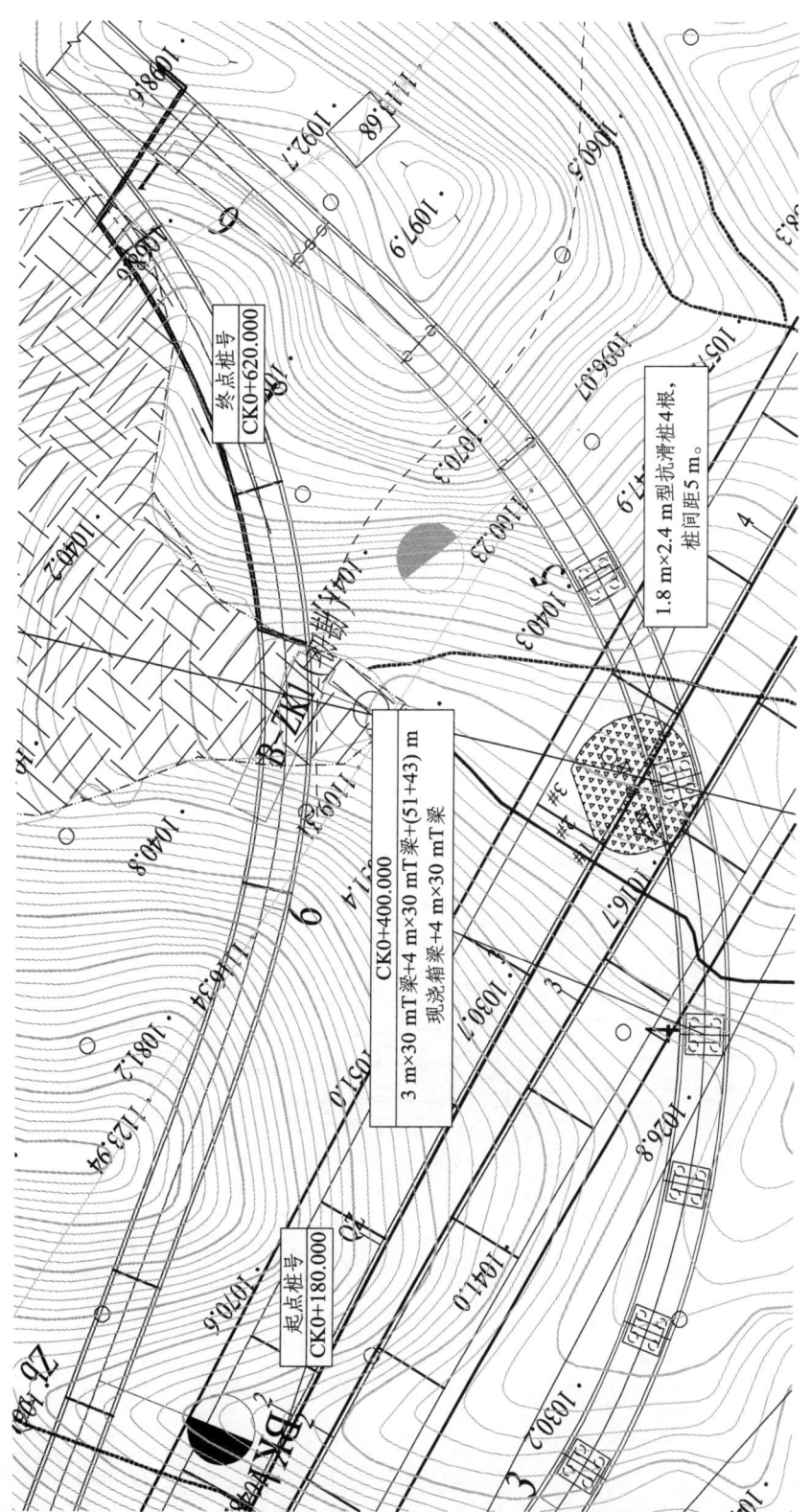

图 9-61 桥墩防护平面设计

9.5 某高速 106 m 超高填方路基

9.5.1 工程概况

1. 工点概况

工程位于贵州某山区高速公路，ZK16+760～ZK16+900 填方路基全长 140 m，路基中心最大填高约 54.1 m，左侧填方边坡最高为 106.0 m，见图 9-62。设计标准：双向 6 车道高速公路，设计速度 100 km/h，路基宽 33.5 m。荷载等级：公路-Ⅰ级。

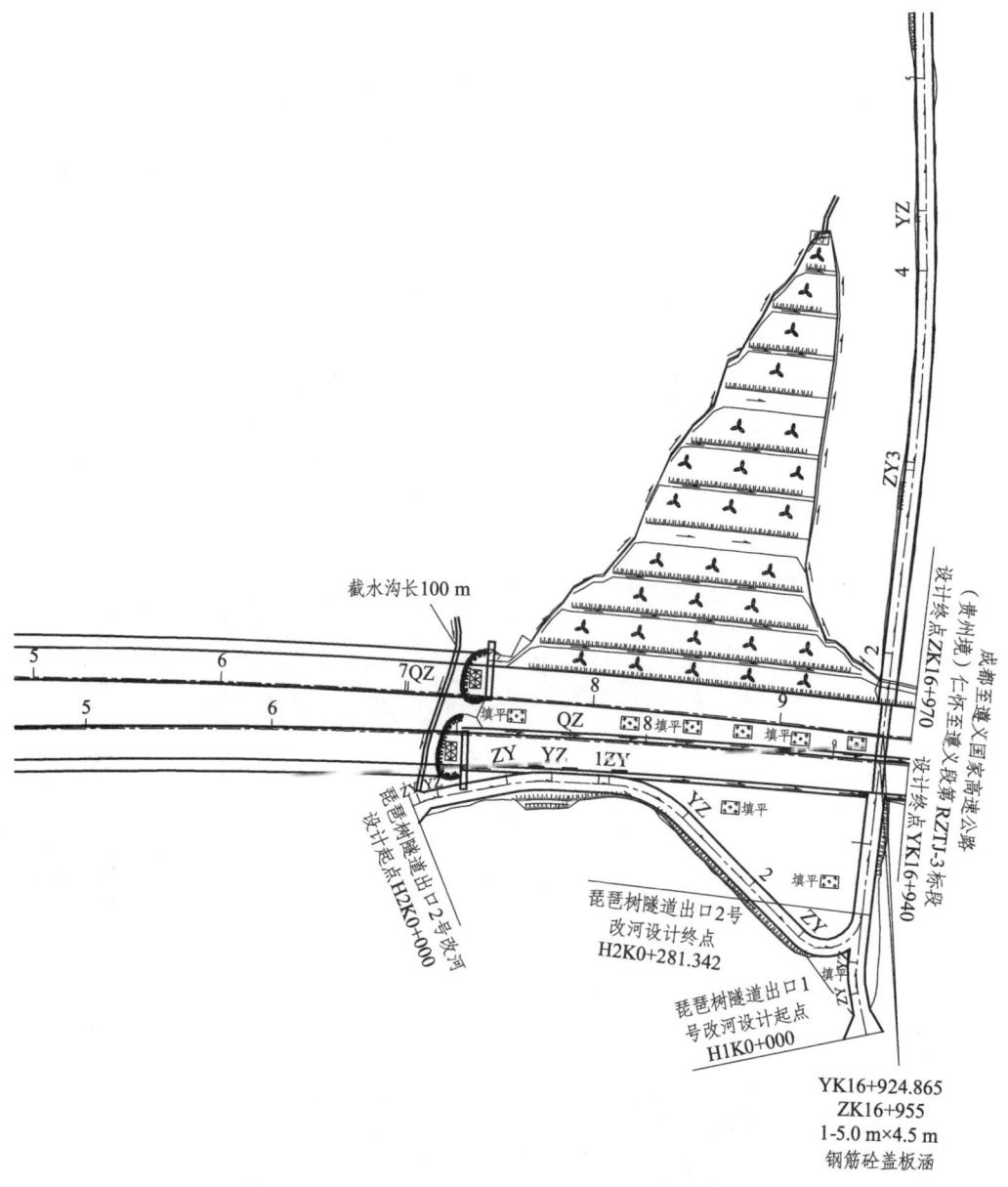

图 9-62　ZK16+760～ZK16+900 填方路基平面图

2. 必要性

该工点小桩号方向为长隧道，大桩号方向为桥梁。隧道出口的洞渣规模超过 90 万 m³，无处消化或是弃土。现场受限于基本农田，无法选取运距合适的弃土场，经研究后最近的弃方距离已大于 30 km，对于如此规模的隧道洞渣废方，远运弃方将产生欠合理的巨大工程费用。故考虑在此隧道出口的冲沟内设置高度巨大的高填方路基，消化隧道洞渣，达到整体工程规模最优的目的。

9.5.2 场区工程地质勘查

为查明路段场地的工程地质条件和水文地质条件，对填方路基的稳定性进行评价，本次勘察采用了地质调绘、钻探、物探及取样室内试验等方法，共布置 5 个钻孔和 2 条高密度电法测线。

9.5.2.1 地形地貌

项目区地处云贵高原东北部，位于遵义市北西面，受溶蚀-剥蚀影响，属中等切割的侵蚀至溶蚀中山地貌和溶蚀槽谷及溶蚀峰丛相间地貌。

场区地形起伏变化大，路段穿越两条山间大型冲沟，冲沟切割较深，并相交于 ZK16+850 左侧约 68 m 处。场区覆盖层较薄，基岩出露，地表植被较发育，附近海拔介于 920.0~1 154.0 m，相对高差约 234.0 m；线路轴线通过地段海拔 982.2~1 140.0 m，相对高差 157.8 m，地貌类型为溶蚀型中山地貌。

9.5.2.2 水文与气象

场区属长江流域赤水河水系及其支流。路段穿越两条季节性冲沟，其中与里程 ZK16+781 相交处冲沟水量较大，勘察期流量 0.5~1.0 L/s，与里程 ZK16+888 相交处冲沟勘察期无水流通过。两条冲沟均受季节性影响明显。

场区属于中亚热带高原湿润季风区。四季分明，雨热同季，无霜期长，多云寡照。绝大部分地区冬无严寒、夏无酷暑。平均年降水量为 1 000~1 300 mm，日降水量大于或等于 100 mm。年平均气温 12.6~13.1 ℃，7 月最高，月均温 23~28 ℃；1 月最低，月均温 2~8 ℃。无霜期一般为 270~300 d，最长为赤水河谷，在 340 d 以上；最短在习水县山原地带，仅 245 d。

9.5.2.3 地质构造与地震

场区位于扬子准台地黔北台隆遵义断拱毕节北东向构造变形区。根据地质调查，路段地层整体呈单斜产出，场区产状为 100°~109°∠30°~36°。岩体节理发育，主要节理有 233°∠60°、345°∠83°两组，节理间距为 200~400 mm，岩体较破碎。根据 GB 18306—2015《中国地震动参数区划图》查得测区地震动反应谱特征周期为 0.35 s，地震动峰值加速度为 0.05g，场区地震基本烈度为Ⅵ度。

9.5.2.4 地层岩性

场区覆盖层为残坡积层（Q^{el+dl}）黏土、崩坡积层（Q^{col+dl}）块石土。下伏基岩为二叠系下统栖霞组（P_1q）薄至中厚层状灰岩及茅口组（P_1m）薄至中厚层状灰岩。残坡积层（Q^{el+dl}）黏土：黄褐色，可塑状，钻孔揭露厚度为 0~11.0 m，路段零星分布。崩坡积层（Q^{col+dl}）块石土：灰、灰黄色，块石成分主要为灰岩，厚度 0.5~5.0 m，零星分布于谷底。根据场区岩体的风化节理、裂隙发育特征、岩体破碎程度，结合钻孔岩芯等资料将路段基岩划分为强、中至微风化两层。

9.5.2.5 水文地质

1. 地表水

场区属长江流域赤水河水系及其支流。路段穿越两条大型季节性冲沟，其中与里程 ZK16+781 相交处冲沟水量较大，勘察期流量 0.5~1.0 L/s，与里程 ZK16+888 相交处冲沟勘察期无水流通过。两条冲沟均受季节性影响明显。

2. 地下水

1）地下水类型及埋藏条件

场区岩性为灰岩，地下水类型为第四系松散孔隙水、岩溶裂隙水。松散孔隙水位于第四系松散土层内，以上层滞水形式赋存。岩溶裂隙水赋存于碳酸盐岩节理裂隙及溶蚀裂隙、孔隙中，为含水层。通过钻孔孔内水位测试，路段两岸未揭露地下水稳定水位，地下水埋藏较深，路段沟底地下水埋藏浅。

2）地下水的补给、径流、排泄

场区地下水主要靠大气降水补给，大气降水部分渗入覆盖层裂隙及基岩裂隙中，大部分以坡面流的形式向路段冲沟内汇聚径流，并向线路左侧地势较低处排泄。

3）水质分析

根据区域水文地质资料及邻近工点水样资料，场区水质类型为[C]CaⅠ型，即为碳酸盐钙质水；根据 JTG C20—2011《公路工程地质勘察规范》标准，场区水体对钢筋混凝土结构具有硫酸盐、镁盐、氯盐和侵蚀性 CO_2 的微腐蚀性。

9.5.2.6 不良地质

据现场地质调绘，场区不良地质为岩溶。溶洞 Y1：位于 YK16+880 右侧约 25.0 m，该溶洞洞口宽 0.5 m，高约 1.0 m，可见深度约 2.0 m，对路基填筑有一定影响。溶洞 Y2：位于 YK16+900 左侧约 170.0 m，该溶洞洞口宽约 1.5 m，高约 3.0 m，人可进入洞中约 5.0 m，其延伸方向 250°，洞深未知，暴雨时有涌水现象，对填方路基影响较大。

9.5.3 推荐岩土体物理力学指标

根据地质调绘、钻探、岩土室内试验，结合工程类比及相关规范，推荐主要岩土层的相关物理力学参数如表 9-14 所示。

表 9-14 推荐岩土体物理力学指标参数

岩土名称	工况	规范值/经验值				
		重度 γ/($kN \cdot m^{-3}$)	黏聚力 c/kPa	内摩擦角 φ/(°)	地基承载力特征值 f_{a0}/kPa	单轴饱和抗压强度 f_{rk}/MPa
黏土（可塑）	正常工况	18	20	9	160	—
	暴雨工况	18.5	18	8	—	—
块石土	正常工况	21	0	38	300	—
	暴雨工况	21.5	0	34	—	—
强风化灰岩	正常工况	23	26	30	500	—
	暴雨工况	23.5	23	27	—	—
中风化灰岩	正常工况	26	50	41	3 000	30
	暴雨工况	26.5	45	37	—	—

9.5.4 填方路基稳定性评价

本段填方路基填筑方量近 90 万 m^3，主要消化隧道洞渣，采用填石路基填筑。填方路段穿越两条山间冲沟，冲沟切割均较深，为雨水主要汇聚径流通道。填方区基岩普遍出露，零星分布有可塑状黏土及松散状块石土。路基按设计要求填筑后整体稳定性较好。

根据 JTG D30—2015《公路路基设计规范》，路堤沿斜坡地基的稳定性分析采用不平衡推力法，计算简图见图 9-63。

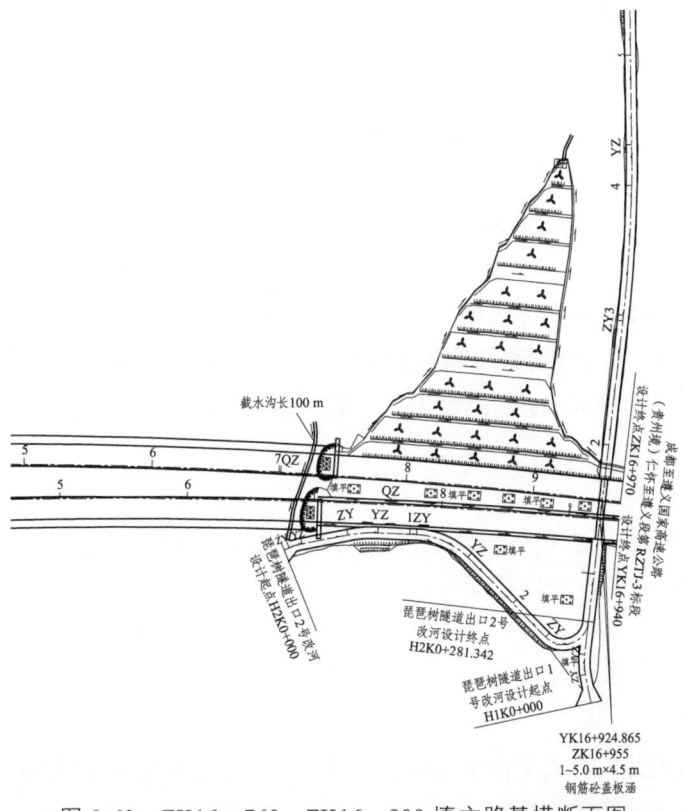

图 9-63　ZK16+760～ZK16+900 填方路基横断面图

该填方整体稳定性分析验算考虑了正常工况（天然状态）和非正常工况Ⅰ（暴雨或连续降雨状态），计算过程按地基未经过处理，路堤在原地表直接填筑考虑。其中Ⅰ-Ⅰ'典型横断面正常工况下最小 F_s = 1.34，非正常工况Ⅰ下最小 F_s = 1.20，均为基本稳定至稳定状态。稳定性计算结果见表9-15。

表9-15 稳定性计算结果

计算断面	潜在滑面	工况	填土		块石土			稳定性系数 F_s
			重度 γ/(kN·m⁻³)	综合内摩擦角/(°)	重度 γ/(kN·m⁻³)	黏聚力 c/kPa	内摩擦角 φ/(°)	
Ⅰ-Ⅰ'	①	正常工况	20.0	30.0	21.0	0	38	**1.40**
		非正常工况Ⅰ	20.5	27.0	21.5	0	34	**1.24**
	②	正常工况	20.0	30.0	21.0	0	38	**1.37**
		非正常工况Ⅰ	20.5	27.0	21.5	0	34	**1.21**
	③	正常工况	20.0	30.0	21.0	0	38	**1.34**
		非正常工况Ⅰ	20.5	27.0	21.5	0	34	**1.20**

9.5.5 设计方案

填方坡比采用1∶1.5~1∶2，坡体采用硬质石料填筑，坡脚采用抗滑桩收坡，抗滑桩设计参数：截面尺寸2 m×3 m、中对中间距5 m，坡面采用衬砌拱防护。为增加填方稳定性，在横坡较陡地段开挖台阶，为减少填方路堤沉降，路堤采用2 000 kN·m 能级强夯分层强夯，分层厚度为5 m。在填筑施工期间和运营期间进行变形监控量测。

（1）坡率设计。

1∶1.5~1∶2放坡：第1级边坡高8 m，采用坡率1∶1.5；第2~4级边坡坡率1∶1.75，单级边坡高度10 m，第5级及以下边坡坡率1∶2，单级边坡高度10 m，第10级边坡高12 m，最大边坡高106 m。边坡平台第4、第7宽10 m，第10级宽5 m，其他级平台宽2 m。

（2）填筑方案。

为增加填方稳定性，在横坡较陡地段开挖台阶，为减少填方路堤沉降，路堤采用2 000 kN·m 能级强夯分层强夯，分层厚度为5 m。采用硬质石料填筑。

（3）坡面防护。

边坡坡面采用浆砌片石护坡。

（4）排水工程。

对溶洞Y1采用片块石回填注浆处理，对溶洞Y2设置碎石盲沟（2 m×2 m）导排溶洞渗水。设计图见图9-64~图9-65。

第9章 复杂地质条件下典型超高填方案例分析

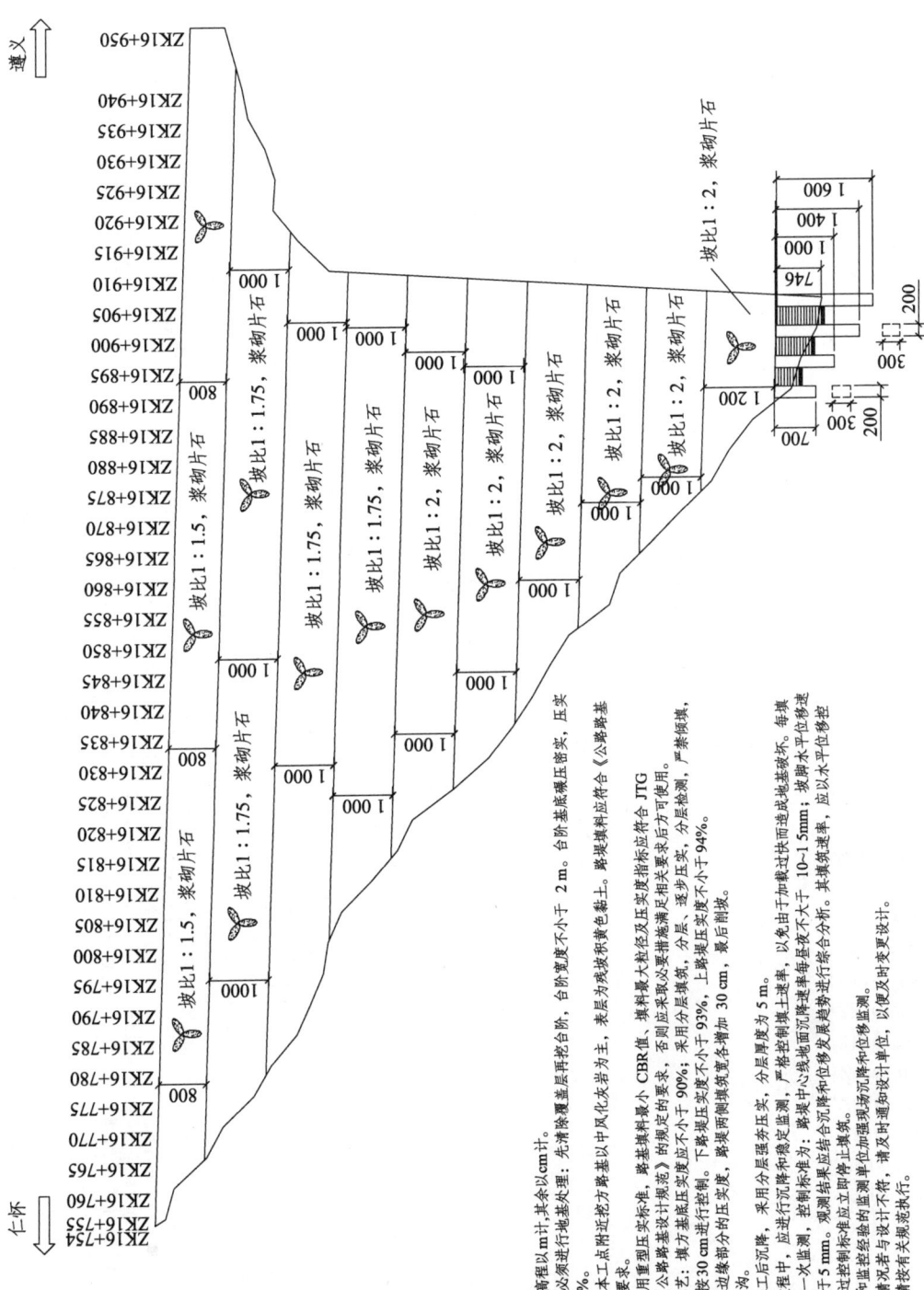

图 9-64 ZK16+760～ZK16+900 填方路基立面设计图

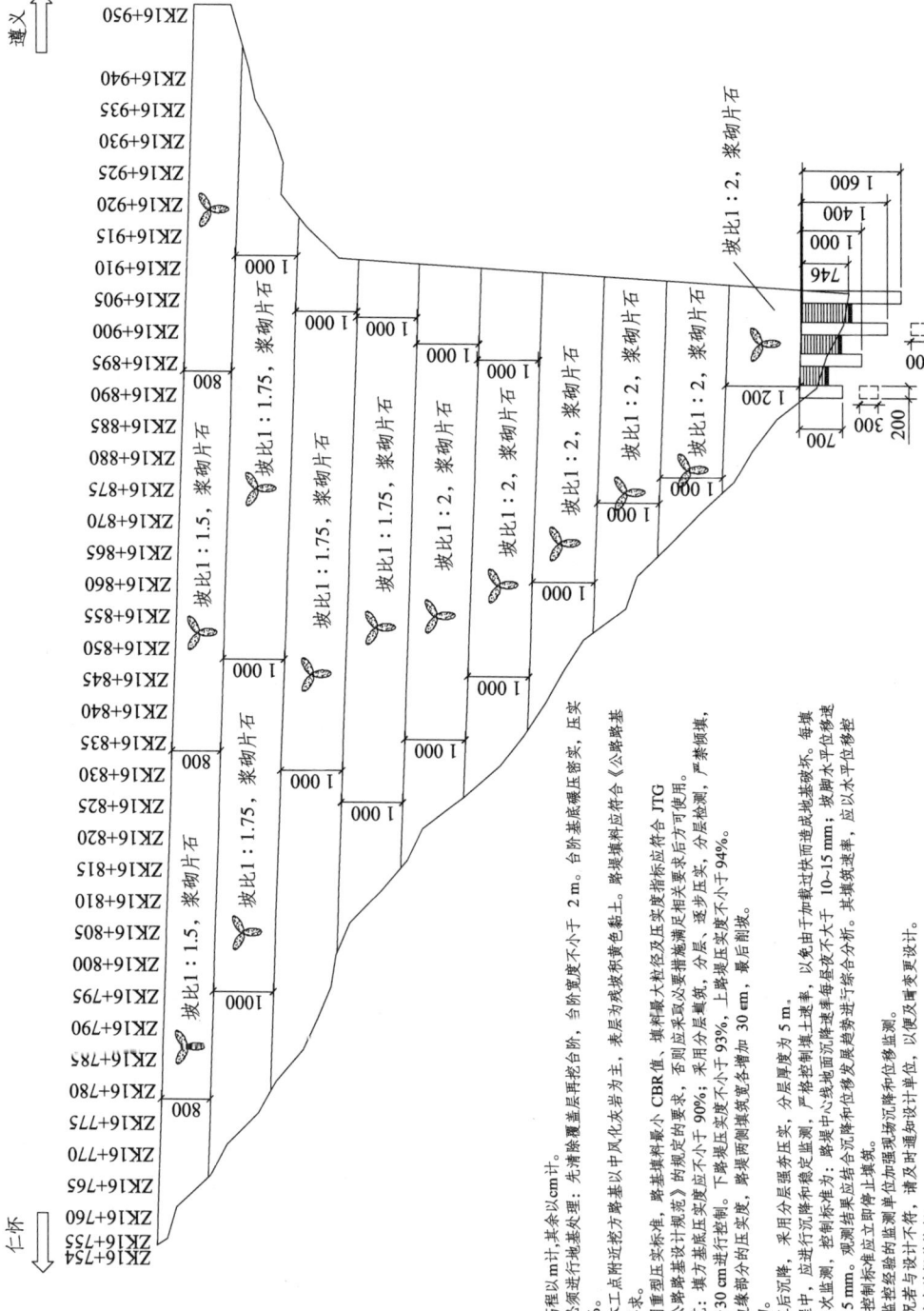

图 9-65 ZK16+760～ZK16+900 填方路基典型横断面设计图

该高速公路 ZK16+760~ZK16+900 段左侧填方路基于 2021 年 12 月填筑完毕，填方边坡采用自动化监测系统监测，共布置 3 个监测点。根据监测结果，地表累计沉降最大 30.11 mm，后期沉降速率 0.55 mm/d，边坡变形趋于稳定，本段填方路基填筑方量近 90 万 m^3，取得了良好的经济效益，确保了高速公路的正常通车。现场照片见图 9-66。

图 9-66　103.6 m 超高填方完工远景

参考文献

[1] 中交第二公路勘察设计研究院有限公司. 公路路基设计规范：JTG D30—2015[S]. 北京：人民交通出版社，2015.

[2] 王志斌. 岩质斜坡地基上填方路堤稳定性研究[D]. 长沙：中南大学，2007.

[3] 吴志轩，张大峰，孔郁斐，等. 基-填界面开挖台阶对顺坡填筑高边坡稳定性影响研究[J]. 工程力学，2019，12（12）：92-97.

[4] 黄佳昕. 山区机场填方地基加强处理区域及顺坡填筑边坡稳定分析[D]. 北京：清华大学，2009.

[5] 徐光明，邹广电，王年香. 倾斜基岩上的边坡破坏模式和稳定性分析[J]. 岩土力学，2004，25（5）：703-708.

[6] 刘怡林，黄茂松，袁伟，等. 斜坡含软夹层地基路堤离心模型试验与数值模拟[J]. 岩土力学，2013，34（S2）：22-26，34.

[7] 杨校辉，朱彦鹏，周勇，等. 山区机场高填方边坡滑移过程时空监测与稳定性分析[J]. 岩石力学与工程学报，2016（增刊2）：538-551.

[8] 邓永程. 高填方公路路基施工工艺及沉降监测分析[J]. 汽车周刊，2024（8）：106，107-108.

[9] 刘健. 高填方土石混填路基变形特性分析[J]. 西部交通科技，2024（6）：59-60，113.

[10] 要文静. 全风化软岩路堤变形监测与分析[J]. 交通世界，2024（18）：87-89.

[11] 张岩兵. 高填方路基沉降监测与影响因素分析[J]. 交通世界，2024（16）：66-69.

[12] 李斌，冯伟涛，陈希刚，等. 清远地区高填方路基的固结沉降变形规律研究[J]. 山西建筑，2024，50（11）：71-75.

[13] 张岩兵. 高速公路路基差异沉降处治效果分析[J]. 交通世界，2024（15）：73-75，79.

[14] 江军. 斜坡地段高速公路高填方路堤稳定性研究[D]. 烟台：鲁东大学，2021.

[15] 袁中夏，李德鹏，叶帅华. 地震和降雨条件下黄土高填方边坡稳定性分析[J]. 兰州理工大学学报，2022，48（4）：119-125.

[16] 刘波. 在地震荷载下边坡堆载对机场高填方边坡稳定性影响分析[J]. 西部探矿工程, 2020, 32（12）: 17-19, 23.

[17] 潘凯, 谢春庆, 赵新杰. 高填方边坡动力响应变形特征数值模拟分析[J]. 路基工程, 2022（4）: 13-18.

[18] 李旭东. 强震作用下填方区改良黄土地基变形与稳定性研究[D]. 兰州: 中国地震局兰州地震研究所, 2022.

[19] 辛顺超, 韩道均, 唐树名. 地震荷载下高填方边坡破坏机理与稳定性分析[J]. 公路交通技术, 2014（1）: 19-23.

[20] 鲍盘伟. 高韧性聚酯纱线集束格栅与排水垫在高填方机场边坡施工中的应用[J]. 工程与建设, 2024, 38（2）: 365-367.

[21] 王先富. 山区高速公路路基路面排水方案设计探讨[J]. 西部交通科技, 2024（1）: 27-29.

[22] 唐正波. 综合排水技术在高填方路基中的应用分析[J]. 运输经理世界, 2023（14）: 22-24.

[23] 冯凯, 杜继平, 韩则隆, 等. 高填方场地沟底排水措施研究[C]. 吉林省电机工程学会2022年学术年会获奖论文集. 中国电力工程顾问集团东北电力设计院有限公司, 2022: 585-589.

[24] 刘跃成, 赵振峰, 伍东卫, 等. 公路高填方路基综合排水技术研究[J]. 江西科学, 2022, 40（6）: 1130-1135.

[25] 吴万平, 廖朝华. 公路路基设计手册[M]. 3版. 北京: 人民交通出版社, 2022.

[26] 邓卫东. 高填路堤稳定性研究[D]. 西安: 长安大学, 2003.

[27] 张良, 魏永幸, 罗强. 基于离心模型试验的斜坡软弱土地基路堤变形特性研究[J]. 铁道建筑技术, 2004（1）: 51-53.

[28] 中交路桥技术有限公司. 公路工程抗震规范: JTG B02—2013[S]. 北京: 人民交通出版社, 2015.

[29] 中交第一公路勘察设计研究院有限公司. 公路工程地质勘察规范: JTG C20—2011[S]. 北京: 人民交通出版社, 2011.

[30] 宿文姬. 工程地质学[M]. 广州: 华南理工大学出版社, 2006.

[31] 中华人民共和国住房和城乡建设部. 高填方地基技术规范: GB 51254—2017[S]. 北京: 中国建筑工业出版社, 2017.

[32] 成正伟, 高启聚. 不同压实度下路基土抗剪强度参数和CBR试验研究[J]. 路基工程, 2022（5）: 70-75.

[33] 刘洋铭，李顺兴，张亮峰，等. 地下水位变化对公路路堤边坡稳定性及施工成本的影响分析[J]. 西部交通科技，2022（12）：57-60.

[34] 李涛，徐伟青，曾铃. 强降雨对路堤边坡渗流场及稳定性影响研究[J]. 公路工程，2013，38（4）：1-4，39.

[35] 黄帅. 地震和地下水协同作用下边坡稳定性评价[M]. 北京：化学工业出版社，2020.

[36] 贵州省山区高速公路高填方路基变形规律及设计标准研究[R]. 贵州省交通运输厅科技项目，2016.

[37] 中交路桥技术有限公司. 公路沥青路面设计规范：JTG D50—2017[S]. 北京：人民交通出版社，2017.

[38] 柴贺军，阎宗岭，贾学明. 土石混填路基修筑技术[M]. 北京：人民交通出版社，2009.

[39] 交通运输部公路科学研究. 公路土工试验规程：JTG 3430—2020 [S]. 北京：人民交通出版社，2020.

[40] LINDQUIST E S, GOODMAN R E. Strength and deformation properties of a physical model melange [J]. 1st North American Rock Mechanics Symposium，1994：843-850.

[41] MEDLEY E W, ZEKKOS D. Geopractitioner approaches to working with antisocial mélanges[J]. Engineering Geology，2011，480：261-277.

[42] 徐文杰，胡瑞林. 土石混合体概念、分类及意义[J]. 水文地质工程地质，2009，36（4）：50-56，70.

[43] 中华人民共和国水利部. 土工试验方法标准：GB/T 50123—2019[S]. 北京：中国计划出版社，2019.

[44] 徐光辉. 路基连续压实控制动力学原理与工程应用[M]. 北京：科学出版社，2016.

[45] 沙爱民，贾侃. 填石路基施工技术[M]. 北京：人民交通出版社，2007.

[46] 贾颖，江盛杰，彭小勇，等. 基于灰色关联理论的高填方路基碾压施工方案分析[J]. 四川建材，2016，42（8）：145-147.

[47] 吴家祥. 冲击压实技术在路基工程中的应用研究[C]. 中国公路学会养护与管理分会. 中国公路学会养护与管理分会第七届学术年会论文集. 安徽巢湖路桥建设集团有限公司，2017：4.

[48] 李洁. 准池重载铁路黄土路基冲击碾压有效影响深度的研究[D]. 内蒙古：内蒙古农业大学，2015.

[49] 杨人凤，李晋德. 压实领域历史发展与最新技术动态（上篇）[J]. 建设机械技术与管理，2005（11）：51-54.

[50] 李国. 冲击压实在公路路基工程中的应用[J]. 四川建筑, 2007 (5): 185-186, 189.

[51] 李小青, 张欣, 张烽. 路基冲击压实的数值模拟分析[J]. 公路交通科技, 2006 (4): 46-48, 52.

[52] 高有斌, 刘汉龙, 张敏霞, 等. 强夯加固地基的土体竖向位移计算方法研究[J]. 岩土力学, 2010, 31 (8): 2671-2676.

[53] 交通部公路科学研究院. 公路冲击碾压应用技术指南[M]. 北京: 人民交通出版社, 2005.

[54] 陈忠清, 卢文良, 黄曼, 等. 浅层地基冲击碾压有效加固深度预估研究[J]. 绍兴文理学院学报 (自然科学), 2019, 39 (9): 1-6.

[55] 雷旷. 深回填土地基强夯处理的实例分析研究[D]. 广州: 华南理工大学, 2017.

[56] 张丽娟. 强夯法地基加固数值模拟及工程案例分析[D]. 杭州: 浙江大学, 2020.

[57] 杨胜波, 彭小勇. 碎石土路基强夯加固后土体性能计算模型研究及应用[J]. 公路交通技术, 2018, 34 (4): 1-5.

[58] 中国建筑科学研究院. 建筑地基处理技术规范: JGJ 79—2012[S]. 北京: 人民交通出版社, 2012.

[59] 钱家欢, 殷宗泽. 土工原理与计算[M]. 2版. 北京: 中国水利水电出版社, 1996.

[60] 工程地质手册编委会. 工程地质手册[M]. 4版. 北京: 中国建筑工业出版社, 2006.

[61] 张忠和. 强夯法加固地基振动效应数值分析[D]. 北京: 中国地质大学, 2015.

[62] 侯超群, 王晓谋, 石恒俊. 地震对边坡稳定性影响分析[J]. 路基工程, 2008 (6): 187-188.

[63] 马康, 彭小勇. 高地震烈度下的高路堤稳定性影响因素研究[J]. 交通科技, 2022 (1): 38-41.

[64] 中国建筑科学研究院. 混凝土结构设计标准: GB/T 50010—2010[S]. 北京: 中国建筑工业出版社, 2010.

[65] 唐赛乾. 路基小型预制块骨架护坡结构与材料选型[D]. 湘潭: 湖南科技大学, 2017.

[66] 温晓鹏. 路基边坡拱形骨架护坡设计计算研讨[J]. 路基工程, 2016 (6): 156-158.

[67] 张红杰. 平原地区路基边坡冲刷坡度与防护临界高度确定[J]. 山东交通科技, 2014 (6): 89-91.

[68] 李勉, 姚文艺, 陈江南, 等. 草被覆盖下坡面沟坡系统坡面流阻力变化特性试验研究[J]. 水力学报, 2007, 38 (1): 112-119.

[69] 中交路桥技术有限公司. 公路排水设计规范: JTG/T D33—2012[S]. 北京: 人民交通出版社, 1997.

[70] 中铁二院工程集团有限责任公司. 铁路路基支挡结构设计规范：TB 10025—2019[S]. 北京：中国铁道出版社，2019.

[71] 重庆市城乡建设委员会. 建筑边坡工程技术规范：GB 50330—2013[S]. 北京：中国建筑工业出版社，2013.

[72] 中交第二公路勘察设计研究院有限公司. 公路滑坡防治设计规范：JTG/T 3334—2018[S]. 北京：人民交通出版社，2018.

[73] 上海市住房和城乡建设管理委员会. 室外排水设计标准：GB 50014—2021[S]. 北京：中国建筑工业出版社，2021.